21世纪普通高等教育应用型人才培养规划教材

主　编◎蒋希众
副主编◎黄建春　伍　曙　伍燕妩　黄牧乾

管理学

GUANLI XUE

西南财经大学出版社
Southwestern University of Finance & Economics Press

21 世纪普通高等教育高素质应用型人才培养规划教材编写委员会

前言

管理学是一门以实践为基础的综合性学科，在100多年的发展历程中，形成了相对完整的学科体系。20世纪中期以来，随着科学技术的发展和生产社会化程度的不断提高，人类社会进入了一个新的发展时期，其重要标志是社会的信息化和知识经济的兴起以及全球经济一体化趋势的加强。在这一背景下，组织管理正面临着观念转变、机制变革和社会发展所带来的挑战和压力，管理的重要性日益凸现。管理已成为现代社会的三大支柱之一，成为新生产力的重要构成要素，社会对管理人才与管理水平的要求也越来越高。所以，各国在各自的实践中不断丰富和发展管理学理论，构建了基于现代社会发展的管理学新的体系。尽管在管理学研究中尚有多种学术派别和理论，但管理活动的开放化与全球化，正使各派理论相互融合，特别是一些新的管理思想和实践，已被人们广泛认可。因此，及时、系统地归纳管理学界比较成熟的、具有普遍应用性的管理理论，向广大读者介绍国内外最新管理理论研究成果，对提高我国高校管理学教学水平，提高各行业管理工作的效率与效果，推动社会主义现代化建设事业的发展，具有重要的现实意义，这也是编著本书的目的所在。

本教材的编写人员均为普通高校正在从事管理学教学工作的教师，根据普通高校人才培养目标的要求以及培养能力定位，编写了这本体例较为独特、内容符合高等学校学生的特点、满足高校管理学课程教学需要的教材。

本教材编写过程中，编者们在借鉴和吸收管理学主要传统内容的基础上，密切结合我国的管理实际，提出了管理服务的新观点；在适度的基础知识与理论体系覆盖下，增加了实践内容，以加强学生实践能力的培养；在内容与体系上具有“教师易教，学生乐学，理论够用，技能实用”的特色；突出了教材的基础性、实践性、科学性、先进性，反映了当代管理科学的新思想、新技术。

本教材编写过程中，编者们坚持以马克思主义管理科学理论为指导，以建设具有中国特色社会主义管理科学为努力方向；坚持理论联系实际的原则，立足本土，借鉴国外；注意总结当今中外管理实践的新经验，尽力吸取当代中外管理科学研究的前沿成果；全面系统地研究了管理的特征、管理的要素、管理职能、管理架构、管理过程、管理方式、管理效率、管理理论的形成与发展等管理科学的基本范畴，致力于实现学术性与科学性、理论性与应用性的有机统一。本书突出了以下特点：

1. 创新性

本教材按照管理学的内在逻辑创新了管理学的结构体系，突破了管理学教材的传统结构，创新地将本书结构分为几大模块：管理基础模块（第一章）、管理架构模块

（第二章至第五章）、管理过程模块（第六章至第十章）、管理方式模块（第十一章至第十三章）、管理效率模块（第十四章至第十五章）和管理发展模块（第十六章），把管理学庞大的体系有机地结合起来，降低了学生学习的难度。

2. 可读性、实用性

本教材克服了管理学教材往往是“以教师为中心”，把“可教性”放在第一位的不足，把是否有利于学生阅读和能力开发等放在第一位；注重学生学习能力，分析问题、解决问题能力的培养。

3. 实践性

在学习目标方面，理论知识以必须、够用为度，减少了理论阐述比例，增加了实际技能和案例的比例，突出了实践性，增加了学生实践能力培养方面的内容，有利于加强学生实践能力的培养。

4. 中国管理特色

我们在教学实践中介绍西方管理理论时，遇到的质疑经常是理论和实践的结合问题。我们不可能一直拿着国外的管理学教科书来分析国内企业的案例。中国企业大部分是中小企业，中国私营企业绝大部分是小型企业。它们内部有一套不靠制度却能协作的工作方式。这种对内结成内部网络，对外结成网络式组织的方式，绝对是中国式管理的特色。本教材力求突出中国管理特色的内容。

全书共分十六章，主要内容有管理与管理学概述、组织体系与组织设计、组织结构与组织运行、组织变革与组织文化、人员配备、计划、决策、领导、激励、控制、制度管理、目标管理、人本管理、管理成本、管理效率、管理理论的形成与发展及管理创新等。本书由蒋希众确定编写思路，提出编写大纲，最后由蒋希众、黄牧乾、蒋喜清总纂、修改定稿。具体分工如下：第一章由蒋希众编写，第二章由孟喜悦编写，第三章由刘琰编写，第四章由伍曙编写，第五章、第十二章由王丽编写，第六章由黄建春编写，第七章 、第八章由李少利编写，第九章 、第十章由贾广敏编写，第十一章由莫姣姣编写，第十三章 由黄牧乾编写，第十四章、第十五章由伍燕妩编写，第十六章由蒋喜清编写。

本教材可作为经管类本科各专业及高职高专管理学课程的教材，也可作为各类企事业管理人员的培训教材，也适合作为有志于学习管理学的员工及社会人士的自学教材。

本教材在编写过程中参阅和借鉴了众多作者的科研成果，在此表示诚挚的感谢。本教材的出版得到广州市霖度图书发行有限公司和西南财经大学出版社的大力支持和帮助，在此一并表示感谢。

限于我们的知识水平及认知能力，加之编写时间仓促，深知书中尚有不完善之处，敬请各位专家、学者和广大读者批评指正，使本教材在修改再版时更加完善。

编者

2011 年 6 月

目 录

第一章　管理与管理学概述

【学习要点】

1. 管理、管理学、管理者的定义；
2. 管理的特性与要素；
3. 管理者的类型、角色、技能与素质；
4. 管理学的研究对象。

第一节　管理概述

管理的历史源远流长，自古有之。管理活动作为人类最重要的一项活动，是伴随着人类社会历史的发展而发展的。在人类历史上，自从有了人类群体组织活动，也就出现了管理活动。管理活动广泛存在于人类社会生活之中，无论是过去、现在还是在未来，无论是国家、军队、企业还是社会团体，只要有人类的群体组织活动存在，就存在管理活动。人类社会发展的实践证明，有效的管理是任何国家、企业及其他社会组织取得成功的基础。因此，在社会生活中，特别是在组织活动中，人们了解什么是管理，为什么要进行管理，怎样才能有效地进行管理，既有利于规范组织成员的行为，也有利于提高管理工作的效率。

一、管理的定义

管理是管理学中最基本的概念，由于管理的要素存在着广泛性和复杂性的特点，加上管理学者们研究的侧重点和角度不同，中外学者们对“管理”的定义一直是众说纷纭。不同历史时期、不同学派对管理的认识也不尽相同。下面我们援引具有一定代表性的中外管理学教科书对管理下的定义，概括总结出本书对管理的定义。

（一）国外学者对管理的定义

“管理是以计划、组织、指挥、协调及控制等职能为要素组成的活动过程。”这一观点是由“现代管理理论之父”法国工业家亨利·法约尔（Henri Fayol）于1916年提出的。后经英美等国管理学者的完善与发展，形成了著名的管理过程理论学派。他们主要从管理职能的角度进行定义，明确了管理的过程和职能。

被誉为“现代管理之父”的美国管理学家彼得·F. 德鲁克（Peter F. Drucker）指出：“管理不只是一门学问，还应是一种文化，它具有自己的价值观、信仰、工具和语言。”① 这是从文化角度给管理下的定义。

美国著名管理学家哈罗德·孔茨（Harold Koontz）认为：“管理就是设计和保持一种良好环境，使人在群体里高效率地完成既定目标。”② 即管理是使人群高效率完成工作的过程。

美国管理学家、1978 年诺贝尔经济学奖获得者赫伯特·A. 西蒙（Herbert A. Simen）则提出“管理就是决策”，认为决策贯穿于管理的全过程。

（二）国内学者对管理的定义

周三多等认为：“管理是指组织为了达到个人无法实现的目标，通过各项职能活动，合理分配、协调相关资源的过程。”

徐国华等认为：“管理是通过计划、组织、控制、激励和领导等环节来协调人力、物力和财力资源，以期更好地达成组织目标的过程。”

杨文士等认为：“管理是组织中的管理者，通过实施计划、组织、人员配备、指导与领导、控制等职能来协调他人的活动，使别人同自己一起实现既定目标的活动过程。”

芮明杰认为：“管理是对组织的资源进行有效整合以达成组织既定目标与责任的动态创造性活动。”

（三）本书对管理的定义

上述国内外学者的管理定义虽然说法不尽相同，但都从不同的角度、不同的侧面揭示了管理的内涵。综合上述定义，本书对管理的定义是：管理是组织中的管理者，通过计划、组织、领导、控制、服务等职能协调组织资源、优化资源配置、实现组织目标的活动过程。这一管理定义的特点是提出了服务是管理职能的新观点。实践证明：一个拥有为组织成员服务意识的管理者，一个能够积极主动地为组织成员解决工作、学习、生活上的实际困难的管理者，在管理的实践中往往能赢得被管理者的信任和追随，使管理工作达到事半功倍的效果，有利于管理工作效率的提高及组织目标的实现。

二、管理的特性

（一）目的性

管理是人类的一种有意识、有目的的活动，因而，它有明显的目的性。管理的这一特征，是区别自然界和人类社会中管理与非管理活动的重要标志。管理的目的是为了实现组织的既定目标。

（二）组织性

组织是指人们为了实现一定的目标，结合而成的具有一定结构的协作群体。组织是管理的载体。管理活动是发生在组织之内的活动过程，任何管理工作都是在某一特

① 彼得·F. 德鲁克. 卓有成效的管理者［M］. 上海：上海译文出版社，1998.

② 哈罗德·孔茨，海因茨·韦里克克. 管理学［M］. 郝国华，等，译. 北京：经济科学出版社，1993.

定组织中进行并为该特定组织服务的；任何组织要实现其特定的目标，都需要管理工作的支持。所以，我们说组织是管理的载体，管理是组织中必不可少的活动。

（三）经济性

管理者的管理活动是通过管理的职能协调组织资源、优化资源配置的活动过程。由于管理者的管理风格不同，选择资源配置的方式不同，管理效率的不同，其产生的成本、费用及效益也不同，这种特性称为管理的经济性。

（四）动态性

不同的组织拥有不同的目标，所处的客观环境与具体的管理环境也不尽相同，从而导致了每个组织中资源配置方式的差异性，这种差异性就是管理动态特性的一种表现。事实上，不存在一个标准的、处处成功的管理模式，更不存在适合所有组织环境的管理模式。权变管理理论认为，管理者要根据组织所处的环境随机应变，针对不同的环境寻求相应的管理模式。这一观点也说明了管理存在动态性特征。

（五）人本性

在社会组织的各种活动中，人都是决定性因素。管理活动也不例外。人在组织的管理活动中起着根本性作用，直接关系到组织的发展。管理的人本性，是指管理者在管理活动中要以人为中心，把理解人、尊重人、调动人的积极性放在首位，把人视为管理的重要对象及组织最重要的资源。重视并发挥人的根本作用，优化人力资源配置，做到人尽其才，才能实现高水平、高效率的管理。

（六）创新性

管理活动是获取资源、组织资源并通过其他人来实现目标的过程，是一个动态的而非静态的过程。任何组织在面临新的激烈竞争的时候，其管理者都要尽力做好管理工作，但这并不是一件容易的事。人在变化、条件在变化、技术在变化，而且规则也在变化，即组织的管理环境处于动态变化中。这就要求组织的管理模式及管理活动要根据环境的变化而不断调整，主动适应组织环境的变化。这种根据管理环境的变化而调整组织管理模式、管理理念、管理活动的过程，我们称为管理的创新性。管理创新是组织发展的不竭动力。管理的创新特性包括：理念创新、目标创新、技术创新、制度创新和架构创新。

（七）科学性

管理的科学性是指管理作为一个活动过程，其间存在着一系列基本的客观规律。尊重这一系列的客观规律，可以减少或避免管理工作的失误。长期以来，人们经过对无数次管理成功经验和失败教训的总结，探索出一系列反映管理活动客观规律的管理理论和一般方法。采用这些理论和方法来指导管理活动，可以提高人们的管理水平，避免管理工作的盲目性，达到有效提高管理效率的目的。在管理的实践中，随着人们管理经验的不断丰富，用以指导管理活动的理论和方法也在不断地发展和完善，最终形成了科学的管理理论。管理的科学性揭示了管理活动的规律，反映了管理的共性。

(八)艺术性

管理的艺术性强调的是管理的实践性，也是管理者的管理技巧。由于不同组织、不同行业的管理对象所处的管理环境不同，所以对每一个具体管理对象的管理没有一个唯一的完全有章可循的模式，从而造成了具体管理活动的成效与管理者技巧发挥的程度相关性很大。管理者善于运用与发挥好这种管理技巧，有利于提升其对被管理者的影响力，有利于调动被管理者的积极性。在管理的实践中，我们不难发现这样的现象：甲任某企业的总经理，企业连年亏损，乙取代甲任总经理后，根据企业的具体情况，创造性地运用管理理论和方法，开展管理工作，企业扭亏为盈。后者往往较前者更懂得管理的艺术性。由此可见，管理的艺术性，就是指管理活动除了要掌握一定的理论和方法外，还要有灵活运用这些理论和方法的技巧和诀窍。管理没有一成不变的固定模式，也没有放之四海而皆准的绝对原理。管理者只有根据组织的具体情况，依据管理的基本原理和方法，创造性地去解决管理问题，管理工作才能取得成功。

三、管理的要素

管理活动的全貌由管理要素和管理职能构成。管理要素是构成管理活动的静态因素，管理职能是构成管理活动的动态因素。对于管理要素有不同的分类方法，早期的观点认为，人、财、物三种有形资源是构成管理的三个基本要素，即管理的有形要素。随着经济社会的发展、科技的进步及商业竞争的日益激烈，一些重要的无形资源也被列入了管理的要素，即管理的无形要素。管理的要素存在着广泛性和复杂性的特点，是维持组织的生存和发展、实现组织目标的基础条件，是组织的重要资源。

(一)有形要素

1. 人力资源

人力资源是任何一个组织都必需的资源，也是最重要的资源，是组织中唯一起能动作用，并可以决定其他要素作用发挥程度的关键要素。人力资源包括组织中的管理者和被管理者。作为组织第一管理要素，人力资源在现代经济社会中是指具有一定文化知识，掌握一定技术技能、劳动技能、管理技能的人。

2. 金融资源

金融资源是指组织拥有并能有效控制的货币资本和现金。在现实社会中，由于货币资本和现金可以用来购买物质资源、人力资源、技术资源等，故一个组织拥有金融资源的多寡实际上也反映了组织拥有资源的多寡。

3. 物质资源

物质资源是指组织所能运用的各种有形的物质要素的总和，包括土地、厂房、机器设备、各种产成品、原材料、辅助材料等。对一个组织而言，物质资源的多寡也可表现为其拥有财富的多少。

（二）无形要素

1．组织文化

组织文化是指一个组织在长期实践中形成的、具有本组织特色的、并为组织成员普遍认可和奉行的价值观、道德规范、行为准则的总和。

组织文化由三个层次的内容组成：一是物质层文化，又称为行为文化，是最表层文化。它是组织文化的载体与外在化，是一种外显文化。它是由组织成员创造的产品和各种设施等所构成的实物文化。二是制度文化，又称规范文化，是中间层文化，它包括组织的各种规章制度、道德规范、领导风格、员工修养、人际关系等，它规定着组织中每个成员的行为规范。三是精神文化，是核心层文化，它是组织文化的核心。它包括组织的理想信念、目标追求、价值观念、行为准则等。

2．组织环境

组织环境是指存在于一个组织内部和外部，对组织的运作具有现实和潜在影响力的各种客观因素的总和。组织环境可分为外部环境和内部环境两个方面。组织的外部环境是指存在于组织之外并对组织的管理活动产生影响的外界客观情况和条件。组织的外部环境可分为一般环境因素和具体环境因素。组织的内部环境是指存在于组织之内并对组织的管理活动产生影响力的客观条件的总和，一般包括组织的物质环境和文化环境。

3．时间资源

时间是组织的重要资源，它可以衡量速度和效率的高低。时间管理是所有管理工作的基础和开端。若时间管理不善、分配不当，就可能出现不平衡的现象，造成时间的浪费、效率及效益的损失。一个高效的管理系统，应该重视时间的充分利用，重视用技巧、技术和工具实施有效的时间管理，帮助组织成员完成工作、实现目标。

4．信息资源

信息资源与组织的人力、财力、物力和自然资源一样同为组织的重要资源，且为组织发展的战略资源。同时，它又不同于其他资源（如材料、能源资源），是可再生的、无限的、可共享的，是人类活动的最高级财富。信息资源可分为广义的信息资源和狭义的信息资源。狭义的信息资源是指人类社会经济活动中经过加工处理并大量积累起来的有用信息的集合；广义的信息资源是指人类社会信息活动中积累起来的信息、信息生产者、信息技术等信息活动要素的集合。

信息技术的快速发展，组织、社会信息化应用的过热式需求，使信息资源从技术应用变成了无处不在的重要经济资源。信息资源牵动着经济增长、体制改革、社会变迁和发展，信息资源管理技术也从单一走向综合，正在形成集各种软硬件于一体的大型平台。对信息的有效管理，是现代管理的重要内容。

5．技术资源

技术是实现经济目标的手段之一，技术像土地、劳动力和资本一样也是一种资源。技术资源的本质特性在于它的知识性。对于一个组织来说，技术包括两个方面：其一是与解决实际问题有关的软件方面的知识；其二是为解决这些实际问题而使用的设备、工具等硬件方面的知识。两者合起来就构成了这个组织的特殊资源，即技术资源。

技术资源在广义上也属于社会人文资源，其在经济发展中发挥着重大作用。技术是自然科学知识在生产过程中的应用，是直接的生产力，是改造客观世界的方法、手段。科学技术对生产力的发展具有巨大的推动作用，实施技术开发与管理是实现生产力高速发展的关键。

6. 关系资源

关系资源是指组织与其他组织、客户及个人等方面的合作及亲善的程度与广度。组织的存续不是孤立的，它必须与其他的组织、客户及个人保持密切的关系，而这种关系有时会非常有助于组织目标的实现。如企业与客户间长期良好的合作而建立起的顾客忠诚，可使客户成为企业经营中获取强大竞争优势的一项重要资源。组织应特别重视对这种资源的管理。

四、管理的职能

管理的职能是对管理职责与功能的简要概括，它帮助组织充分利用其资源以实现组织目标，涉及管理工作的职权和范围，即管理在一个组织中究竟包括哪些方面的工作。关于这个问题，管理学界存在争议。

法国工业家亨利·法约尔于 1916 年提出，所有的管理者都履行着五种管理职能——计划、组织、指挥、协调和控制。此后，研究管理职能就成为管理学的重大研究课题之一。由于各管理学者强调的重点不同，因而对管理职能的具体提法也各不相同。1934 年美国的戴维斯等人提出管理的三职能说，提出了管理的职能包括计划、组织、控制的观点。1934 年美国的另一学者古利克认为管理应当包括计划、组织、人事、指挥、协调、报告和预算七项职能。

到了 20 世纪 50 年代中期，加利福尼亚大学洛杉矶分校的两位教授，哈罗德·孔茨和西里尔·奥唐奈，在他们的著作《管理学》中，就把管理职能划分为计划、组织、人事、领导和控制。随着决策理论的创立，人们普遍认识到决策对组织发展的决定作用及其在管理中的重要地位。为此，有些管理学者为了强调决策在管理中的作用，将决策从计划职能中独立出来作为一个管理职能。

国内一些学者关于管理职能的问题也存在着分歧。周三多等在 1993 年出版的《管理学：原理与方法》中将管理的职能划分为决策、组织、领导、控制、创新；杨文士和张雁等在 1994 年出版的《管理学原理》中将管理的职能划分为计划、组织、人员配备、指导与领导、控制。

关于人类的管理活动具有哪些基本的职能这一问题，管理学界最常见的观点是四个基本职能，即计划、组织、领导和控制。种种关于管理职能的学说表明：管理的职能是随着经济社会的发展、科学技术的进步和管理理论与实践的发展而不断发展变化的。随着经济社会的发展，服务的作用日益重要，无论是政府机关、其他社会组织还是组织的部门及管理者，其服务工作的效果都直接或间接影响管理的效果。为此，我们提出服务也是管理的基本职能的新观点。即管理的基本职能包括计划、组织、领导、控制和服务。任何组织各部门、各级别的管理者，都必须履行上述五种职能。管理者履行这些职能的程度将决定其组织活动的效率和效果。

第二节 管理学概述

一、管理学的定义

管理活动作为人类最重要的一项活动，是伴随着人类社会历史的发展而发展的。在人类历史上，自从有了人类群体的组织活动，就出现了管理活动。人类社会早期的管理活动是人类的实践活动，将管理实践作为理论，有意识地、系统地去研究却是近百年来的事情。19 世纪末 20 世纪初，伴随泰勒等管理学家对管理实践的总结与研究，管理学才正式问世。管理学的形成是社会化组织活动的产物。从实质上看，只要有人类群体活动存在，就有管理问题。针对普遍存在着的管理问题，人们必然进行规律性研究，必然产生寻求科学管理思想、理论和方法的探索，由此构成了管理的科学研究领域。社会的进步与发展不断充实管理研究的内容，导致了从管理实践、管理思想到管理理论与方法研究的不断完善，确立了管理学作为一门科学的学科地位与体系。

综上所述，管理学是一门从管理实践中形成和发展起来的系统研究管理活动的基本规律、基本理论和一般方法的科学。它是由一系列管理职能、管理原理、管理原则、管理方法和管理制度等组成的科学体系。

二、管理学的特点

（一）历史性

管理活动是伴随人类群体的组织活动而产生的。管理理论是人类对不同历史时期管理活动的管理实践、管理经验、管理思想的理论总结和发展，与其他理论一样，都是实践和历史的产物。了解管理历史发展和前人对管理经验的理论总结，是管理理论建立和发展的基础。随着社会的不断进步、科学技术的不断发展及管理活动内容的日益丰富，人类对管理理论的研究将不断得到充实和发展。所以作为管理理论科学体系的管理学具有历史性的特点，学习管理学应了解管理理论的发展历史。

（二）二重性

在组织管理活动中，组织资源配置的合理性影响着组织目标的实现。组织的重要资源人、财、物能否实现合理配置，是决定组织目标实现的关键。在组织管理活动中，我们把针对财、物的管理称为生产过程要素管理，也是物质资料的再生产，这一管理强调的是效率，称为管理的自然属性；而对人的管理涉及的是生产中形成的人与人之间的关系，属于生产关系的范畴，称为管理的社会属性。管理的二重性即管理的自然属性和管理的社会属性，两者是二位一体的，不能截然分开，它们同为管理学研究的对象。

（三）综合性

管理活动的复杂性和多样化决定了管理学在内容和研究方法上的综合性。在内容上，它从各种不同类型组织的管理活动中概括和抽象出对各门具体管理学科都具有普遍指导意义的管理思想、原理和方法；在方法上，它综合运用现代社会科学、自然科学和技术科学的成果，研究管理活动过程中普遍存在的基本规律和一般方法。因此，管理学是一门综合性的学科，或称为综合性的边缘学科。管理学的综合性特征，要求管理者要掌握广博的知识，而不仅仅是某个学科。

（四）实践性

管理学的实践性是指管理学是一门实践性很强的应用科学。也就是说，管理的理论和方法来自管理实践的科学总结，同时又要回到实践中接受实践的检验。因此，只有把管理理论与管理实践相结合，才能真正发挥这门学科的作用。管理活动要充分考虑各种实际情况，既要借鉴国外的经验，又要研究总结国内的经验，一切从实际出发，将管理的原理、思想、方法等应用到管理实践并服务于管理实践，接受实践的检验，才有助于形成有中国特色的管理学理论。

三、管理学的研究对象

管理学是一门系统研究管理活动的基本规律、基本理论和一般方法的科学。作为一门学科，管理学与其他学科有着不同的研究领域。管理学的研究对象就是管理活动过程，并对管理活动的基本规律进行归纳总结，从中找出管理的基本原则、基本方法，用于指导人们的管理实践，提升管理者的管理素质，改善管理行为的效果。它的研究对象主要包括如下几方面：

（一）生产关系方面

管理学作为一门以经济科学为主导的科学，生产关系是管理学研究的重点。研究生产关系就是要研究人们在物质资料的生产、分配、交换、消费过程中所形成的关系。即研究如何建立和完善组织机构以及各种管理体制，如何激励组织内成员并最大限度地调动他们的积极性和创造性，为实现组织目标而服务。只有把这些关系处理好，才能适应生产力发展的要求，促进生产力的发展。

（二）生产力方面

管理科学与生产力的发展密切相关，生产力发展水平不同，对管理的要求也不同。合理组织生产力，是管理学研究的重要内容。在生产力方面主要研究生产力诸要素之间的关系，研究如何合理配置组织中的人、财、物，使各要素充分发挥作用的问题；研究如何根据组织目标的要求和社会的需要，合理地使用各种资源，以求得最佳的经济效益和社会效益的问题。

（三）上层建筑方面

管理学与上层建筑也有密切的联系。管理离不开政策、法令、计划、管理机制和规章制度等。在上层建筑方面主要研究如何使组织内部环境与其外部环境相适应的问题，研究如何使组织的意识形态、规章制度与社会的政治、经济、法律、道德等上层建筑保持一致，维持正常的生产关系，促进生产力的发展。

（四）管理的一般规律方面

这是指从管理者出发研究管理的一般规律和管理过程。它反映管理活动中内在的、本质的、必然的联系。管理学从管理过程的角度出发，研究管理者在管理活动中应有哪些职能，执行这些职能涉及组织的哪些要素、哪些障碍及怎样处理等。管理的载体是组织，管理存在于一定的组织中，没有组织就无所谓管理；而管理的各项任务体现在管理的过程中。因此，计划、组织、领导、控制、服务是管理学研究的主要内容。

管理学与各个专业领域的管理学，如行政管理学、国民经济管理学、科技管理学、学校管理学、体育管理学、企业管理学等，既有区别，又有联系。各专业管理学研究的是某一特定领域的管理的特殊规律，而管理学研究的则是人类社会一切领域的管理的一般规律。各专业管理学的发展，推动着管理学的发展；而管理学的形成与发展，又为专业管理学提供理论基础，给各专业管理学以基本原理和方法论的指导。

值得指出的是，管理学的研究领域是与人类社会的发展同步的，自有人类社会存在以来，就存在着具有社会意义的管理问题，由此构成了管理学的研究内容。然而，管理学作为一门学科的建立和发展都是近现代社会发展与进步的产物，随着现代社会的知识化、信息化发展以及管理中许多新问题的出现，管理学的内容正处于不断变革和完善之中。因此，我们对管理学研究内容的归纳，是基于当前的认识，是从现实问题研究出发所进行的总结和概括。这同时也说明，随着社会的不断进步、科学技术的不断发展以及管理活动内容的日益丰富，人类对管理理论的研究将不断得到充实和发展。

四、管理学的研究方法

管理活动的复杂性和多样化决定了管理学在内容和研究方法上的综合性。从管理学的综合角度出发，我们认为管理学的研究方法主要有以下几种：

（一）历史研究法

历史研究法就是按照客观事物历史发展的自然进程，分析和揭示对象的本质及其运动规律的方法。任何管理现象都不是孤立的，都有它产生的历史背景及其发生、发展过程。管理学是一门复杂的边缘学科，不同的社会、历史和文化都影响到管理学的产生与发展。因此，对管理学中的某一理论、某一定义、某一规律的研究，都应放在一定的历史条件下，从其发生和发展的过程去考察，这样才能掌握其来龙去脉，了解其实质所在。用历史的方法研究管理学，要求我们全面地、发展地看待一切管理思想和流派，既要挖掘其历史渊源，又要看到其发展变化。

（二）比较研究法

比较研究法，是对彼此有某种联系的事物加以对照，确定对象之间的差异点和共同点的方法。有比较，才有鉴别。管理学的比较研究，不仅要进行纵向的历史考察，还应进行横向的中外比较。从纵向来看，管理学要研究管理发展史，要进行纵向的历史比较分析；从横向来看，管理学要研究他人、他国的管理活动与管理效果，要进行横向的比较分析。通过对管理组织、管理制度、管理方法、管理经验进行全面的比较、分析，总结经验，以便博采众长，为我所用，为今后管理活动的优化指明方向。

著名的“霍桑试验”就是运用比较研究法研究管理学的一个典范。通过比较试验所得到的重要成果，摒弃了传统管理学将人视为单纯的“经济人”的假设，建立起了“社会人”的观念，从而为行为科学这一管理学新分支的形成和发展奠定了基础。因此，比较研究的方法是管理学研究的一种重要的方法。但是，管理中也有许多问题，如高层所进行的风险性决策管理，由于问题的复杂性和环境变化的不确定性，很难通过比较研究法进行研究。由此可见，比较研究法的应用也是有条件限制的。

（三）案例研究法

案例研究法是指对已发生的真实而典型的、具有代表性的事例进行剖析，从中总结出管理的原则和规律，从而加强对管理理论的理解与方法的运用。这是管理学研究和学习的重要方法。管理学的案例研究法，是当代管理科学比较发达的国家在管理学教学中广为推行的一种学习研究方法，效果甚佳。哈佛商学院就借助成功的案例教学，培养出了大批的优秀企业家。学习研究管理学，必须掌握案例教学法、案例研究法，将自己置身于模拟的管理情景中，学会运用所学的管理原理、原则和方法去指导管理实践。案例分析法虽然应用很广，使用也比较方便，但其局限性也十分明显。这是因为有限的典型调查或经验性研究只是诸多管理事例中的有限样本。因此，案例分析中应十分注重研究结果的普遍性。

（四）调查研究法

调查研究法是指人们在科学的方法论的指导下，运用科学的手段和方法，对有关研究对象进行实质接触与沟通和有目的、有系统的考察，以此搜集相关原始资料，并对这些资料进行认真分析和研究，以达到明确事物内部结构和相互关系以及发展变化趋势的目的。管理学是一门应用性很强的学科，它与一般以逻辑推理为主的学科不同，在描述性、解释性和探索性的研究中都以直接或间接调查取得的大量材料为依据，运用科学、有效的问卷、访谈等调查方法，全面、系统地了解管理活动的实际情况，从中探索管理的一般原理、原则和管理规律，然后用于指导管理实践，达到提高管理效率的目的。

（五）定量分析法

定量分析法是通过对事物的观察和测量，考察事物存在的规律、运动的规模和发展的程度，并用数量表示出来的方法。现代管理活动除了定性方法外，还应广泛采用定量分析的方法。为此，可以通过建立数学模型，解决程序化的管理问题，也可以从管理运筹出发进行管理模式的优化，实现优化的管理目标。通过定量分析，人们对管理客体的认识才能进一步精确化、科学化。这有利于人们客观认识管理客体的发展方向，掌握其发展趋势。

上述各种方法，可视具体情况而灵活地采用，也可以把几种方法综合起来进行研究，从系统的观点出发，理论联系实际，实事求是，以便较快地收到良好的研究效果，为提高我国的管理水平作出有益的贡献。

第三节 管理者的角色与技能

一、管理者的定义

管理大师德鲁克给管理者作了如下定义："在一个现代组织里，一个知识工作者如果能够由于其职位和知识，对组织负有贡献的责任，因而能够实质性地影响该组织经营及达成成果的能力，则其为管理者。"① 由此可见，管理者是管理行为过程的主体，在管理工作中居于主导地位，对组织的目标负有贡献责任的人。

二、管理者的类型

任何组织要做到管理工作既有效率又有效益，都需要管理者的有效管理。组织的管理有三种类型，分别是基层管理者、中层管理者和高层管理者，他们分布于不同的等级，控制着不同的组织资源，在管理活动中承担着不同的职责。

（一）基层管理者

基层管理者，是组织中处于最低层次的管理者。他们所管辖的仅仅是作业人员而不涉及其他管理者。其职责是按中层管理者的安排去组织、指挥和从事具体的管理活动，如给作业人员分派工作、直接指挥和监督现场作业活动等。例如，酒店的领班、工厂的生产班组长、高校的教研室主任等都是基层管理者。

（二）中层管理者

中层管理者是介于高层和基层管理者之间的管理人员。酒店的部门经理、工厂的车间主任、高校的系主任等都是中层管理者。中层管理者的职责主要是执行高层管理人员制定的决策和策略，使高层管理者确定的目标、战略付诸实施。其具体职责是：找出运用组织的人力和其他资源以实现组织目标的最佳方法和途径；想办法帮助一线管理者和作业人员更好地利用资源、降低成本、改进顾客服务的手段；分析判断组织目标是否适当，向高层管理者提出如何加以改进的建议。

（三）高层管理者

高层管理者是指对组织管理负有全面责任的管理者。他们对组织的所有部门负责。他们负责确立组织目标和发展战略，制定重大政策和评价组织绩效。具体来说，他们决定公司应该提供何种产品或服务；决定不同部门之间如何协作；监控各个部门中的中层管理者利用资源以实现目标的进展情况；处理组织的突发事件；为中层管理者解决管理中的实际困难。

三、管理者的角色

（一）德鲁克的观点

管理学家德鲁克认为，管理者扮演着三大类角色，即：

---

① 彼得·德鲁克．卓有成效的管理者［M］．上海：上海译文出版社，1998.

第一，管理一个组织，求得组织的生存和发展。

第二，管理管理者。

第三，管理工人和工作。

（二）亨利·明茨伯格的观点

亨利·明茨伯格对五位总经理的工作进行了研究，提出了管理角色理论。他将管理者在计划、组织、领导、控制组织资源过程中需要履行的特定职责简化为十种角色。管理者通过这些角色的履行影响组织内外个人和群体的行为。他将这十种角色划分为三大类：人际角色、信息角色和决策角色。管理者往往同时扮演上述几种角色。

1. 人际角色

管理者扮演人际角色归因于管理者的正式权力，其目的是与组织其他人员协作互动，并为员工和组织提供导向和监督管理。它包括代表人、领导者和联络者三类角色。

管理者作为所在组织的领导，是所在组织或部门的象征。在参加社会活动及出席商务谈判活动中往往扮演着代表人的角色。

管理者的领导者角色意味着他不但要鼓励下级发挥出高水平的绩效，还要有计划地、有针对性地去指导下级的工作，领导员工齐心协力实现组织的目标。

管理者的联络者角色是指管理者要协调不同部门管理者的工作，与不同组织建立良好的合作关系，以实现资源共享并使其他组织接受本组织的产品或服务。

2. 信息角色

信息角色是指管理者从外部的组织或内部部门、人员处收集和接收信息并对内外发布信息。它包括监听者、传播者、发言人三类角色。

作为监听者，管理者要收集、分析组织内外部的各种信息，并接收有价值的信息。有了这些信息，管理者才能有效地履行管理的职能，组织、控制管理要素，实现组织的目标。

作为传播者，管理者把收集与接收的信息，有针对性地传达给组织成员，以此影响他们的态度和行为。

作为发言人，管理者根据需要向组织外部透露或发布组织的有关信息，使外界了解本组织，扩大组织的对外影响，树立良好的公众形象，使内部和外部的人对组织产生积极的反应。

3. 决策型角色

决策型角色是指管理者在管理过程中处理信息，得出结论，在其工作岗位上参与组织决策的工作。它包括企业家、冲突管理者、资源分配者、谈判者四类角色。决策型角色与管理者所从事的战略规划、资源配置等工作密切相关。管理者利用这一角色控制管理要素，配置各种资源。

作为企业家，管理者承担着经营战略的筹划，决定要从事的项目或计划的实施，对发现的机会进行投资。如开发新产品、提供新服务等。

作为冲突管理者，管理者承担着处理可能影响组织运营的突发事件或危机的责任。如平息客户的怒气、解决员工罢工事件、处理事故、调解员工间的纠纷等。

作为资源分配者，管理者承担着如何对资源进行合理分配的重要职责。如何对有限的资源进行合理配置，是个影响组织经营绩效和关系组织发展的十分重要的问题。为此，管理者要利用这一角色，合理地调配好组织的各种资源。

作为谈判者，管理者有相当多的时间要用在谈判上。谈判的对象包括员工、供应商、客户及其他组织和消费者等。任何组织要实现自己的管理目标，管理者都要开展不同形式的谈判工作。

四、管理者的技能

任何组织的管理者，不论处于哪个层次，都应该具有一定的管理技能。美国管理学家罗伯特·李·卡兹（Robert L. Katz）根据管理者的工作特点，提出了有效的管理者应具备概念技能、人际技能和技术技能的观点。

（一）概念技能

概念技能指管理者在分析、处理事关全局的重大问题和复杂关系的能力。概念技能包括管理者对复杂环境和管理问题的分析能力、对战略性问题的决策能力、对突发事件的应变能力等。管理者在扮演决策型角色的过程中，计划和组织工作需要较高水平的概念技能。

（二）人际技能

人际技能指管理者处理人际关系的能力。人际技能包括理解人、激励人、善于沟通及协调的能力。有效的管理者的突出特征之一就是具有良好的沟通、协调能力，能创造一种使下级感到安全并能自由发表意见的民主氛围，能激励人们形成一个团结一致的团队。管理者在扮演人际角色的过程中，需较高水平的人际技能。

（三）技术技能

技术技能指管理者对某一专业领域特定工作岗位所要求的专业知识与技术的熟练程度，及其在工作中运用该领域的知识、技术和方法的能力。技术技能是管理者应该具备的基本技能，包括专业知识、专业技术、方法、技巧等。掌握一定的技术技能可以使管理者成为某一领域的内行，是做好管理工作的基础。

上述三种管理技能对于不同类型的管理者来说，其要求是不同的。由于高层管理者在组织中负有战略决策的重任，因此要求其具有较高的概念技能。高层管理者与组织的作业人员接触较少，不需要直接指挥现场的作业活动，技术技能要求相对较低；基层管理者在组织中主要的任务是负责指导作业人员，需要在作业现场解决许多具体的作业问题，其技术技能要求较高。中层管理者介于高层管理者与基层管理者之间，其技术技能与概念技能的要求也介于二者之间。因为组织中任何类型的管理者在从事管理工作时，都要与人打交道，因此都要求具有较高的人际技能。

五、管理者的素质

管理者素质由管理活动及其职业要求决定，它与社会发展水平、社会文化和其他方面的社会条件有关，同时，不同的管理环境和不同的管理业务对管理者的素质具有不同的要求。因此，我们从基本素质出发，讨论其素质问题。

管理者的基本素质是指管理者所必须具备的素质，它主要包括以下几方面的内容：

（一）道德素质

管理者的道德素质，特指管理者在道德方面的内在基础，是管理者的道德认识和道德行为水平的综合反映。其包含道德修养和道德情操，体现着管理者的道德水平和道德风貌。同时，它也是管理者必须具备的首要素质。道德素质是管理者的灵魂，它对管理者及其所从事的管理行为起着决定性的影响。

（二）能力素质

管理者的能力素质可理解为善于完成任务、达成组织目标的素质。管理者的能力，除直接关系到管理效率外，更多的是影响他人，决定组织运行的效益。从能力结构上看，管理者的能力素质包括创新能力、决策能力、组织指挥能力、沟通协调能力、人际交往能力、控制能力、技术能力素质等。这些能力素质由管理业务活动内容和组织管理目标与任务决定。

（三）知识素质

管理是一种综合性极强的活动，不仅要求管理者具有人文社会科学方面的知识和实现科学化管理所需的信息科学、系统科学、运筹控制与数理知识，而且要求管理者具有与所从事的各管理领域有关的专业知识。专业知识要求精、深，文化科学知识要求广、博。即要求管理者既要掌握精、深的专业知识，又要具备较宽的知识面。知识素质是管理者提高智慧和能力、履行好管理职责的基础。

知识作为人类社会历史经验的总结，可分为八大类：自然科学、社会科学、数学科学、系统科学、思维科学、人体科学、文学艺术科学和军事科学。这八类知识中，前五类都与管理科学有相当的联系，后三类也存在间接的联系。

（四）健康的心理素质

管理者健康的心理素质主要表现在：

第一，要有识大体、顾大局的观念。因此，管理者的领导行为要以大局为重，着眼于全局，在处理问题时，高屋建瓴，高瞻远瞩，不局限于微薄小利的得失，要立足于现在，着眼于未来。

第二，要有良好的认知品质。管理者认知就是管理者对其工作对象的看法和理解。良好的认知心理品质是管理者了解情况、获得信息、正确决策的基础。为此，管理者必须具有良好的观察、记忆、想象和思维等心理品质。

第三，要有开拓创新的进取精神。具有开拓创新精神是对管理者的基本要求。要创新，必须扩大视野：一是要突破传统的小生产的狭隘境界，树立面向现代化、面向世界、面向未来的全新的战略眼光；二是要高瞻远瞩，勇于进取，和因循守旧、思想僵化决裂。

第四，要有当机立断的胆识和魄力。当机立断的魄力是管理者胆量和见识的综合表现，也是时代强者的表现。在竞争激烈的今天，现代管理者面临着许多新问题，必然要用他的知识和智慧，综观全局，把握时机，作出抉择，这就是当机立断的魄力。

第五，管理者还要有坚强的意志、不屈的毅力、非凡的胆略、宽阔的胸怀以及敢于负责的精神。坚强的意志包括主动性和独立性、目的性和自觉性、坚定性和果断性、坚韧性和顽强性、沉着性和自制力及自信心等基本品质。管理者的意志主要体现为管理者的魄力，即能自觉地确定目标并支配其行动，以顽强的坚韧性实现预定的目标。管理者的心理品质应该表现为热情忠厚、与人为善、大公无私、坦率耿直、虚心谦逊、严于律己。既敢于批评别人，也勇于自我剖析；既能顾全大局，有时还要委曲求全；既要敢于负责，又能主动承担责任。

【本章小结】

本章主要介绍了管理的定义、特性、职能、要素以及管理者的层次、角色、技能、素质和管理学的研究对象等管理的基本知识。

管理是指组织中的管理者通过计划、组织、领导、控制、服务等职能协调组织资源、优化资源配置以实现组织目标的活动过程。

管理具有目的性、组织性、经济性、动态性、人本性、创新性、科学性、艺术性等特性。

管理的要素包括有形要素和无形要素。

有形要素包括：人力资源、金融资源、物质资源。

无形要素包括：组织文化、组织环境、时间资源、信息资源、技术资源、关系资源。

管理的基本职能是指计划、组织、领导、控制、服务。

管理者的角色：亨利·明茨伯格提出了管理角色理论，认为管理者在履行特定的职责时往往同时扮演以下几种角色：

人际角色：包括代表人、领导者和联络者三类角色。

信息角色：包括监听者、传播者、发言人三类角色。

决策型角色：包括企业家、冲突管理者、资源分配者、谈判者四类角色。

组织中的管理者一般分为三个层次，即高层管理者、中层管理者和基层管理者。管理者的管理技能包括技术技能、人际技能和概念技能。人际技能对所有管理者都很重要，高层管理者更注重概念技能，基层管理者更注重技术技能，中层管理者各项管理技能都要具备。管理者的基本素质是指管理者所必须具备的素质，它主要包括道德素质、能力素质、知识素质、健康的心理素质。

【思考题】

1. 管理的定义是什么？
2. 管理的基本职能有哪些？
3. 管理的要素有哪些？
4. 管理者应掌握哪些技能？

【案例】

李科长的烦恼

李平（女），某大学工科专业毕业后，分配到一个中型工业企业，在车间任技术员。李平工作认真负责，一年后经厂领导同意，又考上同专业的硕士研究生，三年后研究生毕业，应原厂的要求，再回原厂工作。

该厂技术科科长前一年退休，技术科暂由王副科长负责。王副科长及其他技术员虽然工龄较长，但均为本科以下学历。此时正值企业急需开发一批新产品，而李平的硕士毕业论文是与企业开发新产品有关的课题，而且该厂的领导对李平以前的工作表现有良好的印象，于是，企业决定任命李平为技术科科长。正式任命之前，厂长在与李平谈话时指出："要与科里的其他老同志团结，你的工作一方面是主持技术科的全面工作，另一方面是重点负责新产品的开发。"

该厂技术科目前有两个副科长，均为男性。王副科长56岁，中专毕业，建厂初期就进厂工作，已有30余年的工作经历，对该厂的各项技术工作都十分熟悉，工作经验很丰富，与现有各位厂领导关系都很好。但考虑到其学历较低，不适应当前科学技术发展的要求，没有任命其担任正科长。夏副科长40岁，本科学历，十年前调入该厂，五年前曾参与当时的一系列新产品开发，获得成功，其中部分产品成为目前该厂的主导产品，但考虑到其现有技术及知识结构，与当前正在开发的新产品不适应，而且他与王副科长关系不很融洽，所以，也没有任命其担任科长。技术科还有其他7名技术员，除一位是去年分配来的女大学生外，其余都是男性，年龄均在35~50之间。由于这批新产品的开发是相当复杂的工作，开发成功与否，对企业有重大的影响，所以，该厂成立新产品开发领导小组，由一位副厂长任组长，李平任副组长，但由李平具体负责。小组成员还包括夏副科长、两名技术人员，销售科和供应科各一名副科长。

李平感到自己虽然有较多的专业知识，但技术科的两位副科长和其他技术员都是自己的老前辈，有丰富的工作经验。因此，在分配工作任务、确定技术措施、进行产品设计等方面，李平都通过各种会议征求大家的意见，充分发扬民主，共同商定。一段时间后，李平感到同志们提的方案不是很好，但好的方案大家并不认真对待，有时还没有深入研究，大家就给予否定。王副科长会习惯性地向厂长汇报和研究有关全厂的技术工作建议，这些建议往往与李平的建议相左，厂领导并不明确表示支持谁，仅强调精诚团结；夏副科长对新产品开发已有一套方案，但李平清楚地知道那是不可行的，从其责任心来讲也是不能同意的，可又不好意思由自己直接来推翻，希望由新产品开发领导小组来做出决议，但组长（分管副厂长）又不表态，其他组员似乎是无所适从。有时王、夏二人对科里的一些工作意见不一致，李平感到十分为难。科里工作效率低，士气也不高，李平感到这个科长当得真的很难。

【思考题】

1. 你认为李平是否胜任厂技术科科长的工作？
2. 对目前技术科的工作现状，你认为应采取哪些有效办法加以改进？

第二章　组织体系与组织设计

【学习要点】

1. 了解组织的含义及分类；
2. 描述组织目标的制定过程；
3. 理解组织素质的内涵；
4. 掌握组织设计的原则；
5. 明确部门化的基本形式；
6. 把握管理层次与管理幅度的关系。

第一节　组织概述

一、组织的含义

组织是人类社会生活中最常见、最普遍的社会现象。人们对组织的认识由来已久。在原始社会，人们靠打猎为生，但由于缺乏先进的器具，单个人在猎物面前显得弱小。经过长期实践，他们发现集体打猎效果较好，并且发现听从一个人的指挥比无人领导的打猎更好，于是就公推一位能干的人当首领，其余的人听他指挥。这就是最原始的组织。由此可以看出：当个人有所期望，但又无力实现这一期望时，往往需要与他人合作，联合行动，创造群体合力。中国古代思想家荀子曾说："人，力不若牛，走不若马，而牛马为用，何也？曰：人能群，彼不能群也。"这正体现了群体力量和组织活动的意义。

随着时代的发展，人类社会的组织空前发展，其影响已深入到政治、经济、文化和家庭生活等各种社会生活领域之中。一个人从出生到死亡，无不处于这种或那种组织之中，如各类学校、医院、机关、团体、工厂、商店、企业等。可以说，没有组织就没有社会，没有组织的发展就没有社会的进步。因此，人们越来越关注对组织问题的研究。

那么，究竟什么是组织呢？不同学者从不同角度提出了不同的观点。巴纳德认为，组织是"一个有意识地协调两人或两人以上活动与力量的体系统"[①]。卡斯特认为，组

① 尼古拉斯·亨利. 组织理论与公共事务［M］. 8版. 北京：中国人民大学出版社，2002：94.

织是：①有目标的，即怀有某种目的的人群；②心理系统，即群体中相互作用的人群；③技术系统，即运用知识和技能的人群；④有结构的整体，即在特定关系模式中一起工作的人群。[①] 斯蒂芬·P.罗宾斯和玛丽·库尔特认为："组织这个术语是指一种实体，它具有明确的目的，包含人员和成员并且具有某种精细的结构。"[②]

综合以上学者对组织的界定，我们把组织定义为：组织是人们为了实现某种共同目标而协同行动的集合体。准确理解该含义，需要把握以下几点：

（1）组织是一个人为的系统。组织是由人构成的，是人们在相互交往中形成的一定关系的集合。

（2）组织必须有共同的目标。目标是组织存在的前提，是组织活动的出发点和落脚点。任何组织都要有一个共同的目标，它是组织成员协作的基础。

（3）组织必须有分工与协作。适当的分工与协作是实现组织目标的必然要求，也是组织产生高效能的保证。

（4）组织有一定的权责结构。组织要赋予各个部门及每个人一定的权力和责任，才能完成组织的任务，实现组织的目标。

二、组织的类型

依据不同的标准，组织可分为不同的类型：

（一）按组织的人数多少，可分为小型组织、中型组织、大型组织和巨型组织

按照这种方式对组织进行分类是具有普遍性的，不论何种组织都可以作这种划分，各种类型组织的人数没有固定的界线。如家电企业就有小型企业、中型企业、大型企业和巨型企业之分；而联合国可以看做一个巨型的社会组织。但以这种标准划分组织类型，只停留在对组织的表面认识上。

（二）按组织的社会职能，可分为经济组织、政治组织和文化组织

经济组织是专门追求社会物质财富的社会组织，它存在于生产、交换、分配、消费等不同领域，工厂、工商企业、银行、保险公司等都属于这类组织。政治组织是为某个阶级的政治利益服务的社会组织，国家的立法、司法、行政机关等都属于政治组织。文化组织是人们之间相互沟通思想、联络感情，传递知识和文化的社会组织，如各类学校、研究机关、艺术团体、图书馆、报刊出版单位、广播电台等。

（三）按组织的目标，可分为互益组织、商业组织、服务组织和公益组织

（1）互益组织。互益组织的目标是使其成员受益。如工会、俱乐部、各种党派团体等。

（2）商业组织。商业组织其受益者主要是商业组织的所有者。如工厂、商店、银行等。

---

① 唐兴霖．公共行政组织原理：体系与范围［M］．广州：中山大学出版社，2001：3.

② 斯蒂芬·P.罗宾斯，玛丽·库尔特．管理学［M］．7版．北京：中国人民大学出版社，2004：16.

（3）服务组织。服务组织以服务为主，它的受益者是与该组织直接接触的人。如公立医院、公立学校、社会福利机构等。

（4）公益组织。公益组织的受益者是社会大众，不局限于与该组织直接接触的人。如政府机构、研究机构、消防队等。

（四）按组织内部有无正式规范，可分为正式组织和非正式组织

1. 正式组织

正式组织是指人们按照一定的规则，为实现共同的目标而正式组织起来的人群集合体。政府机关、军队、学校、工商企业等都属于正式组织。正式组织具有如下特征：

（1）经过规划而不是自发形成的；

（2）有明确的组织目标；

（3）权力具有强制性、正统性、合法性和稳定性；

（4）信息沟通渠道由组织规章提供；

（5）组织结构具有层级式的等级特点。

2. 非正式组织

非正式组织是与正式组织相对应的概念，是指人们在共同工作过程中自然形成的，以感情、喜好等情绪为基础的，松散的、没有正式规定的群体。如学术沙龙、俱乐部等。非正式组织具有如下特征：

（1）组织是自发形成的，以人们的共同喜好和感情为基础；

（2）组织最主要的作用是满足个人不同的需要；

（3）组织一经形成，会产生各种行为规范，约束个人行为；

（4）组织的领导者不一定有较高的权力和地位，但一定具有较强的实际影响力。

三、组织的功能

（一）整合功能

整合功能指组织的规章制度对组织成员的约束。通过调整组织中不同构成要素的关系，使组织成员的活动互相配合、协调一致。通过整合，可以使组织成员的活动由无序变有序，也可以把分散的个体黏合在一起，变有限的个体力量为强大的集体合力。这种合力不是“1+1=2”，而是“1+1>2”。可见，有效发挥组织的整合功能有利于组织目标的实现。

（二）协调功能

组织内各个部门和组织成员都要服从组织的统一要求。但由于他们各自的目标、需要、利益等方面得以实现或满足的程度和方式上存在一定的差异性，因此，组织部门之间或组织成员之间不可避免地存在一些矛盾和冲突。这时，组织就要充分发挥协调功能，调节和化解各种冲突和矛盾，以保持组织成员的密切合作，确保组织目标的实现。

（三）维护利益的功能

任何组织都是基于一定的利益需要而产生的。组织利益与个人利益息息相关，没有个人利益，组织也就失去存在的意义和价值；没有组织利益，也就无所谓个人利益的实现和满足。维护利益功能的发挥能充分调动组织成员的积极性、主动性和创造性，提高组织的凝聚力和向心力，为顺利实现组织目标提供条件。

（四）实现目标的功能

组织目标的实现要依靠组织成员的集体力量，而这种集体力量的形成，需要以组织整合和协调功能的有效发挥为基础，以利益功能为动力，从而最终实现组织的总体目标。各种组织都是整个社会系统的一分子，因此，实现组织的目标既包括实现单个组织自身的目标，也包括实现社会的大目标。

组织的上述四种功能并不是相互割裂的，而是相辅相成、互相作用的。值得注意的是，组织功能的正常发挥要以健全的组织构成要素为基础。

第二节 组织目标

一、组织目标及其作用

目标是组织存在的价值基础，任何一个组织都是为了实现某种目标而建立起来的。组织目标是指一个组织未来一段时间内试图达到和所期望的状态。组织目标是组织的宗旨或纲领，它对于组织的重要作用具体表现为以下几方面：

(1) 组织目标是组织成员的行动指南。组织目标对组织的全部活动起着指导和制约作用。对管理者和员工来说，目标就好比路标，它指明了组织活动的方向。有了明确的组织目标，人们就能根据目标来自我控制、自我引导、自我调整。没有目标，组织成员就如同大海中的一叶孤舟，容易迷失航向，行动起来也就有了困难。

(2) 组织目标能增强组织的凝聚力。组织目标可以将组织成员聚集在一起，将个体与组织黏合在一起。组织中各单位、各部门往往存在本位主义，这种现象的发生主要是由于组织缺乏明确的目标。有了组织目标后，各部门之间可协调、配合，把分散的力量组成一个有机系统，形成一个统一的整体，增强组织成员的向心力。

(3) 组织目标对组织成员具有激励和鞭策作用。明确的组织目标增进了组织员工对组织愿景的了解，把组织成员的力量拧成一股绳，激发员工的士气和潜能，使大家团结一心，众志成城，为实现组织的目标而努力奋斗。

(4) 组织目标是衡量组织活动成效的标准。目标不仅界定组织期望达到的状态，也可用作对组织成员的考评依据，评价和考核部门及员工的活动成效。

二、组织目标的特点

（一）差异性

不同的组织有不同的目标，组织目标是识别组织的性质、类别和职能的基本标志。不同类型的组织往往有不同的组织目标。如企业的组织目标往往表现为各种具体的营利性指标，而政府的目标通常是更好地为公众提供服务。同一类型的组织，由于所处的内外环境、管理者价值观念等方面存在差异，也会有不同的目标。例如，同是家电企业，海尔集团和联想集团也会有不同的目标。

（二）层次性

为了更有效地实现目标，组织目标往往需要进一步分解和细化，使抽象笼统的组织目标变为具体明确的目标，形成一定的层次性，从而指导组织中各部门和成员的行为。如哈罗德·孔茨将企业目标自上而下地划分为七个层次：①社会经济总目标；②使命；③一定时期的全部目标，包括长期目标和战略目标；④更具专业性的全部目标；⑤分公司目标；⑥部门或单位目标；⑦组织成员的个人目标，包括成就、个人培养目标等。[①]

（三）多元性

任何组织，其目标都不可能是单一的。在内外部环境变化和各种条件的制约下，组织目标往往具有多元性。以企业为例，过去人们普遍认为，企业的唯一目标就是追求利润最大化。在今天，企业为了更好地生存与发展，除了营利性的目标之外，还要根据现实情况，如国家政策和社会发展的趋势等，制定一些非营利性的目标，例如关注员工发展、进行慈善募捐、承担其他社会责任等。正如管理大师彼得·德鲁克所说，凡是成功的企业都在市场、生产力、发明创造、物质和金融资源、人力资源、利润、管理人员的行为表现及培养发展、工人的表现及社会责任等方面有自己一定的目标。

（四）时间性

一个组织不仅有抽象的战略目标，而且有各阶段的具体实施目标。根据时间的长短，组织目标可分为长期目标、中期目标和短期目标。长期目标规定组织成员活动的方向，用来指导组织的战略决策；中期目标通常用来指导组织的战术决策；短期目标是中、长期目标的具体化，用来指导组织的业务决策。

组织目标的差异性、层次性、多元性和时间性，体现了组织目标体系的复杂性。管理者只有充分认识和把握组织目标的这些特点，才能制定出符合组织自身实际和未来社会发展趋势的目标。

---

① 傅夏仙．管理学［M］．杭州：浙江大学出版社，2005.

三、组织目标的制定

（一）组织目标的制定原则

在制定目标时必须遵循一定的原则：

首先，要把全面性和重点性结合起来。在制定组织的目标时，要用全面的观点去看问题，制定的目标应体现组织的整体发展战略。但同时又要分清主次，在整体目标之中确立一个重点性或关键性的目标。不分清组织目标的主次，就不能抓住管理的主要矛盾，就会造成管理资源的浪费。需要注意的是，在不同发展时期，因组织所处内外环境不同，组织目标的重点将随之发生变化。

其次，要把稳定性与灵活性结合起来。组织的总目标在一定时期内应保持稳定，而各层级的子目标又要保持灵活，能根据内外部环境和条件的变化及时作出调整。

最后，要把目标的挑战性与可行性结合起来。组织的总目标应具有一定的挑战性和可行性。目标太小、太容易实现，会使员工丧失工作动力。目标太大、太高，不切合实际，会挫伤员工的工作积极性或直接导致行动的失败。因此，在制定目标时应充分考虑组织内外环境的因素，以及实现组织目标所需要的资源和条件是否具备，制定出既具有挑战性又切实可行的目标，充分激发组织成员的工作热情和工作潜力。

（二）组织目标的制定过程

一般来说，组织目标的制定大致要经历调查研究、拟定目标、评价论证和确定目标四个步骤。

1. 调查研究

没有调查，就没有发言权。在确立组织目标之前，首先必须进行大量的调查研究，全面收集情况，掌握内外信息。如认清组织的自身情况和特点，考察组织所处的内外环境，预测组织未来的发展方向和趋势，以及把组织与其他同类别组织进行横向比较和分析等。需要指出的是，所进行的调查研究既要全面，又要突出重点，侧重于组织与外部环境的关系和对未来变化的研究和预测上。

2. 拟定目标

拟定目标一般要经历拟定目标方向和拟定目标水平两个环节。首先，在既定的组织活动范畴内，综合考虑外部环境和资源，确定出目标方向。其次，通过对现有条件的全面估量，对沿着战略方向展开的活动所要达到的水平作出初步规定，形成可供选择的目标方案。一方面，要尽可能多地提出目标方案，另一方面，又要注意各方案之间的差异性，并按照一定的标准列出各个目标的综合排列次序，以便对比甄选。

3. 评估论证

组织目标拟定出来以后，就要组织多方面的专家和相关人员对提出的目标方案进行筛选。评价论证要围绕目标方向是否正确进行，要着重研究拟定的组织目标是否符合组织整体利益与发展的需要，是否具有可行性等。经过权衡比较，确定各目标方案的优劣。

目标的评估论证过程，也是完善目标的过程。通过评估论证，发现不足和缺憾，从而使之完善。如果通过评估发现拟定的目标完全不正确或根本无法实现，就要回到上个步骤，重新拟定，再重新评估论证。

4．确定目标

制定组织目标过程的第四步是确定所拟目标方案的价值或合理性，并确定最满意的方案。选定目标要从以下三个方面权衡：①目标方向是否正确；②目标实现的可能性；③期望效益的大小。对这三个方面要做综合考虑，多角度审视问题，仔细权衡利弊。另外，在选定目标时，还要掌握好决策时机，既要防止没弄清问题就轻易做决断，也要反对无休止的拖延和优柔寡断。

四、组织目标的管理

组织目标确定之后，管理者下一步面临的问题是如何实现目标，也就是组织目标的管理。对组织目标的管理包括对组织目标的实施和评估。组织目标的实施是执行和实现目标的过程。只制定目标而不去实施，目标就成了一个空架子，等于纸上谈兵，没有实际意义。为保证组织目标的有效实现，在目标实施过程中需要注意以下几个问题：

首先，管理者要做好组织协调工作。目标实施可能会给组织各单位、各部门以及个人造成不同方面、不同程度的影响，甚至遭遇来自各方面的阻力。此时，管理者要从全局出发，在部门、个人之间做好协调工作，解决冲突和矛盾，努力使大家从思想上统一认识，从全局出发去考虑问题，维护组织的整体利益，尽量避免出现部门本位主义和个人“英雄主义”。

其次，组织目标的有效实施要以一定的资源作保障。组织中各层次、各部门的成员为达成目标，必须利用一定的资源。管理者要善于将组织内部的各种资源调动起来，合理配置人力、物力和财力，以保证目标的顺利实施。如果组织内部缺乏相应的资源，还应考虑从外部获取资源的可能性和经济性。

再次，管理者要善于授权。为了保证组织活动的顺利展开，必须授予组织成员一定的权力。只有赋予相关主体相应的权力，才能调动他们的工作积极性、主动性和创造性。在授权的同时，还要明确职责。只有权力，没有责任，可能会导致滥用权力；只有责任，没有职权，则无法保证完成组织的任务。

最后，要设置合理的奖励制度。设置酬劳和奖励，有利于维持和调动组织成员的工作热情和积极性，激励员工在目标实施过程中勇往直前、锲而不舍。这种奖励可以是精神上的，如授予组织成员一定的荣誉称号或颁发荣誉奖章；也可以是物质上的，如增加员工的工资等。

组织目标实施之后，还有一个评估效果的过程。对组织目标实施效果的评估是将目标的实际执行效果与组织当初制定的目标进行比较，看是否出现偏差或失误。如果出现偏差，就要找出原因，判断是客观原因还是主观原因所致，并采取相应的补救或调整措施。具体来说，如果发现出现偏差是由于当初考虑问题不周全，或对未来预测有误，管理者就要重新对当初制定的目标进行调整，使其更符合客观实际。如果发现出现偏差是由于某种不可控的客观因素造成的，如在实施目标过程中，出现一些不以人的意志为转移的自然灾害等因素，影响了组织目标的实现，那么管理者就应该采取一定的补救措施，避免偏差扩大化，尽量使目标取得预期的效果。

第三节　组织素质

在知识经济时代，组织所面临的外部环境的不确定性和复杂性给组织的生存与发展提出了新的挑战。随着竞争的加剧，越来越多的组织开始关注、重视和提升组织素质，以推动组织的持续发展和完善。

一、组织素质的定义与内涵

素质一词通常用于个人，表示一个人的潜在品质和能力。组织素质是指一个组织所具有的潜在品质与能力。潜在品质主要包括组织所具有的价值观、凝聚力与组织成员对于组织目标的认同感；潜在能力主要包括组织的智商、组织的学习能力和应变能力。① 具体来说，组织素质的内涵可概括为以下几方面：

（一）组织价值观

在组织的潜在品质中，组织价值观是其最根本的内涵。组织价值观指组织评判事物和指导行为的基本信念、总体观点和选择方针。它是一种以组织为主体的价值取向，由组织内部的绝大多数人共同认可的价值观念。组织价值观由其成员共享，并规范着组织内部人员的行为。已有研究表明，组织价值观对组织的战略规划、竞争优势、激励方式以及组织变革与发展等产生直接的影响。美国 IBM 公司的董事长托马斯·沃森认为：任何组织要生存和取得成功，都必须有一套健全的信念和价值观，作为该企业一切政策和行动的出发点，公司成功的唯一最重要的因素是严守这一套信念；同时一个组织在其生命的过程中，为了适应不断改变的世界，必须准备改变自己的一切，但不能改变自己的信念。

（二）组织凝聚力

组织凝聚力是一种向心力、吸引力，它体现了组织成员之间相互依存、相互协调、相互团结的程度和力量。组织凝聚力反映组织成员之间的关系，包括组织成员之间的相互吸引力和整个组织对单个成员的吸引力。它是一个组织是否具有战斗力、是否会成功的重要标志，对组织行为和组织效能的发挥有着重要作用。随着竞争的加剧，越来越多的组织引入 EAP 计划（员工辅助计划），通过建立员工俱乐部或组建员工球队，定期外出旅游等途径来提高组织成员的凝聚力。如诺基亚公司为了给员工创造一个良好的工作环境，激励员工更好地发展，特为员工设定了一系列活动，如保健、理财、学习及休闲，这些人性化的福利使员工能够更好地工作，并且有了更强的归属感。②

---

① 姚向东. 组织素质——组织竞争胜利的关键［J］. 管理方略，1998（8）：30.

② 芮明杰. 管理学：现代的观点［M］. 2 版. 上海：上海人民出版社，2005：97.

（三）组织成员的忠诚度

组织成员的忠诚度是指组织成员对组织所表现出来的行为指向和心理归属，是组织成员行为忠诚与态度忠诚的有机统一。行为忠诚是态度忠诚的基础和前提，态度忠诚是行为忠诚的深化和延伸。行为忠诚主要表现为忠于职守、离职率较低等；态度忠诚主要表现为组织成员对组织的目标、企业文化等的认同。在现代社会，企业之间的竞争日益加剧，要增强企业的核心竞争力，就要培养员工的创造性思维，充分挖掘企业的创新能力。而员工创造性思维的培养和企业创新能力的发挥又在很大程度上取决于员工的忠诚度。因此，今天越来越多的企业开始关注员工的忠诚度，针对员工不同阶段的特点，采取不同的管理策略，取得了不错的效果。如在招聘期，以忠诚度为导向聘用人才；在供职期，培养员工的忠诚度；在离职潜伏期，挽救员工的忠诚度；在辞职期，完善忠诚度的管理；在辞职后，延伸忠诚度。

（四）组织的智商

组织智商是一种综合能力，主要表现在快速处理信息、有效决策和实施决策等方面。组织智商决定着组织的整体素质和学习能力。随着信息网络技术、知识经济的迅速发展，组织进入了“信息爆炸”时代，如何迅速有效地处理大量信息和提高决策速度成为信息时代提高组织素质的关键。那些善于从组织运作中总结经验、积累知识的组织，其组织智商相对就高，更能适应瞬息万变的环境。组织智商建设围绕着知识的积累和提高组织学习的能力展开，主要由知识管理、知识型员工开发、知识库建设、冲突管理与差异敏感专案管理、决策与解决问题能力专案管理及大脑联网六部分组成，其核心是如何有效地利用知识进行创新，促进组织内部的知识流通，提升成员获取知识的效率。①

（五）组织的学习能力

当今社会科技发展日新月异，组织要在错综复杂、瞬息万变的环境下生存和发展，就必须能够从外部准确而及时地获取信息，迅速调整自己以适应周围环境的变化。这种适应过程就是组织的学习过程。今天，组织的学习能力已成为组织不断创新的源泉与动力，也越来越成为组织素质的一个重要组成部分。蒂斯（Teece）在研究中注意到学习的一个基本性质，即它既是一个个体化的过程，又是一个组织化的过程。对于组织化过程的学习来说，它是一个社会或集体现象，它要求共同的交流基础和协调的探索程序。因此，组织的学习能力既包括组织成员个体的学习能力，又包括在此基础上组织成员共享学习成果的能力。其中，后者更为重要，因为只有共享学习成果，把组织成员的个体知识转化为全体成员的共同知识，才能提高整个组织的工作效率，更好地适应环境的变化。

（六）组织的应变能力

组织的应变能力指组织能够对外部环境的变化敏锐感应，并作出快速反应的能力。

---

① 付昌．组织智商：企业真正的核心竞争力［N］．世界经济报道，2001－08－28．

组织的应变能力是组织潜在能力的核心。随着知识经济、信息时代的到来，越来越多的组织采用新技术或新理论，如有的组织通过对组织结构的变革，采取扁平型组织以减少信息在高耸型组织结构中传递所带来的信息失真与低效率，同时加强组织成员之间的协作能力；有的组织采用柔性管理等方式来提高组织收集与处理信息的效率，提升对市场的反应能力；有的组织通过流程再造，或采用信息管理系统（如 ERP 系统）等来整合整个供应链，提高整个供应链组织之间的协作能力等，以达到提高组织应变能力的目的。①

二、提高组织素质的途径

未来的竞争是组织的竞争，组织竞争力的关键是组织素质，而为了提高组织素质，就必须进行组织修炼。② 只有围绕组织素质的内涵进行不断探索和学习，才能提升组织素质、提高组织的核心竞争力。具体可以通过以下途径达到目的：

（一）建立学习型组织

学习是提高组织素质最有效的方法。学习型组织的思想始于20世纪70年代，但其概念的正式提出则是在20世纪90年代。1990年，彼得·圣吉（Peter M. Senge）在其所著的《第五项修炼》（The Fifth Discipline）一书中提出学习型组织的概念，并通过自我超越、改善心智模式、建立共同愿景、团队学习和系统思考五项修炼来达到组织修炼的目的。③ 其中，自我超越的修炼对于组织中整体价值观的形成，对于组织成员对组织目标的认同，对于提高组织的学习能力具有重要作用；改善心智模式修炼对于提高组织成员的学习能力和智力水平具有重大影响，因此可视为影响组织的学习能力和组织智商的重要因素；建立共同愿景对于组织价值观的形成，特别是对于组织凝聚力的强化具有重大影响，这一修炼是组织目标形成和组织成员目标认同的必要前提。④

（二）进行组织创新

任何组织都必须随着外部环境和内部条件的变化而不断调整和变革组织结构及管理方式，使其适应各种变化，提高组织活动效益，提升组织素质。一个组织要想在错综复杂、瞬息万变的环境下生存和持续发展，就必须从外部准确而及时地获取信息，迅速调整自己的内部结构以适应环境的变化。因此，在组织方式上提出了无固定边界的非正式组织、层次很少的扁平型组织、成员之间能有效沟通的网络状组织、有利于激励内部创新的半自治式组织等。⑤

---

① 芮明杰．管理学：现代的观点［M］．2版．上海：上海人民出版社，2005：99.
② 郁义鸿．组织修炼［M］．上海：上海译文出版社，1997：13.
③ 彼得·圣吉．第五项修炼——学习型组织的艺术与实务［M］．郭进隆，译．上海：上海三联书店，2002.
④ 郁义鸿．组织修炼［M］．上海：上海译文出版社，1997：16.
⑤ 成思危．管理科学的几个重要发展趋向［J］．企业管理，1998（10）：7.

第四节　组织设计与部门分工

一、组织设计的含义及目的

组织设计是以组织结构为核心的组织系统的整体设计工作，指管理者将组织内各要素进行合理组合、建立和实施一种特定组织结构的过程。组织设计的实质是对组织中各项活动进行横向和纵向的分工，它是有效管理的重要手段之一。

组织设计的目的是：通过创构柔性灵活的组织，动态反映外在环境变化的要求，并且能够在组织演化成长的过程中，合理配置组织的各类资源；协调好组织中部门与部门之间、人员与任务之间的关系，使员工明确自己在组织中应有的权利和应承担的责任。①

二、组织设计的内容与原则

（一）组织设计的内容

1．职能与职务设计

组织首先要将总的任务目标进行层层分解，分析并确定完成组织任务究竟需要哪些基本的职能与职务，然后设计和确定组织内从事具体管理工作所需的各类职能部门以及各项管理职务的类别和数量，分析每位职务人员应具备的资格条件、应享有的权利范围和应负的责任。

2．部门设计

根据每位职务人员所从事的工作性质以及职务间的区别和联系，按照组织职能相似、活动相似或关系紧密的原则，将各个职务人员聚集在“部门”这一基本管理单位内。

3．层级设计

在职能与职务设计以及部门设计的基础上，必须根据组织内部能够获取的现有人力资源情况，对初步设计的职能和职务进行调整和平衡，同时要根据每项工作的性质和内容确定管理层级并规定相应的职责、权限，通过规范化的制度安排使各个职能部门和各项职务形成一个严密有序的活动网络。②

（二）组织设计的原则

进行组织设计离不开一定的原则。现代管理的组织设计应遵循以下原则：

1．目标统一的原则

组织设计的根本目的是完成组织的战略任务，实现组织的管理目标。目标统一原则是组织设计最基本的原则。它是指在进行组织设计时，要有明确的目标，并使各部

① 周三多．管理学——原理与方法［M］．2版．上海：复旦大学出版社，2007：150.
② 周三多．管理学——原理与方法［M］．2版．上海：复旦大学出版社，2007：152.

门、员工的目标与组织的总体目标保持一致。

2. 分工与协作的原则

分工与协作的原则是指在进行组织设计时，要根据不同专业和性质进行合理的分工，并规定各部门内部或部门之间的协调关系和配合方法。分工是提高组织工作效率的基本手段。在分工的基础上，各部门只有加强协作与配合，才能保证各项管理活动的顺利开展，最终有效实现组织的总体目标。

3. 有效控制幅度的原则

有效控制幅度的原则是指组织中的主管人员直接管辖的下属人数应是适当的。也就是说，领导者的管理幅度应控制在一定水平，不能过宽也不能过窄，这样才能保证组织的有效运行。

4. 精简高效的原则

精简高效的原则是指在保证组织业务活动正常开展的前提下，尽可能减少管理层次、简化部门机构，配置少而精的管理者。坚持这个原则，能使组织精干，提高工作效率，节省管理费用。

5. 权责对等的原则

为保证组织工作的有效进行，在进行组织设计时，要确保职位的职权和职责对等。权责对等原则是指在赋予每一个职务权限的同时，必须赋予其相应的职责。避免出现有权无责或有责无权的现象。

6. 集权与分权相结合的原则

组织的有效运行，既需要一定的集权，也需要一定的分权。集权，有利于保证组织的统一领导和指挥；分权，有利于调动下属的工作积极性。在实际工作中，应根据组织的实际需要来决定集权和分权的程度。

7. 稳定性与适应性相结合的原则

在进行组织设计时，既要保证在外部环境发生变化时，组织能够持续有序运转；又要保证在运转过程中，组织能根据变化了的情况作出相应的调整。这就是说，管理者必须在稳定与动态变化之间寻求一种平衡，既保证组织结构有一定的稳定性，又使组织有一定的发展弹性。

三、部门化

组织设计的实质是对管理活动进行横向和纵向的分工，而分工又要求组织活动保持高度的协调一致性，协调的有效方法就是组织的部门化。组织部门化是劳动分工在组织内部的体现，主要解决组织的横向结构问题。

（一）组织部门化的原则

部门划分应遵循的总原则是分工与协作原则。具体原则有：

（1）最少部门原则：在有效实现组织目标的前提下，组织中的部门应力求少而精。

（2）灵活性原则：指划分部门应根据组织实际，随业务的需要而增减。

（3）目标明确原则：指组织应具备必要的职能，并将职能明确化，以确保目标的实现。

（4）指标均衡原则：指各部门职务的指标分派应均衡，避免忙闲不均、工作量分摊不均。

（5）业务部门与监督部门分设原则：考核和检查业务部门的人员，不应隶属于受其监督评价的部门，这样才能真正发挥监督评价的作用。

（二）组织部门化的基本形式

很难想象在一个有着5 000或50 000人的组织里，所有员工都在同一个大部门里工作。这就需要进行部门化（或部门分工）。部门化是指依据一定的标准，把工作细分给部门的过程。组织部门化可以依据多种不同的标准进行，常见的有职能部门化、产品服务部门化、区域部门化、流程部门化和顾客部门化。

1. 职能部门化

这是按照履行职能的不同来划分部门的。例如，一个企业可以划分为财务部、研发部、生产部、营销部等。职能部门化是一种传统而普遍的组织工作的方法。其优点是：符合专业化分工的要求，能充分有效地发挥员工的才能；易于监督和指导；有利于提高工作效率。缺点是：不利于高级管理人才的培养；容易出现部门本位主义，部门之间协调配合困难，从而影响组织总目标的实现。

2. 产品服务部门化

这是按组织所提供的产品或服务的不同来划分部门。如某家电企业依据其产品类别划分出彩电部、空调部、冰箱部、洗衣机部等部门。产品部门化的优点是：有利于培养"多面手"式的管理人才；能促进企业的内部竞争，提高企业的专业化经营水平。缺点是：容易出现部门本位主义倾向，影响企业总目标的实现；某些管理机构重复，导致管理费用增加等。

3. 区域部门化

这是按地理区域来划分部门，又称地域部门化、地区部门化。这种方法多用于一些地理位置比较分散、规模较大的组织。跨国公司的市场部经常采用区域部门化的方法，如设立中国市场部、美国市场部、韩国市场部等。区域部门化的优点是：权责下放到地方，鼓励地方参与决策和经营；对本区域市场变化反应灵敏，有利于服务与沟通；有利于管理人员的培养。缺点是：与总部之间的管理职责划分较困难，高层管理人员较难管理和控制各地区部门的业绩。

4. 流程部门化

这是指组织按生产过程、工艺流程等划分部门。如机械制造企业划分出铸工车间、锻工车间、机加工车间、装配车间等部门。流程部门化的优点是：能取得经济优势；可充分利用专业技术和技能；简化了培训。缺点是：部门间的协作较困难，易产生部门间的利益冲突，不利于培养综合性的高级管理人才。

5. 顾客部门化

这是基于顾客的不同利益需求来划分的。在激烈的市场竞争中，顾客的需求导向越来越明显，企业应努力满足顾客的需求。如银行为了向不同的顾客提供服务，设立了商业信贷部、农业信贷部和普通消费者信贷部等。顾客部门化的优点是：能满足目标顾客各种特殊而广泛的需求；可有针对性地按需生产、按需营销。其缺点是：由于顾客需求偏好的转移，企业可能无法及时作出调整；会增加与顾客需求不匹配而引发的矛盾和冲突。

在实际工作中，任何组织很少根据唯一的标准来划分部门，而是经常同时采用两个或两个以上的部门化方式。如大学里设置的教务处、科研处、财务处等是按职能来划分的；而本科生部、硕士生部、博士生部等的设置又是按产品来划分的。究竟采用一种部门化还是多种部门化的组合往往取决于对各种部门化方式优劣的权衡。

第五节　职务设定、职权设计与平衡

一、职务设定

（一）职务设定的含义

职务是指组织中承担相同或相似职责或工作内容的若干职位的总和。职务设定是将任务组合起来构成一项完整职务的过程。它是对现有职务的认定、修改或产生新的职务。职务设定的目的就是依据职务的性质和条件，使每一个职位都有能够胜任的人员来承担工作，且使员工在这个岗位上发挥其才能和潜力。

（二）职务设定的方法

职务设定的方法通常有：职务专业化、职务轮换、职务扩大化、职务丰富化等。

1．职务专业化

在20世纪50年代以前，受亚当·斯密和泰勒等人的理论的影响，职务设定基本上是按职务专业化的模式进行的，即把职务简化为细小的、专业化的任务，每人承担其中的一部分工作。职务专业化的基本方法就是“时间—动作”研究，即通过寻找工人的身体活动、工具和任务之间的最佳组合，实现工作的简单化和标准化，以使所有工人都能够达到预定的生产水平。亚当·斯密曾描述过一家大头针制造厂的劳动分工情形：第一个人抽钢丝，第二个人拉直，第三个人切割，第四个人削尖，第五个人磨顶；而钉头的制作又需要两三项单独的操作；钉上钉头又是另一项工作。将大头针的制造划分为各种细小的、专业化的操作，使这家企业的劳动生产率比不进行劳动分工的企业提高了200多倍。这就是职务专业化的巨大吸引力。

按职务专业化思路设计出来的职务细小、简单，能提高工人工作的熟练程度，减少因工作变换而损失的时间，大幅度提高劳动生产率。但由于它很少考虑工人的社会需要和个人需求，产生了很大的负面影响。比如：工人对工作产生厌倦和不满情绪，离职率和缺勤率增高；管理者和工人之间产生隔阂，影响工作的质量和总体效率等。

2．职务轮换

一般所指的职务轮换是指通过横向的交换，让员工轮换担任若干种不同工作的做法。这是为避免职务专业化缺陷的一种早期努力。以仓库内的工作为例，一个工人可以在周一卸货，周二把货物搬进仓库，周三负责核对清单，周四将外运货物搬出仓库，周五负责装车。职务轮换的优点是明显的。首先，它拓宽了员工的工作领域，给予其更多的工作体会，使员工享受到了类似“跳槽”的新鲜和乐趣，减少了工作厌倦和单调感。其次，员工处于不断变换的状态中，可以使员工更多了解组织中的其他活动，为其承担更大责任的职务做好准备。职务轮换现已成为企业培养人才的一种有效方式。目前在一些大型高科技企业和知名外企中得到了较多应用，如华为、西门子、爱立信、柯达、海尔、联想等公司都在公司内部或跨国分公司之间进行了成功的职务轮换。职务轮换也有缺点：将员工从先前的职位上转入一个新的职位，会增加培训成本，还可能会导致生产效率的下降；职务轮换可能使那些偏爱在所选定的专业领域中寻求更大发展的员工的积极性受到打击；非自愿的职务轮换还可能导致旷工和事故的增加。

3．职务扩大化

避免职务专业化缺陷的另一种努力是职务扩大化，即通过增加某职务所完成的不同任务的数量，实现工作多样化。以装配收音机为例，原先每个人只负责一两项简单的操作，如将某个电容器插在焊孔上，现在则改由每个员工装配一个部件，甚至由单个员工装配整台收音机。职务扩大化把若干活动合并为一件工作，扩大了工作的范围，一定程度上可以解决员工工作的单一化问题。但它只是工作内容水平方向的扩展，所增加的任务往往与员工以前承担的任务具有类似性，不需要员工具备新的技能，因此它没有给员工的活动提供太大的挑战性和兴趣，也不能从根本上改变员工工作的单调乏味感。

4．职务丰富化

如果说职务扩大化是在同一级别上工作的横向扩展，职务丰富化则是从纵向上充实和丰富工作内容。即允许员工以更大的自主权、独立性和责任心去从事一项完整的活动。根据赫兹伯格的双因素理论，保健因素，如公司政策和薪酬等，只能防止员工产生不满，但产生不了激励作用。而员工的责任感、成就感则可以起到激励作用。因此，给工作中增添激励因子，使工作更有趣、更有挑战性，就成为职务丰富化的基本思想。美国电话电报公司曾成功地采用这种设计方法激励了打字员：以前，公司将八个打字员放在一个没有自主权的小组里，负责打印顾客的订货单（这种工作小组效率很低，人员思想也不稳定），后来改建为工作团队形式，小组长直接由打字员担任，并授予该小组计划和控制其工作质量与进度的权力，这样大家的责任心大大增强了，工作效率和工作满意度也随之提高。①

二、职权设计与平衡

（一）职权设计的含义

职权是职务范围内的管理权限。依靠职权，管理者可以指挥下属、采取行动，实

① 池丽华，伊铭．现代管理学［M］．上海：上海财经大学出版社，2006：188.

现组织的目标。每一个管理职位都具有某种特定的、内在的权力，任职者可以从该职位的等级或头衔中获得这种权力。

职权设计就是全面、正确地处理企业上下级之间、同级之间的职权关系，将不同类型的职权合理分配到各个层次和部门，明确规定各部门、各职务的具体职权，建立起集中统一、上下左右协调配合的职权结构。它是旨在保证各部门能够真正履行职责的一项重要的组织设计工作。

（二）职权设计中的平衡

职权设计中所要考虑的最重要的问题，就是职权的平衡。而要保持职权的平衡，就不能不涉及集权和分权的问题。集权和分权反映组织的纵向职权关系。集权是指决策权在组织系统中较高层次的一定程度的集中。分权是指决策权在组织系统中较低管理层次的一定程度上的分散。衡量一个组织集权或分权的标志主要有：

（1）决策的数量。较低层次的管理者作出决策的数量越多，分权程度越高。

（2）决策的范围。较低层次的管理者作出的决策范围越广，分权程度越高。

（3）决策的重要性。较低层次的管理者作出的决策涉及的影响面越大，或费用越多，分权程度越高。

（4）决策的审核。组织中较低层次的管理者所作的决策审核越少，分权程度越高。

集权和分权是一个相对的概念。集权有利于统一领导和指挥，防止政出多门，能加强对组织的控制；可使组织的有限资源得到有效利用；便于从整体出发去处理问题，避免局部利益行为；保证组织总体政策的统一性和政策执行的高效率。但过度集权会抑制和挫伤下属的主动性和创造性，增加高层管理者的负担，降低决策的质量，降低组织的适应能力。一个组织的集权、分权化程度宜高还是宜低，应根据具体情况来定。如组织规模大、地域分布广、经营范围宽的企业，宜实行分权化管理。反之，宜实行集权化管理。

（三）授权

授权是指上级把自己的某些职权授给下属，使下属拥有相当的自主权和行动权，在上级的指挥和监督之下完成任务。授权与分权有别。孔茨认为，分权是授权的一个基本方面。授权是上级把权力授予下级，分权是上级把决策权分配给下属。授权的含义包括三个方面：

（1）委派任务，指向被托付人交代要完成的任务。

（2）委任权力，授予被托付人相应的权力，去处理其原本无权处理的事务。

（3）明确责任，要求被托付人对托付的事务负责，不仅包括完成指派的任务，也包括向上级汇报任务的执行情况和结果。

合理的授权需要遵循和掌握以下原则：

（1）授要原则，指授给下级的权力应该是下级在实现组织目标中最需要的、比较重要的权力，而不是一些无关紧要的权力，这样才能解决实质性问题。

（2）逐级授权原则。组织授权应逐级自上而下地进行，不能越级授权。

（3）权责一致原则。授权要以责任为前提，授权的同时要让下级明确自己的职责范围。有权无责会导致权力滥用；有责无权，则无法保证完成组织的任务。

（4）适度原则。授予的职权应是上级职权的一部分，而不是全部，更不可将不属于自己权力范围的职权授予下属。授权过多会造成工作杂乱无序，甚至管理失控；授权过少会使上级工作量过大，加重领导的负担。

（5）灵活性原则。灵活性原则要求授权时从实际出发，考虑不同的环境条件、不同的目标任务及不同的时间，授予不同的权力。

第六节　管理幅度与管理层次

管理幅度与管理层次是组织结构的基本范畴，也是影响组织结构的两个决定性因素。幅度构成组织的横向结构，层次构成组织的纵向结构，水平与垂直相结合构成了组织的整体结构。

一、管理幅度

管理幅度，也叫管理跨度，是指一个上级主管能够直接有效地指挥下属的数量。一个人受其精力的限制，能直接指挥和领导的下属数量总是有限的。因此，主管人员要想有效地领导下属，就必须认真考虑究竟能直接管辖多少下属的问题。管理学家研究认为，对高层管理者来说，理想的下属人数是4人，在组织的最低层次，下属人员一般是8～12人。管理幅度的宽窄是影响组织效率的重要因素之一，也是管理层次设计的关键制约因素之一。管理幅度过宽或过窄都不利于组织的高效运作，常常会造成管理者疲于奔命或人浮于事的现象。

影响组织管理幅度的因素有很多，而且会因组织的具体情况不同而有别。其中，影响管理幅度的主要因素有以下几方面：

（1）工作能力，包括领导者和下属的工作能力。如果领导者精力充沛，工作能力强，管理幅度可以宽一些；同样，如果下属的素质比较高，能很好地领会领导的意图，这样的下属，多几个也比较容易管理。

（2）工作性质，包括工作的复杂程度、变化性及下属人员工作的相似程度。如果工作的复杂性高，且多变和富有创造性，则上级就需要经常接触、反复磋商，投入较多的时间和精力，管理幅度应窄些。如果下属的工作具有很大的相似性，即使比较复杂，管理起来也不会太困难，管理跨度则可以适当加宽。

（3）沟通的程度。管理离不开上下级的沟通。如果沟通的效果好，且效率高，就能为管理者节省不少时间和精力，则管理幅度可加大。如沟通不畅，就需要频繁接触和反复沟通，管理者花费的时间和精力必然会增加，这时就需要适当减少管理幅度。

（4）授权的程度。如果组织在管理中更多地采用授权的方法，上级领导的工作负担较轻，管理幅度就可以宽些；反之，授权较少，下属人员遇到事情要向上级请示汇报，管理幅度应窄些。

（5）制度的完善程度。如果组织的协调控制体系比较完善，事先制定有明确的工作目标和工作计划，事中和事后有严格的检查制度和考核评价手段，就可以有效地控制各项工作的运转，减少管理者花费的时间和精力，那么管理幅度就可以放宽。

（6）变革的速度。每个组织都会随环境的变化而发生或大或小、或快或慢的变化。变革的速度慢，则组织的各方面都会比较稳定，员工就能按部就班地完成自己的任务，管理起来就容易得多；反之，组织经常变动，员工往往就无所适从，则管理幅度就要相应变窄。

二、管理层次

管理层次亦称管理层级，指组织的纵向等级结构和层级数目。管理层次是以人类劳动的垂直分工和权力的等级属性为基础的。一个组织管理层次的多少，一般是根据组织的工作量的大小和组织规模的大小来确定的。一般把管理层分为三个层次，即高层管理者、中层管理者、基层管理者。（见第一章第三节）

管理层次受到组织规模和管理幅度的影响，它与组织规模成正比。组织规模越大，则包括的人员越多，组织工作也越复杂，管理层次也就越多。在组织规模确定的情况下，管理幅度与管理层次成反比关系，即管理幅度越宽，管理层次越少；管理幅度越窄，管理层次越多。以一家有 4 096 名作业人员的企业为例，如果按管理幅度分别为 4 和 8 对其进行组织设计（假设各层次的管理幅度相同），那么其相应的管理层次分别为 6 和 4，所需的管理人员为 1 365 和 585 名。如图 2－1 所示：

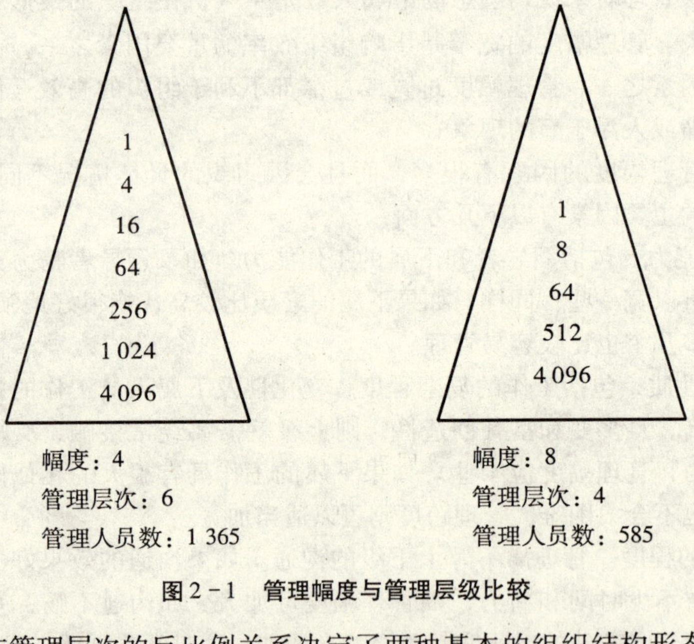

图 2－1　管理幅度与管理层级比较

管理幅度与管理层次的反比例关系决定了两种基本的组织结构形态：扁平型组织结构和高耸型组织结构。关于这两种组织结构的特点和各自的优缺点具体可参见本书第三章，这里不再赘述。

【本章小结】

组织是人们为了实现某种共同目标而协同行动的集合体。按照不同的标准，可分为不同的类型。任何一个组织都有其特定的目标，组织目标对组织的全部活动起指导和制约作用。组织目标具有差异性、层次性、多元性、和时间性的特点，在制定组织目标的过程中，应遵循一定的原则。

未来的竞争是组织的竞争，组织竞争力的实质是组织素质。组织素质的提升有两种基本途径：建立学习型组织和进行组织创新。

组织设计的实质是对管理活动进行横向和纵向的分工，这要求组织活动保持高度的协调一致，而协调的有效方法就是组织的部门化。组织部门化从横向方面解决组织的结构问题，常见的有职能部门化、产品服务部门化、区域部门化、流程部门化和顾客部门化。职权设计从纵向方面解决组织的结构问题。职权设计中要注意集权和分权的问题，并把握授权的原则和尺度。

管理幅度和管理层次是组织结构的基本范畴，也是影响组织结构的两个决定性因素。幅度构成组织的横向结构，层次构成组织的纵向结构。在组织规模确定的情况下，管理幅度与管理层次成反比关系。

【思考题】

1. 试述组织的含义及其分类。
2. 组织目标有何特点？其制定可分为哪几个步骤？
3. 如何全面理解组织素质的内涵？
4. 简述部门化的几种基本形式。
5. 组织设计应遵循哪些原则？
6. 影响管理幅度的主要因素有哪些？

【案例】

老张和老刘是同一公司内两个不同部门的经理。一天早上，他们同车去上班。路上，他们各自讨论着自己的管理工作。从交谈中发现，老张特别为其下属的两个人伤脑筋。他抱怨说：“这两个人在受聘到公司的头几个月里，我一直耐心细致地告诉他们，在开始工作的头几个月里，凡是涉及付款和订货的事情都要先与我商量一下。并叮嘱他们，在未了解情况以前，不要对下属人员指手画脚。但是，几个月过去了，到现在已有一年多的时间，他们还是一点创造性也没有——大小事情都来问我。例如一个叫李林的，上星期又拿着一张1万元的付款支票来问我，这是他完全可以自行处理的嘛！而另一个助手小马，前两周我交给他一项较大的任务，叫他召集一些下属人员一起干，而他呢，却一个人闷着头干，根本就不让下级人员来帮忙。他们老是这样，大小事情都来找我，我总有一天要倒霉的！”

几乎在同一时候，老张的两个下属——李林和小马也在另一地方谈论着自己的工作。李林说：“上星期我找老张要他签发一张支票。他说不用找他了，我自己就有权决定。但是，在一个月之前我找不到他，只好自己签发了一张支票，结果我签发的支票被退了回来，原因是我的签字没有被授权认可。为此，我上个月专门写了一个关于授权于我签字的报告，但他一直没有批下来。我敢说，老张办事毫无章法，对工作总是拖延。他的工作往往要拖后一个多月。我可以肯定地说，我递给他的要求授权的报告恐怕还锁在抽屉里没有看过呢！”

小马接着说：“你说他的工作毫无章法，我也很有同感。前两个星期，他叫我到办公室去，交给我一项任务，并要我立即做好。在进行这项工作时，我也想得到一些下级人员的帮助，找过一些人，但是却无法得到这些人的帮助。他们说除非他们得到老张的允许，否则他们就没有时间来帮助我。今天是完成这项工作的最后日期，然而我却还没有完成。他又要抓我的辫子，把责任推给我了。我认为老张担心我们把工作搞得过于出色，他担心我受到提升……”①

【思考题】

1. 本案例中，授权过程出现了什么问题？
2. 如果你是老张，你会如何管理你的下属？

① http://blog.mzsky.cc/tzst/blog_208

第三章　组织结构与组织运行

【学习要点】

1. 各种典型的组织结构形式及其各自的优缺点和适用范围；
2. 组织形态纵向划分的类型；
3. 现代企业组织结构发展的新趋势；
4. 扁平化组织结构；
5. 权变的组织结构的含义；
6. 影响组织结构的权变因素。

第一节　组织结构的典型形式

一、直线制

直线制是一种最早也是最简单的组织形式。它的特点是企业各级行政单位都从上到下实行垂直领导，下属部门只接受一个上级的指令，各级主管负责人对所属单位的一切事务负责。企业最高层不另设职能机构（可设职能人员协助主管人工作），一切管理职能基本上都由行政主管自己执行。其结构形式如图 3－1 所示：

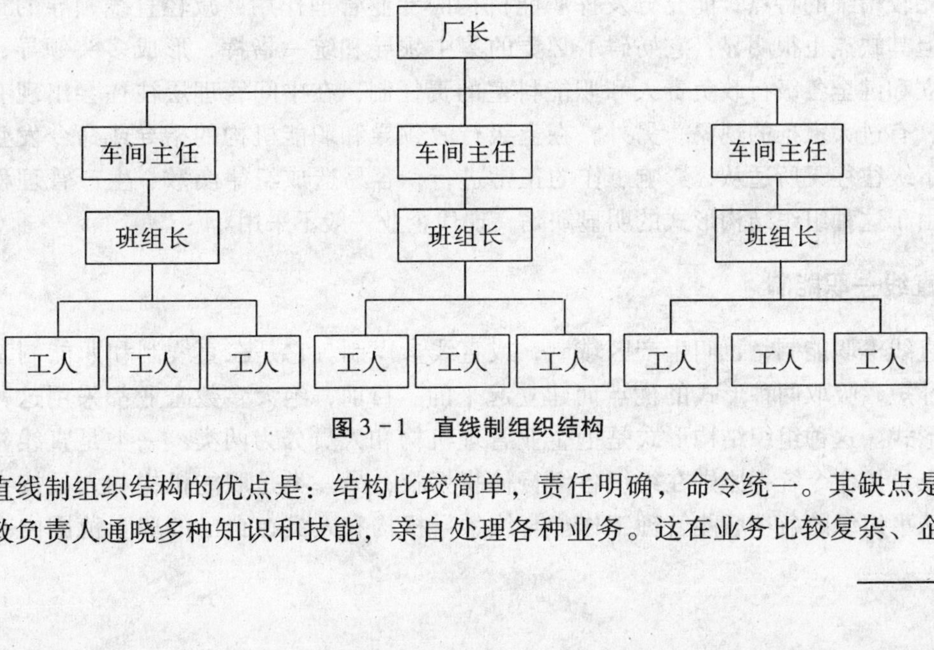

图 3－1　直线制组织结构

直线制组织结构的优点是：结构比较简单，责任明确，命令统一。其缺点是：要求行政负责人通晓多种知识和技能，亲自处理各种业务。这在业务比较复杂、企业规模比较大的情况下，把所有管理职能都集中到最高主管一人身上，显然是不妥的。因此直线制只适用于规模较小、生产技术比较简单的企业，对生产技术和经营管理比较复杂的企业并不适宜。

二、职能制

职能制组织结构，是各级行政单位除主管负责人外，还相应地设立一些职能机构。如在厂长下面设立职能机构和人员，协助厂长从事职能管理工作。这种结构要求行政主管把相应的管理职责和权力交给相关的职能机构，各职能机构就有权在自己业务范围内向下级行政单位发号施令。因此，下级行政负责人除了接受上级行政主管人的指挥外，还必须接受上级各职能机构的领导。其结构形式如图 3 -2 所示：

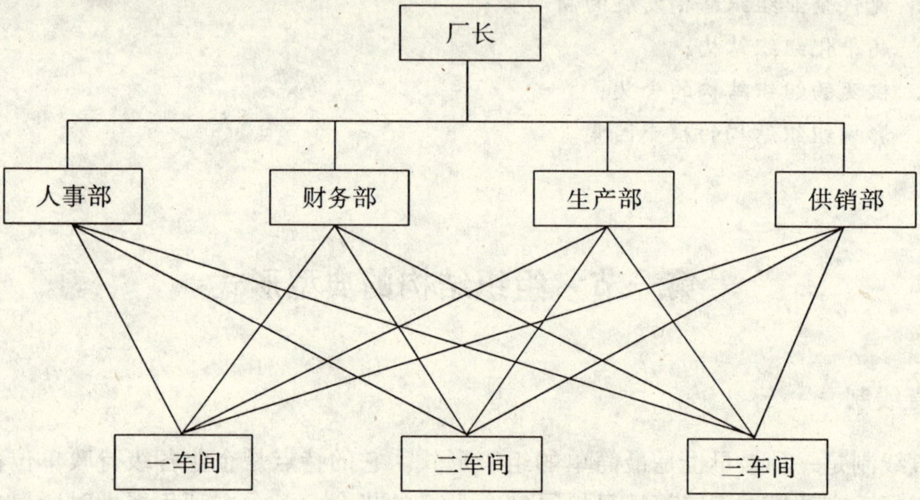

图 3 -2　职能制组织结构

职能制组织结构的优点是：能适应现代化工业企业生产技术比较复杂、管理工作分工比较精细的特点；能充分发挥职能机构的专业管理作用，减轻直线领导的工作负担。但其缺点也很明显：它妨碍了必要的集中领导和统一指挥，形成多头领导；不利于建立和健全各级行政负责人和职能科室的责任制，在中间管理层往往会出现有功大家抢、有过大家推的现象。另外，在上级行政领导和职能机构的指导或命令发生矛盾时，下级往往无所适从，影响工作的正常进行，容易造成纪律涣散、生产管理秩序混乱。由于这种组织结构形式的明显缺陷，现代企业一般不采用。

三、直线—职能制

直线—职能制，也叫生产区域制，或直线参谋制。它是在直线制和职能制基础上取长补短，吸取两种形式的优点而建立起来的。目前，绝大多数企业都采用这种组织结构形式。这种组织结构形式是把企业管理机构和人员分为两类：一类是直线领导机构和人员按命令统一原则在组织各级行使指挥权；另一类是职能机构和人员按专业化原则从事组织的各项职能管理工作。直线领导机构和人员在自己的职责范围内有一定的决策权和对所属下级的指挥权，并对自己部门的工作负全部责任。而职能机构和人员，则是直线指挥人员的参谋，不能对工作部门直接发号施令，只能进行业务指导。直线—职能制的结构形式如图 3 -3 所示：

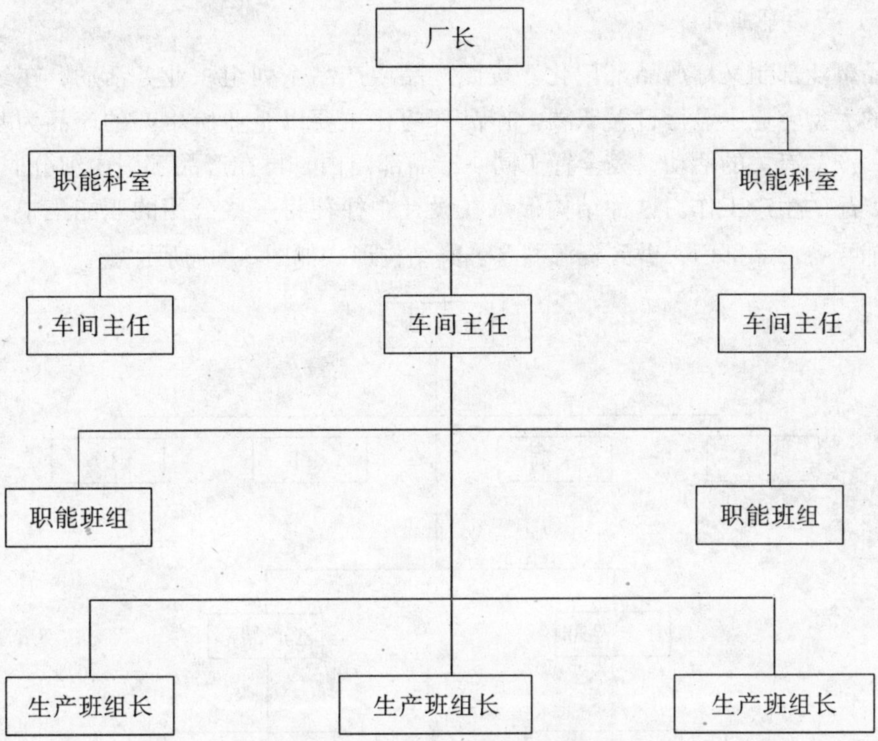

图 3 -3　直线—职能制的结构

直线—职能制的优点是：既保证了企业管理体系的集中统一，又可以在各级行政负责人的领导下，充分发挥各专业管理机构的作用。其缺点是：职能部门之间的协作和配合难度较大，职能部门的许多工作要直接向上层领导报告请示才能处理，这一方面加重了上层领导的工作负担，另一方面也造成办事效率低。为了克服这些缺点，可以设立各种综合委员会，或建立各种会议制度，以协调各方面的工作，起到沟通作用，帮助高层领导出谋划策。

四、事业部制

事业部制最早于 1924 年由美国通用汽车公司总裁斯隆提出。它是一种高度集权下的分权管理体制。它适用于规模庞大、品种繁多、技术复杂的大型企业，是国外较大的联合公司所采用的一种组织形式，近几年我国一些大型集团或公司也引进了这种组织结构形式。

事业部制是分级管理、分级核算、自负盈亏的一种形式，即一个公司按地区或按产品类别分成若干个事业部，从产品的设计、原料采购、成本核算、产品制造到产品销售，均由事业部及所属企业负责，实行单独核算、独立经营，公司总部只保留人事决策、预算控制和监督大权，并通过利润等指标对事业部进行控制；也有的事业部指挥和组织生产，不负责采购和销售，实现生产和供销分立，但这种事业部正在被产品事业部所取代；还有的事业部则按区域来划分。这里按产品事业部和区域事业部进行介绍。

（一）产品事业部

产品事业部制又称产品部门化。按照产品或产品系列组织业务活动，在经营多品种产品的大型企业中显得日益重要。产品部门化主要以企业所生产的产品为基础，将生产某一产品有关的活动，完全置于同一产品部门内，再在产品部门内细分职能部门，进行该产品的生产工作。这种结构形态在设计中往往将一些公用的职能集中，由上级委派以辅导各产品部门，做到资源共享。其结构形式如图 3－4 所示：

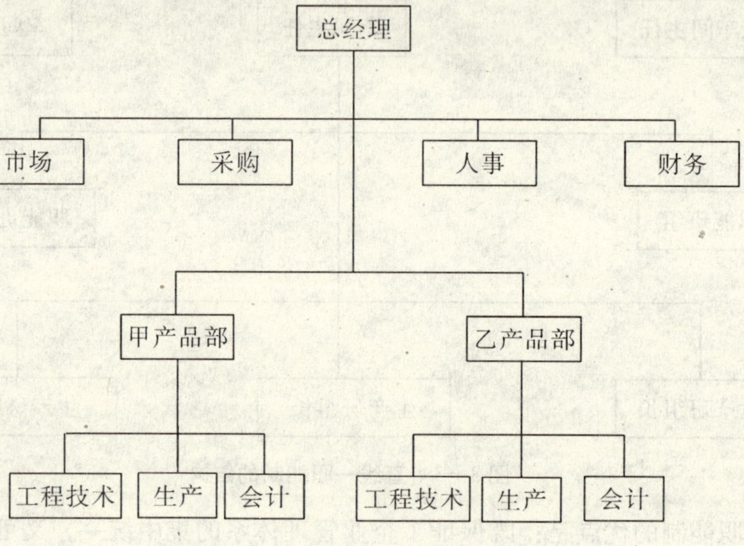

图 3－4　产品事业部制组织结构

产品部门化的优点是：①有利于采用专业化设备，并能使个人的技术和专业化知识得到最大程度的发挥；②每一个产品部都是一个利润中心，部门经理承担利润责任，这有利于总经理评价各部门的业绩；③在同一产品部门内有关的职能活动协调比较容易，比完全采用职能部门管理更有弹性；④容易适应企业的扩张和业务多元化要求。

产品部门化的缺点是：①需要更多的具有全面管理才能的人才，而这类人才往往不易得到；②每一个产品分部都有一定的独立权力，高层管理人员有时会难以控制；③对总部的各职能部门，例如人事、财务等，产品分部往往不会善加利用，以至总部一些服务职能不能得到充分发挥。

（二）区域事业部

区域事业部制又称区域部门化。对于在地理上分散的企业来说，按地区划分部门是一种比较普遍的方法。其原则是把某个地区或区域内的业务工作集中起来，委派一位经理来主管。按地区划分部门，特别适用于规模大的公司，尤其是跨国公司。这种组织结构往往设有中央服务部门，如采购、人事、财务、广告等，向各区域提供专业性的服务。这种组织结构形式如图3－5所示：

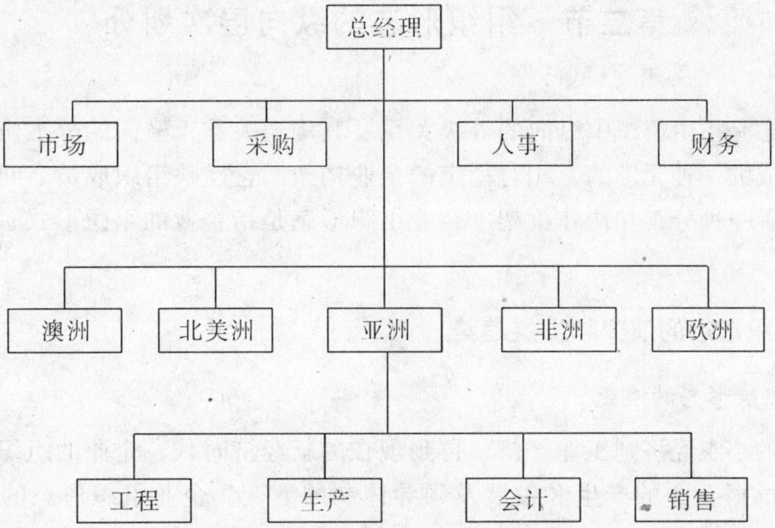

图3－5　区域事业部制组织结构

区域部门化的优点是：①责任到区域，每一个区域都是一个利润中心，每一区域部门的主管都要负责该地区的业务盈亏；②放权到区域，每一个区域都有其特殊的市场需求和需要面对的问题，总部放手让区域人员处理，会比较妥善务实；③有利于地区内部协调；④对区域内顾客比较了解，有利于沟通；⑤有利于培养通才型管理人才。

区域部门化的缺点是：①随着地区的增加，需要更多具有全面管理能力的人员，而这类人员往往不易得到；②每一个区域都是一个相对独立的单位，加上时间、空间上的限制，总部难以控制；③由于总部与各区域是各处一方，事关全局性的工作难以协调。

总体来说，事业部必须具有三个基本要素：相对独立的市场、相对独立的利益、相对独立的自主权。事业部制的好处是：总公司领导可以摆脱日常事务，集中精力考虑全局问题；事业部实行独立核算，更能发挥经营管理者的积极性，更便于组织专业化生产和实现企业的内部协作；各事业部之间有比较、有竞争，这种比较和竞争有利于企业的发展；事业部内部的供、产、销之间容易协调，不像在直线职能制下需要高层管理部门过问；事业部经理要从事业部整体来考虑问题，这有利于培养和训练管理人才。

事业部制的缺点是：公司与事业部制的职能机构可能重叠，造成管理人员浪费；事业部实行独立核算，各事业部只考虑自身的利益，影响事业部之间的协作，部门之间的业务联系与沟通往往被经济关系替代，甚至连总部的职能机构为事业部提供决策咨询服务时，也要事业部支付咨询服务费。

第二节　组织形态的纵向层次划分

组织形态是指由组织中纵向的等级关系及其沟通关系，横向的分工协作关系及其沟通关系形成的一种无形的、相对稳定的企业构架。它反映组织成员之间分工协作的关系，体现了一种分工和协作框架。企业组织形态是指企业的组织形式、存在状态和运行机制。

一、企业组织形态的演变和发展趋势

（一）组织形态的演变

从传统的小农经济到工业经济，再到现在的新经济时代，企业的组织形态发生了重大变化。根据企业的产生和发展及领导体制的演变，企业组织形态的演变经历了“直线制→直线—职能制→事业部制”的演变。

在企业所面临的环境日益复杂且不确定性较高的情况下，一些新型的企业组织形态出现了，如超事业部制结构、模拟分权结构、多维结构等。但仔细分析可以看出，这些结构都是在直线制、直线—职能制和事业部制的基础上发展而来的。换句话说，这些新的组织形态的基本形态仍是直线—职能制和事业部制，它们都是直线—职能制和事业部制的变形。

以上这些组织形态都有一个共同的特征：企业管理在结构上是层层向上，人员逐渐减少，而权力则逐渐扩大，就像金字塔一样，所以称这样的组织形态为“金字塔”式组织形态或层级制组织形态。

1. 层级制组织结构

优点：管理严密、分工明确、上下级易于协调。

缺点：层次增多带来的问题也越多。这是因为层次增多，需要从事管理的人员迅速增加，彼此之间的协调工作也急剧增加，互相扯皮的事会层出不穷。管理层次增多之后，在管理上花费开支、精力、时间也随之增加。管理层次的增加，会使上下级的意见沟通和交流受阻，最高层主管所要求实现的目标，所制定的政策和计划，不是下层不完全了解，就是高层传达到基层之后变了样。管理层次增多后，上层管理者对下层的控制变得困难，易造成一个单位整体性的破裂；同时由于管理严密，将影响下级的主动性和创造性。

当企业规模扩大时，原来的有效办法是增加管理层次，而现在的有效办法是增加管理幅度。当管理层次减少而管理幅度增加时，金字塔状的组织形式就被“压缩”成扁平状的组织形式。

2. 扁平状组织结构

优点：有利于缩短上下级距离，密切上下级关系，信息纵向传递快，管理费用低，而且由于管理幅度较大，被管理者有较大的自主性、积极性、满足感，同时也有利于

更好地选择和培训下层人员。

缺点：由于不能严密监督下级，上下级协调较困难；管理宽度的加大，也加大了同级间沟通的难度。

（二）现代企业组织形态的发展趋势

1. 组织结构的扁平化

在信息技术和网络技术的推动下，企业信息可以在同一层次上传递和共享，而不必自上而下层层下达或是自下而上逐级汇报。传统的企业员工之间的纵向关系在企业信息网络平台（数据平台）上变成了纵横交错的平等关系。且企业管理人员的信息沟通能力和管理跨度已成倍甚至数十倍地增长，从而大大压缩了企业组织结构的层级，向扁平化方向发展。

扁平化的组织结构是一种静态架构下的动态组织结构，它改变了原来层级制组织结构中的企业上下级之间、部门与部门之间以及组织与外部之间的联系方式，具有敏捷、灵活、快速、高效的优点。其最大的特点就是等级型组织与机动的计划小组并存，具有不同知识的人分散在结构复杂的组织形式中，通过凝缩未来时间与空间，加速组织全方位运转，以提高组织绩效。

2. 组织关系的网络化

随着企业对管理软件、企业数据信息系统和网络技术的运用和深化，传统的职能管理部门的大部分重复性管理工作由企业管理软件完成，职能部门的任务只是制定和修改控制程序、处理例外事件等，且他们的工作方式不再是传统的等级命令型，而是共同协商、相互帮助型。在企业内部网络平台的帮助下，员工之间的纵向分工不断减少，而横向分工和协作不断加强。企业组织过去以控制命令为核心的组织关系逐渐变成了一个相对平等和自主、富于创新的网络关系。

组织关系的网络化的最大益处就是减少了企业决策与行动之间的延迟，加快了对市场和竞争动态变化的反应，从而使组织的能力变得柔性化，反应更加灵敏。

3. 组织规模的小型化

自产业革命以来，很多企业多通过扩大企业规模、增加企业产量来追求规模经济效益。这种观念在很长一段时间内都有效。然而，在基于互联网的电子商务面前，小公司可以通过使用较少的成本来建立全球的销售系统，在开放的市场中平等地与其他的企业进行竞争。且小公司的灵活性和创新型明显强于大企业，所以企业规模的小型化也是组织形态发展的趋势之一。

组织规模的小型化并不是指其产值或市场的缩小，而是指人员和组织机构的缩小。面对激烈的市场竞争，许多大公司正通过分离或剥离、授权、企业流程再造、业务外包或建立战略联盟等方式来使自己的经营实体小型化，从而达到降低成本、提高应变能力、提升竞争能力的目的。

4. 组织边界的柔性化

在新经济条件下，信息技术尤其是电子商务的应用，使得企业的交易费用大大降低。同时，外包业务的发展也使得组织并不是等到所有的资源和能力完全具备才进行生产，而是将非核心业务剥离而集中于核心业务。这些使得组织的另一个变化就是无论是内部边界还是外部边界都变得更加模糊、更加富有柔性和灵活性。

组织边界的柔性化更易于企业的资源、信息等的传递和扩散，使信息、资源能够快捷便利地穿越传统组织的边界，促进各项工作在组织中顺利展开和完成，使组织作为一个整体的功能已远远超过各个组成部分的功能之和。

二、扁平化组织的内涵

组织扁平化的理论渊源最早可追溯到新制度经济学。以 1937 年科斯《企业性质》为开端，之后，又由阿尔钦、德姆赛兹、威廉姆森等人加以拓展的新制度经济学提出了企业乃“一系列合约的连结”的命题，指明了企业的合约连结性质决定了企业并非必然是等级分明的科层组织。1990 年哈默和钱皮提出革命性企业再造概念，通过对公司的流程、组织结构、文化等进行彻底的重塑，达到绩效的飞跃。哈默认为，企业再造就是从根本上打破传统的、建立在纵向劳动分工和横向职能分工基础上的运作体系，提出以新设计和重建的作业程序（流程）作为企业组织结构基础的组织形式。美国麻省理工学院教授维斯特尼和马林等人总结了管理界对再造后的“新组织”的论述，认为“新组织”有网络化、扁平化、灵活化、多元化、全球化等特点。1997 年道赫德总结道：“20 世纪 90 年代激烈的全球竞争导致了两类不同性质的组织创新：一类以降低成本为目的，另一类则以提高企业核心能力为目的。后者突出地表现为使组织更加扁平化、更具柔性和创造性。”

扁平化组织，正是由于科层式组织模式难以适应激烈的市场竞争和快速变化环境的要求而出现的。

（一）组织扁平化的含义

所谓组织扁平化，就是通过破除公司自上而下的垂直、高耸的结构，减少管理层次，增加管理幅度，裁减冗员来建立一种紧凑的横向组织，达到使组织灵活、敏捷、富有柔性和创造性的目的。它强调管理层次的简化、管理幅度的增加与分权。

（二）扁平化组织的特点

扁平化组织与传统的科层制组织有许多不同之处。科层制组织模式是建立在专业分工、规模经济假设基础之上的，各功能部门之间界限分明。这样建立起来的组织必然难以适应环境的快速变化。而扁平化组织需要员工打破原有的部门界限，绕过原来的中间管理层次，直接面对顾客和向公司总体目标负责，从而以群体和协作的优势赢得市场主导地位。扁平化组织的特点是：

（1）以工作流程为中心而不是部门职能来构建组织结构。公司的结构是围绕有明确目标的几项“核心流程”建立起来的，而不再是围绕职能部门；职能部门的职责也随之逐渐淡化。

（2）纵向管理层次简化，削减中层管理者。组织扁平化要求企业的管理幅度增大，简化繁琐的管理层次，取消一些中层管理者的岗位，使企业指挥链条变短。

（3）企业资源和权力下放于基层。基层的员工与顾客直接接触，使他们拥有部分决策权能够避免顾客反馈信息向上级传达过程中的失真与滞后，大大改善服务质量，快速地响应市场变化，真正做到顾客满意。

（4）借助现代网络通信手段。企业内部与企业之间通过使用E-mail、办公自动化系统、管理信息系统等网络信息化工具进行沟通，大大增加管理幅度与效率。

（5）实行目标管理。在下放决策权给员工的同时实行目标管理，以团队作为基本工作单位，员工自主决策，并为之负责。这样就把每一个员工都变成了企业的主人。

（三）扁平化组织在世界范围内盛行之原因

一是分权管理成为一种普遍趋势，金字塔状的组织结构是与集权管理体制相适应的，而在分权的管理体制之下，各层级之间的联系相对减少，各基层组织之间相对独立，扁平化的组织形式能够有效运作。

二是企业快速适应市场变化的需要，传统的组织形式难以适应快速变化的市场，为了不被淘汰，就必须实行扁平化。

三是现代信息技术的发展，特别是计算机管理信息系统的出现，使传统的管理幅度理论在某种程度上不再有效。虽然管理幅度增加后指数化增长的信息量和复杂的人际关系大大增加了管理的难度，但这些问题在计算机强大的信息处理能力面前往往都能迎刃而解。

三、扁平化组织模式分类

扁平化组织形式主要有矩阵制、团队型、网络型（虚拟企业）等。

（一）矩阵制组织结构

矩阵制组织结构，是为了改进直线—职能制横向联系差、缺乏弹性的缺点，在直线—职能制垂直形态组织系统的基础上，再增加一种横向的领导系统而形成的一种组织形式，又可称为“非长期固定性组织”。

它的特点表现在围绕某项专门任务成立跨职能部门的专门机构上，例如组成一个专门的产品（项目）小组去从事新产品开发工作，在研究、设计、试验、制造各个不同阶段，由有关部门派人参加。这种组织结构形式是固定的，人员却是变动的，需要谁，谁就来，任务完成后就可以离开。项目小组和负责人也是临时组织和委任的。任务完成后就解散，有关人员回原单位工作。因此，这种组织结构非常适用于需要横向协作和攻关项目。企业可用来完成涉及面广的、临时性的、复杂的重大工程项目或管理改革任务，特别适用于以开发和实验为主的单位，例如科学研究尤其是应用性研究单位等。

矩阵制组织结构的优点是：机动、灵活，可随项目的开发与结束进行组织或解散；由于这种结构是根据项目组织的，任务清楚，目的明确，各方面有专长的人都是有备而来。因此在新的工作小组里，沟通、融合较为容易，成员能把自己的工作同整体工作联系在一起，为攻克难关、解决问题而献计献策；抽调来的人员具有较强的信任感、荣誉感、责任感和工作热情，有利于促进项目的实现；它还加强了不同部门之间的配合和信息交流，克服了直线—职能结构中各部门互相脱节的现象；加强了横向联系，专业设备和人员得到了充分利用。

矩阵制组织结构的缺点是：项目负责人的责任大于权力，因为参加项目的人员都来自不同部门，隶属关系仍在原单位，只是为“会战”而来，所以项目负责人对他们管理困难，没有足够的激励手段与惩治手段，这种人员上的双重管理是矩阵制组织结构的先天缺陷；由于项目组成人员来自各个职能部门，当任务完成以后，仍要回原单位，因而容易产生临时观念与短期行为，对工作有一定的影响。

（二）团队型组织结构

团队型组织中以自我管理团队（SMT，Self-managed Team）作为基本的构成单位。所谓自我管理团队，是以响应特定的顾客需求为目的，掌握必要的资源和能力，在组织平台的支持下，实施自主管理的单元。一个个战略单位经过自由组合，挑选自己的成员、领导，确定其操作系统和工具，并利用信息技术来制定他们认为最好的工作方法。惠普、施乐、通用汽车等国际知名的企业均采取了这种组织方式。SMT 使组织内部的相互依赖性降到了最低程度。团队型组织的基本特征是：工作团队做出大部分决策，选拔团队领导人，团队领导人是“负责人”而非“老板”；信息沟通是通过人与人之间直接进行的，没有中间环节；团队将自主确定并承担相应的责任；由团队来确定并贯彻其培训计划的大部分内容。

团队型组织结构具有如下特点：

（1）自我管理团队容纳了组织的基本资源和能力。在柔性生产技术和信息技术的基础上，团队被授权可以获得完成整个任务所需的资源，比如原材料、信息、设备、机器以及供应品。

（2）部门垂直边界的淡化。在充分重视员工积极性、主动性和能力的前提下，团队消除了部门之间、职能之间、科目之间、专业之间的障碍，其成员经过交叉培训可以获得综合技能，相互协作完成组织任务。

（3）“一站式”服务与团队的自主决策。在简洁、高效的组织平台（整体战略、信息技术、资金等）的支援下，团队被赋予极大的决策权。团队成员可以自主进行计划、解决问题、决定优先次序、支配资金、监督结果、协调与其他部门或团队的有关活动。自我管理团队具有动态和集成的特点，能针对变化的顾客需求进行“一站式”服务，从价值提供的角度看，自我管理团队独立承担了价值增值中一个或多个环节的全部工作。

（4）高层管理者驱动转向市场驱动，管理者角色转换。在扁平化组织中，自我管理团队对本单位的经营绩效负责，其管理人员从传统的执行者角色转变为创新活动的主要发起人，为公司创造和寻求新的发展机会。中层管理者大为简化并不再完全扮演控制角色，相反转变为对基层管理人员提供顾客和供应商信息、人员培训方案、绩效与薪酬系统设计等关键的资源，协助团队间知识、技能和资源的横向整合。由于急剧的资源分散化和职责的下放，最高管理层的精力主要集中在制定整体战略、驱动创新过程，扮演设计师和教练的角色。

（三）网络型组织结构

网络型企业是虚拟企业的一种。目前关于网络型组织的普遍认可的定义是：网络型组织是由多个独立的个人、部门和企业为了共同的任务而组成的联合体，它的运行不靠传统的层级控制，而是在定义成员角色和各自任务的基础上通过密集的多边联系、互利和交互式的合作来完成共同追求的目标。

网络型企业组织结构中，企业各部门都是网络上的一个节点，每个部门都可以直接与其他部门进行信息和知识的交流与共享，各部门是平级对等的关系，而不是以往通过等级制度渗透的组织形式。密集的多边联系和充分的合作是网络型组织最主要的特点，而这正是其与传统企业组织形式的最大区别所在。这种组织结构在形式上具有网络型特点，即联系的平等性、多重性和多样性。

企业的网络化变革过程中，必须大力推广信息技术，使许多管理部门和管理人员让位于信息系统，取消中间管理层或使之大大精简，从而使企业组织机构扁平化、企业管理水平不断提高。

网络型组织的适用前提是经济全球化，环境高度不确定。

1. 网络型组织的基本类型

根据组织成员的身份特征以及相互关系的不同，网络型组织可以分为四种基本类型，分别是内部网络、垂直网络、市场间网络和机会网络。下面对这四种类型的网络进行具体说明：

（1）内部网络

内部网络包括两方面的含义：一方面是指减少管理层级，使信息在企业高层管理人员和普通员工之间更加快捷地流动；另一方面是指打破部门间的界限（但这并不意味着部门分工的消失），使得信息和知识在水平方向上更快地传播。这样做的结果，就使企业成为一个扁平的、由多个部门界限不明显的员工组成的网状联合体，信息流动更快，部门间摩擦更少。与此相适应，企业的组织结构也以生产为中心转变为以顾客为中心。

（2）垂直网络

垂直网络是在特定行业中由位于价值链不同环节的企业共同组成的企业间网络型组织。原材料供应商、零部件供应商、生产商、经销商等上下游企业之间不仅进行产品和资金的交换，还进行技术、信息等其他要素的交换和共享。联系垂直网络中各个企业的纽带是实现整个价值链（包括顾客）的利益最大化，因为只有整个价值链利益最大时，位于价值链中各个环节的企业所创造的价值才能最终实现。垂直型网络的组织职能往往是由价值链中创造核心附加价值的企业来履行的，例如通用汽车公司和丰田汽车公司就分别构建了一个由众多供应商和分销商组成的垂直型网络，网络内企业通过紧密合作达到及时供应和快速制造，大大提高了效率，降低了成本。

（3）市场间网络

市场间网络是指由来自不同行业的企业所组成的网络。这些企业之间发生着业务往来，在一定程度上相互依存。市场间网络最为典型的例子是日本的财团体制，大型制造企业、金融企业和综合商社之间在股权上相互关联，管理上相互参与，资源共享，在重大战略决策上采取集体行动，各方之间保持着长期和紧密的联系。金融企业（包括商业银行、保险公司和其他金融机构）以股权和债权形式为其他成员企业提供长期、稳定的资金支持，综合商社为成员企业提供各种国内外贸易服务，包括原材料采购与成品销售、提供贸易信用、规避交易风险等。

（4）机会网络

机会网络是围绕顾客组织的企业群，这个群体的核心是一个专门从事市场信息搜集、整理与分类的企业，它在广大消费者和生产企业之间架设了一座沟通的桥梁，使得消费者有更大的选择余地，生产者能够面对更为广泛的消费者，有利于两个群体之间交易的充分展开。机会网络在规范产品标准、保障网络安全和改进交易方式方面起到了关键作用。典型的机会网络核心企业包括早已存在的邮寄产品目录公司和刚刚兴起的电子商务平台企业（如亚马逊、eBay 等），它们将众多生产者和消费者联系起来，共同构成机会网络。

2．网络型组织的基本特征

企业内部的网络型组织结构是不确定的，各个公司的网络型组织也并不一样。但它们都有一些基本特征：

（1）合作、民主、自由、宽容。知识化生产时代的产品特点是不断创新，且以创造性劳动为主。但是，创新所需的知识和信息的集合从来就分布不均。创造性劳动需要上级尊重下级，鼓励创新，允许失败，鼓励不同意见相互交流。

网络型组织的另一个重要特点是自由和宽容的组织文化。例如，IBM 允许员工在工作时间做“私活”；有的公司实行自我管理、自我评价，如自行确定工作定额；实行分权和授权，更好地激发和利用人的兴趣和爱好。

（2）网络型企业供给关系以企业间合作为基础，企业边界模糊。在企业网络型供给关系下，合作具有更为重要的地位，核心企业可以帮助供应商解决技术问题，节约的成本则双方共享；供给企业也可以修改核心企业的设计要求，减少的成本也可以双方共享。企业由追求自身利益最大化转向追求整个价值链（供应链）上的价值最大化。

这样的合作关系使得企业与企业之间的传统界限变得模糊，这些相互联系的上下游企业组成了一个更大的虚拟企业，也称之为虚拟一体化供给链。

（3）网络型组织通过团队（基层项目小组和高层管理专业小组）来适应创造性劳动对知识密集性的要求。创造性劳动需要具有不同知识背景的人相互组合，企业团队由此而产生。团队是加强合作、加强信息交流的一种方式，也是网络型组织的一种形式。

（4）网络型组织通过权力和责任本地化来激发人的积极性、能动性与自我管理能力。在实行分权和授权的变革后，即使在非独立核算的下级单位，决策也并非是由上级部门作出后下达执行，而是下级部门自行决策后上报，或上级与下级商议后决策；重要的不是权力而是业绩。设立利润中心和成本中心、建立独立的核算单位（以自我管理团队为核算单位）也是网络型组织的特征之一。

（5）网络型组织具有柔性化的特点。柔性化是指在组织结构中设置一定的非固定和非正式或临时性的组织机构，这些组织机构往往是以任务为导向的，可以根据需要设置或取消，与正式的组织机构有着网络型而不是直线型的关系。

（6）网络型组织具有多文化、个性化和差异化的特点。在网络型组织中，每一个人都是网络组织上的节点，他们之间的联系比在传统直线型组织下更密切。企业内部多种文化和差异、个性则有利于知识和信息的整合。

（7）网络型组织通过学习和培训增加组织的知识密度。其具体形式有：职工培训、教育投资、多岗位轮换等。

（四）扁平化组织模式新架构

扁平化组织结构本身的特征以及嬗变过程，本质上要求其必须对传统工业企业的组织模式进行变革。近年来，为适应内外部环境剧烈变化而出现的扁平化趋势，不仅使金字塔形的传统组织模式正在失去效力，而且使企业与企业之间的组织模式也在发生变化。贯穿于内、外组织变革过程的，是扁平化组织特有的知识共享和部门、组织间的协作。

1．扁平化组织的内部组织模式

知识团队构成了扁平化组织内部组织的基础。美国著名管理学家德鲁克指出：由于现代企业组织由知识化专家组成，因此企业应该是由平等的人、同事形成的组织。知识没有高低之分，每一个人的业绩都是由他对组织的贡献而不是由其地位高低来决定的。因此现代企业不应该是由老板和下属组成的，必须是由平等的团队组成的。扁平化组织本质上可视为一知识体系，其竞争优势的建立主要在于对组织所拥有的知识、信息进行整合、创造和管理，从而更直接地面向市场、面向用户。为了支持这种知识、信息的整合、创造和管理，扁平化组织内部不是以职能为单位，而是形成一个个动态的知识团队。这种团队将个体和组织结合起来，促进用户知识的显性化和实体化，最终形成完整、统一的市场知识和转化机制。从根本上讲，扁平化组织的运作核心就是通过这种知识团队的自我管理，不断释放整体知识能量，进而实现企业价值创造空间的拓展。

（1）知识团队运作的基础

团队之所以能成为扁平化组织构造的基础，其实是同扁平化组织基本特征相关的。在扁平化组织中，人力资源成为组织的第一资源，而人力资源的本质就是凝聚在人身上的知识、信息、技能等。扁平化组织对人力资源的高要求，使得知识员工成为企业知识（特别是市场知识和用户知识）的主要载体，决策中心下移导致的组织分权化和扁平化，共同促使团队代替科层。

（2）团队成员角色的专家化

知识团队运作的目标是追求知识、信息的共享、转化和创新。为了达到这种目标，真正依靠的是自我管理的知识专家。这种专家化要求知识团队成员知识互补，因为团队项目任务的完成需要不同的专门知识。例如一个战略咨询项目需要营销、生产、人力资源等相关领域的知识，知识团队成员都应该有自己的专长，团队任务的完成需要这些不同领域的专家协作，协作过程同时也是互相学习的过程和知识的共享、转化和创新过程，通过不同领域的专家进行面对面的工作交流，交叉知识的产生其实就是知识的创新。因此，知识团队成员角色的专家化是团队知识链能力放大机制的前提和基础。

（3）设定团队目标

作为扁平化组织特定的知识链主体，知识团队必须拥有自己的知识目标。同时，作为组织的基本单位，团队的知识目标必须符合扁平化组织的总体知识发展要求，或者说团队知识链的效率体现必须要符合组织整体的知识演化目标。因此，设定团队目标，有利于团队本身知识的巩固和创新，更为重要的是，能够实现与组织知识链的有效整合，获得知识的协同效应。

（4）建立支持结构

在设定团队目标时，要求团队目标同企业目标保持一致，但在执行过程中，存在许多不可控因素。为了进行协调以最大程度发挥团队的知识能量，完善团队的外在组织支持结构将非常重要。扁平化组织的团队模式是以知识链团队为工作核心，同时有高层知识团队进行协调、专家系统进行必要的支持。

2. 扁平化组织的外部组织模式

（1）企业的知识合作机制

扁平化组织具有知识链构造的特点，知识团队就可视为一条知识链，团队对内外部知识选择、吸收、记忆、转化、创新和产出，形成一条无限循环的知识流动链条。知识链不仅存在于企业内部团队层次上，也存在于组织层次上，存在于组织和社会群体之间。扁平化组织同外部组织的知识链交流其实是通过知识联盟实现的。知识联盟还表示不同的扁平化组织之间的关系，企业是一条知识链，一个企业可以参与多条知识链，因而不同知识链之间存在交叉。当一个企业和其他的企业建立一种知识创新联合体时，一个知识联盟就形成了。

知识联盟的中心目标就是学习和创造知识，特别强调通过联盟从其他组织学习和吸收知识，或者同其他组织合作创造知识，从而对市场、用户的需求满足不仅仅局限在企业本身、企业知识范围内。知识联盟的建立主要基于组织资源、知识和能力的互补性，即联盟一方具有另一方不具备的资源、知识和能力，以使联盟伙伴共同受益，共同服务于同一市场、同一用户，满足他们的要求。因此，知识联盟加深了其成员组织之间的关系，有助于组织之间相互学习，也有助于组织之间的知识结合，从而创造出新的交叉知识，更有益于市场目标的实现。此外，知识联盟可以有效地实现联盟伙伴之间隐性知识的转移。如果联盟伙伴之间只简单地传递显性知识，那就不需要知识联盟，而只需买本书或参观了解就可以了。所以知识联盟的重点是学习和吸收对方的隐性知识。其关系就像师徒关系，允许联盟伙伴之间的各层次人员进行面对面的交互式学习和交流，通过“干中学”和“教中学”，实现大量隐性知识的交流和渗透，达到所需知识的有效转移。更为重要的是，知识联盟中组织的“异质性”避免了组织与文化的内部一体化所造成的思维“路径依赖性”，甚至组织间知识相互激活的可能性远远高于一体化组织内知识相互激活的可能性。联盟成员拥有知识的多样性和异质性更容易导致思维的碰撞，产生崭新的交叉知识。

（2）知识联盟的管理

第一，建立互动学习的模式，有效促进隐性知识的转换。互动学习是指两个企业或多个企业结对或聚群学习。在互动学习中，“学生”企业可充分接近“老师”企业，不仅可以学到“老师”企业中的显性知识，更重要的，还可以学到“老师”企业的隐性知识，如“怎样做”和“为什么这样做”方面的知识和技能。

第二，加强有关知识的学习和积累，不断提高吸收能力。知识联盟的核心是企业通过学习知识来培养自身的核心能力。因此，企业的吸收能力的大小，直接关系到企业能否形成核心能力。企业之间的学习效果取决于“学习”企业三方面的能力：认识和评价外部新知识的能力、消化吸收新知识的能力和利用新知识进行创新应用的能力。要提高认识和评价外部知识的能力，关键是要具备一定数量的、与外部新知识相关的基础知识。因此，企业在寻找知识联盟时，必须加强自身有关知识的学习和积累，不断提高自身的知识存量和改善知识结构。提高消化吸收外部新知识的能力，实质上是提高企业内化外部知识的能力。企业要在这个内化过程中建立起相应的知识处理系统，以实现外部知识的高效转化，将内化为企业的知识植根于已建立的知识系统中，形成企业特有的知识——企业核心能力的基础，从而提高企业内化外部知识的能力。要提高知识的应用创新能力，必须依靠企业本身的整合能力，而整合能力来源于企业解决自身问题实践中的不断“试错”。企业要鼓励个人、团队不断实践，敢于“试错”，积累各种经验。

第三，选择合适的知识联盟方式，保证联盟的时效性。知识联盟的目的是学习隐性知识，而隐性知识的学习需要一定的时间，才能产生潜移默化的效果。因此，如何选择有效的方式来保证联盟的时效性就成为问题的关键。企业应根据自己的现状、企业与联盟组织之间的关系和经历等因素来综合选择。

第四，加强人力资源配置。由于核心能力实质是“组织中的积累性学识”，而学识的载体是人，核心能力只有通过组织中人的学习才能获得，因此对知识联盟的管理重点在于对联盟的人力资源管理。

四、组织结构扁平化应用条件

并不是所有企业都能够通过扁平化管理解决自身的管理问题。要想使扁平化管理在企业中发挥作用，应该满足以下几个条件：

（一）能突破传统管理理念和文化束缚，形成系统的管理理念

经过五千年封建等级制度熏陶的中国人，形成了传统管理文化和高度森严的等级制和塔式管理模式，众多层次的中层管理者在这样的体系中可以承担相对较少的责任和风险，实施大幅削减中间管理层的扁平化管理必定会受到他们思想上和行动上的抵制；长期奉行的管理幅度理论也将影响扁平化管理的实施。而扁平化管理旨在打破原有的中间管理层次，直接以优化的系统结构快速适应市场变化，因此系统观念必须养成。

学习型组织的创始人彼德·圣吉所提出的五项修炼准则中，最重要的一项就是“系统思考”。用系统论的观点思考问题，企业组织就不会狭隘地形成各部门、各子公司之间信息、资源互不连接的孤岛。系统论专家、创始人冯·伯塔郎菲认为，管理人

员用系统论的方法就可阐明组织系统的目标，确定评价系统工作成绩的标准，并将企业与各种周边环境更好地联系起来并系统地考虑问题，最优化地解决问题。因此，系统论在企业各管理层的接受程度将直接影响到扁平化管理的推行效果。

（二）管理流程能较好地实现扁平化设计

美国管理学家德鲁克在较早时期就运用了一个交响乐团的例子来说明组织的扁平化特征。他指出：几百名音乐家能够与他们的首席执行官一起演奏，是因为大家共同使用着一张总谱。这张总谱就是一个流程，所有的音乐家拿到它就知道该在何时干何事。企业扁平化管理也需要每一个岗位拿到一张管理流程的“总谱”，不管换了谁拿到流程图就知道自己该干什么。

这里以美国圣莫尼卡高速公路事件为例加以说明。1994 年 1 月 17 日，圣莫尼卡高速公路的一座大桥在洛杉矶地震中倒塌了。这一事件迫使几百万驾车者改道上班，洛杉矶因此大规模塞车。加利福尼亚州交通部门官员起初预测修复高速公路得花 12～18 个月。考虑到交通受阻带来的严重后果，加州交通部门表示将把合同交付给能够在 6 个月内完成公路修复工程的承包商，并将集中力量不惜代价尽快完成此工程。修复工作最后仅花了短短的 66 天。这一奇迹通过改变以往的审核流程得到了实现：加州交通部门派工作人员携带施工计划及说明书乘飞机去与承包商洽谈，这样五位承包商同时获得了相同的信息；标价的审定及合同签订在同一天完成。设计组于 6 天内将施工图送交承包商，通常这需要约 9 个月时间。按以往惯例，桥梁建设计划一般由加州交通部门审核（此过程需要几周甚至几个月）；然后同级部门复审（花去更多时间）；最后复审的计划送交承包商进行投标。而这一次，在交通部门批准的同时承包商已得到施工计划，准备就绪；同级复审与工程开工同步进行；为了防止突发事件及不确定因素，加州交通部门的特派工程师和政府监督员随后就被派驻公路建设现场，负责整个建设过程，这样协作安排大大减少了工作审批时间。

在企业管理流程扁平化设计中也需要如此。一切都服务于流程简化，根据企业目标进行管理业务流程的总体设计，使总体业务流程达到最优化，这是组织设计的出发点。按照优化管理流程设计尽可能少的管理岗位，这时职能部门就是高层管理和决策者进行经营管理的助手和基层业务部门的服务者，设计出每个岗位最简洁的操作程序，一切工作均按最优工作流程来设计和执行，用工作规范将其固定下来，在流程中加强对业务的监督和风险的控制。

（三）分权与集权能较好地结合

20 世纪后半叶，分权成为时尚。所谓分权，就是企业经营者将一部分经营决策权下放到职能部门，这样可以免去不少决策延误导致的市场机会丧失。如果不实行分权决策和管理，决策权和管理权集中在少数人身上，就会使决策和管理效率低下，难以应对市场竞争。扁平化管理就是以分权为主、以集权为辅的管理，有人称之为“有控制的分权”。分权是为了让简化了的管理层次都能获得相适应的面对市场的独立决策权和管理权，鼓励下属为实现目标而分担更多一些的责任。

集权则能够有效地对各个得到分权的部门和岗位进行实时监控，发现没有按照流程和决策执行的事情后及时纠正，时时观察全局计划的进展情况，对可能出现的偏离目标的局部现象进行协调。这样企业的组织机构精简了，业务部门相应的权限也就增大了，高层领导有充分的时间和精力进行战略性决策，基层主管也可以发挥主动性、积极性和创造性，人人负责，执行到位。

（四）学习型员工和管理团队能够在较好的企业文化背景中存在

如果按照管理幅度理论，要指挥数百人的乐队，一个指挥家是根本不可能完成的。但是如前所述，一张总谱就能够解决这个问题。扁平化管理不仅需要有作为企业愿景的“总谱”，并在每位员工之间建立快捷的网络链接，还要求每个人都是所从事领域内的能手，他们对企业愿景有着共同的理解，在上级管理者的示意下以同一个节奏工作。

扁平化管理中，选人与用人特别重要。不论是管理者还是被管理者，当素质达不到要求时，扁平化管理的效果将大打折扣。扁平化管理要求有高素质、高能力的员工在各种变化着的团队中高效工作，形成一个人才资源的有效聚合。选拔那些对企业忠诚、有工作责任心、有执行力和管理能力以及团队协作精神的人进入有限的决策和管理岗位并对他们充分分权。这时，面对越来越高的岗位工作能力的要求，每位员工都不会认为“学习、学习、再学习”的要求过时和老套，而“终身学习”、“在工作中学习和在学习中工作”也会成为员工和企业的共同要求。另外，在制度和流程框架下对员工充分信任非常重要，平等、信任、互助的企业文化氛围，也是扁平化管理的追求。在这样的氛围中组建跨部门团队、特殊任务团队时，队员之间就会缩短磨合时间，迅速整合并具有很强的应变力和聚合力。

（五）计算机网络技术能在企业得到较全面的应用

市场瞬息万变，机遇转瞬即逝。这迫使企业作出快速反应。而传统的金字塔式的管理模式严重制约了企业的快速反应能力，传统的管理手段决定了管理的幅度不可能太大。如果企业仍然维持传统的上下沟通方式，不仅沟通的成本高，信息传达的线路也长，也容易造成信息的漏传、误传和失真。计算机和互联网技术的发展，使传统企业管理中所遇到的这些问题能够迎刃而解。借助现代信息技术可以高效有序地整合企业内部资源并分析市场变化，正确地收集、存储、整理、处理和传递来自各个方面的信息，企业工作指令几乎可以同时传递到不同层级的员工，高层管理者直接、间接地管理下属、监控工作也成为可能。这样，管理幅度就能不断加大，原有的大量中间管理层也就显得冗长而没有必要，管理扁平化也就成为一种趋势和需要。由此可见，网络技术和现代化管理手段在企业的普及程度也会对企业扁平化管理推进产生非常重要的影响。

第三节 权变的组织结构

一、理论渊源

权变理论是20 世纪60 年代末70 年代初在经验主义学派基础上进一步发展起来的管理理论，是西方组织管理学中以具体情况及具体对策的应变思想为基础而形成的一种管理理论。进入70年代以来，权变理论在美国兴起，受到广泛的重视。权变理论的兴起有其深刻的历史背景，70年代的美国，社会不安、经济动荡、政治骚动达到空前的程度，石油危机对西方社会产生了深远的影响，企业所处的环境很不确定。但以往的管理理论，如科学管理理论、行为科学理论等，主要侧重于研究如何加强企业内部组织的管理，而且大多都在追求普遍适用的、最合理的模式与原则，而在解决企业面临瞬息万变的外部环境时又显得无能为力。正是在这种情况下，人们不再相信管理会有一种最好的行事方式，其必须随机制宜地处理管理问题，于是形成一种管理取决于所处环境状况的理论，即权变理论，“权变”的意思就是权宜应变。

权变理论认为，每个组织的内在要素和外在环境条件都各不相同，因而在管理活动中不存在适用于任何情景的原则和方法，即：在管理实践中要根据组织所处的环境和内部条件的发展变化随机应变，没有一成不变的、普遍适用的管理方法。成功管理的关键在于对组织内外状况的充分了解和有效应对。权变理论以系统观点为理论依据，从系统的观点来考虑问题。权变理论的出现意味着管理理论向实用主义方向前进了一步。其核心就是通过组织的各子系统内部和各子系统之间的相互联系，以及组织和它所处的环境之间的联系，来确定各种变数的关系类型和结构类型。它强调在管理中要根据组织所处的内外部条件随机应变，针对不同的具体条件寻求不同的最合适的管理模式、方案或方法。其代表人物有卢桑斯、菲德勒、豪斯等。

权变理论的核心概念是指世界上没有一成不变的管理模式。管理与其说是一门理论，不如说是一门实操性非常强的技术；与其说它是一门科学，不如说它是一门艺术，权变管理能体现出艺术的成分。一个高明的领导者应是一个善变的人，即根据环境的不同及时变换自己的领导方式。权变理论告诉管理者应不断地调整自己，使自己不失时机地适应外界的变化，或把自己放到一个适应自己的环境中。

作为一种行为理论，权变理论认为根本没有所谓的最好的办法去组织企业、领导团队或者制定决策。组织形式（或领导风格、决策方式）在某种情况下效果显著，但是换一种情况可能就不那么成功。换句话说，这种组织形式（或领导风格、决策方式）依赖于组织内部的或外部的约束（因素）。

二、权变组织理论的影响因素

组织设计的任务是确定组织中需要设立哪些岗位和部门，并规定这些岗位和部门间的相互关系。组织的目标不同，为实现目标所需进行的活动就不同，活动的环境和条件也不同，企业中需要设立的岗位也会不同，这些岗位又在不同的部门，这些部门之间的相互关系也必然表现出不同的特征，从而成为影响企业经营活动、影响企业组织设计的主要因素。

（一）经营环境对企业组织设计的影响

广义地讲，企业外部存在的一切都是企业的环境。当然，环境中的不同因素对企业活动内容及其组织方式的影响程度也是不同的。我们主要分析环境中对组织来说敏感的和必须作出反应的方面。

不确定性是企业外部经营环境的主要特点。这个特点使企业决策者很难掌握足够的关于环境因素的信息，从而难以预测外部环境的变化并据此采取相应措施。因此外部环境的不确定性提高了企业对外部环境反应失败的风险。

环境的不确定性取决于环境的复杂性和环境的变动性。复杂性是指环境由多个不同质的要素构成。随着复杂性程度的提高，组织就要设置更多的职位和部门来负责对外联系，并配备更多的综合人员来协调各部门的工作，结构的复杂程度就随之提高，组织的集权化程度也必然降低；环境的变动性取决于构成要素的变化及这种变化的可预见程度。

环境的特点及其变化对企业组织的影响主要表现在以下三个方面：

1．对职务和部门设计的影响

组织是社会经济大系统中的一个子系统。组织与外部存在的其他社会子系统之间也存在分工问题。社会分工方式的不同决定了组织内部工作内容，从而所需完成的任务、所需设立的职能和部门不一样。在我国，随着经济体制的改革，国家逐步把企业推向市场，使企业内部增加了要素供应和市场营销的工作内容，要求企业必须相应地增设或强化资源筹措和产品销售的部门。

2．对各部门关系的影响

环境不同，使组织中各项工作完成的难易程度以及对组织目标实现的影响程度亦不相同。同样在市场经济体制中，对产品的需求大于供给时，企业关心的是如何增加产量，扩大生产规模，增加新的生产设备或车间，企业的生产职能从而生产部门会显得非常重要，而相对要冷落销售部门和销售人员；而一旦市场供过于求，从卖方市场转变为买方市场，则营销职能会得到强化，营销部门会成为组织的中心。

3．对组织结构总体特征的影响

外部环境是否稳定，对组织结构的要求也是不一样的。稳定环境中的经营，要求设计出被称为“机械式管理系统”的稳固结构，管理部门与人员的职责界限分明，工作内容和程序经过仔细的规定，各部门的权责关系稳定，等级结构严密；而多变的环境则要求组织结构灵活——称为“柔性的管理系统”，各部门的权责关系和工作内容需要经常作适应性的调整，强调的是部门间的横向沟通而不是纵向的等级控制。

（二）经营战略对企业组织设计的影响

组织结构必须服从组织所选择的战略的需要。适应战略要求的组织结构，为战略的实施、组织目标的实现提供了必要的前提。

战略是实现组织目标的各种行动方案、方针和方向选择的总称。为实现同一目标，组织可在多种战略中进行挑选。战略选择的不同，在两个层次上影响组织结构：不同的战略要求不同的业务活动，从而影响管理职务的设计；战略重点的改变，会引起组织的工作重点从而各部门与职务在组织中的重要程度的改变，因此要求对各管理职务以及部门之间的关系作相应的调整。战略的类型不同，企业活动的重点不同，组织结构的选择因而有异。

按企业对竞争的方式和态度分，其经营战略可分为保守型战略、风险型战略以及分析型战略。

持保守型战略的企业领导可能认为，企业面临的环境是比较稳定的，需求不再有大的增长和变化，因此战略目标应是保持该产品已取得的市场份额，集中精力改善企业内部生产条件，提高效率，降低成本。采取这种保守型战略，保持生产经营的稳定和提高效率便成为企业的主要任务。在组织设计上强调提高生产和管理的规范化程度，以及用严密的控制来保证生产和工作的效率。因此，采用刚性结构应是这种组织结构的基本特征。其具体表现在以下几个方面：

（1）实行以严格分工为特征的组织结构；

（2）高度的集权控制；

（3）规范化的规章和程序；

（4）以成本和效率为中心的严格的计划体制；

（5）生产专家和成本控制专家在管理中特别是在高层管理中占重要地位；

（6）信息沟通以纵向为主。

选择风险型战略的领导则可能认为环境复杂多变，市场变化很快，机遇和挑战并存。企业必须不断开发新产品，开拓新市场，实行新的经营管理方法。为了满足组织不断开拓和创新的需要，在组织设计上就不能像保守型那样以规范化和控制为目标，而应以保证企业的创新需要和部门间的协调为目标，因而，实行柔性结构便成为这类组织的基本特征：

（1）规范化程度较低的组织结构；

（2）分权的控制；

（3）计划较粗泛而灵活；

（4）高层管理主要由市场营销专家和产品开发专家支配；

（5）信息沟通以横向为主。

分析型战略介于前两者之间。它力求在两者之间保持适当的平衡，所以其组织结构的设计兼具刚性和柔性的特征：

（1）既强调纵向的职能控制，也重视横向的项目协调；

（2）对生产部门和市场营销部门实行详细而严格的计划管理，对产品的研究开发部门则实行较为粗泛的计划管理；

（3）高级管理层由老产品的生产管理、技术管理等职能部门的领导及新产品的事业部领导联合组成，前者代表企业的原有阵地，后者代表企业的进攻方向；

（4）信息在传统部门间主要为纵向沟通，在新兴部门间及其与传统部门间主要为横向沟通；

（5）权力的控制是集权与分权的适当结合。

（三）技术及其变化对企业组织设计的影响

1. 生产技术对企业组织的影响

英国工业社会学家伍德沃德最早对工业生产技术与组织结构的关系进行了有影响的研究。该研究又称“南埃塞克斯郡研究”。研究的主要内容是英国南埃塞克斯郡的100 家工业企业组织结构的特征，如管理幅度、管理层次、管理人员与事务人员比重、工人的技术水平等，还涉及管理风格等内容（如书面沟通同口头沟通的比例）以及生产的类型、企业经营成效等。

伍德沃德的研究表明，工业企业的生产技术同组织结构及管理特征有密切的联系。伍德沃德指出，每一种有着类似目的和类似技术复杂程度的生产系统，都有其独特的组织模型及管理特征。其所指的企业的目的，是指它的产品和市场。这种目的决定着它会有怎样的技术复杂程度。技术复杂程度包括产品制造过程的机械化程度以及制造过程的可预测性。技术复杂程度高，意味着大多数生产操作是由机器来完成的，因而制造过程的可预测性高。

伍德沃德把企业生产组织的形式分成单件小批生产、大批大量生产和连续生产三种类型。随着生产过程中所采用的技术复杂程度的提高，企业生产组织逐渐从单件小批生产转化为大批大量生产，进而发展到连续生产。伍德沃德在研究中还发现：

（1）经营成功的企业的组织结构，与其所属的技术类型有着相互对应的关系。而经营不成功的企业，通常其组织结构特征偏离了其相应的技术类型。

（2）成功的单件小批生产和连续生产的组织具有柔性结构，而成功的大批量生产的组织具有刚性结构。

具有不同生产技术特点的企业，要求不同的组织设计，采用不同的组织结构并有管理特征，因而不存在一种绝对的最佳组织结构模式，由此产生了有关组织结构研究的权变理论。

2. 信息技术对企业组织的影响

信息技术对组织方面的影响如同计算机一体化技术对生产的影响，提高了企业的生产效率和管理效率，它也同样需要新型的组织结构来配合它的发展。

（1）使组织结构呈现扁平化的趋势；

（2）对集权化和分权化可能带来双重影响；

（3）加强或改善了企业内部各部门间以及各部门内工作人员间的协调；

（4）要求给下属以较大的工作自主权；

（5）提高专业人员比例。

（四）企业发展阶段对企业组织设计的影响

企业在初始阶段，其组织层级比较简单，如企业在初创时可能以个人业主制或手工作坊等简单的形式出现。在早期发展阶段，企业的管理层和执行层是合而为一的，其层级可能是包括管理层和执行层在内的两个简单层级。

在逐步向高级阶段发展时，企业可能将一部分通过市场交易的资源通过内部化来进行交易，因为企业发现通过市场交易这一部分资源的交易费用远高于内部化的费用，这样企业就以其内部的行政协调取代市场作为资源的配置方式。这时企业要求有相应的层级组织来执行行政协调配置资源的功能，因而企业的组织层级很可能增加，即由简单的两层级跃升为三级或更多层级。此时原先企业的所有者若缺乏必要的知识、信息和管理技术与手段，则很可能放弃企业的经营权与管理权，将企业的管理权通过委托的方式交由专门从事经营管理的经理人管理，这样企业就会相应增加其组织层级。

在企业逐步走向老化或是处于企业生命周期的衰退阶段时，企业则可能出于开源节流的目的，进行组织层次的调整，如裁员等。

美国学者 J. Thomas Cannon 提出了组织发展五阶段的理论，并指出在发展的不同阶段，要求有与之适应的组织结构形态。

（1）创业阶段。在这个阶段，决策主要由高层管理者个人作出，组织结构相当不正规，对协调只有最低限度的要求，组织内部的信息沟通主要建立在非正式的基础上。

（2）职能发展阶段。这时决策越来越多地由其他管理者作出，而最高管理者亲自决策的数量越来越少，组织结构建立在职能专业化的基础上，各职能间的协调需要增加，信息沟通变得更重要，也更困难。

（3）分权阶段。组织采用分权的方法来对付职能结构引起的种种问题，组织结构以产品或地区事业部为基础来建立，目的是在企业内建立“小企业”，使后者按创业阶段的特点来管理。但随之而来出现了新的问题，各“小企业”成了内部的不同利益集团，总公司与“小企业”的许多重复性劳动使费用增加，高层管理者感到对各“小企业”失去了控制。

（4）参谋激增阶段。为了加强对小企业的控制，公司一级的行政主管增加了许多参谋助手。而参谋的增加又会导致他们与直线的矛盾，影响组织中的命令统一。

（5）再集权阶段。分权与参谋激增阶段所产生的问题可能诱使公司高层主管再度高度集中决策权力。同时，信息处理的计算机化也使再集权成为可能。

（五）规模对企业组织设计的影响

规模是影响组织结构设计的一个重要变量。随着企业的发展，企业活动的规模日渐扩大，内容日趋复杂，组织管理的正规化要求逐渐提高，管理文件愈来愈多，对不同岗位以及部门间协调的要求愈来愈高，组织愈来愈复杂。

1. 规范化

规范化是指规章、程序和书面文件，如政策手册和工作描述等，这些规定了雇员的权利和义务。大型组织具有更高的规范化程度，原因是大型组织更依靠规章、程序和书面工作去实现标准化和对大量的雇员与部门进行控制。与之相反，小型组织则可以通过管理者的个人观察进行控制。

2. 分权化

集权化与分权化主要与组织中决策权力的集中或分散有关。在集权化的组织中，决策是由高层决定的，而在分权化的组织中，类似的决策在较低的层次上作出。在完全的官僚制中，所有的决策都是由那些具有完全控制权的高层管理者作出的。对组织规模的研究表明，组织规模越大就越需要分权化。

3. 复杂性

复杂性与组织中的层级数目（纵向复杂性）以及部门和工种的数量（横向复杂性）有关。大型组织显示了复杂性的明显特征。规模与复杂性之间的关系也是显而易见的。

（1）在大型组织中对传统的专业化的需要更加普遍。大型组织需要经常建立新的管理部门来解决规模所带来的问题，在大型组织中建立计划部门是因为在组织达到一定的规模后产生了对计划的巨大需要。

（2）随着组织中部门规模的增大，产生了细分的压力，部门最终达到最大以致管理者不能有效地控制它们。在这一点上，子集团将被再细分为独立的部门。

(3) 传统的纵向的复杂性需要保持对大量人员的控制。随着雇员数量的增加，为保持管理跨度所增加的层级会更多。

4. 专职管理人员的数量

大型组织的另一个特点是管理人员、办事人员和专业人员的数量激增。1957 年，帕金森（C. Northcote Parkinson）发表了帕金森法则，认为工作可以延长到完成它所需要的时间。帕金森运用所谓的帕金森法则来讽刺英国的海军总部在 1914—1928 年的 14 年间，尽管海军总人数减少了 32%，在用的军舰也减少了大约 68%，但是海军总部的工作人员却增加了 78%。实际上，帕金森在英国海军总部所观察到的现象在现代大型企业中也普遍存在：随着企业活动规模的扩大，必然增加对直接生产以及直接生产者的需要，进而必然产生对管理者以及管理者的管理劳动进行管理的必要。

【本章小结】

直线制是一种最早也是最简单的组织形式。它的特点是企业各级行政单位都从上到下实行垂直领导，下属部门只接受一个上级的指令，各级主管负责人对所属单位的一切问题负责。

职能制组织结构，是各级行政单位除主管负责人外，还相应设立一些职能机构。

直线一职能制，也叫生产区域制，或直线参谋制。它是在直线制和职能制基础上取长补短，吸取两种形式的优点而建立起来的。目前，绝大多数企业都采用这种组织结构形式。这种组织结构形式是把企业管理机构和人员分为两类：一类是直线领导机构和人员按命令统一原则在组织各级行政指挥权；另一类是职能机构和人员按专业化原则从事组织的各项职能管理工作。

事业部制是分级管理、分级核算、自负盈亏的一种形式。它适用于规模庞大、品种繁多、技术复杂的大型企业，是国外较大的联合公司所采用的一种组织形式，近几年我国一些大型集团或公司也引进了这种组织结构形式。

组织形态分为层级制组织结构和扁平型组织结构两种。现代企业组织形态的发展趋势表现为：组织结构扁平化、组织关系网络化、组织规模小型化、组织边界柔性化。

扁平化组织形式主要有矩阵制、团队型组织、网络型组织（虚拟企业）等。

根据权变组织理论，企业的组织结构与设计受到经营环境、经营战略、技术及其变化、企业发展阶段及规模等因素的影响。

【思考题】

1. 简述直线—职能制组织结构的优点和缺点，并指出如何克服缺点。
2. 简述矩阵制组织结构的优缺点。
3. 简述扁平组织扁平化的应用条件。
4. 在现代企业管理中，影响组织结构设计的因素有哪些？

【案例】

通用公司的组织结构调整

王力是通用公司的总裁，但是随着公司的发展，他发现除了他自己以外，实际上没有任何人为公司的发展和盈利负责。因为他发现自己每天疲于奔命，公司的大小事情都需要他亲自过问。而其他人似乎只满足于向他请示，然后按照他的指示工作。这种方式原来他认为很好。但是现在他认为这是他们逃避责任和不负责任的表现。为此，他感到很生气。

为了解决这个问题，也为了使自己有更多的时间考虑企业长远发展问题，在咨询了一些专家之后，他设置了财务、销售、广告、制造、采购和产品研究等几个重要职位，并且为每个职位配备了管理人员，这些人也是公司的副总裁。在这种情况下，他觉得这个问题应该解决了。但是他发现问题并没有得到解决。王总甚至觉得，即使只让他们负责在各自不同领域对全公司利润作出贡献也很难。例如，销售副总裁曾抱怨说，由于产品广告无效，生产部门不能及时提供用户所需的产品，而且他也没有可以与同行竞争的新产品，因此，他不能对销售负全责。与此相似，制造副总裁认为他做不到既要降低成本，又要为紧急订单生产产品，而且财务管理又不允许拥有较多的库存。所以销售把责任归于他的部门是完全没有道理的。应该说，他也有一定的道理。

王力曾想把公司分成六七个部门，设立产品分公司，由分公司经理负责各自的利润。但他又发现这个方法既不可行又不经济，因为公司生产的许多产品都用同样的工厂设备，用同样的原材料；另外，一个推销员去一家商店或超级市场同时洽谈多种相关产品，比只洽谈一两种产品要经济得多。

结果王力得出结论，最好的方法是建立这样的机制，就是委派六位产品经理，他们都对销售副总裁负责。每一个产品经理都各自负责一种或几种产品，并对每一产品的研究、制造、广告和销售等方面进行监督，从而也就成了对该产品的效益和利润的负责人。

王力认为不能赋予这些产品经理对公司各经营部门的直线职权，因为这样做将会导致每个副总裁不仅要对总裁负责，而且还要对销售副总裁和六位产品经理负责。他也考虑到这个问题会导致管理的复杂，甚至混乱。但是他知道世界上一些成就最大的大公司都采用了产品经理体制。此外，一位在大学任教的朋友告诉他，应该看到任何组织都会有些不明确和混乱无序的情况，但这不一定是坏事，因为这会迫使人们像是一个队伍一样一起工作。

王力决定采用上述的产品经理制，希望会做得更好。但他不知道该怎样避免上下级关系混乱的问题。

【思考题】

1. 通用公司的组织结构存在什么问题？
2. 假如你是王力，你将如何设计通用公司的组织结构？

第四章　组织变革与组织文化

【学习要点】

1. 理解组织生命周期理论；
2. 分析组织变革的动因；
3. 掌握组织变革的程序与内容；
4. 理解组织文化的特征、结构、功能；
5. 掌握组织文化建设的内容、途径；
6. 了解文化管理的概念及前景。

第一节　组织生命周期理论

组织就像一个生物有机体一样，随着时间的流逝，在社会系统内诞生、成长、成熟、衰落。1972 年，格林纳（Greiner）提出了组织成长与发展的五阶段模型（后又补充了一个阶段）。他认为，一个组织的成长大致可以分为创业、聚合、规范化、成熟、再发展或衰退五个阶段。每一阶段的组织结构、领导方式、管理体制、员工心态都有其特点。每一阶段最后都面临某种危机和管理问题，都要采用一定的管理策略解决这些危机以达到组织成长的目的。观察中外许多组织，它们成长的各阶段都表现出以下特点：

（1）创业阶段：组织创业初期一般规模较小，创业者（往往也是管理者）更关注产品的制造、销售、服务和组织的生存问题。这时，组织结构简单灵活，决策权力集中，运营效率较高。由于创业者一般是业务型人员，因此这个阶段的后期将面临领导力危机。

（2）集合阶段：此乃扩张的阶段。组织迅速实现社会资源的集聚与自我发展，组织结构仍然欠规范，偏重于集权制。

（3）规范化阶段：组织加强控制，推行部门制、层级化，管理制度化、规范化、程式化。组织呈现官僚制特征。官僚制发挥其优点，对克服个人感情或裙带关系、滥用权力等提供了有效的管理方式，但是后期会阻碍创新。

（4）成熟（精细）阶段：在此阶段，组织有成熟的经营机制和较强的实力，在社会中有自己的稳定地位。但是，随着全球性竞争和不确定环境的形成，组织面临更加复杂的问题和新的选择。

（5）再发展或衰退阶段：如果不能超越官僚制的束缚，组织可能出现机构臃肿、人浮于事等问题，可能失去柔性与活力，走向僵化和衰退。组织只有创新突破，实现再生，方能进入再发展的新循环。分权化、扁平结构、团队运作正为一些组织带来新的生命力。管理者应当激励组织不断变革更新，保持活力，延续生命，实现二次创业。

组织生命的延续是一个持续改变的过程，从规模、结构、功能甚至目标的各方面都在不断发展变化。在这个进程中，组织克服内在危机、实现从一个阶段到下一个阶段的跨越便是组织变革。

第二节　组织变革

我们生活在一个日新月异的时代，“唯一不变的就是变化”。在经济全球化、竞争白热化、市场个性化的压力之下，组织为了保持活力与地位，实现自身的生存与发展，必须不断作出自我调整。组织变革就是组织为了适应内外环境及条件的变化，对组织的目标、结构及组成要素等适时而有效地进行各种调整和修正。

一、组织变革的动因

（一）组织外部环境

一个组织是其所属系统的子系统，系统就是这个组织的环境。组织生存与发展的速度和状态取决于它调整自我、适应环境的能力与状况。

1．宏观环境

组织宏观环境包括组织所处的政治法律环境、经济环境、社会文化环境、技术环境、资源环境等。特别是经济全球化的进程、世界经济景气状况、国民经济增长及其速度的改变、政府经济政策调整、产业结构调整等因素会促使组织变革，科学技术的发展特别是计算机技术、网络技术、信息技术的发展为改良监控手段、提高监控能力提供了平台，也成为组织变革的促进因素。

2．微观环境

组织微观环境包括那些直接对组织产生压力、促使组织进行应变的各种因素，包括竞争对手、新进入者、替代者、供应商、客户等竞争环境，也包括组织在所处的生产经营产业链中的地位的变动。

（二）组织内部环境

系统具有层次性的特点，组织包括若干个子系统。组织内部环境包括：

（1）组织战略、政策的调整。如随着组织规模的扩大、经营产品或业务的多元化、经营重心由城镇到乡村的转变，甚至全球化经营战略的实施，成为组织变革的主要原因。

（2）组织运行机制的改变。如某些企业在所有制方面的转换，或从初始的家族式管理机制向规范的公司制转变，可以带来组织根本性的变革。

（3）组织经营理念的转变。如组织从技术中心向产品中心、客户中心转变，由利润中心向市场中心转变等，会成为组织变革的导引。

（4）组织领导的变更或组织成员的变化。组织领导的变更可能带来新的经营理念、战略等，因此成为组织变革因素之一。组织人员结构的改进与人员素质的提高，如新一代员工希望工作的内容丰富、有成就感，个人有更多晋升的空间以实现自身价值，希望有比较宽松、民主的工作环境等，会促使组织进行改革。

（5）组织管理技术与水平的提高。现代通信、办公手段的电子化、网络化、系统化，组织管理的软件化，也是组织人员与组织结构调整的原因之一。

（三）组织自身的因素

1. 组织成长的需要

从组织的成长看，一个组织都有一个从小到大、从简单到复杂的发展过程。在这个发展过程中，企业所处的发展阶段直接影响到其管理模式，进而影响到具体的组织形式。初期的组织结构多是直线—职能制，因为企业高层管理者能将企业的发展目标和监控有效地贯彻到企业基层。因此，企业运作效率较高。但是，随着企业发展壮大，组织的组织、领导、控制等各项职能都要相应转变，由此带来变革的需要。如乐百氏在2000年左右将原来的直线—职能制转变为以后的区域事业部制便是一例。另外，企业由单一产品经营到多元化经营，由单厂企业发展成多厂企业乃至企业集团，都会造成组织变革。

2. 组织运行过程中暴露出严重问题甚至出现危机

企业利润或经营业绩严重下滑，市场占有率持续下降，企业在市场竞争中处于不利地位；组织表现出机构臃肿、效率低下、运转不灵等。组织为了扭转以上各种不利局面，争取良好的经营业绩，开始进行变革尝试。这成为组织变革的直接动因。虽然直到出现问题甚至危机才考虑应变在时机上显得略晚，行动上可能陷入被动，但确有一些企业是这样迫不得已而进行变革的。

二、组织变革的程序

组织变革是一项复杂、牵涉面广、敏感度高的系统工程，需要精心思考设计、稳步推行，才能达到目的。一般来讲，组织变革的程序可以简单归纳为以下三个步骤：

（一）确定问题，组织诊断

组织应当经常审视自己的组织效率，敏锐洞察环境的变化，以客观、长远的眼光分析各种市场机会，探查组织隐藏的问题或潜在的危险。也可邀请管理专家进行专门的诊断，对变革的时机、内容、策略作出判断。

（二）制订并执行组织变革方案

确定决策原则，科学地制订、筛选方案。执行中一方面需要排除干扰，坚定地推行变革；另一方面需周密思考，全面动员，深入进行思想工作，谨慎地组织实施，减小负面影响。同时，在执行中根据情况调整和优化方案。

(三) 评估及巩固组织变革的效果

及时总结、评估变革的综合效果。以组织机构的建立和运作，制度规范、模式标准的订立，巩固变革成果，直至建立新的变革文化。

三、组织变革的内容

组织变革的内容因组织环境、组织状况等的不同而不同，一般包括如下几类：

(一) 结构的变革

组织结构的变革是组织变革的主要内容。其主要包括组织股权结构的变化（如TCL集团换股并购、整体上市的组织再造），组织职权结构的变化（如权力重心下移，集权与分权程度的变化）以及组织工作流程系统、协作系统、信息反馈系统、人力资源管理系统等方面的变革。

(二) 技术的变革

组织系统中的技术因素包括设备、建筑物、工作方法、新技术、新材料、新的质量标准和新的管理技术控制手段等。

(三) 人员的变革

这主要是指改变组织成员的态度、动机、行为、技术、文化素养、职业道德水准、成员之间的合作精神、受激励的程度、组织文化与成员的价值观念等。人的因素的变化，是组织变革中最复杂、最深刻、最难把握的因素之一。结构与技术的变革经常需要与人员的变革同步进行。

第三节　组织文化及其发展

今天，现代竞争已经超越产品、技术、品牌，逐渐深入到文化的层面。加强组织文化建设已经逐步被众多有远见的企业家视为组织发展战略和现代管理的重要内容。通过建设特有的组织文化，使组织成员对组织的哲学信仰、价值观念达成共识，在组织内营造一致的文化氛围，从而规范员工行为，激励员工士气，成为实现组织目标的“文化力”。

一、组织文化的概念

组织文化是指组织在长期的实践活动中所形成的并且为组织成员普遍认可和遵循的价值观念、思维模式、行为规范及具有相应特色的行为方式和物质表现的总和。

二、组织文化的特征

(一) 客观性与可塑性

组织文化是组织长期社会实践的积淀，它的产生和存在是不以人的意志为转移的。

只要是一个组织，其必然会形成自己的组织文化，不管人们意识到与否，不管它发挥或正或负、或大或小的作用。成功的组织有优秀的组织文化，不重视文化建设的组织有其消极漠然的组织文化，“雄心勃勃、唯利是图”是一种功利性文化，只把文化当做口号宣传或“作秀”的风气其实也是他们的组织文化。

当然，在组织文化形成的过程中，组织创始人往往起着关键的作用。当一个领导者创造了一个组织或群体的同时就创造了文化。老托马斯·沃森在1914年创办IBM公司时设立了“必须尊重个人，必须尽可能给予顾客最好的服务，必须追求优异的工作表现”的行为准则。这些理念在小托马斯·沃森1956年任IBM公司总裁以后更加发扬光大。“沃森哲学”对公司成功所贡献的力量，比技术革新、市场销售技巧及庞大财力的贡献更大。

组织文化是客观存在的，也是可以通过创始人的影响以及组织的努力塑造的。

（二）民族性与相异性

从空间上讲，每个组织都处在一定的民族背景下，因此它的文化必然打上区域和民族的烙印。譬如美国的企业是契约式的利益共同体，强调个人能力、个人奋斗、不断进取。美国通用电气公司的价值观是“坚持诚信，注重业绩，渴望变革”，带有明显的西方特征。又如日本企业倡导家庭式的命运共同体，强调团队合作、家族精神。

由于每个组织的历史不同，使命不同，所拥有的资源和所处的环境不同，甚至领导者的信仰风格不同，所以其组织文化也会不同，即任何组织的组织文化都有其鲜明的个性。

（三）稳定性与时代性

从时间上看，组织文化是经过长时间逐渐形成的，具有稳定性，不会因为个别领导人的更替或个别事件的出现发生即刻的变化。这就像人的个性较难随时间改变一样。美国英特尔公司的领导人历经数次变动，但其经过多年培育出来的开拓创新精神仍然存在，成为公司不断进取的精神支柱和追求卓越的公司信条。

另一方面，组织总是存续于一定的时代环境中，组织成员是该时代的人群，组织文化也必然有时代的烙印。当时代和社会环境发生变革的时候，组织文化也会适时调整、充实甚至更新，反映该时代的精神风貌特点。这样的文化才是有生命力的。2003年，联想集团将其品牌英文标识由Legend改为Lenovo（其中，novo为拉丁词根，含义是“新意、创新”），则体现了公司文化的进步。

三、组织文化的结构

一般认为，组织文化结构有三个层次，即潜层次、中介层和显现层，可直观地看成是一个三个层次的同心圆（如图4－1）。最外层是组织的显现层物质文化，中间层是组织的中介层制度文化，最内层是组织的核心层精神文化。

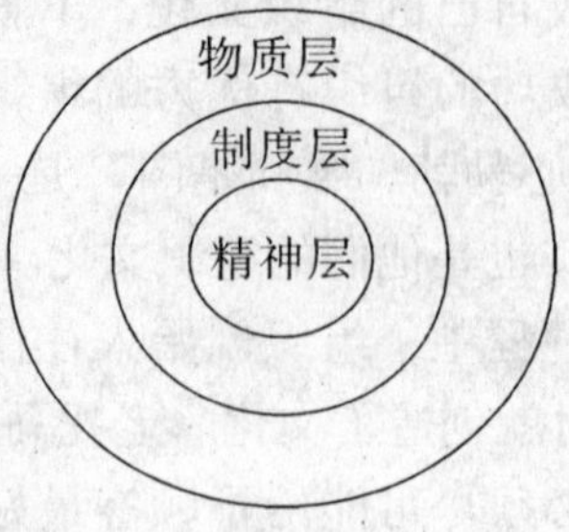

图 4－1　组织文化结构

（一）显现层的物质文化

显现层是组织文化结构的表层部分，是组织文化有形的物质载体，包括组织进行活动所需的和创造的基本物质基础。如公司商号标识、企业面貌、机器设备、员工服装、产品品牌、外观包装、质量服务等，这些是组织精神文化的物质体现和外在表现。

（二）中介层的制度文化

中介层是介于组织潜在精神文化和表层物质文化之间的中间层次，是体现组织价值理念的各种规章制度、道德规范、行为准则的总和。它包括成文的规定，也包括那些不成文但为组织成员普遍遵行的行为习惯、领导风格，还包括形成组织分工协作关系的组织结构等。

（三）潜层次的精神文化

潜层次是组织文化结构的核心层。它是指组织在长期活动中逐步形成的并为全体员工所认同的意识和观念，包括：组织的价值观念，即组织所推崇的基本信念和奉行的行为准则；组织精神，即以组织价值观为思想基础的组织群体意识；组织道德，即组织所形成的道德风气和习俗。精神文化层是组织文化的最深层结构，是组织文化的核心和灵魂。

物质文化层、制度文化层、精神文化层由外到内形成了组织文化的有序结构。其中，精神文化起核心作用，决定了组织制度文化和物质文化；组织制度文化是组织精神文化与物质文化的中介；制度文化、物质文化是精神文化的载体和表现。三者密不可分、相互影响、相互作用，共同构成组织文化的完整体系。

四、组织文化的功能

（一）导向功能

这是指组织文化能对组织整体和每个成员的价值取向及行为取向起引导作用，使之符合组织所确定的目标。

组织文化是组织共同的价值取向，本身包含着一定的愿景、方向和目标。组织文化的建设过程有助于把组织成员的思想、行为引导到组织所确定的目标上来。传统管理方式在促使组织成员完成组织目标时，或是靠带有强制特点的行政权力的作用，或是靠物质利益的刺激，二者都使员工在完成任务时处于与管理者相对的被动地位。而组织文化则不同，它通过对组织价值观的塑造和向员工思想的不断渗透、内化，从精神上引导员工的心理和行为，使员工在潜移默化中接受组织文化。将这种群体共有的价值观念引导到组织的目标上，则实现组织目标就会成为员工的自觉行动。

（二）整合功能

组织文化通过其独特的作用方式，培育组织成员的认同感和归属感。通过将共有价值观逐渐习俗化，约束和规范成员的行为习惯，使不同个体的观念、感情、习惯、沟通方式逐渐趋向一致，凝聚成为一种无形的合力。

一些成功企业的优秀文化已经成为企业的核心竞争力，并在企业的并购、重组，组织的扩张、变革中发挥重要作用。海尔集团总裁张瑞敏说：海尔集团的核心竞争力就是海尔文化。大家都知道海尔文化“激活休克鱼”的故事：海尔在兼并面临破产的红星公司时，首先带领企业文化中心等人员到该公司，贯彻实施文化先行路线，向红星植入海尔精神，用海尔的无形资产盘活了红星的有形资产，获得了国内外的高度评价。

（三）适应功能

组织文化能从根本上改变员工的旧有价值观念，使之建立起新的价值观念，从而适应组织内外部环境和组织的变革要求。并且，只有那些能够使组织适应环境变化，并在这一适应过程中领先于其他组织的文化才是优秀的文化，即可以把对外界环境的适应度作为检验文化优劣的标志。

五、组织文化建设

（一）组织文化建设的内容

根据组织文化的结构及其构成要素，组织文化建设的主要内容包括三个方面：

1. 物质文化建设

物质文化建设是组织文化的表层建设，目的在于树立良好的组织形象，发扬组织精神。以企业为例，企业文化建设的内容主要包括：产品文化价值的创造、厂容厂貌的美化和优化、企业物质技术基础的优化等。

2. 制度文化建设

制度文化介于精神文化和物质文化之间并起着中介作用。许多卓越的组织家都非常重视制度文化的建设，使它成为本组织的重要特色，成为组织文化建设的保障。其内容主要包括：确立合理的领导体制，建立和健全组织结构，建立和健全开展组织活动所必需的规章制度，认可、鼓励、支持员工中那些符合组织文化但不成文的行为规范、传统习惯等。

3. 精神文化建设

精神文化的建设是组织文化建设的核心。其内容有：明确组织的价值体系，塑造组织精神，促进组织伦理道德的形成和优化等。

（二）组织文化的塑造途径

组织文化的塑造可以通过选择价值标准、强化员工的认同感、实践与宣传同步、丰富发展等几个环节实现。

六、文化管理

（一）作为管理新形态的文化管理

本书的文化管理不是指对文化艺术、娱乐事业的管理，而是一种新的管理思想、管理理论或管理模式。与凭借经验进行管理、依靠科学手段进行管理不同，文化管理是借助组织文化建设进行管理，是管理的新兴形态，是继经验管理、科学管理之后的第三个阶段，亦即第三种管理模式。

所谓文化管理，是组织有意识地通过以价值观为核心的组织文化建设来引领、推动、实施组织的经营管理活动。

在组织发展更趋成熟的过程中，对组织哲学、价值观、精神等方面的思考，使企业具有更多的使命感、社会责任感。组织在生存和发展的同时，将更多地兼顾到员工个人的成长与前途。同时，在员工对组织价值观的认同、对管理的主动参与以及自我管理的过程中，满足他们“快乐和有意义”的追求，使员工在工作付出的同时，得以享受工作，实现企业与员工、社会的和谐相融。这种管理模式应是更高层次的管理。

（二）文化管理的特征

文化管理作为一种新兴的管理理论和模式，具有以下特征：

（1）从管理的中心看：与以往的资源经济时代管理的中心是资本、物质等物的要素不同，文化管理把管理对象视为以人为中心的资源。

（2）从管理的性质看：与科学管理完全理性管理不同，考虑到人的复杂性，文化管理是科学性与艺术性的适度统一。

（3）从管理的手段看：与科学管理通过建立科学结构、规章制度等科学手段来规范人的行为的“硬管理”、“刚性管理”不同，文化管理主要通过建立共同价值观，通过影响人的思想、精神、理念来进行管理，是精神的“标准化”，因而被认为是“软管理”、“柔性管理”、“弹性管理”与硬管理的巧妙结合。

（4）从管理的职能看：管理的职能有计划、组织、领导、控制。而文化管理的职能要求：战略管理必须以企业哲学为指导，要求组织是学习型组织，保持不断学习、变革的态势；领导模式是“育才型”的，是以自我控制为主的；对人的激励多是发自员工对共有价值观的认可和赞同。

（5）从管理的效果看：文化管理模式是高士气与高效率的高度统一。

（三）文化管理的趋势展望

我们所处的21世纪是知识经济的时代，是网络经济的时代，也是文化经济的时代。这个时代的社会结构、劳动结构已经并且正在发生着深刻的变化。正如经济学研究各种有形资源的利用、配置以提高经济效益一样，文化作为一种资源，作为组织的无形资产，也必然引起充分重视。文化管理作为一种新兴的管理理论与管理模式，正在为越来越多的企业所接受和认同，并有广阔的发展空间。借用中国著名管理学家成思危的话：如果说20世纪是由经验管理进化为科学管理的世纪，则21世纪是由科学管理进化为文化管理的世纪。

【思考题】

1. 组织生命周期分为哪几个阶段？各阶段有什么特点？
2. 有哪些因素会引起组织变革？
3. 组织变革的过程包括哪几个阶段？组织变革包括哪些内容？
4. 什么是组织文化？组织文化有什么作用？
5. 如何建设一个组织文化？什么是文化管理？

【案例】

华为技术有限公司（以下简称华为）1988年创立于中国，总部位于广东省，是电信网络解决方案供应商。产品和解决方案涵盖移动、核心网、网络、电信增值业务、终端等领域。

2010年，华为年营业收入1 492亿元，在中国企业联合会、中国企业家协会联合发布的年度中国企业500强排名中名列第37位，并跻身世界500强行列（第397位）。终端发货量与全球销售收入比上年增加30%以上。

华为并非上市公司，是一家百分之百由员工持股的企业，通过工会实行员工持股计划，股权结构不为外界所知。

一、华为的发展历程

1988年，任正非和几个人合伙每人出资2万元，在深圳某村成立了华为技术有限公司。他们开始是做贸易生意，什么赚钱做什么。一次偶然机会，经人介绍，开始代理香港一家公司的用户交换机产品，从此走上销售电信设备的道路。

经过几年的时间，华为建立了一定的销售网络。这时任正非开始考虑做自己的产品，于是他和清华大学的一位教授签订了合作开发用户交换机的协议。那位教授派了他的一个博士生郑宝用来华为开发。郑成为华为开发的领军人物。

在郑总的带领下，华为开发出了自己的用户交换机，并取得了一定的销售业绩。1992年任总作出开发局用交换机的决策。这意味着华为正式进入电信设备供应商行列。当时数字交换机的技术已经成熟，模拟交换技术已处于淘汰的边缘。华为生产线的一名工人曹某（没有文凭）多次向任总进言，力主开发数字交换机。任总被他打动，在模拟交换机开发的同时开始了数字交换机的开发。曹某也因此从一名工人升为开发部副总工、数字交换机部的负责人。这是华为不拘一格使用人才的一个例子。

1992年，深圳投资房地产、股票过热，几近泡沫经济，华为“不为所动，始终认认真真搞技术”，该年销售额首次突破亿元大关，利润上千万。任正非作出了一个出人意料的决定：投资亿元研制 C & C08 机。后来，每年“收入中至少拿出10%投入到技术研发”，被写进了华为公司章程。2006 年华为公司 6 万员工有 48% 参与了研发工作。在信息产业部发布的 2007 年专利报告中，华为已申请的专利总量为 12 728 件，发明专利为 11 503 件，在电子信息企业中均排名榜首。

2010 年，华为进入中国企业 500 强和世界企业 500 强。

二、华为的全球化经营

1996 年，华为与香港和记黄埔签下合同，为其提供固定网络的解决方案。

1997 年，华为在俄罗斯与当地企业建立合资公司。同年，在巴西投入 3 000 多万美元建立合资企业，随后，在多个拉美国家设立了代表处。

2000 年，华为在美国硅谷和达拉斯设立研发中心，开始与摩托罗拉建立广泛的合作。

2003 年，华为成功进入非洲市场。同时，在东南亚的扩张也收获颇丰。

2004 年，华为获得（提供有关新兴高科技和产业市场的信息和情报的）全球市场研究机构 Frost & Sullivan 颁发的“亚太区 2004 年度最有前途企业”和“亚太区 2004 年度宽带设备供应商”两个奖项。

2005 年，华为与英国 M 公司签署互助商品代销协议，成为澳大利亚运营商 Optus 的 DSL 合作商，成为英国电信首选的 21CN 网络供应商，赢得了为泰国 CAT 建设全国性 CDMA2000 的 3G 网络，价值 1.87 亿美元；为海啸受灾国提供了 500 万美元现金和设备的捐赠。

2008 年，华为高达 183.29 亿美元的营业收入已经逼近世界 500 强的最低门槛。

2009 年，华为赢得全世界首个商用的 LTE 网络——挪威和瑞典 4G 移动网络的合约，震惊业界——成功击败对手爱立信，而且是在对方的地盘上。

华为的国际市场拓展经历了尝试、跑马圈地、地区部管理三个阶段，现华为已在境外设立了 22 个地区部、100 多个分支机构，在美国、印度、瑞典、俄罗斯及中国等地设立了 17 个研究所，还在全球设立了 36 个培训中心。

华为的国际化经营绝非一帆风顺，而是一直受到多方的围追堵截。

三、华为的流程重整与组织变革

从 1997 年起，华为开始夯实内部管理，同 IBM、Hay Group、PwC 和 FhG 等世界一流管理咨询公司合作，引进了集成产品开发（IPD）、集成供应链（ISC）等流程，启动业务流程大变革，并在人力资源管理、员工股权计划、财务管理和质量控制等方面进行了深刻变革，建立了基于 IT 的管理体系。

从产品线变革开始，以公司经营管理团队及战略与客户常务委员会为实现市场驱动的龙头组织，强化 Marketing 体系对客户需求理解、战略方向把握和业务规划的决策支撑能力。同时，华为通过投资评审委员会（IRB）、营销管理团队、产品体系管理团队、运作与交付管理团队及其支持性团队的有效运作，确保以客户需求驱动华为整体的战略及其实施。

华为持续建设柔性的供应链能力，赢得快速、高质量、低成本供货保障的比较竞争优势。华为建设了扁平化的制造组织，高效率、柔性地保障市场要货需求并认真推行集成供应链变革，保证新流程和系统的落实。华为实施了质量工程技术，供应链能力和客户服务水平得到持续改善，发展与主要供应商的合作伙伴关系，加强采购绩效管理，推行基于业界最佳实践的供应商认证流程。

华为所在的通信行业变化迅速，3 个月就会发生一次大的技术创新。为适应这种速度，华为迅速地进行有利于该创新技术的组织架构创新，具体方向是随着业务的需要而确定的。

比如在 GSM 领域，华为推出了面向 3G 的解决方案，其亮点之一在于可全面支持 3G 并支持专业集群功能，配合专业的集群手机，可以满足高端用户的调度、会议广播以及紧急呼叫等需求。这项技术创新有着广阔的市场空间，华为迅速组织一部分市场营销和推广人员以及技术创新人员，组建起一个事业部，从事这项创新的运营工作。等到 3G 能顺利地投入运营并产生收益的时候，该项技术创新的突出问题就从研发、推广转移到服务等市场跟进工作上。

因此，华为实际上是建立起包含一个常态结构、一个动态结构和一个逆向求助系统的复合型组织结构。一旦出现市场机遇，相应的部门迅速出击、抓住机遇。在该部门的牵引下，公司的组织结构必定产生一定的变化，围绕着市场机遇而相应调整。而且，这种组织结构变化只是暂时性的，当阶段性的任务完成后，公司就会恢复常态。这项进退自如的组织结构创新机制，保证与支持着华为持续的创新能力。

四、华为的企业文化

华为人深知，资源是会枯竭的，唯有文化才能生生不息。每当新员工入职，都要接受半个月的培训。其中，重要的内容是企业文化的培训。

华为有很强的危机意识，强调“生于忧患，死于安乐”。总裁任正非关于企业“危机管理”的理论与实践曾在业内外产生过广泛影响。华为从几个人、几万元起家，“没有背景，不拥有任何稀缺的资源，更没有什么可依赖的，除了励精图治、开放心胸、自力更生，我们还有什么呢?”任总在其作品《华为的冬天》中警示华为人：“华为的危机，以及萎缩、破产是一定会到来的。”“如果你不能正确对待变革，抵制变革，公司就会死亡。”“高科技企业以往的成功，往往是失败之母，在这瞬息万变的信息社会，唯有惶者才能生存。”只有破釜沉舟，把危机意识和压力传递到每一个员工，通过无依赖的市场压力传递，使内部机制永远处于激活状态。即使现在，华为人也认为华为没有成功，只是在成长。

沙特阿拉伯商务大臣来华为参观时，发现华为办公室柜子上都是床垫，然后把他的所有随员都带进去听他们解释这些床垫是干什么用的。原来，华为人常常是夜以继日地钻研技术方案，开发、验证、测试产品设备……没有假日和周末，更没有白天和夜晚，累了就在垫子上睡一觉，醒来接着干，这就是华为“垫子文化”的起源。

这种精神加上团队协同作战精神，被喻为“狼的文化”。狼有三大特性：一是敏锐的嗅觉；二是不屈不挠、奋不顾身的进攻精神；三是群体奋斗。1995 年，中国电信设备市场结构发生变化，电信部门的设备采购转向招投标方式，相应地要求设备商的市场营销也必须由“打游击”转向“正规军作战”。1996 年 2 月，时任华为市场部主管的孙亚芳带领市场部所有正职干部递交了辞职报告。经过重新竞争上岗，整个市场体系30%的员工下岗。这由此开启了华为内部岗位流动的制度化，而且以“自我批判”的方式，强行推动华为的市场策略完成从“公关型”向“管理型”的过渡。

华为是务实的。公司实行小改进、大奖励，大建议、只鼓励的制度。就是提倡大家务实，紧紧抓住产品的商品化，一切评价体系都要围绕商品化来导向，以促使科技队伍成熟化。一切技术创新以客户需求为导向，卖得出去的东西，或稍微领先市场的产品，才是客户真正的技术需求。华为在3G上大有斩获，一个主要原因就是始终聚焦客户的需求和挑战来进行技术创新。华为已经实现远程售后服务。国外使用的华为的任何产品，只要与终端相连，信息中心都会立即连通，并检查问题所在，工作人员在深圳就可以对华为产品进行维修。

“不创新才是华为最大的风险。”任正非的这句话浓缩了华为骨子里的创新精神。“回顾华为的发展历程，我们体会到，没有创新，要在高科技行业中生存下去几乎是不可能的。在这个领域，没有喘气的机会，哪怕只落后一点点，就意味着逐渐死亡。”正是这种强烈的紧迫感驱使着华为持续创新。

华为走到现在，是和他们的超强学习力分不开的。任正非曾经在一次董事会上说自己58岁还在学外语。在向国际先进企业学习，大力推行IBM的矩阵式管理体系的过程中，华为坚持“先僵化后优化再固化”，排除一切障碍，向顾问学，穿上那双“美国鞋”，实现了自己的组织变革。

华为倡导“决不让雷锋吃亏”，采用“高收入、高压力、高效率”机制，且实行“集体奖金制度，大家一起努力，大家都努力，团队中的个人不努力都不好意思”。公司创业者和高层领导干部不断地主动稀释自己的股票，以激励更多的人才加入到华为事业中来。

2006年5月8日，华为推出了新企业标识。新标识体现了华为聚焦、创新、稳健、和谐的核心价值观。

【思考题】

1. 你如何理解华为的组织变革？

2. 试分析华为组织文化的内容、特点及其在组织成长过程中的作用。

第五章　人员配备

【学习要点】

1. 人员配备的含义、任务、内容及工作原则；
2. 招聘的主要程序与步骤；
3. 各种招聘渠道的分析与选择；
4. 员工培训的过程及方法；
5. 绩效考核的目的和方法。

第一节　人员配备概述

一、人员配备的含义

人员配备是指根据组织结构规定的职位数量与要求，对所需各类人员进行恰当有效的选择、使用、考评和培养，以合适的人员去充实组织中的各个职位，保证组织活动正常进行并实现组织的既定目标的活动。人员配备是对组织中全体人员的配备，既包括主管人员的配备，也包括非主管人员的配备。二者所采用的基本方法和遵循的基本原理是相似的。

管理学中的人员配备，是指对主管人员进行恰当而有效的选拔、培训和考评，其目的是为了配备合适的人员去充实组织机构中所规定的各项职务，以保证组织活动的正常进行，进而实现组织的既定目标。

传统的观点一般把人员配备作为人事部门的工作，而现代的观点则认为，人员配备不但要包括选人、评人、育人，而且还包括如何使用人员，以及如何增强组织凝聚力以留住人员，这又同指导与领导工作紧密联系起来。

二、人员配备的任务

人员配备是为每个岗位配备适当的人选，也就是说，首先要满足组织的需要；同时，人员配备也是为每个人安排适当的工作，因此，要考虑满足组织成员的个人的特点、爱好和需要。人员配备的任务可以从组织和个人这两个不同的角度去考察。

（一）人员配备应能满足组织的需要

（1）要通过人员配备使组织系统正常运转。设计合理的组织系统要能有效地运转，必须使机构中每个工作岗位都有适当的人去从事，使实现组织目标所必须进行的每项活动都有合适的人去完成，这是人员配备的基本任务。

（2）适应组织发展的需要。组织是一个动态系统，处在一个不断变化发展的社会经济环境中，组织的目标、战略需要经常根据环境的变化和组织的发展作出适当的调整。由目标和战略决定的组织结构不仅会发生质的变化，而且在岗位的设置数量上也会出现相应的增减。因此，在根据当前的组织结构配备相应人员时，要考虑到组织结构和岗位设置将来可能发生的变化，建立客观的考核体系和制度化的培养体系，以适应组织未来发展的需要。

（3）维持成员对组织的忠诚。人们总是力图获得最能发挥自己才能并能给自己带来最大利益的工作，而常用的方式就是通过流动和尝试不同的工作。流动对个人来说可能是重要的，它可以使人才自己通过不断的尝试，找到最适合自己的工作岗位。但是对组织来说，人才流动虽然能给组织带来新鲜的血液，但过高的流动率尤其是优秀人才的外流，往往会导致组织出现知识真空，从而影响组织的正常运转和持续发展。因此，在人员配备过程中，要注意通过轮岗、转岗或岗位的重新设计，为员工充分发挥才能和实现个人的发展目标创造良好的条件，从而维持员工对组织的忠诚，稳定人心，留住人才。

（二）人员配备应考虑组织成员的需要

要做到人与事的最佳组合，人员配备必须能够充分发挥员工的才能，并使其自觉地履行好岗位职责，为实现组织目标而努力工作。为此，在人员配备过程中，要考虑到组织成员个人的才能特点、兴趣爱好和需要，做好以下两方面的工作：

（1）使每个人的知识和才能得到公正评价和运用。工作的要求与自身的能力是否相符，工作目标是否具有挑战性，工作内容是否符合兴趣爱好，是否“大材小用”从而使员工“怀才不遇”，或“小材大用”使员工“不堪重负”，这些都会在很大程度上影响人员在工作中的积极性、主动性，进而影响工作绩效。

（2）使每个人的知识和能力得以不断发展和提高。知识与技能的提高，不仅可以满足人们较高层次的心理需要，而且往往是通向职业生涯中职务晋升的阶梯。因此，在人员配备过程中，应使每个组织成员都能看到这种机会和希望，从而稳定人心、提高工作绩效和适应组织发展需要。

三、人员配备的内容

为了达到上述目标，在人员配备过程中，一般要进行以下几项工作：

（一）人力资源规划：确定人员需要的种类和数量

由于组织是发展着的，所要设置的岗位和各岗位编制数也会随之发生变化。人力资源规划就是管理者为了确保在适当的时候，组织能够为所要的岗位配备所要的人员并使其能够有效地完成相应的岗位职责，而在事先所做的工作。人力资源规划主要包括三项任务：评价现有的人力资源配备情况；根据组织发展战略预估将来所要的人力资源；制订满足未来人力资源需要的行动方案。通过人力资源规划，可以明确为了实现组织发展目标，在什么时候需要哪些人员、各需要多少，从而为人员的选配和培养奠定基础。

（二）招聘与甄选：选配合适人员

岗位设计和分析指出组织中需要具备哪些素质的人，而为了获得符合岗位要求的人员，就必须对组织内外的候选人进行筛选，以作出合适的选择。为此就要进行招聘和甄选。

招聘是指组织按照一定的程序和方法招募具备上岗素质要求的求职者担任相应岗位工作的系列活动。求职者可能来自组织内部，也可能来自组织外部，不管求职者来自哪里，为了招聘到合适的人员，都需要依据相应的岗位要求对求职者进行素质评价和选择。甄选是指依据既定的用人标准和岗位要求，对应聘者进行评价和选择，从而获得合格的上岗人员的活动。通过招聘与甄选，组织为相应的岗位配备合适人员。

（三）培训与考核：使人员适应组织发展需要

培训是指组织为了实现组织自身和员工个人的发展目标，有计划地对员工进行辅导和训练，使之认同组织理念、获得相应知识和技能以适应岗位要求的活动。组织处于不断的发展过程中，对于组织在发展中所产生的人力资源需求，除了以招聘方式从外部吸引合适人员加以补充外，更主要的是通过开发组织现有的人力资源予以满足。人的思想的统一、技能的提高需要一定的时间，组织未来发展所需的人员和技能需要在现在就加以培训，培训是组织开发现有人力资源、提高员工的素质和同化外来人员的基本途径。同时，为员工提供学习机会，使其看到在组织中的发展前景，是组织维持组织成员对组织的忠诚的一个重要方面，因此培训的最终目的既是为了适应组织发展的需要，也是为了实现员工个人的充分发展。

为了了解现有的员工是否仍然适应岗位要求，需要通过考核对组织现有的人力资源质量作出评估。所谓考核是指按照一定的方法及程序对现职人员的工作情况作出客观评价，从而为员工改进工作提供指导，为培训、奖惩和人事晋升提供客观依据。

通过不断的培训和考核，不仅为组织获得合适的人员提供了保障，而且促使员工随着组织的发展不断成长，从而始终保持人与事的动态最佳组合，最终达到组织发展和员工成长的双重目的。

四、人员配备的基本原则

为求得人与事的优化组合，人员配备过程中必须遵循一定的原则：

（一）因事择人、适应发展原则

事是指组织中各种各样的任务。组织中配备一定人员的目的在于希望其能够做好组织所分配的任务，从而为实现组织目标作出其应有的贡献。为此就要求在人员配备过程中，根据工作需要配备具备相应知识和技能的人员。

同时，为了适应组织发展的需要，在岗位设置和人员配备过程中，要留有一定的余地。不能仅根据组织目前的需要配备人员，以至于当组织发展需要员工履行更多的职责或需要进一步提高技能时，现有的员工难以胜任或提高，从而延缓组织的发展。在人员配备过程中，要做好人力资源储备，或在配备某些岗位的人员时给其留出一定的学习和培训时间。

（二）因材施用、客观公正原则

在人员配备过程中，需要根据一个人的特长、兴趣或爱好来分配不同的工作，以最大限度地发挥其才能和调动其积极性。不同的工作需要不同的人来完成，而不同的人因为具有不同的素质与能力，能够从事不同的工作。所以，从人的角度来考虑，只有根据人的不同特点来为其安排工作，才能使人的潜能得到最充分的发挥，使人的工作热情得到最大限度的激发。因此，要根据不同的人的兴趣爱好和才能结构，分配其合适的工作内容，在条件允许的情况下，尽可能地把一个人所从事的工作与其兴趣爱好、能力特长结合起来。

客观公正原则要求在人员配备过程中，明确表明组织的用人理念，为员工提供平等的就业、上岗和培训机会，对素质能力和工作绩效进行客观的评价，以最大限度地获得社会和员工的理解和支持。

（三）合理匹配、动态平衡的原则

合理匹配是指要根据各个岗位职责要求配备相应的符合岗位素质要求的人员，还要求合理配置同一部门中不同岗位和层次间的人员，以保证同一部门中的人员能协调一致地开展工作，充分发挥群体功能。

要合理配置同一部门的人员，一要考虑到能级问题，二要考虑互补问题。为了保证组织具有高效率和高可靠性，不仅要合理划分组织中人员的能级，而且要使不同能级的人员合理地组合。一般来说，稳定的能级结构应是正立三角形，即较少的高级人员、较多的中级人员、更多的低级人员。一个组织中人员能级分布如果不是这样，就会出现不稳定。

能级问题是从纵向考虑人员配置，要求形成一个合理的等级。而互补问题是从横向考虑人员的配置，认为同一层次的人员相互之间应是能力互补的。若成员相互之间能力互补，各有所长，又有共同语言，就能较好地进行分工协作；若各成员虽各有所长，但无共同语言，则不易合作；若各成员之间能力相似，则容易相互争斗，形成内耗。

处在动态环境中的组织是在不断发展的。工作中人的能力和知识的适应性以及组织对其成员素质的认识也在不断地发展变化，因此，人与事的配合也需要不断地调整。动态平衡原则要求组织根据组织和员工的变化，对人与事的匹配进行动态调整。补充组织发展所需的人员，辞退多余的或难以适应组织发展需要的人员；将能力提高并得到充分证实的员工提拔到更高层次、需要承担更多责任的岗位上去；将能力平平、不符合现在岗位要求的人通过轮岗或培训使其有机会从事力所能及的工作。通过人与工作的动态平衡，使绝大多数员工能够得到合理使用，实现组织目标所需开展的工作都有合适的人来承担。

第二节　人员的招聘

一、招聘目的和计划

人员招聘的目的是为了及时满足组织发展的需要，弥补岗位的空缺。最直接的目的是获得组织所需的人才，并降低招聘成本，规范招聘行为，确保人员质量等。

制订招聘计划是人力资源部门在招聘中的一项核心任务，通过制订计划来分析组织所需的人才的数量和质量，以避免工作的盲目性。招聘计划一般包括：

（1）人员需求清单；

（2）招聘信息发布的时间和渠道；

（3）招聘团人选；

（4）招聘者的选择方案；

（5）招聘的截止日期；

（6）新员工的上岗时间；

（7）招聘费用预算；

（8）招聘工作时间表；

（9）招聘广告样稿。

二、招聘的主要程序与步骤

人员选拔和聘用工作是一个复杂、系统而又连续的程序化的操作过程，同时涉及组织内部各个用人部门以及相关环节。所以，招聘工作中各部门、各管理者的协调就显得十分重要。为了使人员招聘工作固定化、规范化，有助于招聘工作的有序进行，应当严格按一定程序组织招聘工作。

从广义上讲，人员招聘包括招聘准备、招聘实施和招聘评估三个阶段；狭义的招聘即指招聘的实施阶段，主要包括招募、选择、录用三个步骤。

（一）准备阶段

1. 招聘需求分析

在这一环节，主要进行人员需求分析与预测。产生招聘需求的情况主要有以下几种：

（1）组织人力资源自然裁员，即因员工的调动、离职、退休、休假等产生的岗位空缺。

（2）组织业务量变化。组织成长、发展导致岗位空缺。

（3）现有的人力资源配置不合理，即人与岗位的不匹配导致岗位空缺。

2. 明确招聘工作特征和要求

在这一环节，主要完成工作描述或工作说明书。这是组织录用人员的主要参考依据，主要内容有工作标识、工作综述、工作任务、工作程序、工作条件与物理环境、社会环境、工作权限、工作绩效标准、工作规范、聘用条件。

3. 制订招聘计划和招聘策略

在上述两方面工作的基础上，制订具体的、可行的招聘计划和招聘策略。同时，确定招聘工作的组织者和执行者，并明确各自的分工。

招聘策略主要包括：招聘地点策略、时间策略、渠道策略和方法的选择、招聘宣传战略的选择等。

（二）实施阶段

招聘工作的实施是整个招聘活动的核心，也是最关键的一环，其包括招募、选择、录用三个步骤。

1. 招募阶段

根据招聘计划确定的策略以及组织所确定的用人条件和标准，采用适当的招聘渠道和相应的招聘方法，吸引合格的应聘者。一般来说，每一类人员均有自己习惯的生活空间、喜欢的传播媒介，组织欲吸引到符合标准的人员，就必须选择该类人员喜欢的招聘途径。

2. 选择阶段

在吸引到众多符合标准的应聘者之后，还必须使用恰当的方法挑选出最合适的人员。在比较选择的过程中，不能光搞定性比较，应尽量以工作业务为依据，以科学、具体、定量的客观指标为准绳，把人的情感因素降到最低点，更不能以领导者的意志和权力来圈定。常用的人员选拔方法有：初步筛选、笔试、面试、情景模拟、心理测验等，如表5－1所示。需要强调的是这些方法经常是相互结合使用的。

表5－1　常用招聘人员选择方法及其特点

类型	特点
笔试	让应聘者在试卷上作答事先拟好的试题，然后根据应聘者解答的正确程度予以评定成绩的一种选择方法。通过测试应聘者基础知识和能力，判断其对岗位的适应性
面试	应聘者与考官直接交谈，面试考官根据应聘者在面试中的回答情况和行为表现判断应聘者是否符合应聘岗位的要求
情景模拟测试	将应聘者放在一个模拟环境中，让应聘者解决某方面的一个“现实”问题或达到一个“现实”目标。通过考察应聘者的行为过程和行为效果鉴别其工作能力、人际交往能力、语言表达能力等综合素质
心理测试	通过一系列手段，将人的某些心理特征数量化，来衡量应聘者的智力水平和个性差异的一种测量方法，其结果是对应聘者能力特征和发展潜力的一种评定。具有客观性、确定性、可比较性

3. 录用阶段

做完评估之后，招聘工作便进入了录用阶段。在这个阶段，招聘者和求职者都要做出自己的决策，以便达成个人和工作的最终匹配。一旦有求职者接受组织的聘用条件，劳动关系就正式建立起来了。

（三）评估阶段

招聘录用工作结束后，便进入评估阶段。对招聘活动的评估主要包括两个方面：一是对照招聘计划对实际招聘录用的结果（数量和质量两方面）进行评价总结；二是对招聘工作的效率进行评估，主要是对时间效率和经济效率（招聘费用）进行招聘评估，以便及时发现问题，分析原因，寻找解决的对策，及时调整有关计划并为下次招聘打下基础。

三、招聘渠道分析与选择

（一）招聘来源分析与选择

要进行有效的人员招聘，必须首先明确人员招聘来源。根据招聘对象的来源，可将招聘分为内部招聘与外部招聘两种。人们通常认为招聘都是对外的，而事实上，组织内部人员也是空缺工作的后备人员，而且越来越多的组织注重从内部招聘人员。

内部招聘与外部招聘各有其优势与不足。而且，内部招聘的优点，又常常是外部招聘的缺点，两者在一定程度上是互补的（见表5－2）。因此，组织在选择人员招聘渠道时，要进行综合考虑，通常选用内外部结合的方式效果最佳，这样既可以发挥内外招聘各自的优势，又可以在一定程度上避免其不足。具体的结合力度，取决于组织的战略计划、招聘的岗位、上岗速度以及对组织经营环境的考虑等因素。唯一的原则是，人员招聘最终要有助于提高组织的竞争能力和适应能力。

表5－2　　内部招聘与外部招聘的利弊

	内部招聘	外部招聘
优点	对人员了解全面，选择准确性高，了解本组织，适应更快，激励性强，费用较低	来源广，有利于招到高质量人员，带来新思想、新方法，树立组织形象
缺点	来源少，难以保证招聘质量，容易造成“近亲繁殖”。可能会因操作不公等造成内部矛盾	筛选难度大、时间长，进入角色慢，了解少，决策风险大，招聘成本大，影响内部员工积极性

从表5－2中可以看出，尽管内部招聘有许多好处，但必须实现内部工作的合理化、管理的规划化，并建立完整的员工培训开发体系，才能取得明显的成效。如果缺少这些必要条件，就会形成“近亲繁殖”的不良局面。这就说明，要妥善处理好内部招聘和外部招聘的关系。很显然，组织内部较重要的岗位全由内部招聘时，易因缺乏新观念的输入而逐渐孕育出一套趋于僵化的体系，对组织的长期发展也是不利的。

因此，对于本组织缺少而又需要的人才，还是应从外部招聘。问题的关键是如何使外部招聘和内部招聘之间达成某种程度的均衡，实践中的做法可能各不相同。但应该明确的是，倘若在内部员工之中找不到足以胜任岗位所需的人选，则一定要借助外部招聘；倘若内部员工可以胜任空缺岗位的要求，也应至少保留一部分岗位供外部招聘。研究表明，至少应保留10%的中、上层岗位供外部招聘。这样，既可以给内部员工更多的发展机会，也可以促使外部新鲜血液的输入。一般情况下，下列需求需要从外部招聘中满足：补充初级岗位，获取现有员工不具备的技术，获得能够提供新思想的并具有不同背景的员工。

（二）各种招聘渠道的分析与选择

招聘渠道是指吸引招聘对象所使用的方法。招聘岗位不同，人力需求数量与人员要求不同以及新员工到位时间和招聘费用的限制，决定了招聘对象的来源与范围，决定了招聘信息发布的方式、时间与范围，因而也决定了招聘渠道的不同。招聘渠道有很多，如发布广告、上门招聘、熟人推荐、借助中介机构（包括人才交流中心、职业介绍所、猎头公司）等。在进行招聘渠道选择时要综合分析各种招聘渠道的优劣，确定适合不同招聘对象的招聘途径。

1. 应选择适合招聘人员的招聘渠道

不同的招聘渠道各有利弊，其适用招聘人员的特点也不一样，如表5-3所示：

表5-3　常见的外部招聘途径

招聘途径	基本说明	优点	缺点	适用岗位
广告	通过在媒体刊登招聘启事的方式招聘人员	辐射面广，可有目的地针对某一特定群体	信息不充分，有许多不合格的应聘者	适用于招聘各类人员
校园招聘	由组织派人到学校招聘毕业生中的求职者	可面对大量的不同层次和专业的人员	应聘者大多缺乏实际工作经验	专业技术岗位、技术工人和初级行政管理岗位等
劳动力市场	一种由人力服务机构组织的有众多用人单位参加的大型招聘活动	面广，费用少	人杂，双向选择困难	适用于招聘操作人员和大众化岗位人员
职业介绍所（包括人才网、猎头公司）	以付费方式委托外部职业介绍机构物色组织所需人员	花费精力少，有可能获得短期的担保	费用相对较高，并需要花费时间筛选	招聘专业技术人员或中高级管理人员
员工推荐	由本企业员工推荐和介绍合适人选	可通过现有员工进行初步筛选，招聘成本低并可能获得高素质的候选人	可能会导致今后员工之间复杂的人际关系	适合各类岗位的招聘
直接申请	外部求职者以发送求职信或登门求职的方式谋求工作	成本低，求职者对组织比较认同	被动，不一定适合要求，需专人处理	通常发生在形象好、知名度高、待遇较好的组织中
其他途径	如通过参加各类培训班、行业协会等结识和招聘人员，通过租赁机构招聘短期雇用人员等			

2. 应根据组织和岗位特点选择招聘来源与渠道

每个组织都有其独特的一面，对员工的要求也各不相同。因此，成功的招聘必须符合组织自身的要求。假如一家公司需要招聘10名初级机械操作工，并且这家公司愿意对他们提供培训。那么，最好的招聘来源是职业学校。采用的招聘方法有派招聘者去职业学校上门招聘、内部员工推荐、职业介绍所、发布广告等。

此外，由于岗位类型的不同，招聘的来源与方法也不同。根据国外资料的统计分析，组织在招聘办公室员工时，大都采用内部提升的方法，其次是采用员工推荐介绍、报纸广告、职业介绍所等招聘途径。由此可以看出，与办公室工作性质相似的岗位普遍采用内部招聘的方法；组织中的经理或主管等岗位的首选途径也是从内部提升，因为从内部招聘的员工相对于从外部招聘来的员工而言，更加了解本组织的情况，有利于新工作的开展。而对于生产服务类、专业技术类、销售类的岗位，首先是采用外部招聘的方法，其次是从组织内部进行选拔。需要特别说明的是，以上的方法适合于最普遍的情况，每个组织应根据自身的实际，决定采用什么样的方式、方法，招聘不同岗位的人员，为组织及时提供优秀的人才。

3. 使用猎头公司招聘的技巧

对于高级人才和尖端人才，用传统的渠道往往是很难获取的，但这类人才对组织的作用却非常大。因此，在招聘高级人才时，一些组织已经逐渐习惯于聘请猎头公司进行操作。但是，不同的组织选用猎头公司的效果却大相径庭。实际上，猎取人才的成败，在很大程度上取决于组织自身，特别是组织猎取人才的前期工作。

组织在猎取高级人才时首先要做的是，尽可能在标准流程的基础上准确地描述岗位职责和任职资格。一般来讲，猎头公司会协助组织完成这项工作。为了切实理解委托客户的需要，有的猎头公司甚至派人去客户公司工作一段时间，亲自了解和体会其文化、员工关系、组织结构等因素，尽可能在标准流程的基础上准确地描述岗位职责和任职资格，掌握组织的需求和特殊之处。

猎头公司的收费比较高，通常达到所推荐人才年薪的25%～35%。但是，如果把组织自己招聘人才的时间成本、人才素质差异等隐性成本计算进去，猎头服务或许不失为一种经济、高效的方式。此外，猎头公司往往对组织及其人力资源需求有较详细的了解，对求职者的信息掌握较为全面，成功率比较高。

第三节　人员的培训

一、人员培训的含义及意义

人员培训，就是指组织通过学习、训导的手段，提高员工的工作能力、知识水平和潜能发挥，最大限度地使员工的个人素质与工作要求相匹配，进而促进员工现在和将来的工作绩效提高。培训的意义表现在：

（1）培训是提高员工素质和技能的手段。通过培训，可以使员工更好地胜任所承担的工作，或者为今后的提升做准备。

（2）培训是一种高收益的投资项目。培训实际上是对人力资源的投资，人力资源具有高增值性的特点，因此，培训是一种回报率极高的投资。

（3）培训能增强组织或个人的应变能力和适应能力。为了适应不断变化的世界，所有的人或组织都必须培养应变能力和创新能力，而学习培训正是适应环境和不断成长壮大的重要途径。

(4) 培训是一种重要的福利。为员工提供培训学习的机会，已经成为组织吸引人才、留住人才的重要手段之一。

二、培训的组织过程

(一) 确定培训的需求和目的

培训需求分析是整个培训开发工作流程的出发点，其准确与否直接决定了整个培训工作有效性的大小。简单地说，培训需求分析，就是了解与掌握组织为什么培训(Why)，谁需要培训 (Whom)、培训什么 (What)、培训的目标是什么等。

培训需求分析的内容有三大块：层次分析、对象分析以及阶段分析。

1. 培训需求的层次分析

这包括三方面的内容：一是组织层次分析，主要确定组织范围内的培训需求，保证培训计划符合组织的整体目标与战略要求。二是工作岗位层次分析，主要确定各个工作岗位的员工达到理想的工作业绩所必须掌握的技能和能力；工作分析、绩效评价、质量控制报告和顾客反映等都为这种培训提供了重要信息。三是员工个人层次分析。

2. 培训需求的对象分析

这包括两方面的内容：一是新员工培训需求分析。新员工对组织文化、组织制度不了解而不能融入企业，或是不熟悉工作岗位而不能胜任新工作。通常使用任务分析法决定其在工作中需要的技能。二是在职员工培训需求分析。由于新技术在生产过程中的应用，在职员工的技能不能满足工作需要等方面的原因而产生培训需求，通常采用绩效分析法评估在职员工的培训需求。

3. 培训需求的阶段分析

这包括两方面的内容：一是目前培训需求分析。针对企业当前存在的问题而提出的培训要求，主要分析企业现阶段的生产经营目标、生产经营目标实现状况、未能实现的生产任务、企业运行中存在的问题等方面。二是未来培训需求分析，以满足企业未来发展的需要。采用前瞻性培训需求分析方法，预测企业未来工作变化、职工调动情况、新工作职位对员工的要求及员工知识技能方面的缺陷部分。

(二) 培训需求分析的实施程序

1. 做好培训前期的准备工作

培训活动开始前，培训者就要有意识地收集有关员工的各种资料。这样不仅能方便地调用，而且能够随时监控组织员工培训需求的变动情况，以在恰当的时候开展培训。具体工作如下：

(1) 建立员工背景档案。培训部门应建立起员工的背景档案，培训档案应注重员工素质、员工工作变动情况以及培训历史等方面内容的记载。培训者应密切关注员工的变化，随时在档案中增添新的内容，以保证档案的监控作用。

(2) 同各部门人员保持密切联系。培训工作性质决定了培训部门通过和其他部门之间保持更密切的合作联系，随时了解组织的发展方向、人员配置等方面的变动情况，使培训活动开展起来更能满足组织发展需要。

（3）向主管领导反映情况。培训部门应建立一种途径，使员工可随时反映个人培训要求。培训部门了解到员工需要培训的要求后要立刻向上级汇报，并汇报下一步工作。

（4）准备培训需求的调查。培训者通过某种途径意识到有培训的需求时，在得到领导认可的情况下，就要开始做调查的准备工作。

2. 制订培训需求调查计划

培训需求调查计划应包括以下几项内容：

（1）制订培训需求调查工作的行动计划。安排活动中各项工作的时间进度以及各项工作应注意的一些问题，这对调查工作的开展很有帮助。

（2）确定培训需求调查工作的目标。培训需求调查工作应达到什么目标，一般来说，完全出于某种培训的需要。

（3）选择合适的培训需求调查方法。根据组织的实际情况以及培训中可利用的资源选择一种合适的培训方法。

（4）确定培训需求调查的内容。从培训时间和费用的角度考虑，培训需求调查的内容不应过于宽泛。

3. 开展培训需求调查工作

在制订了培训需求调查计划以后，就要按计划依次开展工作。开展培训需求调查主要包括以下步骤：

（1）提供培训需求动态情况。由培训部门发出制订计划的通知，请各责任人针对相应岗位工作需要提供培训动态情况。

（2）调查、申报、汇总。相关人员根据组织或部门的理想需求与现实需求、预测需求与现实需求的差距，调查、收集来源于不同部门和个人的各类需求信息，整理、汇总后报告组织培训管理部门。

（3）分析培训需求。由于培训需求往往是一个岗位或一个部门提出的，存在着一定的片面性，所以对申报的培训需求要进行分析。从整体考虑，需要组织的计划部门、相关岗位、相关部门以及培训组织管理部门共同协商确定。

（4）汇总培训需求意见，确认培训需求。培训部门对汇总上来并加以确认的培训需求列出清单，参考有关部门的意见，根据重要程度和迫切程度排列培训需求，并依据所能收集到的培训资源制订初步的培训计划和预算方案。

4. 分析与输出培训需求结果

（1）对培训需求调查信息进行归类、整理。由于培训需求调查的信息来源于不同的渠道，信息形式有所不同，因此，有必要对收集到的信息进行分类，并根据不同的培训调查内容的需要进行信息的归档，同时要制作一套表格对信息进行统计，并利用图表将信息表现的趋势和分布进行形象化处理。

（2）对培训需求进行分析、总结。对收集上来的调查资料进行仔细分析，从中找出培训需求，应注意个别需求和普遍需求、当前需求和未来需求之间的关系。要结合业务发展需要，根据任务的重要程度和紧迫程度进行排序。

（3）撰写培训需求分析报告。对所有的信息进行分类处理、分析总结以后，就要根据处理结果撰写培训需求调查报告，主要包括调查背景、概述需求分析实施的主要方法和过程、阐明分析结果、主要建议与说明、附录、报告提要。

（三）培训需求信息收集的方法

1. 面谈法

采用面谈法时可以进行面对面的交流，充分了解相关方面的信息，相互了解，建立信任关系，但需要花费较长的时间，而且对面谈技巧要求高，但它还是一种非常有效的需求分析方法。

2. 重点团队分析法

这是指培训者在培训对象中选出一批熟悉问题的员工作为代表参加讨论，以收集培训需求信息。小组成员不宜太多，通常由 8 ~ 12 人组成一个小组，一人组织讨论，一人负责记录。要求成员能代表所培训对象的培训需求，成员要熟悉需求调查中讨论的问题。

3. 工作任务分析法

以工作说明书、工作规范和工作任务分析记录表作为确定员工任职的依据，通过对岗位资料分析和员工现状进行对比，寻找员工的素质差距。这是一种非常正规的培训需求调查方法，结论可信度高。

4. 观察法

这是最原始、最基本的需求调查方法之一，比较适合生产作业和服务性工作人员，不太适合于技术人员和销售人员，通常要设计一份观察记录表。

5. 调查法

调查结果间接取得，问卷设计、分析工作难度大。应注意的问题包括：①问题应清楚明了，不产生歧义；②语言简洁；③问卷尽量采用匿名方式；④多采用客观问题方式，易于填写；⑤主观问题要有足够的空间填写意见。

（四）确定培训对象

培训对组织来说是一件重要而又必须付出代价的事，因此，要判断一个组织应如何选择培训对象、如何实施培训计划，必须以真正的需要作为标准，而不能出于其他的考虑。如何选择培训对象？将最需要培训的人送去培训，充分体现员工个人发展愿望与组织需要的结合，一般来说，采用以下几种方法：

1. 用绩效分析方法确定培训需求和培训对象

绩效评价本身就是需求分析与缺失检查的一种类型，主要分析工作人员个体现有状况与应有状况之间的差距，在此基础上确定谁需要和应该接受培训以及培训的内容。它为培训决策的制定提供了机会和依据。

运用绩效分析方法确定培训对象，主要经过以下步骤：

（1）通过绩效考评明确绩效现状。绩效考评能够提供员工现有绩效水平的有关证据。绩效考评的结果是对目标员工工作效率的种种表现（如技能、知识、能力）所做的描述。在操作上，可以运用从纯粹的主观判断到客观的定量分析的各种方法。

（2）根据工作说明书或任务说明书分析绩效标准或理想绩效。工作说明书明确工作对任职者的绩效要求。

（3）确认理想绩效与实际绩效的差距。

（4）分析绩效差距的成因及绩效差距的重要性。把绩效差距分解为知识、技能、态度、环境等具体方面，分析造成绩效差距的具体原因是什么；了解在过去一段时间内，这种差距的变化趋势如何，分析这种差距对个人、部门、组织所造成的后果。

（5）根据绩效差距原因分析确认培训需求和培训对象。根据绩效差距原因分析确认：是否需要培训，需要在哪些方面培训，哪些人员需要培训以及哪些人员可以优先获得培训。

（6）针对培训需求和培训对象拟订培训计划，包括选择何种类型及内容的培训规划、培训期限、培训费用等方面的内容。

2. 运用任务与能力分析方法确定培训需求和培训对象

（1）根据任务分析获取相关信息。对于每个特定工作的具体培训需求来说，任务分析可以提供三方面的信息：一是每个工作所包含的任务；二是完成这些任务所需的技能；三是衡量完成该工作的最低绩效标准。通过对这些问题的分析，可以设计出一套培训权衡表。

（2）对工作任务进行分解和分析。将工作说明书、工作规范和工作任务分析记录表作为确定员工任职的依据，通过将岗位资料分析和员工现状进行对比，寻找员工的素质差距，是一种非常正规的培训需求调查方法，结论可信度高。

（3）根据工作任务分析结果确定培训需求和培训对象。培训者根据员工的素质差距，为他们提供必要的指导、培训，使他们获得必需的技术和能力。

3. 根据组织发展需要分析确定培训需求和培训对象

主要步骤如下：

（1）确认培训标准。根据组织需要分析培训需求，准确找出组织存在的问题，即现有状况与应有状况之间的差距，并确定培训是否是解决这类问题的最有效的方法。

（2）确认培训可以解决的问题。组织发展需要分析不是集中在个体、工作、部门现在有效运作所需要的知识、技能和能力上，而是集中在它们未来有效运作所需要的知识、技能和能力上。

（3）确认培训资源。分析培训需要哪些资源（包括人、财、物），及组织能否满足这些要求，以此决定培训实施的可行性及培训方式。

（4）确定培训对象。根据组织需要确定培训对象时应考虑的因素有：一是反映组织未来要求的人事计划；二是营造有利于培训成果转换的组织培训气氛；三是改善组织气氛与个体满意度。

三、培训方法的选择

培训方法是指为了有效地实现培训目标而确定的手段和技法。它必须与教育培训需求、培训课程、培训目标相适应，它的选择必须结合培训对象的特点。

基本的培训方法有五类：直接传授法、实践法、参与法、适宜行为调整和心理训练的培训方法、科技时代的培训方式。下面分别介绍这几种培训方法的适用性及其特点。

（一）适合知识类培训的直接传授培训方式

直接传授培训方式是指培训者通过一定途径向培训对象发送培训中的信息。这种方法的主要特征就是信息交流的单向性和培训对象的被动性。其具体形式主要有：

1. 讲授法

讲授法又称课堂演讲法，即教师按照准备好的讲稿系统地向受训者传授知识，它是最基本的培训方法，主要有灌输式讲授、启发式讲授、画龙点睛式讲授三种方式。

优点：传授内容多，知识比较系统、全面，有利于大面积培训人才；对培训环境要求不高；有利于教师专长的发挥；学员可利用教室环境相互沟通；可面对面向教师请教疑难问题；员工平均培训费用比较低。

局限性：传授内容多，学员难以吸收、消化；单向传授不利于教学双方互动；不能满足学员的个性需求；教师水平直接影响培训效果，容易导致理论与实践脱节；传授方式较为单一。

2. 专题讲座法

专题讲座是针对某一个专题知识进行讲授，一般只安排一次培训。比较适合管理人员或技术人员了解专业技术发展方向或当前热点问题等。

优点：培训不占用大量时间，形式较为灵活；可随时满足员工某一方面的培训需求；讲授内容集中于某一专题，培训对象易于加深理解。

缺陷：讲座中传授的知识相对集中，内容可能不具有较好的系统性。

3. 研讨法

研讨法是指在教师引导下，学员围绕某一个或几个主题进行交流、相互启发的培训方法。这种方法适合各类学员围绕特定的任务或过程独立地思考、判断评价问题的能力及表达能力的培训。主要有集体讨论、分组讨论、对立式讨论三种形式。

优点：强调学员的积极参与，有利于培养学员的综合能力；多向式信息交流，加深对知识的理解，提高其运用的能力；研讨法形式灵活，适应性强，可适应不同的培训需求。

缺陷：对研讨题目、内容的准备要求较高；对指导教师的要求较高。

（二）以掌握技能为目的的实践性培训方法

实践法是通过让学员在实际工作岗位或真实的工作环境中，亲身操作、体验，掌握工作所需的知识、技能的培训方法，在员工培训中应用最为普遍。这种方法将培训内容和实际工作直接相结合，具有很强的实用性，是员工培训的有效手段，适合作能力、技能和管理实务类培训。

实践法通常包括以下几种：

1. 工作指导法

工作指导法也称教练法、实习法，是指由一位有经验的工人或直接主管人员在工作岗位上对受训者进行培训。负责指导的教练的任务是教给受训者如何做，提出如何做好的建议，并对受训者进行激励。

这种方法的优点是应用广泛，可用于基层生产工人，也可用于各级管理人员，让受训者与现任管理人员一起工作，后者负责对受训者进行指导，一旦现任管理人员因退休、提升、调动等原因离开岗位时，便可由训练有素的受训者顶替。从其缺点看，主要是缺乏系统的培训计划。

2. 工作轮换法

这种方法是让受训者在预定时间内变换工作岗位，使其获得不同岗位的工作经验。

这种方法的优点是：能丰富受训者的工作经验，使受训者增加对组织工作的了解；使受训者明确自己的长处和弱点，找到自己适合的位置；改善部门间的合作，使管理者能更好地理解相互间的问题。

不足之处在于：鼓励通才化，适用于一般直线管理人员的培训，不适用于职能管理人员的培训。

3. 特别任务法

企业通过为某些员工分派特别任务对其进行培训，此法常用于管理培训。一般采取两种形式：一是委员会或初级董事会。这是为有发展前途的中层管理人员提供分析全公司范围内经验和问题的培训方法。一般初级董事会由 10～12 名受训者组成，受训者来自各个部门，他们针对高层次的管理问题，如组织结构、经营管理人员的报酬以及部门间的冲突等提出建议，这些建议提交给正式的董事会。通过这种方法为这些管理人员提供分析高层次问题的机会以及决策的经验。二是行动学习。这是让受训者将全部时间用于分析、解决其他部门而非本部门问题的一种课题研究方法。受训者 4～5 人组成一个小组，定期开会，就研究进展和结果进行讨论。这种方法为受训者提供了解决实际问题的真实经验，可提高他们分析问题、解决问题以及制订计划的能力。

4. 个别指导法

这是一种帮带式的培训方法，类似于我国以前的学徒工制度。通过资历较深的员工的指导，使新员工能够迅速掌握岗位技能。

优点：新员工在师傅的指导下开始工作，可以避免盲目行事；有利于新员工尽快融入团队；可以消除刚从高校毕业的学生进入工作的紧张感；有利于组织优良工作作风的传递；新员工可从指导人处获取经验。

缺点：为防止新员工对自己构成威胁，指导者可能会有意保留自己的经验、技术，从而使指导流于形式；指导者本身的水平对新员工的学习效果有极大影响；指导者不良的工作习惯会影响新员工；不利于新员工的工作创新。

（三）适合综合性能力提高与开发的参与式培训

参与式培训法是调动培训对象积极性，让其在培训者与培训对象双方互动中学习的方法。这类方法的主要特征是：每个培训对象都积极参与培训活动，从亲身参与中获得知识、技能和正确的行为方式，开拓思维，转变观念。一般有六种方式：自学法、案例研究法、头脑风暴法、模拟训练法、敏感性训练法、管理者训练法。

1. 自学法

自学法适用于知识、技能、观念、思维、心态等多方面的学习。这种方法既适用于岗前培训，又适用于在岗培训，而且新员工和老员工都可以通过自学掌握必备的知识和技能。

优点：费用低，不影响工作；学习者自主性强，可体现学习的个别差异，培养员工的自学能力。

缺点：学习的内容受到限制，学习效果存在很大差异，学习中遇到疑难问题往往得不到解答，容易使自学者失去兴趣。

2. 案例研究法

这是一种信息双向性交流的培训方式，它将知识传授与能力提高融合在一起，是一种非常有特色的培训方法，可分为案例分析法和事件处理法两种。

案例分析法，又称为个案分析法，它是围绕一定的培训目的，把实际中真实的场景加以典型化处理，形成供学员思考分析和决断的案例，通过独立研究和相互讨论的方式，来提高学员分析问题及解决问题的能力的一种培训方法。案例分析可分为两种类型：一是描述评价法，即描述解决某种问题的全过程，包括实际后果，留给学员的分析任务是对案例中的做法进行事后分析；二是分析决策型，即只介绍某一待解决的问题，由学员去分析并提出对策，以此培养学员分析决策、解决问题的能力。这两种方法不是截然分开的，中间存在着一系列过渡状态。解决问题的过程有七个环节，如图5-1所示：

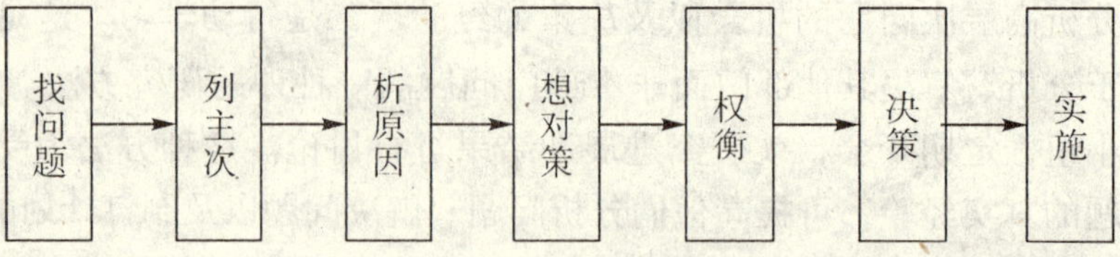

图5-1　解决问题的七个环节

事件处理是让学员自行收集亲身经历的案例（自编案例），将这些案例作为个案，利用案例研究法进行讨论，并用讨论结果来警示日常工作中可能出现的问题。学员通过对亲身经历的事件的相互交流和讨论，使组织内部信息得到充分利用和共享，有利于形成一个和谐、合作的工作环境。

自编案例要求学员根据自身的工作经历编写，这一方面是对个人工作经验的总结；另一方面有助于学员理解案例的背景，并使讨论的内容与工作实际更紧密地结合。

记录案例发生背景依据的原则是“5W2H”——Who（何人）、When（何时）、Where（何地）、What（何事）、Which（何物）、How（如何做）、How much（费用）。自编案例的内容包括：案例的内容简介、案例方式的背景（依“5W2H”原则逐条列出）、实际解决的对策（若为已解决的事件，应记下从发生到解决的经过；若为未解决的事件，应记下自己准备采取的对策）、从这个案例中得到的经验教训。

案例研究法的适用范围：适宜各类员工了解解决问题时收集各种情报及分析具体情况的重要性；了解工作中相互倾听、相互商量、不断思考的重要性；通过自编案例及案例的交流分析，提高学员理论联系实际的能力、分析解决问题的能力及沟通能力；培养员工间良好的人际关系。

优点：参与性强，变学员被动接受为主动参与；将学员解决问题的能力的提高融入知识传授中；教学方法生动、具体、直观；学员之间能通过案例分析达到交流的目的。

缺点：案例准备的时间较长且要求较高；需要较多的培训时间，对学员的能力有一定要求；对培训师的能力要求高；无效的案例会浪费培训对象的时间和精力。

3. 头脑风暴法

头脑风暴法，又称研讨会法、讨论培训法、管理加值训练法。它的特点是培训对象在培训活动中相互启迪思想、激发创造性思维、最大限度地发挥创造能力、提供解决问题更多更佳的方案。

它只规定一个主题，即明确要解决的问题，保证讨论内容不泛滥。把参加者组织在一起无拘无束地提出解决问题的建议或方案，组织者和参加者都不能评议他人的建议和方案。事后再收集各参加者的意见，交给全体参加者。然后排除重复的、明显不合理的方案，重新表述内容含糊的方案。组织全体参加者对各可行方案逐一评价，选出最优方案。头脑风暴法的关键是要排除思维障碍，消除心理压力，让参加者轻松自由、各抒己见。

优点：培训过程中为组织解决了实际问题，大大提高了培训的效果；可以帮助学员解决工作中遇到的实际困难；培训中学员参与性强；小组讨论有利于加深学员对问题理解的程度；集中了集体的智慧，达到了相互启发的目的。

缺点：对培训师要求高，如果不善于引导讨论，可能会使讨论漫无边际；培训师主要扮演引导的角色，讲授的机会很少；研究的问题能否得到解决也受培训对象水平的限制；主题的挑选难度大，不是所有主题都适合讨论。

4. 模拟训练法

模拟训练法以工作中的实际情况为基础，将实际工作中可利用的资源、约束条件和工作过程模型化，学员在假定的工作情景中参与活动，学习从事特定工作的技能，提高其处理问题的能力。

它所采取的基本形式是由人和机器共同参与模拟活动，侧重于对操作技能和反应敏捷的培训。它把参加者置于模拟的现实工作环境中，让参加者反复操作装置，解决实际工作中可能出现的各种问题，为进入实际工作岗位打下基础。比较适用于对操作技能要求较高的员工的培训。

优点：学员在培训中工作技能将会获得提高；有利于加强员工的竞争意识；可以营造学习气氛。

缺点：模拟情景准备时间长，而且要求质量高；对组织者要求高，要求熟悉培训中的各种技能。

5. 敏感性训练法

敏感性训练法简称 ST（Sensitivity Training）法，又称 T 小组法。这种方法要求学员在小组中就参加者的个人情感、态度及行为进行坦率、公开的讨论，相互交流对各自行为的看法，并说明其引起的情绪反应。其目的是提高学员对自已的行为和他人行为的洞察力，了解自己在他人心目中的形象，感受与周围人群的相互关系和相互作用，学习与他人的沟通方式，发展在各种情况下的应变能力，在群体活动中采取建设性行为。

该方法适用于组织发展训练、晋升前的人际关系训练、中青年管理人员的人格训练以及新进人员的集体组织训练等。

6. 管理者训练

管理者训练（Manager Training Plan，简称 MTP 法），是产业界普遍采用的对管理人员进行培训的方法，旨在使学员系统地学习，深刻地理解管理的基本原理和知识，从而提高其管理能力。一般采用专家授课、学员间研讨的培训方式。

该方法适用于培训中低层管理人员掌握管理的基本技能、知识，提高管理的能力。

（四）适宜行为调整和心理训练的培训方法

1. 角色扮演法

在一个模拟的真实工作情境中，让参加者按照他在实际工作中应有的权责来担当与实际类似的角色，模拟处理工作事务，从而提高处理各种问题的能力。这种方法的精髓在于以工作和行为作为练习的内容来进行设想。也就是说，它不针对某问题相互对话，而针对某问题实际行动，以提高个人及集体解决问题的能力。

该方法适合对各类员工开展以有效开发角色的行为能力为目标的训练，如客户关系处理、销售技术等行为能力的学习和提高。

优点：学员参与性强，学员与教师之间交流充分，可以提高学员参加培训的积极性；特定的模拟环境和主题有利于增强培训效果；通过观察其他学员的扮演行为，可以学习各种交流技能，通过模拟后的指导，可以及时认识到自身存在的问题并进行改正；在提高学员业务能力的同时，也提高了其反应能力和心理素质。

缺点：场景的人为性降低了培训的实际效果；模拟环境并不代表现实际工作环境的多变性；模拟中的问题限于个人，不具有普遍性。

2. 行为模仿法

行为模仿法是通过向学员展示特定行为的范本，由学员在模拟的环境中进行角色扮演，并由指导者对其行为提供反馈的训练方法。

该方法适合对中层管理人员、基层管理人员及一般员工的培训。根据培训的具体对象确定培训内容，如基础主管指导新员工，纠正下属的不良工作习惯，使学员的行为符合其职业、岗位的行为要求，提高学员的行为能力，使学员能更好地处理工作环境中的人际关系。

这种方法的优点是能够在模拟实践中加深对管理原理的领会以及对管理技巧的掌握，对管理人员的演讲能力和表达能力的提高也有一定价值；缺点是费时较多。

3. 拓展训练

拓展训练起源于第二次世界大战中的海员学校，旨在训练海员的意志和生存能力，后被应用于管理训练和心理训练等方面，用以提高人的自信心，培养把握机遇、抵御风险的心理素质，培养团队精神等。它以外化型体能训练为主，学员被置于各种艰难的情境中，在面对挑战、克服困难和解决问题的过程中，使人的心理素质得到改善。

拓展训练包括拓展体验、挑战自我课程、回归自然活动等。

(五) 科技时代的培训方式

1. 网上培训

网上培训是将现代网络技术应用于人力资源开发领域而创造出来的培训方法。在网上培训，老师将培训课程储存在培训网站上，分布在各地的学员利用网络浏览器进入该网站接受培训。根据培训进程的不同，网上培训有同步培训与非同步培训两种类型。

网上培训的优点：无须将学员从各地召集到一起，大大节省了培训费用；可及时、低成本地更新培训内容；可充分利用网络上大量的声音、图片和影音文件等资源，增强课堂教学的趣味性，从而提高学员的学习效率；网上培训的进程安排比较灵活，学员可以充分利用空闲时间进行学习，而不用中断工作。

其缺点是：网上培训要求组织建立良好的网络培训系统，需要大量的培训资金；某些内容不适用于网上培训方式。

2. 虚拟培训

利用虚拟现实技术生成实时的、具有三维信息的人工虚拟环境，培训学员通过运用某些设备接受和响应该环境的各种感官刺激而进入其中，并可根据需要通过多种交互设备来驾驭该环境以及用于操作的物体，从而达到提高培训对象各种技能或学习知识的目标。

其优点在于它的仿真性、超时空性、自主性和安全性。在培训中，学员能自主地选择或组合虚拟培训场地或设施，而且学员可以在重复中不断增强自己的训练效果；更重要的是这种虚拟环境使他们脱离了现实环境培训中的风险，并能从这种培训中获得感性知识和实际经验。

四、培训效果评估的步骤与方法

培训效果是指组织和受训者从培训当中获得的收益。培训效果评估是指收集培训成果以衡量培训是否有效的过程。一般说来，培训效果评估包括以下几个步骤：

(一) 分析培训需求，暂定评估目标

进行培训需求分析是培训项目设计的第一步，也是培训评估的第一步。在培训项目实施之前，必须把培训评估的目的明确下来。多数情况下，培训评估的实施有助于对培训项目的前景作出预测，重要的是，培训评估的目的将影响数据收集的方法和所要收集的数据的类型。

(二) 建立培训评估数据库

进行培训评估之前，组织必须将培训前后发生的数据收集齐，因为培训数据是培训评估的对象。培训的数据按照能否用数字衡量的标准可以分为两类：硬数据和软数据。硬数据是对改进情况进行衡量的主要标准，以比例的形式出现，是一些易于收集的无可争辩的事实。这是最需要收集的理想数据。硬数据可以分为产出、质量、成本和时间四大类，几乎在所有组织机构中这四类都是具有代表性的业绩衡量标准。有时候很难找到硬数据，这时，软数据在评估人力资源开发培训项目时就很有意义。常用的软数据类型可以归纳为六个部分：工作习惯、氛围、新技能、发展、满意度和主动性。

（三）确定培训评估的层次，选择评估方法

评估方法的类型包括课程前后的测试、学员的反馈意见、对学员进行的培训后跟踪、采取的行动计划以及绩效的完成情况等。

（四）调整培训项目

基于对收集到的信息进行的认真分析，人力资源开发部门就可以有针对性地调整培训项目。如果培训项目没有什么效果或是存在问题，人力资源开发人员就要对该项目进行调整或考虑取消该项目。如果评估结果表明，培训项目的某些部分不够有效，例如，内容不适当、授课方式不适当、对工作没有足够的影响或受训人员本身缺乏积极性等，人力资源开发人员就可以有针对性地考虑对这些部分进行重新设计或调整。

（五）反馈培训项目结果

一般来说，企业中有四种人是必须要得到培训评估结果的。最重要的一种人是人力资源开发人员，他们需要这些信息来改进培训项目。只有在得到反馈意见的基础上精益求精，培训项目才能得到提高。管理层是另一个重要的人群，因为他们当中有一些是决策人物，决定着培训项目的未来。评估的基本目的之一就是为妥善地决策提供基础。第三个群体是受训人员，他们应该知道自己的培训效果怎么样，并且将自己的业绩表现与其他人的业绩表现进行比较。这种意见反馈有助于他们继续努力，也有助于将来参加该培训项目学习的人员不断努力。第四个群体是受训人员的直接主管。

培训评估的方法如表5－4所示：

表5－4　　培训评估层次与方法列表

层次	评估内容	评估方法	评估时间	评估单位
反应评估	衡量学员对具体培训课程、讲师与培训组织的满意度	问卷调查、面谈观察、综合座谈	课程结束时	培训单位
学习评估	衡量学员对于培训内容、技巧、概念的吸收与掌握程度	提问法、笔试法、口试法、模拟练习与演示、角色扮演演讲、心得报告与文章发表	课程进行时 课程结束时	培训单位
行为评估	衡量学员在培训后的行为改变是否系培训所致	问卷调查、行为观察、访谈法、绩效评估、管理能力评鉴、任务项目法、360度评估	三个月或 半年以后	学员的直接主管上级
结果评估	衡量培训给组织的业绩带来的影响	个人与组织绩效指标、生产率、缺勤率、离职率、成本效益分析、客户与市场调查、360度满意度调查	半年、一年后 组织绩效评估	学员的 单位主管

第四节　绩效考核

一、绩效考核的含义

绩效考核是一种正式的员工评估制度，它是通过系统的方法、原理来评定和测量员工在职务上的工作行为和工作效果。绩效考核是企业管理者与员工之间的一项管理沟通活动。绩效考核的结果可以直接影响到薪酬调整、奖金发放及职务升降等诸多涉及员工切身利益的方面。

二、绩效考核的作用

绩效考核的最终目的是改善员工的工作表现，以达到企业的经营目标，并提高员工的满意度和未来的成就感。因此，绩效考核最显而易见的作用是为员工的工作调整、职务变更提供依据。但它的作用不仅仅是这些，通过绩效考核还可以让员工明白企业对自己的评价，明白自己的优势、不足和努力方向，这对员工改进自己的工作有很大好处。另外，绩效考核还可以为管理者和员工之间建立起一个正式的沟通渠道，促进管理者和员工的相互理解和协作。

具体而言，其包括以下几个方面：

（一）为员工的薪酬调整、奖金发放提供依据

绩效考核会为每位员工得出一个评价结论。这个评价结论不论是描述性的，还是量化的，都可以作为员工薪酬调整、奖金发放的重要依据。这个评价结论对员工本人是公开的，并且要获得员工的认可。

（二）为员工的职务调整提供依据

员工的职务调整包括员工的晋升、降职、换岗甚至辞职。绩效考核的结果会对员工是否适合该岗位作出明确而客观的评判。基于这种评判而进行的职务调整，往往会让员工本人和其他员工接受和认同。

（三）为上级和员工之间提供一个正式沟通的机会

考核沟通是绩效考核的一个重要环节，它是指管理者（考核者）和员工（被考核者）面对面地对考核结果进行讨论，并指出其优点、缺点和需要改进的地方。考核沟通为管理者和员工之间创造了一个正式的沟通机会。利用这个沟通机会，管理者可以及时了解员工的实际工作状况及深层次的原因，员工也可以及时了解到管理者的管理思路和计划。考核沟通促进了管理者与员工的相互了解和信任，提高了管理的穿透力和工作效率。这种沟通使得管理者及其下属人员有机会通过制订计划来克服工作绩效评价所揭示出来的那些低效率行为，同时还可以帮助管理者强化下属人员已有的正确行为。

（四）让员工清楚组织对自己的真实评价

虽然管理者和员工可能经常会见面，并且可能经常谈论一些工作上的计划和任务，但是员工还是很难清楚地明白组织对自己的评价。绩效考核是一种正规的、周期性对员工进行评价的系统，由于考核结果是向员工公开的，员工就有机会清楚组织对自己的评价。这样可以防止员工不正确地估计自己在组织中的位置和作用，从而减少一些不必要的抱怨。

与此同时，绩效考核还可以让员工清楚组织对他的期望以及自己需要改进的地方，这就为员工的自我发展铺平了道路。工作绩效评价能够而且应当用于员工的职业发展规划制定过程，这是因为它为组织制定员工的个人职业发展规划提供了一个绝好的机会。

（五）组织及时准确地获得员工的工作信息，为改进组织政策提供依据

通过绩效考核，管理者和人力资源部门可以及时准确地获得员工的工作信息。通过这些信息的整理和分析，可以对组织的招聘制度、选择方式、激励政策及培训制度等一系列管理政策的效果进行评估。及时发现政策中的不足和问题，从而为改进组织政策提供了有效的依据。

（六）绩效考核是对员工进行激励的手段

奖励和惩罚是激励的主要内容，奖罚分明是劳动人事管理的基本原则。要做到奖罚分明，就必须科学地、严格地进行考核，以考核结果为依据，决定奖惩的对象以及奖惩的等级。

考核本身也是一种激励因素。通过考核，可以肯定成绩、肯定进步、指出长处、鼓舞斗志、坚定信心；通过考核，指出缺点和不足、批评过失和错误、指明努力的方向、鞭策后进，促其进取，如此可使员工保持旺盛的工作热情，出色地完成组织目标。

三、绩效考核的方法

（一）结果导向型主观考评方法

1. 排列法

排列法，也称排序法，是绩效考评中比较简单易行的一种综合比较方法。通常由上级主管根据员工工作的整体表现按照优劣顺序依次排列。有时为了提高其精度，也可以将工作内容作出适当分解，分项按照优良的顺序排列。

这种方法的优点是简单易行，花费时间少，能使考评者在预定的范围内组织考评并将下属进行排序，从而减少考评结果过宽和趋中的误差。在确定的范围内可以将排列法的考评结果作为薪资、奖金发放或一般性人事变动的依据。但是，由于排序法是相对对比的方法，考评是在员工间进行主观比较，不是用员工工作的表现和结果与客观标准相比较，因此具有一定的局限性，不能用以比较不同部门的员工，个人取得的业绩相近时很难进行排列，也不能使员工得到关于自己优点和缺点的反馈。

2. 选择排列法

选择排列法，也称交替排列法，是简单排列法的进一步推广。选择排列法利用的

是人们容易发现极端、不容易发现中间的心理，在所有员工中挑出最好的和最差的，把他们作为第一名和最后一名，接着在剩下的员工中再挑选出最好和最差的，分别排列在第二名和倒数第二名，依次类推，最终将所有员工按照优劣顺序全部排列。

选择排列法是较为有效的一种排列方法。采用本法时，不仅上级可以直接完成排序工作，还可将其扩展到自我考评、同级考评和下级考评等其他考评方式之中。

3. 强制分布法

强制分布法，也称硬性分布法。假设员工的工作行为和工作绩效整体呈正态分布，那么按照正态分布的规律，员工的工作行为和工作绩效好、中、差的分布存在一定的比例关系，在中间的员工应该最多，好的、差的是少数。强制分布法就是按照一定的百分比，将被考评的员工强制分配到各个类别中。类别一般是五类，从最优到最差的具体百分比可根据需要确定，既可以是10%、20%、40%、20%、10%，也可以是5%、20%、50%、20%、5%等。

采用这种方法，可以避免考评者过分严厉或过分宽容的情况发生，克服平均主义。但是，如果员工的分布呈偏态，该方法就不合适。这种方法只能把员工分为有限的几种类别，难以具体比较员工差别，也不能在诊断工作问题时提供准确可靠的信息。

4. 成对比较法

成对比较法，也叫配对比较法、两两比较法。基本顺序是：首先根据某种考评要素如工作质量，将所有参加考评的人员逐一比较，按照从最好到最差的顺序对被考评者进行排序；然后再根据下一个考评要素进行两两比较，得出被考评者的排列次序。依次类推，经过汇总整理，最后求出被考评者所有考评要素的平均排序数值，得到最终考评的排序结果。

采用成对比较法能够发现每个员工在哪些方面比较出色，在哪些方面存在明显的不足和差距。在涉及的人员范围不大、数目不多的情况下宜采用本方法。如果员工的数目过多，不但费时费力，其考评质量也将受到制约和影响。如表5-5所示：

表5-5 **成对比较法：工作质量要素考评表**

	A	B	C	D	E	F	排序
A	0	+	+	+	+	+	6
B	−	0	+	+	−	+	4
C	−	−	0	−	−	+	2
D	−	−	+	0	−	+	3
E	−	+	+	+	0	+	5
F	−	−	−	−	−	0	1
汇总	−5	−1	+3	+1	−3	+5	

（二）行为导向型客观考评方法

1. 关键事件法

关键事件法也叫重要事件法。在某些工作领域，员工在完成工作任务过程中，有效的工作行为导致了成功，无效的工作导致失败。重要事件法的设计把这些有效或无效的工作行为称为“关键事件”，考核者要记录和观察这些关键事件，因为它们通常描述员工的行为以及工作行为发生的具体背景条件。这样，在评定一个员工的工作行为时，就可以将关键事件作为考评的指标和衡量的尺度。

关键事件法对事不对人，以事实为依据，考核者不仅要注重对行为本身的评价，还要考虑行为的情境，可以用来向员工提供明确的信息，使他们知道自己在哪些方面做得比较好，而在哪些方面做得不好。

采用本方法具有较大的时间跨度，可以贯穿考评期的始终，与年度、季度计划密切地联系在一起。它可以有效弥补其他方法的不足，为其他考评方法提供依据和参考。它的优点是：为考评者提供了客观的事实依据；考评的内容不是员工的短期表现，而是一年内的整体表现；以事实为依据，保存了动态的关键事件记录，可以全面了解下属是如何消除不良绩效、如何改进和提高绩效的。其缺点是：对关键事件的观察和记录费时费力；能作定性分析，不能作定量分析；不能具体区分工作行为的重要程度，很难使用该方法在员工之间进行比较。

2. 行为锚定等级评价法

行为锚定等级评价法也称行为定位法、行为决定性等级量表法或行为定位等级法。它是关键事件法的进一步拓展和应用。它将关键事件和等级评价有效地结合在一起，通过一张行为等级评价表（如表5－6所示）可以发现，在同一个绩效维度中存在一系列的行为，每种行为分别表示这一维度中的一种特定绩效水平，将绩效水平按等级量化，可以使考评的结果更有效、更公平。

表5－6　　行为锚定等级评价法（BARS）实例：销售代表处理客户关系

行为	打分（1~6）
经常给客户打电话，为其做额外查询	6分
经常耐心地帮助客户解决很复杂的问题	5分
当遇到情绪激动的客户时会保持冷静	4分
如果没有查到客户需要的相关信息则会告诉客户，并说“对不起”	3分
忙于工作的时候，经常忽略等待中的客户，长达数分钟	2分
一遇到事儿，就说这件事儿跟自己没有关系	1分

行为锚定等级评价法工作步骤：

（1）进行岗位分析，获取本岗位的关键事件，由其主管人员作出明确简洁的描述；

（2）建立绩效管理评价的等级，一般分为5~9级，将关键事件归并为若干绩效指标，并给出确切定义；

（3）由另一组管理人员对关键事件作出重新分配，把它们归入最合适的绩效要素及指标中，确定关键事件的最终位置，并确定绩效考评指标体系；

（4）审核绩效考评指标登记划分的正确性，由第二组人员将绩效指标中包含的重要事件由优到差、从高到低进行排列；

（5）建立行为锚定法的考评体系。

这一方法的优点是对员工的绩效考评更加准确。由于参与本方法设计的人员众多，对本岗位熟悉，专业技术强，所以精确度更高。评定量表上的等级尺度是与行为表现的具体文字描述一一对应的，或者说通过行为表述锚定评定等级，使考评标准更加明确；具有良好的反馈功能，评定量表时的行为描述可以反馈更多必要的信息；具有良好的连贯性和较高的信度。使用本方法时，对被考评者使用同样的量表，对同一个对象进行不同时间段的考评，能够明显提高考评的连贯性和可靠性；考核的维度清晰，各绩效要素的相对独立性强，有利于综合评价判断。

这一方法的缺点是设计复杂，实施费用高，费事费力。

3. 行为观察法

行为观察法，也叫观察评价法、行为观察量表法、行为观察量表评价法。它是在关键事件法的基础上发展起来的。与行为锚定等级评价法大体接近，只是在量表的结构上有所不同。它不是首先确定工作行为处在何种水平上，而是确认员工某种行为出现的概率，它要求评定者根据某一工作行为发生的频率或次数多少来对被评定者打分。如：从不（1分），偶尔（2分），有时（3分），经常（4分），总是（5分）。即可以对不同工作行为的评定分数相加得到一个总分数，也可按照对工作绩效的重要程度赋予工作行为不同权重，加权后再相加得到总分。总分可以作为不同员工之间进行比较的依据。发生频率过高或过低的工作行为不能作为评定项目。

行为观察量表法克服了关键事件法不能量化、不可比以及不能区分工作行为重要性的缺点，但是编制一份行为观察量表较为费时费力；同时，完全从行为发生的频率考核员工，可能会使考核者和员工双方忽略行为过程的结果。如表5－7所示：

表5－7　　行为观察量表实例

评定管理者的行为，用5～1和NA代表下列各种行为出现的频率，评定后填在括号内： 5表示95%～100%都能观察到这一行为； 4表示85%～94%都能观察到这一行为； 3表示75%～84%都能观察到这一行为； 2表示65%～74%都能观察到这一行为； 1表示0～64%都能观察到这一行为； NA表示从来没有这一行为。 克服对变革的阻力： （1）向下级详细地介绍变革的内容（　　）； （2）解释为什么变革是必需的（　　）； （3）讨论变革为什么会影响员工（　　）； （4）倾听员工的意见（　　）； （5）要求员工积极配合参与变革的工作（　　）； （6）如果需要经常召开会议听取员工的反映（　　）。 6～10分：未达到标准；11～15分：勉强达到标准；16～20分：完全达到标准；21～25分：出色达到标准；26～30分：最优秀。

资料来源：唐军．现代人事学［M］．北京：北京经济学院出版社，1997.

4. 加权选择量表法

加权选择量表法是行为量表法的另一种表现形式，指用一系列描述性语句，说明员工的各种具体工作行为和表现，并将这些语句分别列在量表中，作为考评者的评定依据。在打分时，如考评者认为被考评者的行为表现符合量表中所列出的项目，就做上记号，如“√”或“×”。如表5-8所示：

表5-8　加权选择量表法实例

如果该员工有下列行为描述的情况则打“√”，否则打“×”	考评结果
1. 布置工作任务时，经常与下级进行详细的讨论	□
2. 识人能力差，不能用人所长	□
3. 在进行重要的决策时，尽可能地征求下属的意见	□
4. 不但对工作承担责任，也能放手让下属独立地进行工作	□
5. 经常深入员工，观察他们，并适时地予以表扬	□
6. 对下级进行空头许诺	□
7. 能耐心倾听别人提出的批评，或下级的意见和建议	□
8. 在作出重大决策之前，不愿意听取其他人的意见	□
9. 为保住自己的面子，不考虑下级会有何感受	□
10. 明明是自己的失误，错怪了下属，也不向下属道歉	□

加权选择量表法具有打分容易、核算简单、便于反馈等优点；其主要缺陷是适用范围较小。采用本方法，需要根据具体岗位的工作内容，设计不同内容的加权选择量表。

（三）结果导向型客观评价方法

1. 目标管理法

目标管理体现了现代管理的哲学思想，是领导者与下属之间双向互动的过程。目标管理法是由员工与主管共同协商制定个人目标，个人目标依据企业的战略目标及相应的部门目标而确定，并与它们尽可能一致；以制定的目标作为对员工考核的依据，从而使员工个人努力目标与组织目标保持一致，减少管理者将精力放到与组织目标无关的工作上的可能性。

目标管理法的评价标准直接反映员工的工作内容，结果易于观测，所以很少出现评价失误，也适合对员工提出建议，进行反馈和指导。由于目标管理的过程是员工共同参与的过程，因此，员工的积极性大为提高，责任心和事业心大大增强。但是，目标管理法没有在不同部门、不同员工之间设立统一目标，因此难以对各员工和不同部门间的工作绩效做横向比较，不能为以后的晋升决策提供依据。

2. 绩效标准法

绩效标准法与目标管理法基本接近，它采用更直接的工作绩效衡量指标，通常适用于非管理岗位员工，衡量所采用的指标要具体、合理、明确，要有时间、空间、数量、质量的约束限制，要规定完成目标的先后顺序，保证目标与组织目标的一致性。

绩效标准法比目标管理法具有更多的考评标准，而且标准更加详细具体。依照标准逐一评估，然后按照各标准的重要性所确定的权数，进行考评分数汇总。

由于被考评者的多样性，个人品质存在明显差异，有时某一方面的突出业绩和另一方面的较差业绩表现有共生性，采用这种方法可以克服此类问题，能对员工进行全面的评估。它为下属提供了清晰准确的努力方向，对员工具有更加明确的导向和激励作用。其局限性是人力、物力和财力占用较多，管理成本较高。

3. 直接指标法

直接指标法在员工的衡量方式上，采用可监测、可核算的指标构成若干考评要素，作为对下属的工作表现进行评估的主要依据。如对于非管理人员，可以衡量其生产率、工作数量、工作质量等。工作数量的衡量指标有：工时利用率、月度营业额、销售量等。工作质量的衡量指标有：顾客不满意率、废品率、产品包装缺损率、顾客投诉率等。对管理人员的工作评估可以通过对其员工的缺勤率、流动率的统计来实现。

直接指标法简单易行，能节省人力、物力和管理成本。运用时，需要加强企业基础管理，建立健全各种原始记录，特别是一线人员的统计工作。

4. 成绩记录法

成绩记录法是新开发出来的一种方法，适合于从事科研教学工作的人员，如教师、工程技术人员等。因为他们每天的工作内容不尽相同，无法用完全固化的衡量指标进行考核。

这种方法的步骤是：先由被考评者把自己与工作职责有关的成绩写在一张记录表上，然后由其上级主管来验证成绩的真实性，最后由外部的专家评估这些资料，决定个人绩效的大小。

因本方法需要从外部请来专家参与评估，因此，人力、物力耗费很高，耗时较长。

5. 360度考核法

此方法又称为全方位考核法，最早被英特尔公司提出并加以实施运用。360度反馈评价则由与被评价者有密切关系的人，包括被评价者的上级、同事、下属和客户等，分别对被评价者进行匿名评价。被评价者自己也对自己进行评价。然后，由专业人员根据有关人员对被评价者的评价，对比被评价者的自我评价向被评价者提供反馈，以帮助被评价者提高其能力水平和业绩。作为一种新的业绩改进方法，360度反馈评价得到了广泛的应用。

360度反馈评价的主要目的，应该是服务于员工的发展，而不是对员工进行行政管理，如提升、工资确定或绩效考核等。实践证明，当用于不同的目的时，同一评价者对同一被评价者的评价会不一样；反过来，同样的被评价者对于同样的评价结果也会有不同的反应。当360度反馈评价的主要目的是服务于员工的发展时，评价者所作出的评价会更客观和公正，被评价者也更愿意接受评价的结果。当360度反馈评价的主要目的是进行行政管理，服务于员工的提升、工资确定等时，评价者就会考虑到个人利益得失，所做的评价相对来说难以客观公正；而被评价者也就会怀疑评价者评价的准确性和公正性。因此，当公司把360度反馈评价用于对员工的行政管理时，一方面可能会使得评价结果不可靠，甚至不如仅仅由被评价者的上级进行评价；另一方面，被评价者很有可能会质疑评价结果，造成公司人际关系紧张。

四、绩效考核的程序

绩效考核的程序一般可分为横向程序和纵向程序两种：

（一）横向程序

横向程序是指按考核工作先后顺序进行的程序，主要有以下环节：

（1）制定考核标准。这是考核的前提条件。考核标准必须以职务分析中制定的岗位职务职责要求与职务规范为依据，因为那是对员工应尽职责的正式要求。

（2）实施考核。即对员工的工作绩效进行考核、测定和记录。

（3）考核结果的分析与评定。考核的记录需与既定标准进行对照分析与评判，从而获得考核的结论。

（4）结果反馈与实施纠正。考核的结论通常应告知被考核者，使其了解组织对自己的看法与评价，从而发扬优点，克服缺点。另一方面，还需对考核中发现的问题进行纠正。

（二）纵向程序

纵向程序是指按组织层级进行考核的程序。考核一般是先对基层考核，再对中层考核，最后对高层考核，形成由下而上的过程。

（1）以基层为起点，由基层部门的领导对其直属下级进行考核。考核分析的单元包括员工个人的工作行为、工作效果，也包括影响其行为的个人特征及品质。

（2）基层考核之后，则会上升到中层部门的层次进行考核，内容既包括中层部门的个人工作行为与特性，也包括该部门总体的工作绩效。

（3）待逐级上升到公司领导层时，再由公司所隶属的上级机构（或董事会），对公司这一经营最高层次进行考核，其内容主要是经营效果方面硬指标的完成情况，如利润率、市场占有率等。

【本章小结】

人员配备是为每个岗位配备适当的人，首先满足组织的需要；同时，人员配备也是为每个人安排适当的工作，因此要考虑满足组织成员个人的特点、爱好和需要。人员配备的工作内容有：人力资源规划、人员招聘与甄选、人员培训和考核。人员配备的原则有因事择人原则、因材施用原则、人事动态平衡原则。

人员招聘是指组织采取一些科学的方法寻找、吸引具备资格的个人到本组织来任职，并从中选出合适人员予以聘用的过程。从广义上讲，人员招聘包括招聘准备、招聘实施和招聘评估三个阶段；狭义的招聘即指招聘的实施阶段，主要包括招募、选择、录用三个步骤。招聘渠道有内部招聘和外部招聘。从内外部招聘人员各有优缺点，所以要结合起来运用。

员工培训就是组织通过学习、训导的手段，提高员工的工作能力、知识水平和潜能发挥，最大限度地使员工的个人素质与工作要求相匹配，进而促进员工现在和将来的工作绩效提高的过程。培训的过程包括确定培训的需求和目的、选择培训方法、培训的实施与效果评估。

人员的绩效考评是指对员工现任职务职责的履行程度，以及担任更高一级职务的潜力，进行有组织的并且尽可能客观的考核和评价的过程，简称“考评”。员工的绩效考评本身不是目的，而是一种手段。绩效考核的方法有多种类型，包括结果导向的主观考核方法、行为导向的客观考核方法和结果导向的客观考核方法三大类。

【思考题】

1. 人员配备的任务和原则是什么?
2. 人员选拔有哪些方法? 分析各自的利弊。
3. 人力资源培训的方法有哪些?
4. 绩效考评对企业管理有何作用?
5. 绩效考核的方法有哪些?

【案例】

武松在景阳冈打虎出了名以后，某机关重视人才，特地把他调了过去。

武松在机关里既没有什么打虎任务分配给他，又没有什么出力的工作要他去干。武松是条好使力气的硬汉子，没有坐办公室的耐性儿，每天闲着无事，看着这儿苍蝇不少，飞来飞去，着实令人讨厌，便拿起苍蝇拍子来打苍蝇。

一天，鲁智深来拜访老朋友，一进门，看见武松在打苍蝇。笑道：“我们的打虎英雄，怎么在此打起苍蝇来了?”

武松见是鲁智深，忙施礼说：“老兄，请勿见笑！在这儿实在闲着无事，浑身肌肉都松弛得发酸。恐怕长此以往，我是过不得景阳冈了。”

鲁智深问：“为什么?”

武松说：“如果再过景阳冈，遇到老虎，我打不了老虎，恐怕只能给老虎当点心了。”

【思考题】

1. 武松是个人才吗? 对企业而言，什么样的人是人才?
2. 人员配备的目标是什么?

第六章　计划

【学习要点】

1. 了解计划的概念、内容、功能及原则等；
2. 了解计划按不同标准划分的各种类型；
3. 了解掌握计划的编制过程；
4. 了解与掌握计划编制的基本方法。

第一节　计划的概述

一、计划的概念

在日常的工作学习和生活中，我们会经常看到或听到“计划”这个词，大至国家的国民经济计划，小至我们一个假期的活动计划、一个阶段的学习计划、一项工作的具体安排计划等，计划可谓无处不在。同时，我们也会有这样的体会，如果在每次活动行动之前对整个事情或工作有一个周密的计划，对要做什么及如何去做都能了然于胸，那我们就能以更大的信心和把握投入到事情或工作中去，做到心中有数、有的放矢，成功率也会高得多。

计划是任何一个组织成功的核心，它存在于组织的管理活动中。一个组织要有效地实现战略目标，必须作出计划。一个组织适应未来技术或竞争变化能力的大小也与计划密切相关。

计划在管理中占有十分重要的地位，它既是社会化大生产的客观要求，也是社会主义市场经济发展的内在需要。国外把经营称作带有风险的事业，就在于许多事情很难预料，而计划是减少风险的一个重要手段。在竞争日益激烈的现代社会里，计划工作已成为组织生存和发展的必备条件，对企业而言更是如此。要经营好组织的一切事业就必须有计划，而且得严加计划，把计划作为组织集体行为的准绳。良好的计划是增强竞争力的重要途径和有力工具。计划通过将组织在一定时期内的活动任务分解给组织的每个部门、环节和个人，从而不仅为这些部门、环节和个人在该时期的工作提供具体的依据，而且为决策目标的实现提供组织保证。

（一）计划的定义

对于计划的定义，许多学者、理论家从不同的角度进行了阐述：对所追求的目标及实现该目标的有效途径进行设计；或是预先制订的行动方案；或是为了从事某些工作预先进行规划好的详细方案；或是对未来的各种行为作出抉择的职能等。

那么什么是计划？计划有广义、狭义和动态、静态之分。以广义上说，计划是对未来所要从事的事业的谋划、规划和打算。其包含两层意思：从动态角度看，它是准备在未来从事某项工作（目标），预先确定行动的时间、方案、步骤以及手段等过程，我们通常称之为“计划工作”；从静态角度看，它指规划好的行动方案或蓝图。从狭义上讲，计划则是指未来可望达到或实现的具体目标。

根据对计划的理解，本书将计划定义为：计划是组织根据环境的需要和自身的特点，确定组织在一定时期内的目标，并通过计划的编制、执行和监督等一系列计划管理工作来协调、组织各类资源以顺利实现预期目标的过程。

所谓计划工作是组织为实现预期目标对各项活动所作的周密思考和准备工作。计划工作是一项既广泛又复杂的管理工作，它涉及组织的每一项活动，需要深入细致的分析研究和非常高的技术技能。制订计划即在时间和空间两个维度上进一步分解任务和目标；执行计划包括实现任务的目标和实施的方式、进度等规定；检查计划是对计划实施的结果进行检查、监督与控制等。管理大师孔茨曾作了一形象比喻：“计划工作是一座桥梁，它把我们所处的此岸和我们要去的彼岸连接起来，以克服这一天堑”。

（二）计划的任务和内容

计划工作的任务，就是根据社会的需要以及组织的自身能力，确定组织在一定时期内的奋斗目标，通过计划的编制执行和检查，协调和合理安排组织中各方面的经营和管理活动，有效地利用组织的人力、物力和财力资源，取得最佳的经济效益和社会效益。通常把计划工作的任务和内容概括为六个方面，简称为“5W1H”。

（1）为什么做（Why）：要明确计划的宗旨、目标和战略，并论证其可行性。实践证明，计划管理人员对组织的宗旨、目标和战略了解得越清楚，认识得越深刻，就越有助于他们在计划活动中发挥方向性、指导性和创新性作用。计划实施人员对组织的宗旨、目标和战略了解得越清楚，认识得越深刻，就越有助于他们在计划工作的实施中发挥主观能动性、创新性和实效性，即由“要我做”转变为“我要做”。

（2）做什么（What）：要明确计划的具体任务和要求，明确每一个时期的工作中心任务及工作重点和难点。

（3）何地做（Where）：规定计划的实施地点或场所，了解计划实施的环境条件和限制程度，以合理安排计划实施的空间和组织布局。

（4）何时做（When）：规定计划中各项工作的开始和完成时间以及各时期的进度安排，以便进行有效的时间控制和对企业资源利用的综合平衡。

（5）谁去做（Who）：计划不仅要明确规定目标、任务、地点和进度，还要明确由哪个主管部门负责、由哪个人去做，做到计划目标、任务、地点和进度等指标层层分解、层层落实、指标到位、责任到人。

（6）怎么做（How）：制订实现计划的具体措施以及相应的政策和文件，对企业资源进行合理分配和集中使用，并对企业人力、物力和财力及各种派生计划进行综合平衡等。

二、计划的功能

（一）为组织成员指明方向，协调组织活动

良好的计划可以通过明确组织目标和开发组织各个层次的计划体系，将组织内成员的力量凝聚成一股朝着同一目标方向的合力，从而减少内耗、降低成本、提高效率。计划给管理者和非管理者指明了方向，使组织上下对准既定的目标开展行之有效的工作。计划使得组织各单位（部门）的工作步调一致、团结合作，协同实现最终目标。这样主管人员就可以从日常事务中解脱出来，将主要精力放在面对未来不确定因素的发展研究上。

（二）为组织的未来预测变化，减少冲击

计划是面向未来的，而对于组织未来的发展，无论是组织生存的环境还是组织自身都具有一定的不确定性。而计划可以让组织通过周密细致的工作，预测变化，考虑变化的冲击以及制订适当的对策；计划工作可以减小不确定性因素带来的不利，以尽可能地使意料之外的变化转为意料之内的变化，用对变化的深思熟虑代替草率的或临时的判断，从而面对变化也能变被动为主动，变不利为有利，减少变化带来的负面冲击。

（三）减少重复和浪费性的活动

组织在实现目标的过程中，各种活动会出现前后协调不一、联系脱节等现象，同样在多项活动并行的过程中也往往会出现不协调的现象。良好的计划能通过设计好的协调一致、有条不紊的工作流程来避免上述现象的发生，从而减少重复和浪费性的工作程序及活动。计划工作可以使组织经营活动的费用降至最低，从而实现对各种生产要素的合理分配，使人力、物力、财力及组织其他资源实现最佳结合、紧密协调，取得更好的经济效益。

（四）有利于组织进行控制

计划和控制是一个事物的两个方面。组织在实现目标的过程中离不开控制，而计划则是控制的基础或前提。控制即纠偏，只有在计划中设立目标，才能将实际的绩效与目标进行比较，发现可能发生的重大偏差，采取必要的矫正行为。没有计划，就没有控制。控制中几乎所有的标准都来自于计划，它们互为依托，你中有我，我中有你。

此外，计划还可通过对各种方案详细的技术分析来选择最佳的活动方案，从而大大地减少仓促决策造成的损失。计划工作还有助于在最短的时间内完成工作，减少迟滞和等待，促使各项工作能够均衡稳定地进行。

因此，计划工作对组织的经营管理工作起着直接的极其重要的指导作用。

三、计划的表现形式

按照不同的表现形式，可以将计划分为宗旨、目标、战略、政策、规则、程序、

规划和预算等几种类型。这几类计划的关系可以描述为一个等级层次，如图 6－1 所示：

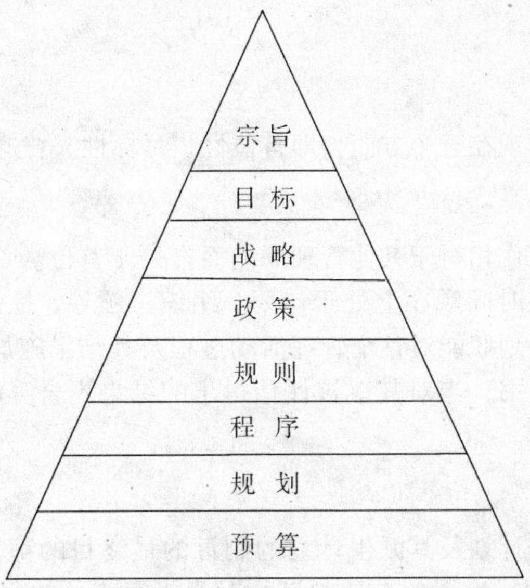

图 6－1　计划的等级层次

（1）使命或宗旨。使命或宗旨是指组织存在的意义和根本任务。使命或宗旨告诉人们组织是干什么的，组织应当干什么，说到底就是组织能为社会提供什么样的有价值的商品或劳务。组织的宗旨是一切计划之本，任何一个组织只有真正搞清楚了自己的使命，其行动才能走上正确的轨道。

（2）目标。目标是在宗旨指导下确定的组织行动或方向，是组织活动预期所要达到的结果，是计划工作的最终点。

（3）战略。战略是指为实现组织宗旨、组织重大目标而确定的具体发展方向、行动方针以及组织资源的总体配置方案。战略涉及组织全局，是指为实现组织总目标而做的宏观部署和整体安排。战略设计必须充分考虑组织的优势和劣势、环境的支持和约束条件，通常称企业战略。

（4）政策。政策是包括在计划之内的一系列规定性文字说明，这些文字说明告诉人们哪些行动和行为是提倡的、鼓励的，哪些行动和行为是受到反对或制约的。它规定了行动方向和界限，使各级主管人员在决策时有一个明确的思考范围。

（5）规则。如果把程序看作是对时间、步骤的规定，则规则就是针对某些具体情况所作的规定。俗称“游戏规则”，也可以说是一种最简单的计划。如“先喝汤后吃饭”是程序，“喝汤吃饭时不得喧哗”是规则。

（6）程序。程序是对所要进行的活动做出的时间或顺序规定。有些程序是规范化的，具有一定的普遍适用意义；有些程序是专门化的，只适用于特定的内容、阶段和地点。

（7）规划。规划是指为实施既定方针所确定的工作目标、配套政策、实施程序等内容的复合体。规划是一种综合性的计划，它包括为实现既定方针所必需的目标、政策、程度、规则、任务委派、资源安排以及其他要素。

（8）预算。预算是用数字表示预期结果的一种计划，是对目标实施中各种资源运用的预先估计和设定。

四、计划的性质

计划工作的性质体现在五个方面，即首位性、目标性、普遍性、效率性和创新性。

（一）首位性

首位性是指计划工作相对于其他管理职能而言处于首位。首位性表现在两个方面：一方面是指计划职能在时间顺序上处于计划、组织、领导、控制四大管理职能的始发位置；另一方面是指计划职能对整个管理活动过程及其结果施加的影响具有重要意义，比如一项投资计划报告书，当对其审核评估得出的结果不合算时，就没有必要再行使组织的其他工作职能了。

（二）目标性

在组织中，每一个计划及其派生计划的制订的最终目的都是为促使组织总体目标和各个阶段目标的实现。计划的有效制订能对组织行为的执行产生积极的指导作用，从而确保组织的生存与发展沿着既定的方向和目标前进。计划工作具有强烈的目的性，它以行动为载体，引导着组织经营运转。

（三）普遍性

计划工作具有普遍性，主要体现在两个方面：一是不论日常生活事务还是组织中的工作，如果要达到预期目的和效果，首先就要制订计划并接受计划的指导；二是在一个组织中，计划涉及组织内所有管理人员，是管理人员的一项职能。在一个高效运转的组织中，每个管理人员都需要从事计划工作。高层管理人员制订组织的总体计划或宏观计划，把握组织的全局方向和目标；中层管理人员制订部门计划或专业计划，诸如销售计划、生产计划、物资供应计划、财务计划、人事计划等，确定在整体组织目标的分解实施过程中各部门自身的具体目标，并能确保各部门计划与组织整体目标协调一致；基层管理人员要制订具体的作业计划或实施计划，以确保各自部门或专业计划的具体实施和最终实现。

（四）效率性

可以用计划对组织目标的贡献来衡量一个计划的效率。贡献是指扣除在制订和实施这个计划时所需要的费用和其他因素后得到的剩余。在计划所要完成目标确定的情况下，同样可以用制订和实施计划的成本及其他连带成本（如计划实施带来的损失，计划执行的风险等）来衡量效率。如果计划能促使组织预期目标得到最有效的实施，给组织带来最大的利益，则这样的计划是有效率的，甚至是高效率的。特别需要注意的是，在衡量代价时，不仅要用时间、金钱或生产效率等来衡量，而且还要用个人和集体的满意度来衡量。要使计划工作有效，不仅要确保实现组织目标，还要从众多方案中选择最优的资源配置方案，以求合理利用组织资源和切实提高工作效率。

（五）创新性

计划工作是针对组织需要解决的新问题和可能发生的新变化、新机会作出决策，因而它是一项创造性的管理活动，正如新产品新技术的成功开发在于创新一样，计划工作的有效与成功在很大的程度上也完全依赖于创新，只有通过不断地创新，才能使我们的计划工作做到紧贴社会，对接市场，切实有效，尤其是进入市场经济的今天，计划的创新性显得越来越重要。

四、计划的原则

为确保计划的规范性与科学性，在制订计划时，必须遵循以下基本原则：

（一）整体性原则

计划的制订要具有整体性，即计划的体系性。计划不仅要有组织的主干计划，而且还要有各层次各层级的分支计划，不仅要有计划目标，而且要有具体的执行措施，还要进行计划与实际的考核评估。只有形成科学合理的计划体系，才能确保计划的完整和有效。

（二）可行性原则

计划的制订必须符合客观实际，具有现实意义，切实可行。即指标的设计是要可以衡量或可以操作的，而且容易执行。因此，制订计划时一定要考虑对执行有影响的各种限制性因素，如市场需要、生产技术与成本、资金需要量等各种主客观条件，要在充分进行可行性分析研究的基础上，制订出切实可行的计划。否则，一个不可行的计划不仅不能对工作起促进作用，还可能起反作用。

（三）挑战性原则

计划的制订必须能够激发人们的创造力和创新精神，通过努力才可完成的计划，才能让人感到兴奋和满足，感到有成就感。同时，只有不断制订出具有挑战性的计划，才能使组织各项工作不断创新，不断向上，不断前进。

（四）可实现性原则

计划指标的制订不能一味强调其激励性，同时还要考虑其可实现性。即计划指标的设定必须是通过员工的努力可以实现的，目标过低会使人感到没有成就感，但目标过高更会使人感到望尘莫及，还没开始就有一种挫败感，员工会抱着一种无所谓的态度。故一个根本就没有可能实现的目标也同样不能调动员工的劳动积极性，这种看起来似乎很理想的计划目标其结果可能事与愿违。

（五）适应性原则

计划的制订必须能够适应未来客观实际的变化，具有一定的弹性和灵活性。因为，计划针对的是未来，而未来出现的事情很难保证百分之百如我们所料。如果计划不能适应未来客观实际的变化，不留下一些可变动的余地，那么计划就有可能难以顺利实施。因此，计划中体现的灵活性越大，未来由于意外事件引起损失的危险性就越小。

（六）时效性原则

计划的制订必须在一定的时间内完成，一切没有时效的计划都是没有意义的。

第二节 计划的类型及编制流程

一、计划的类型

由于计划工作的普遍性，计划的目标、内容及应用情况等千差万别，使计划的具体表现形式多种多样。按照计划的不同分类标准，可以将计划分为不同的类型。

（一）按计划的时间期限分类

按照计划的时间期限划分，计划可以分为短期计划、中期计划和长期计划。一般情况下，时间期限在1年及其以内（含1年）的计划称为短期计划，1年以上5年以内的计划称为中期计划，5年及以上（含5年）的计划称为长期计划。这三种时间期限的划分标准也并非绝对的，如对一些环境条件变化很快、本身节奏也很快的组织活动，在其计划分类上也可能一年计划就是长期计划，季度计划就是中期计划，而月度计划就是短期计划。这要根据不同的行业标准来划分。

这三种计划中，长期计划描述了组织在较长时期内的发展目标和方针，规定了组织各个部门在较长时间内从事某种活动应达到的目标和要求，绘制了组织长期发展的蓝图，是企业长期发展的纲领性文件。中期计划是根据长期计划制订的，它比长期计划要详细具体，是考虑了组织内外部条件与环境变化情况后制订的可执行计划。短期计划则比中期计划更加详细具体，它是指导组织具体活动的行动计划，具体规定组织各部门在目前到未来一个短时期内，应该从事何种活动及相应的要求，从而为组织成员在近期内的行动提供依据。它一般是中期计划的分解与落实。

在管理实践中，长期计划、中期计划和短期计划必须有机地衔接起来，长期计划要对中、短期计划具有指导作用，而中、短期计划的实施要有助于长期计划的实现。

（二）按计划的职能分类

按照计划所涉及的职能划分，计划可分为营运计划、生产计划、财务计划、人力资源计划、基本建设计划和创新计划等。从组织的横向层面看，组织内有着不同的职能分工，每种职能都需要形成特定的计划，这些计划通常就是组织各职能部门编制的计划，也叫部门计划或职能计划。如：

（1）营销计划。这是组织或企业的产品销售计划。它围绕市场的需求状况及组织的营运活动目标进行具体的销售运作与计划安排。

（2）生产计划。这是组织或企业围绕市场营销状况制订的产品生产计划，主要包括产品生产的种类、数量、质量以及完成期限等相应的计划和规定。

（3）财务计划。这是反映组织或企业财务资金运作和经济效益的综合性计划。财务计划主要是计算组织或企业计划期内所需现金流量、确定借款数额和借款时间以及编制预期损益表和资产负债表等。

(4) 人力资源计划。这是围绕组织的经营总目标对人力资源需求的规划与安排。其主要内容有人力资源配置、人员需求与供给、人员结构、人员培训、员工薪酬总额以及人力资源开发等方面所作的计划和安排。

(5) 基本建设计划。这是组织或企业的固定资产投资项目计划，它包括为扩大经营规模或改善经营条件所需的投资项目，也包括为改善员工工作和生活条件而投资的项目。

(6) 创新计划。这是为提高组织或企业的经营和管理水平所开展的科学技术和管理技术等方面的研究开发活动计划。

(三) 按计划的性质分类

按计划的性质及其范围的综合程度标准划分，计划可分为战略性计划与战术性计划。战略性计划是指组织宏观方面的计划，应用于组织的整体部署，一般为组织未来较长时期（通常为5年以上）设立总体目标和寻求组织在社会环境中的地位的计划，通常称企业战略计划。战术性计划是企业战略计划（组织总体目标）的分解，其需要解决的是组织的具体部门或职能部门在未来各个较短时期内的行动方案。战略性计划的两个显著特点是：长期性与整体性。长期性是指战略性计划涉及未来较长时期，整体性是指战略性计划基于组织整体而制订，强调组织整体的协调。战略性计划是战术性计划的依据，战术性计划是在战略性计划指导下制订的，是战略性计划的具体落实。

(四) 按计划的明确程度分类

按计划的明确程度划分，计划可分为指令性计划和指导性计划。

指令性计划是由组织的上级下达的、目标明确、行动方法与程序确定、具有行政约束力、各级计划执行机构必须认真完成的计划。指令性计划的内容明确，不存在模棱两可的问题。指令性计划的内容一般关系到组织发展的重大问题或必须完成的任务。

指导性计划是由组织的上级下达的、对下级部门具有指导意义或参考作用的计划。指导性计划只规定一些一般的方针，而具体行动方法则多由执行机构根据实际情况确定。指导性计划下达后，上级组织不带强制性，下级机构不一定完全遵照执行。因此，制订计划时，要根据未来的不确定因素，在灵活性与明确性之间权衡。

指令性计划明确，具有强制性作用，但对于不确定因素的应变能力较差，而且不利于发挥下级管理人员的积极性与创制性。指导性计划不具强制性，上级可以在较充分地考虑了不确定性因素的影响后给予下级管理人员一定的应变权力，但操作起来不如指令性计划简单明了。组织要根据计划的内容、外界环境因素及内部条件来确定使用哪种计划形式，所以操作上有一定的灵活性。

二、计划编制的基本流程

计划管理是对计划的编制、实施、控制、处理等一系列工作的总称。即根据对现状的认识进行资源的综合平衡，确定未来一段时间内应达到的目标，然后通过组织系统，把人、财、物等各项资源有机地组织起来，发挥集体和分工的作用，在各级主管职责范围内，指挥下级，沟通思想，通力合作，为完成组织共同目标而使工作有效地按计划进行，再把执行的结果和计划对照，进行调查、分析和反馈，并根据各种信息反馈，对原计划进行评审、调整、优化，使原计划更加完善，从而确保整个计划目标的顺利实现。因此，计划管理是从编制计划开始，经过组织计划的实施，并用计划作为检测标准进行控制，从实施与控制中得到信息反馈，据此进行生产经营管理活动。

计划是计划工作的结果，计划工作则是计划的制订过程，虽然各类组织编制的计划内容差别很大，但科学地编制计划所遵循的步骤却具有普遍性。计划制订过程通常要遵循这样的基本步骤：分析组织问题和估量机会、确定目标和分析目标、确定计划前提条件、拟订备选方案、分析评估备选方案、选定方案、拟订派生计划、编制预算使计划数字化。如图 6－2 所示：

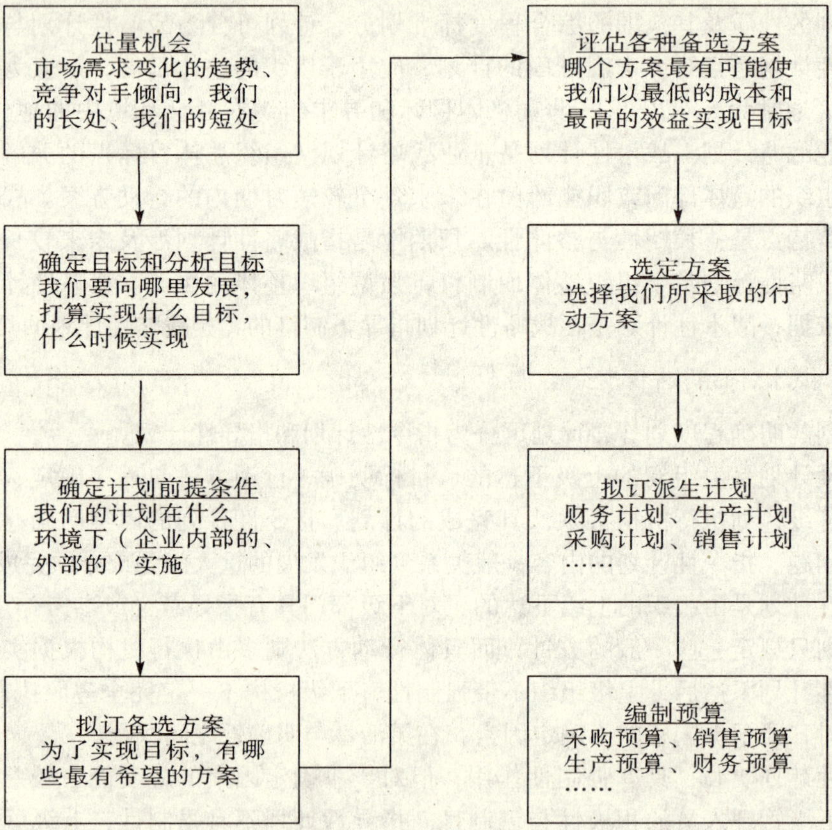

图 6－2　计划编制过程

（一）分析组织问题和估量机会

对于组织问题和机会的分析与估量是任何计划工作开始前都要着手进行的工作，它是计划工作的真正起点。因为只有存在问题需要去解决或者存在机会需要去把握，才需要制订计划。这一工作是对未来可能出现的问题和机会所进行的分析和判断，以便使人们弄清自己面对的问题或了解自己面临的机会，并在反复斟酌的基础上确定切实可行的计划目标。

对问题和机会的分析与估量应该以组织或企业的使命和宗旨为依据或出发点。所以组织或企业需要有自己明确的使命和宗旨，以便用以指导计划工作。人们只有在正确地理解了组织或企业的使命和宗旨之后，才能够制订出实现这些使命、宗旨的计划。所以，正确理解组织的使命和宗旨是任何组织或企业制订计划的基础，而科学地制订计划与实施计划是组织或企业实现其使命和宗旨的手段与工作。

（二）确定目标和分析目标

目标是组织各项活动所要实现的最终目的。它决定了组织的发展方向并指导组织的行动。确定目标，就是在对机会进行估量后，明确各种环境因素的影响，分析组织的优势和劣势，确定组织发展的总体方针和达到的总目标。

分析和制订计划目标实际上比较困难：首先，有很多因素限制了人们科学地制订出组织或企业的目标，这在很大程度上是因为人们对目标的认识和理解存在很大的差异，所以在计划目标制订过程中要鼓励人们多参与、多沟通和多讨论；其次，计划的依据（主要是环境与条件）变化很快，使得计划跟不上变化；再次，计划制订者的能力或成熟程度也会干扰或影响目标的确定，他们可能会存在短期行为倾向或缺乏把握机会的能力，从而造成组织上下之间沟通不畅、信息不灵等。

（三）确定计划的前提条件

所谓计划工作的前提条件就是计划的假设条件，即计划实施时的预期环境。对计划工作的前提条件了解得越细越透彻，并能始终如一地运用它，则计划工作就会做得越协调。按照组织的内外部环境，可以将计划的前提条件分为外部前提条件和内部前提条件；按可控程度，可以将计划工作的前提条件分为不可控前提条件、部分可控前提条件和可控前提条件三种。

制订计划方案的时候都必须充分考虑计划的前提条件（包括确定的和不确定的约束条件）。由于计划工作中有很多条件具有不确定性，所以需要使用预测去给出计划的各种假设前提条件。分析和预测工作的具体内容包括对组织当前状况的评估、组织优势和劣势分析、外部环境的发展变化预测等。

（四）拟订备选方案

计划工作的第四步是按照计划目标和约束与假设的前提条件制订多个可替代的备用计划方案，以便进行计划决策时有充分的可选择余地。

（五）分析评估备选方案

根据组织的内外部环境和战略目标来权衡各种因素，以此对各个方案进行综合分析与评价。备选方案可能有几种情况：有的方案利润大，但成本也大；有的方案利润小，但风险也小；有的方案对长远规划有益；有的方案对当前工作有好处。种种情况都有可能出现，故这一步工作我们要做得越细越好，越细越具体就越有参考价值，针对性越强，计划与实际的误差就会越小。

（六）选定方案

在多个可供选择的备选方案并存的条件下，就要根据组织的目标选择一个比较合适的方案。这是作出计划决策的关键一步，即选出组织将来采取的行动方案。作出正确的方案选择需要在前面几步工作的基础上进行，为了保证计划的灵活性，选择的结果往往可能是两个或更多的方案，并且有第一、第二或第三、第四方案，首先采用第一方案，如情况有变就从其余备用方案中选择，所以，在实施第一方案的同时要将其余备用方案作进一步细化和完善。

（七）制订派生计划

在作出计划方案决策之后，计划还需要进一步细化，即要制订派生计划。派生计划也可称为引申计划或细节计划，其作用是支持整体计划的贯彻落实，即计划的层层分解、层层落实。在这一阶段要注意这样几个问题：

第一，务必使相关人员了解企业总体计划的目标和前提条件，掌握总体计划的指导思想和内容；

第二，协调各派生计划，使其方向一致，以支持总计划为前提，防止仅从追求本单位目标利益出发而影响全局目标利益的实现；

第三，协调各派生计划的工作时间顺序。

（八）编制预算使计划数字化

在选定计划方案和制订出应急计划措施之后，还需要根据计划和应急措施的情况作出预算。计划的预算实际上就是保障计划能够完成的资源安排和资金计划，它是实施计划的根本保障。“巧妇难为无米之炊”，计划任务必须要有预算作为保障。反过来，在计划工作中如果预先设定了预算安排，那么就需要根据预算的制约条件去综合平衡计划目标和计划方案。此时，人们不得不根据预算去分析和安排所要开展的活动，然后根据要开展的活动去分析和确定所能够实现的计划目标。这实际上是一种“看钱吃面”的计划方法，也是经常使用的一种计划方法。

第三节　计划的基本方法

计划工作的效率高低以及质量好坏在很大程度上取决于所采用的计划方法和技术。现代计划方法和技术为制订切实可行的计划提供了手段。在越来越变化莫测的市场经济以及复杂和动荡的组织外部环境下，现代组织面对未来的各种不确定因素日渐增多，因此，现代计划的方法和技术也显得尤为重要，而且更加复杂多样。本章仅介绍几种主要的计划方法。

一、滚动计划法

（一）滚动计划法的概念

滚动计划法是一种定期修订未来计划的方法。这种方法根据计划的执行情况和环境变化情况及时、定期修订未来的计划，并逐步向前推移，能较好地使短期计划和中、长期计划有机地结合起来。由于在计划工作中很难准确地预测将来影响经济发展的各种变化因素，而且随着计划期的延长，这种不确定性会越来越大，所以硬性地按几年前编制的既定计划实施，或机械地、静止地执行战略性计划就可能导致计划性失误以致给组织造成巨大的经济损失。滚动计划可以避免这种不确定性带来的不良后果。

滚动计划最早起源于前苏联。其具体做法是按照“近细远粗”的原则制订一定时期内的计划。例如，某公司在2005年底制订了2006—2010年的五年计划，采用滚动计划法，到2006年年底，就要根据组织2006年计划的实际完成情况以及内外部环境客观条件的变化，对原定的五年计划进行必要的调整和修改，在此基础上编制2007—2011年新的五年计划，其后依次类推，即每考核一个滚动期，就根据本滚动期实际完成情况及组织内外部环境的变化情况向后推进一个滚动期，调整修正后制订出第二个计划期计划。详情如图6-3所示。

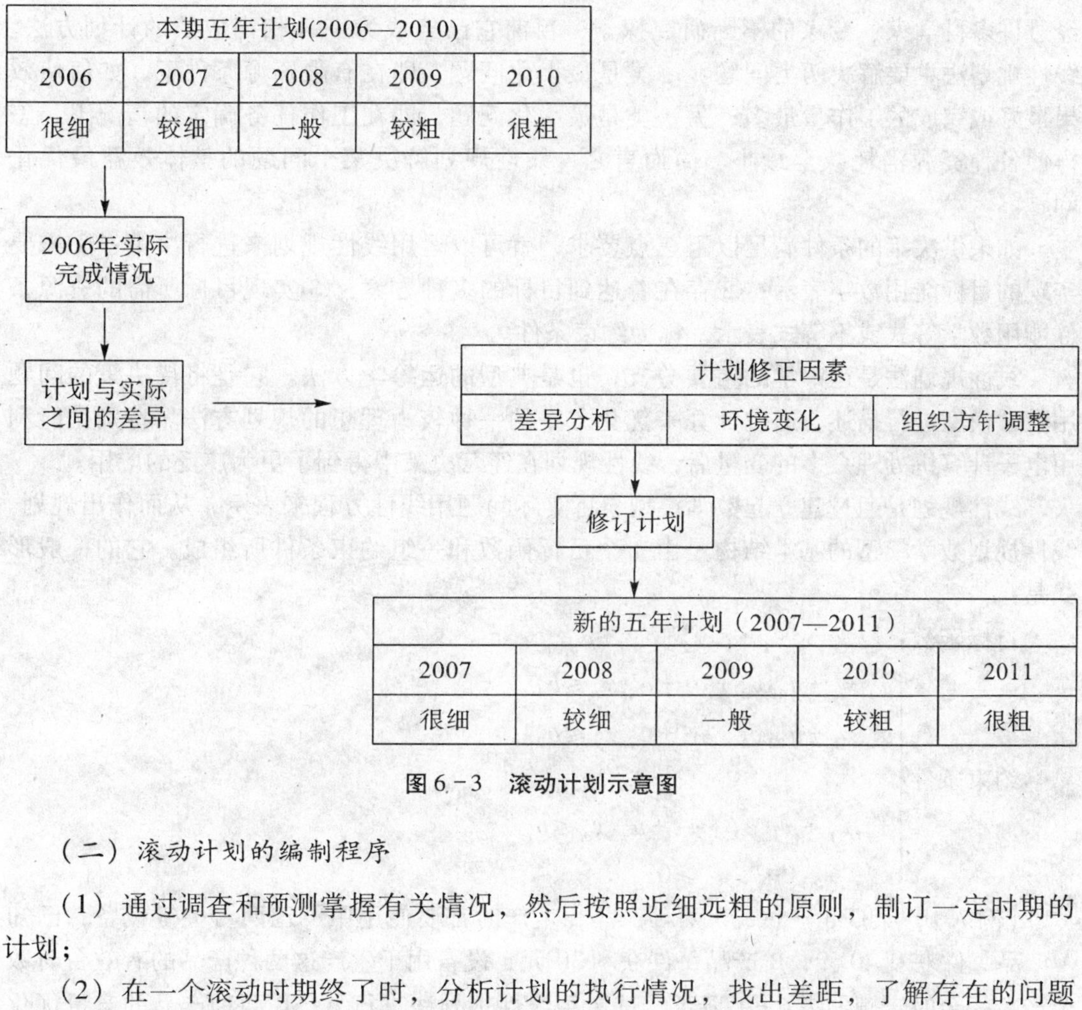

图6-3　滚动计划示意图

（二）滚动计划的编制程序

（1）通过调查和预测掌握有关情况，然后按照近细远粗的原则，制订一定时期的计划；

（2）在一个滚动时期终了时，分析计划的执行情况，找出差距，了解存在的问题和不足；

（3）根据企业内、外部环境及条件的变化以及上一个滚动期计划的实施情况，对原计划进行必要的修正与调整；

(4) 根据修正与调整后的结果，再按近细远粗的原则，将计划期向后滚动一个时期，制订出第二计划期的计划。

(三) 滚动计划的优点

滚动计划四方面的优点：①适合于任何类型的计划；②缩短了计划的预期时间，提高了计划的准确性，编制这种计划时对3年后的目标无须作出十分精确的规定，从而使编制计划时有更多的时间对未来1~2年的目标作出更加细致、准确的规定；③使短期计划、中期计划和长期计划能机地结合在一起；④使计划更富有弹性，实现了组织和环境的动态协调。

二、线性规划法

1939年，苏联经济数学家康诺维奇首先提出用线性规划的方法进行经济计划工作。经过许多科学家、专家的不断研究探索，目前它已经成为一种相当成熟的计划方法。线性规划法主要解决两类问题：一类是最大化问题，即在有限资源条件下，如何使效果最好或完成的工作量最多；另一类是最小化问题，即在工作任务确定的情况下，怎样使各种资源消耗减至最小。简而言之，线性规划解决某个问题的整体效益最优化问题。

如果供决策的条件满足以下三点要求，就可以运用线性规划来进行决策：①需要实现的目标能用数字表示；②存在着达到目标的多种方案；③实现目标所需的资源条件能用数学等式或不等式表示，称为约束条件。

线性规划法是运筹学的重要分支，也是典型的运筹学方法。它是将待决策的问题用数学模型进行描述，通过计算来优化方案的一种较为理想的规划方法。特别是能利用电子计算机处理众多的变量后，线性规划在经营决策中得到了更为广泛的应用。

线性规划是通过建立起数学模型，将实际问题用线性方程来表示，从而作出规划。线性规划数学模型的基本结构是由一个目标函数和一组约束条件所组成。它的一般形式是：

目标函数：$z_{\max} = c_1x_1 + c_2x_2 + \cdots + c_nx_n$

$$
\text{约束条件}\begin{cases}
a_{11}x_1 + a_{12}x_2 + \cdots + a_{1n}x_n \leqslant b_1 \\
a_{21}x_1 + a_{22}x_2 + \cdots + a_{2n}x_n \leqslant b_2 \\
\qquad\vdots \\
a_{m1}x_1 + a_{m2}x_2 + \cdots + a_{mn}x_n \leqslant b_m \\
x_1,\ x_2,\ \cdots,\ x_n \geqslant 0
\end{cases}
$$

【例7.1】某厂生产A、B两种产品，生产时都要使用甲、乙两台关键设备，已知A产品每件获利40元，B产品每件获利30元，设备用于生产这两种产品的有效台时数及产品的台时定额如表6-1所示，试运用线性规划法进行A、B两种产品的产量优化组合决策。

表 6-1

设备 \ 台时定额 \ 产品	A	B	有效台时
甲	5	6	440
乙	3	2	240

解：设 A、B 两种产品的产量分别为 x_1、x_2，总利润为 z，则：

$z_{max}=40x_1+30x_2$

$$\begin{cases}5x_1+6x_2\leqslant 440\\3x_1+2x_2\leqslant 240\\x_1,\ x_2\geqslant 0\end{cases}$$

解线性方程组

$$\begin{cases}5x_1+6x_2\leqslant 440\\3x_1+2x_2\leqslant 240\end{cases}$$

可得：$x_1=70$，$x_2=15$，此即为最优解。

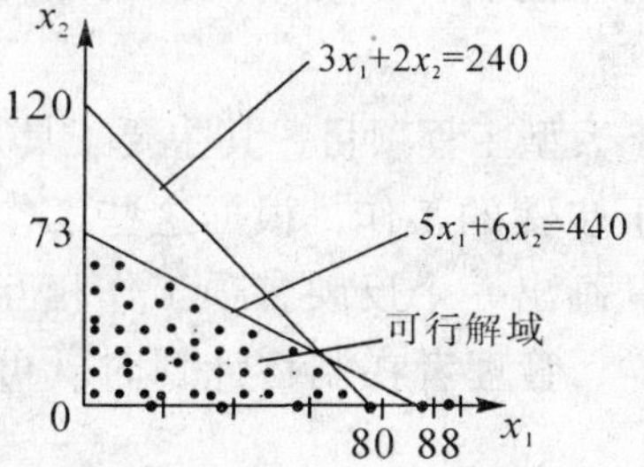

图 6-4　线性规划图解法

在图 6-4 中，由 $5x_1+6x_2\leqslant 440$，$3x_1+2x_2\leqslant 240$ 共同组成的满足 x_1，$x_2\geqslant 0$ 的区域即为约束条件，阴影部分为 x_1，x_2 的可行解域，其最优解出现在可行解域的顶点。由图 6-4 可见：可行解域的四个顶点坐标分别为（0，0）、（0，73）、（70，15）、（80，0），将它们分别代入目标函数，可求得利润的最大值：

当 $x_1=70$，$x_2=15$ 时，

$z_{max}=70\times 40+15\times 30=3\ 250$（元）

这是最简单的线性规划决策问题，旨在告诉我们如何对具体的决策问题建立起线性规划的数学模型。

三、网络计划技术

网络计划技术是国外 20 世纪 50 年代出现的一种计划方法，它包括各种以网络为基础制订计划的方法，如关键路径法（Critical Path Method，CPM）、计划评审技术（Program Evaluation and Review Techniquc，PERT）、组合网络法（Combination Network Technique，CNT）等。1956年美国的一些工程师和数学家组成了一个专门小组率先开始了这方面的研究。1958年美国海军武器计划处采用了计划评审技术，使北极星导弹工程的工期由原来的10年缩为8年。1961年，美国国防部和国家航空太空总署规定，凡承制军用品必须用计划评审技术制订计划上报，从此时起，网络计划技术就开始被广泛应用。

我国对网络技术的推广与应用也较早。20世纪60年代初期，著名科学家华罗庚、钱学森相继将网络计划方法引入中国。华罗庚教授在综合研究各类网络方法的基础上，结合我国实际情况加以简化，于1965年发表了《统筹方法评估》，为推广应用网络计划方法奠定了基础。近年来，随着科技的发展和进步，网络计划技术的应用也日趋得到工程管理人员的重视，且已取得可观的经济效益。如广州白天鹅宾馆建设中，运用网络计划技术工期比外商签订的合同提前四个半月，仅投资利息就节约了1 000万港元。

网络计划技术的基本原理是利用网络显示计划任务的进度安排，反映其中各项作业（工序）之间的相互关系。在此基础上进行网络分析，计算网络时间，确定关键线路和关键工序。并利用时间差，不断改进网络计划，以求得工期资源和成本的优势方案，即把一项工作或项目分成各种作业，然后根据作业顺序进行排列，通过网络图对整个工作或项目进行统筹规划与控制，以便用最少的人力、物力、财力资源，以最快的速度完成工作任务。

网络计划技术主要适用于大型工程项目，其主要工具是网络图（见图6－5）。利用网络图将整个工程分解成若干步骤的工作，根据这些工作在时间上的衔接关系，用箭头连线表示它们的先后顺序，画出一个反映各项工作相互关系的网络图，并标出完成任务的关键环节和路线。这样，管理者在制订计划时既可以统筹安排，全面考虑，又不失重点。

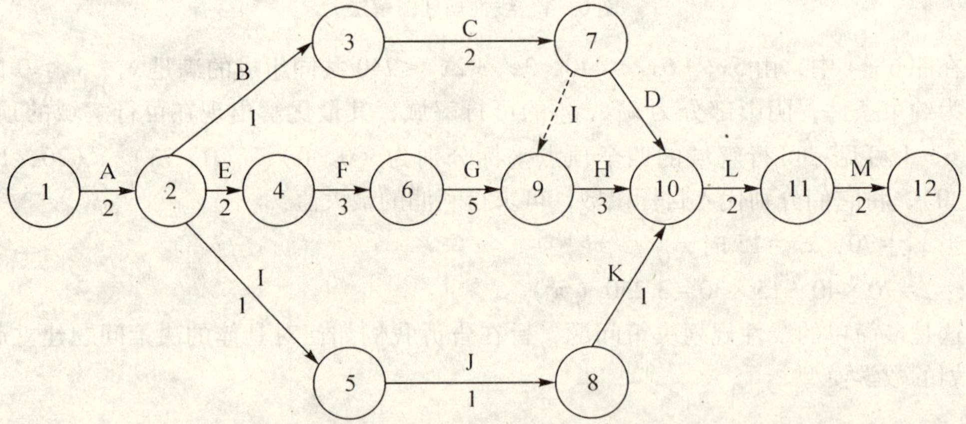

图6－5　网络计划技术网络图

网络图是网络计划技术的基础，它一般由作业、事项和线路三部分组成。

（1）作业。作业也称为活动或工序，它是指在工程项目中需要消耗资源并在一定时间内完成的独立作业项目。如“产品设计”这项作业既要有一定的时间来完成，又要有设计人员、设计图纸、设计资料和绘图工具等资源。在网络图中用一条实箭头线“→”表示作业。箭尾表示作业的开始，箭头表示作业的结束。箭头线上面标上作业名称或作业符号，下面标明作业完成所需的时间。作业的内容可多可少，范围可大可小。

（2）事项。事项也称节点和时点，是箭头之间的交接点，用圆圈“○”表示，并编上号码。它是指一项作业开始或结束的瞬间。网络图中，第一事项称作始点事项，它表示一项任务的开始，最后一个事项称作终点事项，表示一项任务的结束。一个网络系统图只有一个始点事项和一个终点事项，介于网络始点事项与终点事项之间的事项都称作中间事项，中间事项连接着前面作业的箭头和后面作业的箭尾。因此，中间事项的时间状态既代表前面作业的结束，又代表后面作业的开始。

（3）线路。线路是指从网络始点事项到达网络终点事项的任一条连接不断的线路。在一条线路上，把整个活动的作业时间加起来，就是该线路的总作业时间。每条线路所需要的时间长短不一，其中持续时间最长的线路称为关键线路。关键线路上的工序称为关键工序。整个计划任务所需要的时间就取决于关键线路所需要的时间。需要说明的是，一个大型网络图，有时关键线路可能有多条。例如，图 6－5 中从始点①开始，连续不断地走到终点⑫的路线就有 4 条，即：

a. ①→②→③→⑦→⑩→⑪→⑫

b. ①→②→③→⑦→⑨→⑩→⑪→⑫

c. ①→②→④→⑥→⑨→⑩→⑪→⑫

d. ①→②→⑤→⑧→⑩→⑪→⑫

关键线路上各工序完工时间提前或推迟都直接影响着整个活动能否按时完工。确定关键线路，据此合理地安排各种资源，对各个工序活动进行进度控制，是利用网络计划技术的主要目的。

网络计划技术虽然需要大量而烦琐的计算，但在在计算机广泛运用的时代，这些计算大都已程序化了。这种技术之所以被广泛地运用是因为它有一系列的优点：

（1）该技术能清晰地表明整个工程的各个项目的时间顺序、相互关系、关键环节和线路，管理者可据此对实施过程进行重点管理。

（2）可对工程的时间进度与资源利用实施优化管理。在计划实施过程中，管理者可以调动非关键路线上的人力、物力和财力，对关键作业进行综合平衡。这样既可以节省资源，又可以加快工程进度。

（3）可事先评价达到目标的可能性。该技术指出了计划实施过程中可能发生的困难点以及这些困难点对整个任务所产生的影响，这样可以准备好应急措施，从而减少完不成任务的风险。

（4）便于实施与控制。管理者可以将工程特别是复杂的大项目分成许多支持系统来分别组织实施与控制。这种化整为零、聚零为整的管理方法，可以达到局部和整体的协调一致。

四、计量经济学方法

计量经济学方法是运用现代数学和各种统计方法来描述和分析各种经济关系的方

法，它对于管理者调节经济活动，加强市场预测以及合理安排生产计划和改善经营管理等都具有很大的实用价值。严格地说，所谓计量经济学，就是把经济学中关于各种经济关系的学说作为假设，运用数理统计的方法，根据实际统计资料，对经济关系进行计量，然后把计量的结果和实际情况进行对照。数理统计的方法一般有趋势预测法、回归预测法、比例预测法。这种运用统计法进行计划工作的方法比较常用。

用计量经济学方法解决实际问题的程序分为四步：

（1）因素分析。按照问题的实际情况分析影响它的因素的种类、因素之间的相互关系以及各因素对问题的影响程度。

（2）建立模型。由于模型有许多的结果，把影响问题的主要因素列为自变量，把所有次要因素都用一个随机误差表示，而把问题作为因变量，然后建立起含有一些未知参数的数学模型。

（3）参数估计。由于模型有许多参数需要确定，这就要用计量经济学方法，利用统计资料加以确定。参数估计出来之后就要计算相关系数，以检查自变量对因素的影响程度。此外，还要对参数进行理论检验和统计检验，如果这两项结果都不好，就要分析原因，修改模型，重新进行第三个步骤，直至模型满意为止。

（4）实际应用。计量经济模型主要有三个用途：①经济预测，即预测因变量在将来的数值；②评价方案，即对计划工作或决策工作中的各种方案进行评估，以选出最优方案；③结果分析，即利用模型对经济系统进行更深入的分析，深化认识。计量经济模型的这三种用途都可以应用于计划工作，它能够使计划更加完善、更加科学。

五、投入产出法

投入产出分析法是20世纪40年代由美国著名经济学家瓦西里·列昂捷夫首先提出的。它的主要根据是各部门经济活动的投入与产出之间的数量之比。所谓投入就是将人力、物力及财力投入生产过程中，在其中被消耗，这是生产性消费；所谓产出就是生产出一定数量或种类的产品。

投入产出分析作为一种综合防治计划方法，首先要根据某一年份的实际统计资料编制投入产出表，然后计算各部门之间的直接消耗系数和间接消耗系数（合计便是完全消耗系数），进一步根据某些部门对最终产品的需求，得出各部门应达到的投入产出状况。据此编制综合计划。这种方法的特点是：

（1）反映了各部门的技术经济结构，可合理安排各种比例关系，是进行综合平衡的一种有效工具。

（2）在编制过程中不仅能充分利用现有统计资料，而且能建立各种统计指标之间的内在联系，使统计资料系统化，编制投入产出表则是一个全面反映经济过程的数据库，可以用来进行多种经济分析和经济预测。

（3）由于是通过表格形式反映经济现象，涉及的数学知识不深，因而易于理解，并易于为计划工作者所接受。

（4）适用范围较广，不仅可用于国家、部门或地区等宏观层次的计划制订，而且可用于企业的计划安排。

【本章小结】

计划有广义、狭义和动态、静态之分。以广义上说，计划是对未来所要从事的事业的谋划、规划和打算。这里包含两层意思：从动态角度看，它是准备在未来从事某项工作（目标），预先确定行动的时间、方案、步骤以及手段等过程，我们通常称之为“计划工作”；从静态角度看，它是指规划好的行动方案或蓝图。而从狭义上讲，计划则是指未来可望达到或实现的具体目标。通常人们说的谋定而后动、深谋远虑、多谋善断等，都是指讲计划。

根据对计划的理解，本书将计划定义为：计划是组织根据环境的需要和自身的特点，确定组织在一定时期内的目标，并通过计划的编制、执行和监督等一系列计划管理工作来协调、组织各类资源以顺利达到预期目标的过程。

计划工作的任务：就是根据社会的需要以及组织的自身能力，确定组织在一定时期内的奋斗目标，通过计划的编制执行和检查，协调和合理安排组织中各方面的经营和管理活动，有效地利用组织的人力、物力和财力资源，取得最佳的经济效益和社会效益。

计划的功能：为组织成员指明方向，协调组织活动；为组织的未来预测变化，减少冲击；减少重复和浪费性的活动；有利于组织进行控制。

计划的表现形式：按照不同的表现形式，可以将计划分为宗旨、目标、战略、政策、规则、程序、规划和预算等几种类型。

计划的性质：计划工作的性质体现在五个方面，即首位性、目标性、普遍性、效率性和创新性。

计划的原则：整体性原则、可行性原则、挑战性原则、可实现性原则、适应性原则。

计划编制的基本流程。计划管理是对计划的编制、实施、控制、处理等一系列工作的总称。计划是计划工作的结果，计划工作则是计划的制订过程，虽然各类组织编制的计划内容差别很大，但科学地编制计划所遵循的步骤与流程却具有普遍性。计划制订过程通常要遵循这样的基本步骤：分析组织问题和估量机会、确定目标和分析目标、确定计划前提条件、拟订备选方案、评估各种备选方案、选定方案、拟定派生计划、编制预算使计划数字化。

计划工作的效率高低和质量好坏在很大程度上取决于所采用的计划方法和技术。现代计划方法和技术为制订切实可行的计划提供了手段。现代计划方法和技术通常包括：滚动计划法、线性规划法、网络计划技术、计量经济学法、投入产出法等。

【思考题】

1. 什么是计划？
2. 计划的任务和内容是什么？
3. 计划有哪些功能？
4. 计划的表现形式有哪些？分别包含什么内容？

5. 计划具备哪些性质?

6. 制订计划一般应遵循哪些基本原则?

7. 计划工作是怎样分类的?

8. 计划编制的一般流程有哪些?

9. 一般计划方法有哪些?何谓滚动计划法?它有什么优点?

【案例】

北京松下的事业计划

北京松下彩色显像管有限公司(以下简称北京松下)是中外合资企业。自建成投产以来，北京松下以良好的经营业绩确立了在我国工业界的地位。曾经连续多次被评为全国“三资”企业中高营业额、高出口额的十大“双优”企业。

北京松下高度重视计划工作。他们常说:“制订一份好的计划就意味着工作完成了一半”;“什么是管理，执行计划就是管理。”公司对职员考核的五个标准中，其中之一就是制订计划的能力。

每年年初，公司总经理都要召开一年一次的经营方针发表会——制订计划，设定公司该年度的努力目标。根据公司的经营方针，各部门都要有该年度的经营方针，都要制订该年度的活动计划，设定目标。制订计划的目的在于推动以目标管理为中心的事前管理，克服无计划的随机管理。公司总经理曾经形象地说:“等着了火再去泼水傻瓜都会，管理的责任在于防止火灾的发生。”

北京松下最具代表性的就是推行“事业计划”。它的编制往往始于该财政年度的前几个月，其内容包括生产、销售、库存、设备投资、材料采购、材料消耗、人员聘用、工资基准数等一系列详细计划，并以此为前提的资金计划、利润计划和资产负债计划。“事业计划”的一个特点就是以资金形态来表现计划的严谨性，计划的详细程度大于决算的详细程度。“事业计划”来自于全体职工的集体智慧，其中的“标准成本”、“部门费用预算”等，使职工们看到各自的岗位与经济责任。总之,“事业计划制”的实施大大地加强了企业从投入到产出的经营活动的可控性，指明了全体职工为实现经营目标而协调努力的方向。

北京松下不仅注重计划的制订，更注重计划的实施情况并予以检查确认，提出改善措施。在北京松下它被称为“把握异常”与“防止问题再发生”。公司经常强调要有问题意识，就是说在制订计划的时候能否事前预计到种种问题的发生，问题发生时能否及时正确地处理。北京松下的口号是:问题要预防在先，一旦发生了，要努力使同样的问题不发生第二次;工作今天要比昨天好，明天要比今天强。

【思考题】

1. 你对“制订一份好的计划就意味着工作完成了一半”、“执行计划就是管理”这两句话如何评价?

2. 说明北京松下事业计划的类型和内容。

3. 北京松下如何保证事业计划的实施?

第七章 决策

【学习要点】

1. 掌握决策的概念和特征；
2. 理解决策的重要性；
3. 理解决策的假设、决策的原则；
4. 了解决策的各种分类；
5. 掌握决策的过程；
6. 理解决策的方法；掌握决策树法、盈亏平衡法。

第一节 决策概述

一、决策的概念

（一）决策的含义

一般理解，决策就是作出决定的意思，即对需要解决的事情作出决定。“决策”一词的英语表述为 Decision Making，意思就是作出决定或选择。按汉语习惯，“决策”一词被理解为“决定政策”，主要是对国家大政方针作出决定。但事实上，决策不仅指高层领导作出决定，也包括人们对日常问题作出决定。如某企业要开发一个新产品、引进一条生产线，某人选购一种商品或选择一种职业，都带有决策的性质。可见，决策活动与人类活动密切相关。

正确理解决策概念，应把握以下几层意思：

1. 决策要有明确的目标

决策是为了解决某一问题，或是为了达到一定的目标。确定目标是决策过程的第一步。决策所要解决的问题必须十分明确，所要达到的目标必须十分具体。没有明确的目标，决策将是盲目的。

2. 决策要有两个以上的备选方案

决策实质上是选择行动方案的过程。如果只有一个备选方案，就不存在决策的问题。因而，至少要有两个或两个以上的方案，人们才能从中进行比较、选择，最后选择一个满意的方案作为行动方案。

3. 选择后的行动方案必须付诸实施

如果选择后的方案，束之高阁，不付诸实施，这样，决策也等于没有决策。决策不仅是一个认识过程，也是一个行动过程。

综上所述，我们可以将决策定义为：决策就是为了解决问题或实现目标，从两个或两个以上的备选方案中进行比较、分析、判断并付诸实施的管理过程。简而言之，决策就是针对问题和目标，分析问题、解决问题的过程。

（二）决策的特征

1. 超前性

任何决策都是针对未来行动的，是为了解决现在面临的、待解决的新问题以及将来会出现的问题，决策是行动的基础。

2. 目标性

决策目标就是决策所需要解决的问题，只有在存在问题必须解决的时候才会有决策。

3. 选择性

决策必须具有两个以上的备选方案，通过比较评定来进行选择。

4. 可行性

为决策所制订的若干个备选方案应是可行的，这样才能保证决策方案切实可行。所谓“可行”，一是指能解决预定问题，实现预定目标；二是方案本身具有实行的条件，比如技术上、经济上都是可行的；三是方案的影响因素及效果可进行定性和定量的分析。

5. 过程性

决策既非单纯的“出谋划策”，又非简单的“拍板定案”，而是一个多阶段、多步骤的分析判断过程。决策的重要程度、过程的繁简及所费时间长短固然有别，但都必然具有过程性。

6. 科学性

科学决策并非易事，它要求决策者能够透过现象看到事物的本质，认识事物发展变化的规律性，作出符合事物发展规律的决策。

二、决策的重要性

对企业来说，每天都需要作决策。这些大大小小的决策，小则影响员工士气，大则影响公司运作的效率，甚至会影响到整个企业的成败。

（一）决策是管理的基础

决策是从各个抉择方案中选择一个方案作为未来行动的指南。而在决策以前，只是对计划工作进行了研究和分析，没有决策就没有合乎理性的行动，因而决策是计划工作的核心。而计划工作是进行组织、人员配备、指导与领导、控制工作等的基础。因此，从这种意义上说，决策是管理的基础。

（二）决策是各级、各类主管人员的首要工作

决策不仅仅是上层主管人员的事。上至国家的高层领导者，下至基层的班组长，均要作出决策，只是决策的重要程度和影响的范围不同而已。

（三）决策是决定组织管理工作成败的关键

一个组织管理工作成效大小，首先取决于决策的正确与否。决策正确，可以提高组织的管理效率和经济效益，使组织兴旺发达；决策失误，则一切工作都会徒劳无功，甚至会给组织带来灾难性的损失。因此，对每个决策者来说，不是是否需要作出决策的问题，而是如何使决策做得更好、更合理、更有效率。

（四）决策是实施各项管理职能的保证

决策贯穿于组织各个管理职能之中，在组织管理过程中，每个管理职能要发挥作用都是离不开决策的，无论是计划、组织职能，还是领导和控制等职能，其实现过程都需要决策。没有正确的决策，管理的各项职能就难以充分发挥作用。

由此可见，一个组织的决策会影响其未来运作的效能，最终会影响到一个组织的竞争力。

第二节　决策的原则

一、决策的假设

不同的决策理论，对决策的假设都有不同的阐述。比较典型的两种是完全理性假设和有限理性假设。

（一）完全理性假设

“经济人”假设认为，人类从事经济活动的目的是追求利润最大化，它忽视了人所具有的情感态度及价值观。在“经济人”假设的基础上，形成了完全理性假设。这一假设假定决策者具备完全的理性知识，追求效用最大，通过冷静客观的思考进行决策。一个完全理性的决策者，完全客观，合乎逻辑。他认定一个问题并会有一个明确的、具体的目标。在理性决策中，问题清楚，决策者被假定为拥有与决策情境有关的完整信息，能确定所有相关的标准，并能列出所有可行的方案；而且，决策者还能意识到每一方案的所有可能的结果。决策者总是选择那些能带来最大经济报酬的方案。为了取得最佳的组织经济利益，决策者首先要取得最大化的经济利益。

这种假设描述了一种理想状态，对现代决策行为的描述不够真实。管理既是科学，也是艺术。决策包含相当大的艺术成分，不可能像规范决策那样，对全部已知的效用函数求解，用解析的办法找到最大值，这样的做法只是对纷繁复杂的现实的一种简化，因而简单地用它来进行实际决策往往会行不通。但是，由于该假设对“最优”的追求和采用定量方法，一些管理者仍用此假设进行推测，不过他们往往对假设本身进行一

定程度的修正。

（二）有限理性假设

随着社会的发展，管理学理论逐步完善。20世纪50年代之后，人们认识到建立在“经济人”假设之上的完全理性假设只是一种理想模式，不一定能指导实际中的决策。诺贝尔经济学奖得主西蒙提出了满意标准和有限理性标准，用“社会人”取代“经济人”，大大拓展了决策理论的研究领域，产生了新的理论——有限理性决策理论。有限理性决策模型又称西蒙模型或西蒙“满意”模型。它是一个比较现实的模型，它认为人的理性是出于完全理性和完全非理性之间的一种有限理性。有限理性假设的主要观点如下：

（1）在选择备选方案时，决策者试图使自己满意，或者寻找令人满意的结果。满意的标准可以是足够的利润、市场份额、价格等。

（2）决策者所认知的世界是真实世界的简化模型。他们满意于这样的简化，因为他们相信真实世界绝大部分都是空洞的。

（3）由于采用的是满意原则而非最大化原则，决策者在进行决策的时候不必知道所有的可能方案。

（4）由于决策者认知的是简化的世界，因此可以用相对简单的经验启发式原则，或者商业窍门，以及一些习惯来进行决策。这些技术不要求非常高的思维和计算能力。

与完全理性假设相比，西蒙的假设同样是理性和最大化的，但是这里的理性受到了限制，决策者以满意为决策的终点，因为他们没有能力做到最大化。所以有限理性假设与完全理性假设的差异主要体现在程度上，而非质的差异上。

二、决策的原则

决策是管理的一个重要因素，管理者为了有效地解决问题、达成目标，在决策时应遵循以下几个原则：

（一）满意原则

满意原则来源于西蒙的有限理性假设，是针对最优化原则提出来的。在实际决策时，一方面，人们并不会为了得到一个最好的方案而一直苦苦追求下去，决策者在获得一个符合某些最低或最起码标准的方案之后，往往就会停下来而不再进一步去寻找更好的方案。另一方面，由于种种条件的约束，决策者本身也缺乏这方面的能力，在现实生活中，往往可以得到较满意的方案，而非最优的方案。

（二）分级原则

由于决策的重要程度的差异，组织在实际决策过程中，必然要对备选方案进行分级处理。决策在企业内部分级进行，是企业业务活动的客观要求。只有明确了不同备选方案之间的差异，经过比较、评价和最终的判断，才能找到最佳的决策方案。对于不同重要程度的决策方案，需要区别对待。

（三）集体和个人相结合的原则

在多种决策方式中，集体决策和个人决策各有利弊，在不同的条件下应选用不同的方式。无论是个人决策还是集体决策，都应依据集体共同的目标去选择。在实施过程中，决策要做到民主化、科学化，关键时刻有人敢于负责，但决策要建立在民主的基础上。只有将集体和个人决策结合在一起，才能保证决策的合理性和有效性。

（四）定性分析与定量分析相结合的原则

定性分析与定量分析是决策方法的两种不同类型。定性分析倾向于通过发掘问题、理解事件现象、分析人类的行为与观点以及回答提问来获取敏锐的洞察力，主要取决于决策者的个人经验因素；而定量分析是指确定事物某方面量的规定性的科学研究，就是将问题与现象用数量来表示进而去分析、解决问题的研究方法和过程。定量分析倾向于数学方法和技术。科学的决策应该要求把以经验判断为主的定性分析与以现代科学方法为主的定量论证结合起来。

（五）整体效用的原则

组织是一个系统，而决策是整个系统中贯穿始终的过程和方法。要正确处理组织内部各个单元之间、组织与社会、组织与其他组织之间的关系，应在充分考虑局部利益的基础上，把提高整体效用放在首位，实现决策方案的整体满意。

第三节 决策的分类

现代企业经营管理活动的复杂性、多样性，决定了经营管理决策有多种不同的类型。

一、按决策的影响范围和重要程度不同，分为战略决策和战术决策

（一）战略决策

战略决策是指对企业发展方向和发展远景作出的决策，是关系到企业发展的全局性、长远性、方向性的重大决策。如关系企业的经营方向、经营方针、新产品开发等的决策。战略决策由企业最高层领导作出，它具有影响时间长、涉及范围广、作用程度深的特点，是战术决策的依据和中心目标；它的正确与否，直接决定企业的兴衰成败，决定企业发展前景。

（二）战术决策

战术决策是指企业为保证战略决策的实现而对局部的经营管理业务工作作出的决策。如企业原材料和机器设备的采购计划、生产计划、销售计划、商品的进货来源、人员的调配等属此类决策。战术决策一般由企业中层管理人员作出。战术决策要为战略决策服务。

二、按决策的主体不同，分为个人决策和集体决策

（一）个人决策

个人决策是由企业领导者凭借个人的智慧、经验及所掌握的信息进行的决策。决策速度快、效率高是其特点，适用于常规事务及紧迫性问题的决策。个人决策的最大缺点是带有主观性和片面性，因此，对事关全局的重大决策则不宜采用。

（二）集体决策

集体决策是指由会议机构和上下相结合的决策。会议机构决策是通过董事会、经理扩大会、职工代表大会等权力机构集体成员共同作出的决策。上下相结合决策则是领导机构与下属相关机构结合、领导与群众相结合形成的决策。集体决策的优点是能充分发挥集团智慧，集思广益，决策慎重，从而保证决策的正确性、有效性；缺点是决策过程较复杂，耗费时间较多。它适合于制定长远规划、全局性的决策。

三、按决策问题的重复程度，分为程序化决策和非程序化决策

（一）程序化决策

程序化决策是指决策的问题是经常出现的问题，已经有了处理的经验、程序、规则，可以按常规办法来解决。故程序化决策也称为常规决策。

（二）非程序化决策

非程序化决策是指决策的问题是不常出现的，没有固定的模式、经验去解决，要靠决策者作出新的判断来解决。非程序化决策也叫非常规决策。

四、按决策问题的确定程度不同，分为确定型决策、风险型决策和不确定型决策

（一）确定性决策

确定性决策是指决策过程中，在确知的客观条件下，每个备选方案只有一种结果，比较其结果优劣作出最优选择的决策。确定型决策是一种肯定状态下的决策。决策者对被决策问题的条件、性质、后果都有充分了解，各个备选的方案只能有一种结果。这类决策的关键在于选择肯定状态下的最佳方案。

（二）风险型决策

风险型决策是指在决策过程中提出各个备选方案，每个方案都有几种不同结果出现，其发生的概率也可测算，在这样条件下的决策，就是风险型决策。例如某企业为了增加利润，提出两个备选方案：一个方案是扩大老产品的销售；另一个方案是开发新产品。不论哪一种方案都会遇到市场需求高、市场需求一般和市场需求低几种可能性，它们发生的概率都可测算，若遇到市场需求低，企业就要亏损。因而在上述条件下决策，带有一定的风险性，故称为风险型决策。风险型决策之所以存在，是因为影响预测目标的各种市场因素是复杂多变的，因而每个方案的执行结果都带有很大的随机性。

决策中，不论选择哪种方案，都存在一定的风险性。

（三）不确定型决策

不确定型决策是指在决策过程中提出各个备选方案，每个方案有几种不同的结果可以出现，但每一结果发生的概率无法测算。在这样条件下，决策就是不确定型的决策。它与风险型决策的区别在于：风险型决策中，每一方案产生的几种可能结果及其发生概率都可预知，不确定型决策只知道每一方案产生的几种可能结果，但发生的概率并不知道。这类决策是由于人们对市场需求的几种可能客观状态出现的随机性规律认识不足，因而增大了决策的不确定性程度。

第四节 决策的过程

从本质上讲，决策就是针对问题和目标分析问题、解决问题的过程。管理者为了有效地解决问题、达成目标，必须遵循一定的过程。决策的过程应包括：识别决策问题；确定决策目标；拟订决策方案；分析决策方案；确定决策方案；实施决策方案；评价决策效果；决策追踪反馈。

一、识别决策问题

决策过程开始于现实管理中存在的问题，这里所说的问题是指现状与期望之间的差距。由于存在这种差距，管理者才有了决策的动因。组织决策的目的是为了实现内部活动及其目标与外部环境的动态平衡。因此，制定决策首先要分析不平衡是否已经存在，是何种性质的不平衡，它对企业的不利影响是否已使改变企业活动成为必要。

分析组织管理中的问题，确定不平衡的性质，把不平衡作为决策的起点，是组织高层管理人员的职责。这不仅因为他们负有管理的责任，而且还由于他们在组织中的地位使他们能通观全局，易于找出不平衡的关键所在。必须指出，及时发现不平衡不容易，而确定不平衡的性质更是十分严肃和慎重的事情，需要决策者从实际出发，进行周密的、实事求是的分析。

二、确定决策目标

在明确了组织中存在的问题之后，还要进一步针对问题，研究将要采取的措施，分析这些措施应该符合哪些要求，必须达到哪些效果。也就是说，要确定决策的目标。明确组织目标，至少要完成以下几项工作：

（一）提出目标

明确组织改变经营活动的内容和方向至少应该达到的状况和水平以及希望实现的理想目标。

（二）明确多元目标之间的相互关系

任何组织在任何时候都不可能只有一个目标，而需要实现多重目标。但是，在不同时期，随着重点的转移，这些目标的相对重要性也是不一样的。在特定时期，只能选择其中一项为主要目标。然而，多元目标之间的关系是既相互联系又相互排斥的。所以在选择了主要目标以后，还要明确它与非主要目标之间的关系，以避免在决策的实施中将组织的主要资源和精力投放到非主要目标上去。

（三）分解目标

分解目标是指将确定的组织总体目标分解落实到各个职能部门、各个活动环节，将长期目标分解为各个时间段的目标。分解目标的目的是为了明确组织各个部分在各个时期的方向和任务，以保证目标的实现。

（四）限定目标

目标的执行既可能给组织带来有利的贡献，也可能带来不利的影响。限定目标就是把目标执行的结果和不利结果加以权衡，规定不利结果在何种水平是允许的，而一旦超过这个水平组织就应当考虑停止原目标的执行、中止目标活动。

不论是何种形式的组织目标，都必须符合三个特征：可以计量；可以规定其期限；可以确定其责任者。

三、拟订决策方案

决策的本质就是选择。管理者要作出正确的选择，就必须提供多种备选方案。因此，在决策过程中，拟订可替代的决策方案尤为重要。

决策方案主要是描述组织为实现既定目标拟采取的各种对策的具体措施和主要步骤。任何目标的实现都可以通过多种不同的活动来达到，因此，人们可以拟订出不同的行动方案。为了使决策方案有意义，便于决策者作出选择，这些不同的方案必须相互替代、相互排斥，而不能相互包容。如果某个方案的活动包容在另一个方案中，那么它就失去了比较和选择的资格。

决策方案是在环境分析、发现问题的基础上，根据组织的目标，结合组织各项资源和实际情况而产生的。在此基础上，对提出的各种改进设想进行集中、整理和分类，形成多种不同的初步方案。在对这些初步方案进行初步筛选、补充和修改以后，对余下的方案进一步完善，并预计其执行结果，便形成了一系列不同的可行方案。

决策中可供选择的方案数量越多，备选方案的相对满意程度就越高，决策就越有可能完善。因此，在方案制订阶段，要广泛发动全体员工，充分利用组织内外的专家，通过他们的共同努力，产生尽可能多的设想，制订尽可能多的可行方案。

四、分析决策方案

根据拟订的各种可行方案，决策者需要一个慎重思考和分析的过程，从而为选择打下基础。决策者必须认真对待每一个方案，仔细地加以分析和评价。根据决策所需的时间和其他限制性条件，层层筛选。

决策者可对各种备选方案进行重要性程度的评分加权；也可对某些关键点加以修改、补充；还可以对一些各有利弊的备选方案进行处理，做到优势互补、取其精华、去其不足，使最终的结果更加优化。

在分析过程中，可以依靠各种可行性分析和决策技术，如决策树法、线性规划等，尽量科学地显示各种方案的利弊，并加以相互比较。

五、确定决策方案

决策者在分析各种备选方案的利弊之后，需要对其中的各种方案作出决断，选择最适合于组织运作的方案。在确定方案时，在各种备选方案中权衡利弊，然后选取其一，或综合各种方案，是决策者的重要工作之一。

经过上述分析和评价过程，许多不符合要求的方案已经被淘汰。此时决策者必须从剩下的若干方案中，选择一个最好或者说最满意的方案。方案的选择一般有三种，即根据经验、试验或研究和分析进行选择。

管理人员的经验在决策中起着极为重要的作用，经验是最好的老师，实际的决策以及对以往成功和失败的总结，有利于管理人员作出更好的决策。但是，完全依赖于过去的经验往往也会带来风险。因此，对于经验也必须进行分析，不能一味盲从。

通过试验选取方案也是一种常见的做法。对于有些方案，只有通过试验才能把握方案的效果。但是这种方法有一定的局限性，如有时试验费用过高，有时即使是经过试验证实的方案也仍然存在问题，因为未来不可预知。

研究和分析方法也是最有效的方法之一。使用研究和分析方法解决问题，首先要求对问题本身有清楚的了解，要明确各个关键因素、限制条件以及前提条件之间的关系，要将问题按定性和定量因素加以分析。

综上所述，确定决策方案是一个非常关键的步骤。如果采取的方法不合理，可能会导致好的备选方案被错误估计和评价，最终导致较差的方案得到实施，对于组织而言，后果将不堪设想。

六、实施决策方案

确定决策方案之后，管理者为了实现既定目标，必须将选择的方案付诸实施。有些方案实施过程非常简单，而有些方案则要困难得多。因此，对于所选定的方案还必须给予适当的辅助计划加以支持。

为了保证决策方案的顺利实施，管理者还必须对组织内部的各种问题预先有所准备，比如部分领导和员工的抵制等。这些抵制可能来自人们对变革的不安，也可能来自变革本身带来的诸多不便，还有可能在实施过程中导致了利益的损失。

所以对于决策方案的实施，由上而下的贯彻、由下而上的层层理解和沟通显得尤为重要。只有将满意的决策方案真正付诸实施，才能有效地保证组织目标的实现，才能实现决策本身的有效性。

七、评价决策效果

决策方案在实施之后，各级管理层必须对决策效果进行评价。决策方案投入实施后，决策者要随时关注整个实施过程，要随时把握实施的内容是否与预期方案相符，各项工作的要求是否在实施过程中得到落实，方案中的既定目标是否在实施过程中得到贯彻，等等。

如果评价结果表明所选方案不尽如人意，管理者就必须采取相应的措施，要么更换，选择其他替代方案，要么对环境重新进行分析研究，进而确定新的决策方案或者对原有方案进行完善和修正。

决策方案如果没有得到合理和有效的评价，那么整个决策过程的有效性便难以体现。管理者在制订和选择方案的过程中所发挥的作用也无法衡量，各级员工的努力也不能得到很好的评估。这对组织目标的实现以及下一轮工作的开展都是不利的。

八、决策追踪反馈

决策方案经过管理者和员工的努力，保证了其实施过程，选定的方案也在实施之后进行了合理的评估。对于评估之后的结果，管理者应当总结经验，发现实施过程中存在的问题，找出实施效果与既定目标之间的差距，进而指导下一轮决策过程。

决策结果的反馈对于组织发展而言意义重大。没有反馈的决策效果，那必然是静态的，不能融入组织发展的连续性过程，加入反馈的环节也是为了逐步提高管理者的决策能力，逐步提高组织的管理水平。所以决策的追踪反馈也是必不可少的步骤，有了最后阶段的反馈，意味着新一轮的决策将会更加可信，将会更加接近组织实际情况，更加接近组织的长远发展目标。

第五节　决策的方法

在决策的过程中，由于决策对象和决策内容的不同，相应地产生各种不同的决策方法，归纳起来可以分为两大类：一类是定性决策方法；另一类是定量决策方法。把决策方法分为两大类只是相对的，真正科学的决策方法应该把两者结合在一起，综合利用。

一、定性决策方法

定性决策方法，又称软方法，主要是指管理决策者运用社会科学的原理，并根据个人的经验和判断能力，充分发挥专家的集体智慧，从对决策对象的本质属性的研究入手，掌握事物的内在联系及其运用规律。通过定性研究，为制订方案找到依据，了解方案的性质、可行性和合理性，然后进行目标和方案的选择，它较多地运用于抽象程度较大的问题、高层次战略问题、多因素错综复杂的问题以及涉及社会心理因素较多的问题。定性决策的方法主要有以下几种：

（一）德尔菲法

德尔菲法又称为专家决策术、专家调查法。德尔菲是 Delphi 的译名，它是希腊历史遗址。美国兰德公司在20世纪50年代初与道格拉斯公司协作研究如何通过有控制的反馈使得收集专家意志更为可靠，以德尔菲为代号，德尔菲法由此而得名。

1. 德尔菲法的要点

（1）不记名投寄征询意见函。就预测内容写成若干条含义十分明确的问题，规定统一的评价方法。例如，要求专家从某项技术发明在未来可能出现的时间给予估计或区间估计中，选定一个估计。根据情况，可以选择多方面有关专家，将上述问题邮寄给他们，“背靠背”地征询意见。

（2）统计归纳。收集各位专家的意见，然后对每个问题进行定量统计归纳。

（3）沟通反馈意见。将统计归纳后的结果再反馈给专家，每个专家根据这个统计归纳的结果，慎重地考虑其他专家的意见，然后提出自己的意见。由于全部过程保密，所以各专家提出的意见比较客观。对于回答超出规定区间的专家，可以要求他们说明特殊理由，对于这类特殊意见也可反馈给其他专家，予以评价。然后，把收回的征询意见，再进行统计归纳，再反馈给专家。如此多次反复，一般经过3~4轮，就可以取得比较一致的意见。

2. 采用德尔菲法预测时需注意的事项

（1）问题必须十分清楚，其含义只能有一种解释；否则，专家回答就可能十分分散。

（2）问题的数量不要太多，一般以回答者可在两小时内答完一轮为宜。要求专家们独自回答，不要相互讨论，也不要请人代劳。

（3）要忠实于专家们的回答，调查者在任何情况下不得显露自己的倾向。

（4）对于不熟悉这一方法的专家，应事先讲清楚意义与方法。参加这个活动毕竟要付出相当的精力，应给专家们以适当的精神与物质的奖励。

3. 德尔菲法的优缺点

德尔菲法同常见的召集专家开会、通过集体讨论从而得出一致预测意见的专家会议法既有联系又有区别。德尔菲法能发挥专家会议法的优点，即：

（1）能充分发挥各位专家的作用，集思广益，准确性高。

（2）能把各位专家的意见的分歧点表达出来，取各家之长，避各家之短。

同时，德尔菲法又能避免专家会议法的如下缺点：

（1）权威人士的意见影响他人的意见；

（2）有些专家碍于情面，不愿意发表与其他人不同的意见；

（3）出于自尊心而不愿意修改自己原来不全面的意见；

（4）过程比较复杂，花费时间较长。

（二）头脑风暴法

头脑风暴法（Brain Storming）是1993年美国人A. F. 奥斯本首创的一种决策方法，其思想是邀请有关专家在敞开思路、不受约束的情况下，针对某些问题畅所欲言。奥斯本为实施头脑风暴法提出了四条原则：①对别人的意见不允许进行反驳，也不要做正确结论；②鼓励每个人独立思考，广开思路，进行反驳，也不要重复别人的意见；③意见或建议越多越好，允许相互之间有矛盾；④可以补充和发表相同的意见，使某种意见更具说服力。

头脑风暴法的目的在于创造一种自由奔放的思考环境，诱发创造性思维的共振和连锁反应。头脑风暴法的参与者最佳为5～6人，多则10余人为宜；时间1～2小时。头脑风暴法适用于明确简单的问题的决策，这种方法的鉴别与评价工作量比较大。

（三）5W1H强制联想法

5W1H强制联想法由美国陆军部首创，其指导思想是要求任何问题的决策都要分析六项因素：什么人（Who），在什么时间（When），什么地方（Where），做什么事情（What），做的原因是什么（Why）以及如何去做（How）。

定性决策的优点是：方法灵活简便，一般管理者易于采用；有利于调动专家的积极性，激发人们的创造能力，更适用于非常规性决策。定性决策方法也有明显的缺点：①定性决策方法多建立在专家个人主观意见的基础上，未经严格的论证；②定性决策法中，所选专家的知识类型对意见倾向性的影响很大，而专家的选择受决策组织者的影响可能很大；③采用定性决策法分析问题时，传统观念容易占优势，这是因为新思想往往是少数人最先提出的，而大多数人的思维是趋于保守的。

二、定量决策方法

定量预测方法，又称硬方法，主要是指在定性分析的基础之上，运用数学模型和电子计算机技术，对决策对象进行计算和量化研究以解决决策问题的方法。定量决策方法常用于数量化决策，应用数学模型和公式来解决一些决策问题，即运用数学工具、建立反映各种因素及其关系的数学模型，并通过对这种数学模型的计算和求解，选出最佳的决策方案。对决策问题进行定量分析，可以提高常规决策的时效性和决策的准确性。运用定量决策方法进行决策也是决策方法科学化的重要标志。

定量决策的方法主要包括风险型决策、确定型决策和不确定型决策三种。

（一）风险型决策方法

风险型决策方法是指决策者在对未来可能发生的情况无法作出肯定判断的情况下，通过预测各种情况发生，根据不同概率来进行决策的方法。风险型决策的方法很多，最常用的是决策树法。

决策树法是把每一决策方案各种状态的相互关系用树形图表示出来，并且注明对应的概率及其报酬值，从而选出最优决策方案。由于根据这种方法的基本要素就可以描画出一个树状的图形，因而管理学把这一树状图形称作决策树。

决策树的构成一般有五个要素：一是决策点；二是方案枝；三是自然状态点；四是概率枝；五是概率枝末端。决策树法在决策的定量分析中应用相当广泛，有许多优点：第一，可以明确地比较各种方案的优劣；第二，可以对某一方案有关的状态一目了然；第三，可以表明每个方案实现目标的概率；第四，可以计算出每一方案预期的收益和损失；第五，可以用于某一个问题的多级决策分析。

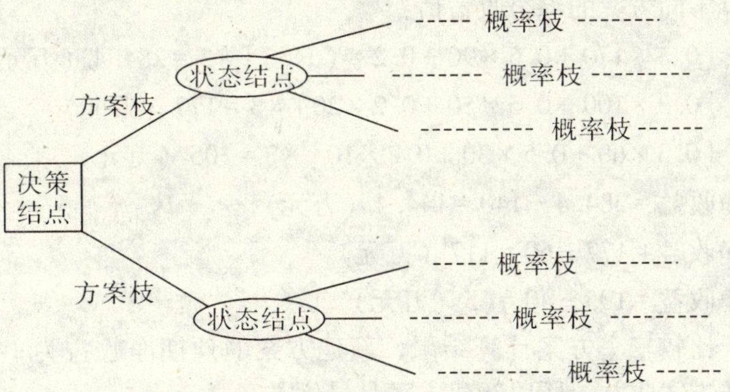

图 7－1　决策树法结构图

决策树法在企业决策中有着广泛的应用。下面举一实例说明其应用。

例：某工厂准备生产一种新产品，对未来三年市场的预测资料如下：现有三个方案可供选择，即新建一车间，需要投资 140 万元；扩建原有车间需要投资 60 万元；协作生产，需要投资 40 万元。三个方案在不同自然状态下的年收益值见表 7－1：

表 7－1　　单位：万元

自然状态与概率 / 收益值方案	市场需求 高需求	中需求	低需求
	0.3	0.5	0.2
新建车间	170	90	−6
扩建原有车间	100	50	20
协作生产	60	30	10

要求：（1）绘制决策树；（2）计算收益值；（3）方案优选（剪枝）。

根据条件绘制决策树，如图 7－2 所示。

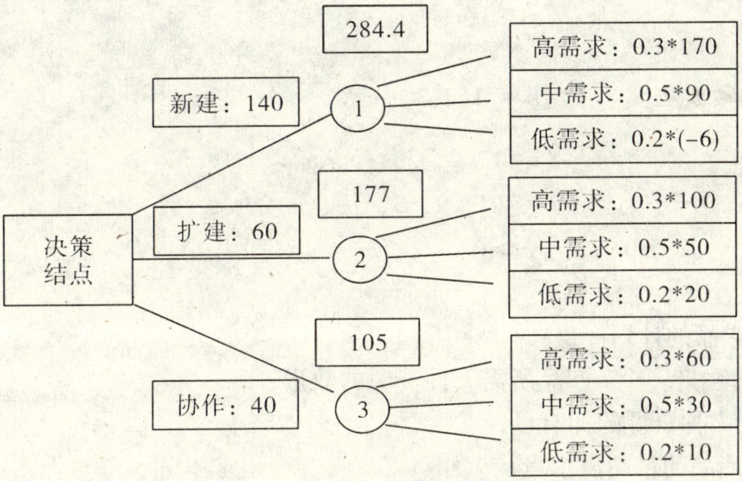

图 7－2　三种方案的决策树

按三年计算不同方案的综合收益值：

新建车间　[0.3×170+0.5×90+0.2×(−6)]×3=284.4（万元）

扩建车间　[0.3×100+0.5×50+0.2×20]×3=177（万元）

协作生产　[0.3×60+0.5×30+0.2×10]×3=105（万元）

新建方案净收益=284.4−140=144.4（万元）

扩建方案净收益=177−60=117（万元）

协作方案净收益=105−40=65（万元）

方案优选：比较三个方案计算结果，新建方案的预期净收益为144.4万元，大于扩建方案和协作方案收益，所以新建方案是最优方案。

（二）确定型决策方法

确定型决策问题，即只存在一种确定的自然状态，决策者可依据科学的方法作出决策。确定型决策的方法有以下几类：① 线性规划、库存论、排队论、网络技术等数学模型法；② 微分极值法；③ 盈亏平衡分析法。

本书主要介绍线性规划法和盈亏平衡分析法。

1. 线性规划法

在决策过程中，人们希望找到一种能达到理想目标的方案，而实际上，由于种种主客观条件的限制，实现理想目标的方案在一般情况下是不存在的。不过，在现有的约束条件下，在实现目标的多种方案中，总存在一种能取得较好效果的方案，线性规划法就是在一定约束条件下寻求最优方案的数学模型的方法。

利用线性规划法建立数学模型的步骤是：先确定影响目标大小的变量；然后列出目标函数方程；最后找出实现目标的约束条件，列出约束条件方程组，并从中找到一组能使目标函数达到最大值或最小值的可行解，即最优可行解。

（1）线性规划方法的数学模型

目标函数：$\mathrm{Max}Z = \sum_{i=1}^{n}(p_i - c_i)x_i$

约束条件：

$$\sum_{i=1}^{n} a_{ik}x_i \leqslant b_k \qquad (k = 1,2,3,\cdots,K)$$

$$x_i \leqslant U_i \qquad (i=1,2,3,\cdots,n)$$

$$x_i \geqslant L_i \qquad i=(1,2,3,\cdots,n)$$

$$U_i > 0 \qquad L_i \geqslant 0 \qquad x_i \geqslant 0$$

式中：

x_i——i产品的计划产量；

a_{ik}——每生产一个i产品所需k种资源的数量；

b_k——第k种资源的拥有量；

U_i——i产品的最高需求量；

L_i——i产品的最低需求量；

p_i——i 产品的单价；

c_i——i 产品的单位成本。

（2）线性规划模型的适用性

线性规划模型用在原材料单一、生产过程稳定不变、分解型生产类型的企业是十分有效的，如石油化工厂等。对于产品结构简单、工艺路线短或者零件加工企业，有较大的应用价值。

2. 盈亏平衡分析法

盈亏平衡分析法也叫保本分析或量本利分析法，是通过分析企业生产成本、销售利润和产品数量这三者的关系，掌握盈亏变化的规律，指导企业选择能够以最小的成本生产出最多产品并可使企业获取最大利润的经营方案。

我们知道，作为商品生产者的企业，为了自身的生存和发展，为了能继续更好地满足社会需要，必须在生产经营过程中取得利润。企业利润是销售收入扣除销售成本以后的剩余。其中销售收入是产品销售量及其销售价格的函数，销售成本（包括工厂成本和销售费用）可分为固定费用和变动费用。所谓变动费用是指随着产量的增加或减少而提高或降低的费用，而固定费用则在一定时期、一定范围内不随产量的变化而变化。当然，“固定”与“变动”只是相对的概念：从长期来说，由于企业的经营能力和规模是在不断变化的，因此一切费用都是变动的；从单位产品来说，“变动费用”是固定的，而“固定费用”则随产品数量的增加而减少。

利润、销售收入（价格与销售量的乘积）以及销售成本（固定费用和变动费用之和）之间的关系可用图 7－3 来表示。

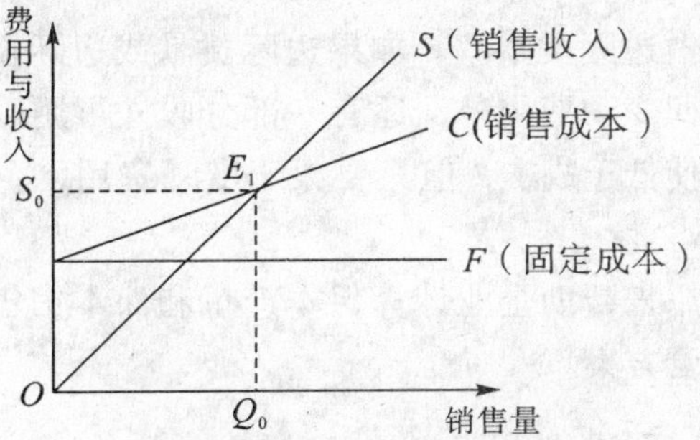

图 7－3　盈亏平衡法图解

企业获得利润的前提是生产过程中的各种消耗支出均能得到补偿，即销售收入至少等于销售成本。为此，必须确定企业的保本产量和保本收入：当价格、固定费用和变动费用已定的条件下，企业至少应生产多少数量的产品才能使总收入与总成本平衡；或当价格、费用已定的情况下，企业至少应取得多少销售收入才足以补偿生产过程中的费用。

确定保本收入与保本产量可以利用图上作业或公式计算两种方法。

（1）图上作业法

图上作业法是根据已知的成本、价格资料，作出如图 7－3 的量本利关系图。图中

总收入曲线 S 与总成本曲线 C 的相交点 E_1，即表示企业经营的盈亏平衡点，与 E_1 相对应的产量 Q_0 即为保本产量，与 E_1 相对应的销售收入 S_0 即为保本收入。

（2）公式计算法

公式计算法是利用公式来计算保本产量和保本销售收入的方法。

根据上面分析的量本利之间的相互关系，我们知道：

销售收入＝产量×单价

销售成本＝固定费用＋变动费用＝固定费用＋产量×单位变动费用

用相应的符号来表示，盈亏平衡时有下式成立：

$$Q_0 \times p = F + Q_0 \times c_v \tag{7.1}$$

对式（7.1）进行整理，可得到：$Q_0 = \dfrac{F}{p - c_v}$　　(7.2)

此式即为计算保本产量的基本公式。由于保本收入等于保本产量与销售价格的乘积，因此，式（7.2）的两边同乘以 p，即可得到计算保本收入的基本公式：

$$Q_0 \times p = \frac{F}{p - c_v} \times p \tag{7.3}$$

整理可得：$S_0 = \dfrac{F}{1 - \dfrac{c_v}{p}}$　　(7.4)

式（7.2）中的 $p - c_v$ 表示销售单位产品得到的收入在扣除变动费用后的剩余，叫做边际贡献；式（7.4）中的 $1 - \dfrac{c_v}{p}$ 表示单位销售收入可以帮助企业吸收固定费用或实现企业利润的系数，叫做边际贡献率。如果边际贡献或边际贡献率大于零，则表示企业生产这种产品除可收回变动费用外，还有一部分收入可用以补偿已经支付的固定费用。因此，产品单价即使低于成本，但只要大于变动费用，企业生产该产品还是有意义的。

盈亏平衡法不仅可用来帮助企业计算保本产量和保本销售收入，还可用来指导企业比较和选择不同的经营方案。

（三）不确定型决策方法

1. 不确定型决策方法的含义

不确定型决策方法是指决策者在对决策问题不能确定的情况下，通过对决策问题变化的各种因素分析，估计其中可能发生的自然状态，并计算各个方案在各种自然状态下的损益值，然后按照一定的原则进行选择的方法。

2. 不确定型决策方法的准则

由于不确定性决策各种自然状态出现的概率难以估计出来，因而现代决策理论根据不确定型决策问题的特点，总结出一套方便可行的方法，即先假定一些准则，根据这些准则求出方案的期望值，然后再确定每一决策问题的最优值。不确定型决策方案的准则主要有：乐观准则、悲观准则、等概率准则、决策系数准则、遗憾准则等。

【本章小结】

决策就是为了解决问题或实现目标，从两个或两个以上的备选方案中进行比较、分析、判断并付诸实施的管理过程。简而言之，决策就是针对问题和目标，分析问题、解决问题的过程。

决策的原则包括：满意原则、分级原则、集体和个人相结合原则、定性分析和定量分析相结合原则、整体效用原则。

按决策的影响程度和重要程度不同，分为战略决策和战术决策；按决策的主体不同，分为个人决策和集体决策；按决策问题的重复程度，分为程序化决策和非程序化决策；按决策问题所处条件不同，分为确定型决策、风险型决策和不确定型决策。

决策的过程包括：识别决策问题；确定决策目标；拟订决策方案；分析决策方案；确定决策方案；实施决策方案；评价决策效果；决策追踪反馈。

决策方法包括定性决策方法和定量决策方法。

定性决策方法是指管理决策者运用社会科学的原理，并根据个人的经验和判断能力，充分发挥专家内行的集体智慧，从对决策对象的本质属性的研究入手，掌握事物的内在联系及其运用规律，主要包括德尔菲法、头脑风暴法、5W1H 强制联想法。

定量决策方法是指在定性分析的基础之上，运用数学模型和电子计算机技术，对决策对象进行计算和量化研究以解决决策问题的方法。风险型决策的常用分析方法是决策树法；确定型决策的分析方法主要有线性规划法和盈亏平衡分析法。

【思考题】

1. 什么是决策？
2. 决策的原则有哪些？
3. 比较战略决策与战术决策。
4. 风险型决策有哪些特点？
5. 简述决策的过程。
6. 德尔菲法的特点有哪些？
7. 什么是决策树法？
8. 简述盈亏平衡法的特点。

【案例】

史密斯先生的管理决策

史密斯先生是一名生产和经营蔬菜的企业家。经过几年的努力，他现在已有50 000平方米的蔬菜温室大棚和一座毗邻的办公大楼，并且聘请了一批农业专家顾问。公司的效益一直不错，并且在市场上有很强的竞争力。

追溯公司的历史，史密斯经营蔬菜业务其实是从一个偶然事件开始的。有一天，他在一家杂货店看到一种硬花球花椰菜与花椰菜的杂交品种，他突发奇想，决定自己建立温室培育杂交蔬菜。这种短暂却强烈的灵感促使史密斯先生有了创业的激情。

首先，史密斯先生用从他祖父那里继承下来的一部分钱，雇用了一班专门搞蔬菜杂交品种的农艺专家。这个专家小组负责开发类似于他在杂货店中看到的那些杂交品种蔬菜，并不断向史密斯提出新建议。如建议他开发菠生菜（菠菜与生菜杂交品种），橡子萝卜瓜、橡子南瓜以及萝卜的杂交品种。特别是一种拧檬辣椒，一种略带甜味和拧檬味的辣椒，他们的开发很受顾客欢迎。农艺专家们的建议得到了史密斯先生的认可，同时也使公司得到了快速的发展和壮大。其次，史密斯用水栽法生产传统的蔬菜，销路很好。

随着公司的扩展，生意发展得如此之快，以致他前一个时期，很少有更多的时间考虑公司的长远规划与发展。最近，史密斯先生觉得需要对一些问题着手进行决策，包括职工的职责范围、生活质量、市场与定价策略、公司的形象等。这些问题困扰了他很久，经过多番考虑，最终史密斯先生想到了解决办法。

史密斯先生热衷于使他的员工感到自身工作的价值。他希望通过让每个员工的参与管理来了解公司的现状，调动职工的积极性。他相信：这是维持员工兴趣和激励他们的最好办法。

他决定在本年度12月1日上午9：00召开一次由每一个农艺学家参加的会议，其议程是：

第一，史密斯先生决定在每个周末安排至少一个农艺师在蔬菜种植现场值班，做到能够随叫随到，并为他们配备一台步话机，目的是一旦蔬菜突然脱水或者枯萎，可以找到这些专家处理紧急情况。他要做的决策是：应该由谁来值班？他的责任是什么？

第二，史密斯先生决定确定公司的装潢色调。公司的主色调是绿色的，要做的决策是新地毯、墙纸以及工作服等应该采用什么样的色调。

第三，史密斯先生正在考虑这样的问题：公司有一些独特的产品，还没有竞争对手，而另外一些产品，在市场上竞争十分激烈。要做的决策是对不同的蔬菜产品应当如何定价。

史密斯要求大家务必准时到会，积极参与发表意见，并期望得到最有效的决策结果。

【思考题】

1. 一个决策的有效性应取决于（　　）。

A. 决策的质量高低

B. 是否符合决策的程序

C. 决策的质量与参与决策的人数

D. 以上提法均不全面。

2. 12 月 1 日所召开的会议是必要的吗？（　　）。

A. 很有必要，体现了民主决策

B. 不必要，会议议题与参与者不相匹配

C. 有必要，但开会的时间过晚

D. 对一部分议题是必要的，对另一部分议题是不必要的

3. 公司的装潢问题是否需要进行群体决策？（　　）。

A. 完全需要，因为绿色是企业的标志

B. 需要，但参加决策的人应当更广泛一些

C. 不需要，此项决策可以由颜色与装潢专家决定或者运用民意测验方法征询意见

D. 需要与不需要，只是形式问题，关键在于决策的质量

4. 定价问题是否需要列入史密斯先生 12 月 1 日的决策议事日程？（　　）。

A. 需要，因为它是企业中重大的问题

B. 不需要，因为该项决策的关键是质量问题，而不是让所有的员工参与和接受

C. 在稳定的市场环境下，不需要，在变化的市场环境下，则需要集思广益，群体决策

D. 定价应当由经济学家来解决

5. 试根据本章内容，分析史密斯先生采取的措施是否合理。理由是什么？有没有什么方面需要改进？

第八章　领导

【学习要点】

1. 掌握领导的含义；了解领导的属性和功能；
2. 理解领导与管理的区别与联系；
3. 了解领导特质理论、领导—参与模型、领导—成员交换理论；
4. 掌握菲德勒的权变理论；
5. 了解几种典型领导风格理论；了解领导者类型理论；
6. 了解关于领导艺术的不同观点；
7. 理解沟通的含义、沟通的组成要素。

第一节　领导概述

一、领导的含义

领导是领导者及其领导活动的简称。领导者是组织中那些有影响力的人员，他们可以是组织中拥有合法职位的、对各类管理活动具有决定权的主管人员，也可能是一些没有确定职位的权威人士。领导活动是领导者运用权力或权威对组织成员进行引导或施加影响，以使组织成员自觉地与领导者一道去实现组织目标的过程。领导是管理的基本职能，它贯穿于管理活动的整个过程。

美国前总统杜鲁门曾说过，领导是一种敦促人们做他们最初不愿意做而后来喜欢做某件事的能力。哈罗德·孔茨则认为，领导是一种影响力，即影响人们心甘情愿和满怀热情地为实现群体的目标而努力的艺术或过程。理想的领导情况是，领导者应当鼓励人们不仅要提高工作的自愿程度，而且情愿以满腔热忱和满怀信心工作。热忱是在工作中表现出来的旺盛的热情、诚挚和投入；信心则反映了经验和技术技能。关于领导的含义，管理学界众说纷纭，本书认为领导可以定义为：领导即是对组织成员进行引导和施加影响的过程，其目的在于使组织成员自觉自愿并充满信心地为实现组织目标而努力。

二、领导的属性

领导的属性主要包括自然属性与社会属性两个方面。

（1）领导的自然属性产生于社会整体活动的自然需要，是由人们社会集体实践活动中的客观规律所决定的。其一般标志，就是统一的意志和一定的权力，它是任何社会与时代的领导都必须具有的共同的标志。权力是领导的重要标志，权力和服从是领导关系的永恒属性。

（2）领导不仅具有自然属性，更具有社会属性。人们之间的政治关系与经济关系渗透于领导活动的全过程，并规定着它们的社会性质，即领导的社会属性。

（3）领导的双重属性是指同一领导活动的两个方面，世界上不存在只有单一属性的领导。在领导的双重属性中，社会属性占据着主导地位，决定甚至改变自然属性，使其发生某种形式上的变化。

三、领导的功能

领导的功能是指领导者在领导过程中必须发挥的作用，即领导者在指挥、引导和激励下属为实现组织目标而努力的过程中，要发挥组织、激励和控制作用。

（一）组织功能

组织功能指领导者为实现组织目标，合理地配置组织中的人、财、物，把组织的三要素构成一个有机整体的功能。组织功能是领导的首要功能，没有领导者的组织过程，一个组织中的人、财、物只可能是独立的、分散的要素，难以形成有效的生产力；通过领导者的组织活动，对人、财、物进行合理配置，构成一个有机整体，才能实现组织的目标。

（二）激励功能

激励功能指领导者在领导过程中，通过激励方法调动下级和职工的积极性，使之能积极努力地实现组织目标的功能。实现组织的目标是领导者的根本任务，但完成这个任务不能仅靠领导者一个人去干。他应在组织的基础上，通过激励功能的作用，将全体职工的积极性调动起来，共同努力，“众人拾柴火焰高”，领导的激励功能，形象地说就是要使众人都积极地去“拾柴”。

（三）控制功能

控制功能指在领导过程中，领导者对下级和职工，以及整个组织活动的驾驭和支配的功能。在实现组织的目标过程中，发生偏差是不可避免的。这种偏差的发生可能源自于不可预见的外部因素的影响，也可能源自于内部不合理的组织结构、规章制度、不合格的管理人员的影响。纠正偏差，消除导致偏差的各种因素是领导的基本功能。

四、领导与管理的区别与联系

领导不等于管理，它是管理的一个重要方面。

（一）领导与管理的联系

（1）领导是从管理中分化出来的。就领导活动自身发展的历史而言，决策与执行的分离、领导权与管理权的分离，是领导科学发展进程中的重要变革，这一具有里程碑意义的变革同样证明了领导是从管理中分化而来的。

（2）领导和管理具有相容性和交叉性。领导和管理无论是在社会活动的实践方面，还是在社会科学的理论方面，都具有较强的相容性和交叉性。

（二）领导与管理的区别

（1）领导具有战略性。领导侧重于重大方针的决策和对人、事的统御，强调通过与下属的沟通和激励实现组织目标；管理则侧重于政策的执行，强调下属的服从和组织控制实现组织目标。领导追求组织乃至社会的整体效益；管理则着眼于某项具体效益。

（2）领导具有超脱性。领导重在决策，管理重在执行。工作重点的不同，使领导不需要处理具体、琐碎的具体事务，主要从根本上、宏观上把握组织活动。管理则必须投身于人、事、财、物、信息、时间等具体问题的调控与配置，通过事无巨细的工作实现管理目标。

第二节　领导理论

领导理论是研究怎样实施有效领导，提高管理效能的理论。有效领导是企业取得成功的一个重要条件，因此关于领导理论的研究成为行为科学研究的另一个重要领域。

一、特质理论

特质理论认为有效的领导取决于领导者自身所具有的某些特质，因此这一类理论的研究便围绕着有效的领导者所应具备的特质而展开。这一内容虽然在泰勒、法约尔等人的理论中都曾论及，但作为一门学说而进行专门的研究，是从行为科学开始的。

（一）早期领导性格理论

早期领导性格理论研究者把个人的天赋当做决定领导效能的关键因素，试图从林肯、罗斯福、马丁·路德·金等杰出的领袖人物身上找出领导者的天赋要素，甚至将他们的容貌、身高、体重、体型等也作为决定领导效能的因素来加以考察，这种缺乏科学依据的研究当然不会取得什么成果。

后来，学者们的研究注意力集中到成功的领导者应具备的个性特征方面来，但其结论五花八门，莫衷一是。美国的吉普（Gibb）认为，天才的领导者应具备七种性格特征：善言辞；外表英俊潇洒；智力过人；具有自信心；心理健康；有支配他人的倾向；外向而敏感。美国的斯托格狄尔（R. Stogdill）认为有效的领导者应具有十六种性格特征：有良心；可靠；勇敢；责任心强；有胆略；力求革新与进步；直率；自律；有理想；善处人际关系；风度优雅；乐观；身体健康；智力过人；有组织力；有判断力。

美国的爱德温·E. 吉赛利的研究稍微深入了一步，他研究了有效领导的八种性格特征——才智、主动性、督察能力、自信、与下属的关系、决断能力、性别、成熟程度，和五种激励特征——对工作稳定性的要求、对金钱奖励的要求、权力欲、自我实现的欲望、责任感与成就感。同时指出了上述性格特征对决定管理效能的重要程度不同。吉赛利认为，成功的领导者最重要的性格特征是：督察能力、成就感、才智、自我实现欲望、自信心和决断性，最不重要的特征是性别，其余的则是次重要的因素。

早期的性格理论虽然正确地指出某些领导者应具备的性格特质，但却因其难以摆脱的局限性和不合理性而不可能对管理实践产生积极的指导作用。首先，性格理论把成功的管理完全归结于领导者个人所具备的性格因素，既忽略了被管理者的作用，又忽略了环境和客观条件的影响，而后两个因素在有效的管理过程中恰恰是不容忽视并起着重要作用的。其次，传统性格理论把成功的领导者所具有的性格特征归结为天赋，这不仅使其在理论上陷入唯心主义，而且使其在实践中失去普遍指导意义。再次，性格理论所研究的性格特征多达几十种，甚至上百种，而且还有继续增加的可能。而各种研究的结果往往互相矛盾，对这种个性特征无止境的罗列和不可避免的自相矛盾，恰恰从结果上证明了性格理论研究出发点的错误。

（二）现代领导特质理论

与早期性格理论不同，现代领导特质理论把领导者所应具备的性格品质特征作为有效领导的必要条件而不是决定因素，同时指出这些性格特征不是先天赋予的，而是后天形成的，可以学习、训练和培养，并在领导活动中不断完善。

美国普林斯顿大学教授鲍莫尔（W. J. Banmal）提出的10条件论认为，企业家应具备的10项性格品质特征是：合作精神；决策才能；组织能力；精于授权；善于应变；勇于负责；敢于求新；敢担风险；尊重他人；品德超人。

日本企业界公认的领导者应具备的性格特质是10项品德——使命感、责任感、依赖感、积极性、忠诚老实、进取心、忍耐性、公平、热情、勇气和10项能力——思维决定能力、规划能力、判断能力、创造能力、洞察能力、劝说能力、对人的理解能力、解决问题能力、培养下级能力、调动积极性能力。

二、菲德勒的权变理论

弗雷德·E. 菲德勒（Fred E. Fiedler）是第一个把领导方式与环境因素有机联系起来研究领导效率的心理学家。从1951年开始，经过15年的调查研究，菲德勒提出了他的有效领导权变模式理论。这一理论认为，领导行为的效果如何，不仅取决于领导者采用什么样的领导方式，而且取决于领导者所面临的客观情势。

菲德勒指出，影响领导效果的情势因素有三：一是领导者与被领导者的关系；二是任务结构是否明确；三是领导人所处地位的固有权力以及取得各方面支持的程度。将这三个变数都分好坏两种情况，则可组合成八种领导情势。

菲德勒通过对1 200个团体的调查分析得出结论，在上述三个条件都具备的最有利的情势下和上述的三个条件都不具备的最不利的情势下，采取以任务为中心的指令型领导方式效果较好，而在某些条件不具备的中间状态的环境中，则采取以人为中心的宽容型领导方式效果最佳。

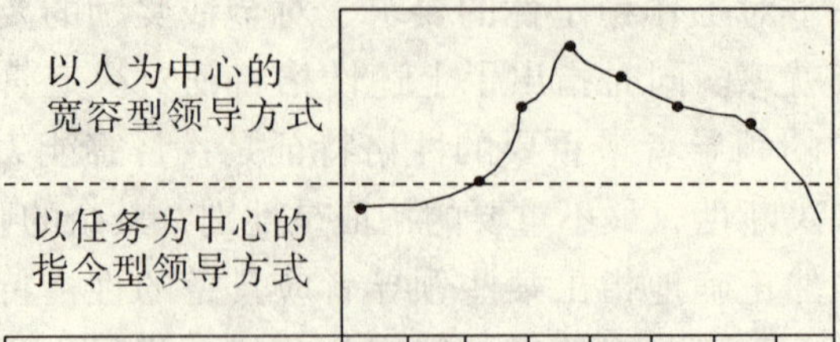

领导与被领导的关系	好	好	好	好	差	差	差	差
任何结构是否明确	明确		不明确		明确		不明确	
领导者的地位权力	强	弱	强	强	强	弱	强	弱

图 8－1　菲德勒有效领导权变模式

根据菲德勒模式，提高领导有效性的途径有两个：一是改变领导方式以适应情势；二是改变情势因素，以适应领导方式。菲德勒指出，有效的领导者应该是具有适应能力的人，能够根据不同的情势采取不同的领导方式。同时，他还提出了改变情势的建议，如通过改组下属人员组合来改善领导与下属的关系；通过加强对工作任务限定使其定型化或减少这种限定使其非定型化来改变任务结构。

三、途径—目标理论

途径—目标理论是由加拿大多伦多大学教授伊凡斯（M. G. Evans）于 1986 年提出的，并由其同事豪斯（R. J. House）作了进一步的补充和发展。这一理论以期望理论和领导四分图理论为基础，指出有效的领导能够帮助下属在达成企业目标的同时，也达成个人目标，包括报酬目标和成就目标，即在完成工作任务的同时，得到满足和激励。

为此，领导者的责任是：为下属指明实现目标的途径，即说明工作的意义、方向、内容、任务等；帮助下属排除实现目标途径上的障碍，即解决工作中遇到的问题；支持下属为实现目标所做的努力；在工作中给下属以多种多样满足需要的机会，使他们感到满意，从而顺利地通过途径实现目标。其中指明途径和排除障碍需要的是以任务为中心的领导方式，即领导四分图中的主动状态；支持下属和使职工获得满足感则要求以人为中心的领导方式，即四分图的高体谅。但这并不等于说有效的领导方式就一定是高主动状态和高体谅的组合。

豪斯通过实验和研究认为，究竟采取什么样的领导方式最为有效，应该考虑环境因素——当工作任务模糊不清，职工无所适从的时候，他们希望有高主动状态的领导，为他们作出明确的规定和安排；而对于例行性的工作或内容已经明确的工作，他们则希望高体谅的领导，使他们的需要得到满足，此时若领导者还在喋喋不休地发布指示，不仅毫无意义，还会使人感到厌烦。

途径—目标理论指出，领导者是使下属获得更好的激励、更高的满足程度和工作成效的关键人物，领导者的效率取决于他能激励下属达成组织目标的能力，和使职工在工作中得到满足的能力。该理论列出了四种可供选择使用的领导方式：指令式——

向下属发布明确的指示；支持式——从各方面关心，支持下级的工作；参与式——决策时征求并采纳下级的意见；成就目标导向式——给下级提出挑战性目标，并相信他们能够达到目标。与费德勒理论不同，途径—目标理论认为，上述领导方式是由同一个领导者在不同情况下采用的方式。

四、领导—成员交换理论

通常，我们一般假定领导者对同一团体内的成员会同样对待，抱有公平的态度。但是实际情形却并非如此。领导者对待同一团体内部的不同下属往往根据其与自己关系的远近亲疏采取不同的态度和行为。有鉴于此，乔治·格雷恩及其同事提出领导—成员交换理论，简称 LMX 理论。

领导—成员交换理论认为，团体中领导者与下属在确立关系和角色的早期，就把下属分出“圈里人”和“圈外人”。对于同一个领导者而言，属于“圈里人”的下属与领导打交道时，比“圈外人”有更少的困难，能够感觉到领导者对他们更负责。同样，领导者更倾向于对“圈里人”比“圈外人”投入更多的时间、感情以及更少的正式领导权威。同时，有研究报告指出，在工作中，“圈里人”比“圈外人”承担更大的工作责任，对于其所在的部门贡献更多，绩效评估也更高。

格雷恩及其同事强调 LMX 的推进分为四个阶段：①区分领导—下属的二元探索；②对 LMX 关系中的特征及其组织含义/结果的调查；③对二元合作关系构建的描述；④在团体和社会网络水平上区别二元关系的集合。其中第四步也包括了组织内部的网络以及与客户、供货商、股东等外部的关系。

领导—成员交换理论认为，这种交换过程是一个互惠的过程。从社会认知的角度来说，领导者们为了达成绩效目标和因应更持久的变化，应该着手改变下属的自我观念。同时，作为互惠的另一部分，下属通过他们的反映也在改变领导者的自我形象。领导者和下属两者都作为个体，通过团体进行反馈。

五、领导—参与模型

领导—参与模型是由美国心理学家弗罗姆（V. H. Vroom）和耶顿（P. W. Yetton）于 1973 年提出的。这一理论的基本观点是，有效的领导应该根据不同情势，让职工不同程度地参与决策。

领导—参与模式提出了五种可供选择的领导方式：（Ⅰ）领导运用手中现有的情报进行决策；（Ⅱ）由下级提供情报，领导决策；（Ⅲ）个别征求下属意见后，领导作出决策；（Ⅳ）正式征求全体下属的意见和建议，然后作出决策；（Ⅴ）将问题正式通告下属，并与下属共同讨论作出决策。

领导—参与模式还列出了决策过程中可能遇到的 7 个情势因素：A. 是否存在能使某一解决办法更合理的质量要求？B. 我有足够资料作出高质量的决策吗？C. 问题是否明确？D. 下属对解决办法接受与否对有效地贯彻执行有重大关系吗？E. 如果你自己作决策，下属肯定会接受吗？F. 下属知道这种解决办法要达到的组织目标吗？G 在选用方案中，下属间可能发生冲突吗？领导—参与模式认为，采取何种领导方式，取决于这7种情势因素的不同组合。模型中将7个因素组合成17种不同的情况，如表8-1所示：

表8-1　　弗罗姆和耶顿的领导—参与模型

领导方式 / 情势问题	I				II		III		IV					V			
G							否	否			是	是					
F							否	否			否	否	否		是	是	是
E		是		是		是	否	否		是	否	否	否	否	否	否	否
D	否	是	否	是	否	是	是	是	是	否	是	是	是	是	是	是	是
C					是	是		是	否	否		是	否			是	否
B			是	是	否	否	是	否	否	否	是	否	否		是	否	否
A	否	否	是	是	是	是	是	是	是	是	是	是	是	否	是	是	是
对七个问题自A到G进行回答以获得最合适的领导方式	1	2	3	4	5	6	7	8	9	10	11	12	13	14	15	16	17
	与是/否相应的情况是对七个关键问题的反应																

这一理论与费德勒模式的不同之处在于：费德勒把领导人的品格特点看成是固定不变的，由此决定的领导行为也很难改变，因而主张通过调整情势因素以适应领导方式的特点。而弗罗姆—耶顿模型则认为情势因素是客观存在的，领导行为应根据情势的需要而随时变化。

第三节　领导的风格与类型

一、领导风格

（一）勒温的民主与专制模式

勒温根据群体动力学的理念，从事群体领袖领导风格类型与群体作业绩效关系的研究，提出了领导风格类型理论。他以类似童子军群体作业的方式进行研究，将被试者分为条件大致相似的三组，各组作业活动相同，将各组领袖的领导风格分为三种类型：

1. 独裁型领导（Authoritarian Leadership）

群体的一切活动完全由领袖个人决定，群体中所有成员只能依令行事，不容许有任何异议。

2. 民主型领导（Democratic Leadership）

群体的一切活动，由领袖和群体成员共同讨论而后决定。在讨论过程中，领袖以群体成员之一身份参与，鼓励大家发表意见，力求达到集思广益的目的。

3. 放任型领导（Laissez-faire Leadership）

对群体作业进行方式，领袖不闻不问，完全由群体成员凭其所好各行其是。

结果发现，在民主型领导之下，群体成员相处融洽，而且工作绩效最高；在独裁型领导之下，群体成员之间有攻击性行为产生；在放任型领导之下，群体工作绩效最差。

勒温能够注意到领导者的风格对组织氛围和工作绩效的影响，区分出领导者的不同风格和特性并以实验的方式加以验证，这对实际管理工作和有关研究非常有意义。许多后续的理论都是从勒温的理论发展而来的。

勒温的理论也存在一定的局限。这一理论仅仅注重了领导者本身的风格，没有充分考虑到领导者实际所处的情境因素，因为领导者的行为是否有效不仅仅取决于其自身的领导风格，还受到被领导者和周边的环境因素的影响。

（二）俄亥俄模式

俄亥俄模式是美国俄亥俄州大学研究小组在大量调查研究的基础上，于1954年提出的一种新的领导方式理论。他们在研究过程中，将一千多种描述领导行为的因素最终归结为对人的关心——体谅和对组织效率的关心——主动状态两大类。领导的体谅行为主要表现为尊重下属意见，重视下属的感情和需要，强调建立互相信任的气氛。领导的主动状态行为主要表现为重视组织设计，明确职责关系，确定工作目标和任务。这两类行为的不同组合，就构成了四种不同的领导方式，如图8－2所示：

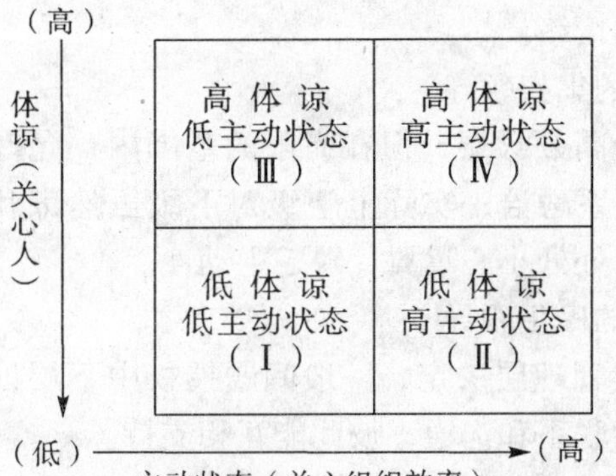

图8－2　俄亥俄州大学的领导四分图

（Ⅰ）型领导既不关心人，又不重视组织效率，是最无能的领导方式。（Ⅱ）型领导对组织的效率、工作任务和目标的完成非常重视，但忽视人的情绪和需要，是以工作任务为中心的领导方式。（Ⅲ）型领导对人十分关切，对组织效率却漠不关心，是以人为中心的领导方式。（Ⅳ）型领导把对人的关心和对组织效率的关心放在同等重要的地位，既能保证任务的完成，又能充分满足人的需要，是最为理想的领导方式。

俄亥俄州大学研究小组的研究结果表明，不同的领导方式对工作效率和职工情绪有直接影响。在研究中，他们把不同管理者在体谅和主动状态两个项目中的得分与其管理效率进行对比，发现生产部门的效率与主动状态成正比，与体谅成反比。在非生产部门情况恰好相反，这与我们前面介绍的莫尔斯与洛希的试验结果一致。同时，他们还发现，无论在生产部门还是非生产部门，高主动状态低体谅的领导方式都会造成职工的不满情绪和对立情绪，从而无故旷工、事故、职工转厂的现象也较严重，因此从长远的观点来看，这并非是种有效的领导方式，这一结果再次证实行为科学对以泰勒制为代表的科学管理理论的责难。

（三）密西根模式

美国密西根大学社会研究所的利克特（R. Likert）以数百个组织机构为对象，经过多年的研究，他们把领导者分为两种基本类型，即以工作为中心的领导以及以员工为中心的领导。前者的特点是：认为分配结构化，依照详尽的规定行事。而后者的特点是：重视人员行为，利用群体实现目标，给予组织成员较大的自由选择的范围。

利克特在1961年出版的《管理的新模式》一书中，提出了他的管理模式理论。利克特把领导方式归纳为四种基本模式。

表8-2　利克特的管理模式种类

模式一	模式二	模式三	模式四
专制式的集权领导	温和式的集权领导	协商式的民主领导	参与式的民主领导

1. 模式一：专制式的集权领导

权力高度集中，下属无任何发言权，上级只对下级发号施令，从无交流与沟通，相互间存在着互不信任的情绪。

2. 模式二：温和式的集权领导

权力仍集中在企业最高领导层，但在有限的范围内，允许下级发表意见并作出决定。上下级之间表面上关系融洽，实际上上级对下级虽然谦和，却并不真正信任，下级对上级仍有畏惧心理，处处小心翼翼，缺乏主动性。

3. 模式三：协商式的民主领导

重要问题由企业高级管理层决定，一般问题授权中下层处理，上级对下级有信任感，上下级之间有较多的联系和沟通，彼此能互相支持。

4. 模式四：参与式的民主领导

采取分权式管理，由企业中下层人员直接参与决策，上下级之间有良好的双向沟通，相互信任并保持友谊，齐心协力完成组织目标。

利克特对数百个组织机构的研究结果表明，高成就的领导大都是模式四的领导方式，模式三次之，而模式一的领导效果最差。

（四）管理方格图

美国得克萨斯州的布莱克（R. R. Blake）和穆顿（J. S. Mouton）在领导四分图的基础上做了进一步的研究，于1964年出版的《管理方格》一书中提出了管理方格理论，并在1978年再版的《新管理方格》一书中，对这一理论作了进一步的补充和完善。布莱克和穆顿把领导行为归结为对人的关心和对生产的关心两类，二者在不同程度上互相结合便形成了多种不同的领导方式。他们以横轴表示对生产的关心，以纵轴表示对人的关心，每根轴分成9格，这样构成的81个方格便代表了对人和生产关心程度不同的81种领导方式，这就是管理方格图。

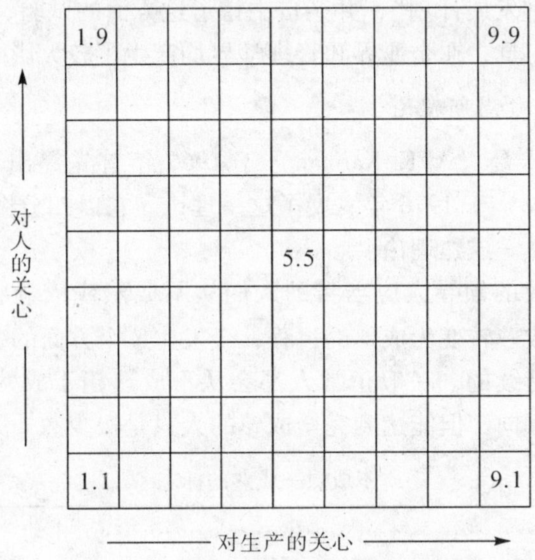

图8－3　布莱克和穆顿的管理方格图

布莱克和穆顿具体分析了其中五种最为典型的领导方式：

1. “1.1”贫乏型

这类领导对生产和人都极不关心，只是为了保持现有地位，而以最小的努力去做必须做的事。显然这是极不称职的领导者。

2. “9.1”任务型

这类领导对生产极为关心，对人却极不关心，他们把全部精力集中在取得最高的产量上，极为排斥人的因素对工作效率的影响，用强制性的权力来控制其下属。这种领导方式在短时期内可能取得较高的生产率，但是长此以往，它的副作用会使生产率下降。

3. “1.9”乡村俱乐部型

这类领导极为重视人的因素，却完全忽视了生产因素，放在首位的是增进同事和下级对自己的良好感情，并不考虑这样做是否有益于工作任务的完成和生产效率的提高。这种领导方式下的生产效率无论在长期还是短期都不可能高。

4. “5.5”中间型

这类领导对生产和人都有中等程度的关心，既希望有说得过去的生产效率，又希望维持较好的人际关系，为此他们善于折中，回避风险，不愿创新，满足于维持现状。这种领导方式虽非上策，却为相当数量的管理者所奉行。

5. “9.9”协作型

这类领导对人和对生产都极为关注，重视目标，并力求通过大家参与、承担义务和解决矛盾，在目标一致，相互依存，相互信任和尊敬的基础上，取得高产量、高质量的成果。这种领导方式无疑是最为有效的方式。

布莱克和穆顿不仅对以上五种典型的领导方式做了详细的分析和评价，而且设计了一套能使企业管理者测试自己的领导方式属于哪一种类型的问卷和培养其成为9.9型领导的“六阶段管理发展计划”，并亲自主持了这方面的试验，使得这一理论成为培养有效管理者的有用工具，在企业界和管理学界均产生了较大影响。

（五）领导者的生命周期理论

生命周期理论由卡曼（A. K. Karman）于1966年首先提出，后来赫塞（Hersey）与布兰查德（Blanchard）于1976年发展了这一理论。它以四分图理论为基础，同时吸取了阿吉里斯的不成熟—成熟理论。

阿吉里斯主张有效的领导人应当帮助人们从不成熟或依赖状态转变到成熟状态。他认为，一个人由不成熟转变为成熟的过程，会发生7个方面的变化，如图8-4所示。他认为，这些变化是持续的，一般正常人都会从不成熟趋于成熟。每个人随着年龄的增长，有日益成熟的倾向，但能达到完全成熟的人只是极少数。

不成熟—成熟的标志

1. 被动 ………………………………………… 主动
2. 依赖 ………………………………………… 独立
3. 有限的行为 …………………………………… 多样的行为
4. 肤浅的工作兴趣 ……………………………… 浓厚的工作兴趣
5. 目光短浅 ……………………………………… 目光长远
6. 附属地位 ……………………………………… 优越的地位
7. 缺乏自知之明 ………………………………… 自我意识强

不成熟 ————————————————→ 成熟

图8-4 阿吉里斯的不成熟与成熟对比图

同时，他还发现，领导方式不好会影响人的成熟。在传统领导方式中，把成年人当成小孩对待，束缚了他们对环境的控制能力。工人被指定从事具体的、过分简单的和重复的劳动，完全是被动的，依赖性很大，主动性不能发挥，这样就阻碍了人们的成熟。以此为基础，生命周期理论提出，领导类型应当适应组织成员的成熟度。在被领导者趋于成熟时，领导者的行为方式要作相应的调整，这样才能取得较好的领导效果。

赫塞和布兰查德将工作取向和关系取向两个维度相结合，得出四种领导风格，见表8-3所示。

（1）指导式（高工作—低关系）：领导规定工作任务、角色职责，指示员工做什么、如何做。

（2）推销式（高工作—高关系）：领导不仅表现出指导行为，而且富于支持行为。

（3）参与式（低工作—高关系）：领导与下属共同决策，领导提供便利条件并进行沟通。

（4）授权式（低工作—低关系）：领导提供较少的指导或支持，让下级自主决定。

表 8－3　与被领导者的成熟度相适应的领导风格

成熟度	建议的风格
能力低；意愿低	指导式
能力低；意愿高	推销式
能力高；意愿低	参与式
能力高；意愿高	授权式

生命周期理论与其他理论的不同之处在于：它强调被领导者的重要性，指出对于不同成熟度的员工，应采取不同形式的领导方式，以求得最佳绩效。但生命周期理论并未得到理论界的重视，也缺乏足够的研究证据的支持。

二、领导类型

（一）交易型领导理论

交易型领导（Transactional Leadership）是赫兰德（Hollander）于 1978 年提出的领导理论。赫兰德认为领导行为发生在特定情境之下时，领导者和被领导者相互满足的交易过程，即领导者通过明确的任务及角色的需求引导与激励部属完成组织目标。

1. 交易型领导的特征

交易型领导的特征是强调交换，在领导者与部下之间存在着一种契约式的交易。在交换中，领导给部下提供报酬、实物奖励、晋升机会、荣誉等，以满足部下的需要与愿望；而部下则以服从领导的命令、指挥，完成其所交的任务作为回报。

交易型领导的突出特点在于，它十分强调绩效。通过明确地规定角色分工和任务分配，交易型领导可以带领或动员下属实现既定目标。此种领导方式的关键因素包括控制、评估、调度、结果等。对可预测的、可持续的结果的追求，是所有交易型领导的内生动力。

在一个交易型领导主持的企业组织中，我们将会看到如下的特征：

（1）明确的界限。在角色和功能、技术流程、控制幅度、决策权以及影响力范围等方面都有清晰划分的界限，所有的因素及其相互作用都被置于管理和控制之下，以达到预期的商业结果。

（2）井然的秩序。对交易型领导来说，任何事情都有时间上的要求、地点上的规定以及流程上的实用意义。通过维系一个高度有序的体制，交易型领导得以长时间、系统地获得比较一致的结果。

（3）规则的信守。交易型领导十分注重规则，对业务经营的每一层面都设定了具体的操作标准与方式，任何背离程序、方法和流程的行为都被视为问题，要加以解决和清除。也就是说，工作结果必须是可预测的，不允许意外发生。

（4）执著的控制。交易型领导厌恶混乱的和不可控的环境，他们力图使企业有序运转。所以，他们的领导方式往往是强制型的，企业内部通常缺乏“湿润感”。

2. 交易型领导的弊端

在企业的管理实践中，大多数管理者都会不同程度地存在交易型的领导行为，因为这样能够有效地提高工作绩效。不过，就像谚语所说的："如果你的工具箱里只有锤子，就会把每一个问题都看成钉子。"一个企业领导不应该主要依靠或是只依靠交易型领导来影响他人。至少这会导致以下的一些弊端：

（1）交易型领导可能成为谋取个人私利的操纵工具。

①它可能过度强调"底线"，因而成为一种短期行为，只顾追求效率和利润的最大化而忽视一些更为长远的东西；

②它还可能令下属在强大的压力和过分的奖惩之下，堕入不道德和非理性的误区；

③最为致命的是，交易型领导看重"一物换一物"，欣赏"你为我干活，我为你办事"。他们只懂得用有形、无形的条件与下属交换而取得较好的领导效果，不能够赋予员工工作上的意义，从而无法调动员工的积极性和开发员工的创造性。

（2）如果交易型领导被领导者当做主要的路径，那么，可以肯定的是，企业的内部环境中将充斥企业政治、特殊待遇、邀功争宠、尔虞我诈。

（二）变革型领导理论

变革型领导作为一种重要的领导理论是从政治社会学家伯恩斯的经典著作 *Leadership* 开始的。在他的著作中，伯恩斯将领导者描述为能够激发追随者的积极性从而更好地实现领导者和追随者目标的个体，进而将变革型领导定义为领导者通过让员工意识到所承担任务的重要意义和责任，激发下属的高层次需要或扩展下属的需要和愿望，使下属为团队、组织和更大的政治利益超越个人利益。

1. 变革型领导理论的基本内容

巴斯等人最初将变革型领导划分为六个维度，后来又归纳为三个关键性因素。阿维里奥（Avolio）在其基础上将变革型领导行为的方式概括为四个方面：理想化影响力（Idealized Influence）、鼓舞性激励（Inspirational Motivation）、智力激发（Intellectual Stimulation）、个性化关怀（Individualized Consideration）。具备这些因素的领导者通常具有强烈的价值观和理想，他们能成功地激励员工超越个人利益，为了团队的伟大目标而相互合作、共同奋斗。

（1）理想化影响力：理想化影响力是指能使他人产生信任、崇拜和跟随的一些行为。它包括领导者成为下属行为的典范，得到下属的认同、尊重和信任。这些领导者一般具有公认较高的伦理道德标准和很强的个人魅力，深受下属的爱戴和信任。大家认同和支持他所倡导的愿景规划，并对其成就一番事业寄予厚望。

（2）鼓舞性激励：领导者向下属表达对他们的高期望值，激励他们加入团队，并成为团队中共享梦想的一分子。在实践中，领导者往往运用团队精神和情感诉求来凝聚下属的努力以实现团队目标。从而使所获得的工作绩效远高于员工为自我利益奋斗时所产生的绩效。

（3）智力激发：是指鼓励下属创新，挑战自我，包括向下属灌输新观念，启发下属发表新见解和鼓励下属用新手段、新方法解决工作中遇到的问题。通过智力激发领导者可以使下属在意识、信念以及价值观的形成上产生激发作用并使之发生变化。

（4）个性化关怀：个性化关怀是指关心每一个下属，重视个人需要、能力和愿望，耐心细致地倾听，并根据每一个下属的不同情况和需要区别性地培养和指导每一个下属。这时变革型领导者就像教练和顾问，帮助员工在应付挑战的过程中成长。

2. 对变革型领导的评价

从变革型领导的定义可以看出，这种领导理论之所以成为目前领导学研究的热点，在于它迎合了时代发展的需求。自从马斯洛提出他的需要层次理论以后，该理论对整个社会的许多领域都产生了深远的影响，大家更看重每个个体的高层次需要和自我实现，更能看到人作为社会人而存在，那种把人当做动物人或经济人的看法已经很不合时宜。

变革型领导理论非常重视员工自身的价值实现，把他们当做能动的人看待，鼓励他们自我实现，相信他们有无限的潜能。我们应该能够看到，在目前的一些知识型的企业里，员工的文化素质都比较高，如果领导者把他们当做机械的人看待，通常以命令的方式领导他们，效果一定不会好，所以说，变革型领导在这种经济比较发达的社会环境下，在人口文化素质比较高的情形下，是很有它诞生的意义和应用价值的。

变革型领导还有一个很好的理念，在于它对领导者本身的内涵的理解。领导者的影响力包括职权影响力和个性影响力。我们都知道职权影响力不能产生持久的影响作用，也不能对人的心灵产生深远影响，而个性影响力恰能弥补这个不足。变革型领导就是这样一种把二者结合起来并对个性影响力更倚重的理论，它强调领导对下属的模范作用。首先领导者应注意自身的操行，勇于承担责任和风险，给下属起好模范带头作用，在不确定的环境里有效地指引下属团结一心共渡难关。同时又以员工的需求为中心，充分了解下属的个性化需求，向下属提供富有挑战性的工作和智力激励，通过这些过程，领导者和下属的需求统一到团队的目标里，领导者和下级的目标合二为一，团队上下群策群力，为实现共同的目标而奋斗。

变革型领导理论关注人的发展，这是个巨大的进步，在现代社会被广泛地学习和应用，但同时它还不是一个非常成熟、系统的理论，这就需要我们在理论研究和实践应用中去发展它。这个领导理论已经在招聘、甄选、晋升以及培训与发展中发挥了一些作用，同时它也可适用于改善团队发展、制定决策、质量创新和机构重组等，今后很长一段时间它都将在领导学领域起着举足轻重的作用。

（三）魅力型领导理论

罗伯特·豪斯在伯恩斯变革型领导理论的基础上提出了魅力型领导理论。魅力型领导理论是指具有自信并且信任下属，对下属有高度的期望，有理想和愿景。魅力型领导者的追随者认同他们的领导者及其任务，表现出对领导者的高度忠诚和信心，效法其价值观和行为，并且从自身与领导者的关系中获得自尊。

由于魅力型领导者对其追随者产生影响，因而魅力型领导者将促使追随者产生高于期望的绩效以及强烈的归属感。最新研究表明，当追随者显示出高水平的自我意识和自我管理时，魅力型领导的效果将会得到进一步的强化。

同其他领导理论一样，魅力型领导理论也需要进一步的研究。提升魅力型领导的情境既包括面临剧烈变革的组织环境，也包括对现状非常不满的追随者。也就是说对于魅力型领导的研究除了研究领导者自身的特质外，还必须考虑到领导者所处的情境，以及工作任务的性质。除此之外，魅力型领导者并不一定是一个正面的英雄，也有与其相联系的非道德特征（见表8-4）。巴斯提出魅力型领导只是更广泛的变革型领导的一个成分。

表8-4　　道德特征与非道德特征对比表

道德特征	非道德特征
使用权力为他人服务	为个人利益使用权力
使追随者的需要和志向与愿景相结合	提升自己的个人愿景
从危机中思考和学习	指责或批评相反的观点
激励下属独立思考	要求无条件接受自己的决定
双向沟通	单向沟通
培训、发展并且支持下属，与他人分享	对追随者的需要感觉迟钝
用内在的道德标准满足组织和社会的兴趣	用外部的道德标准满足自我兴趣

第四节　领导的艺术

一、领导艺术的含义

领导艺术是指在领导的方式方法上表现出的创造性和有效性。一方面是创造，是真善美在领导活动中的自由创造性。“真”是把握规律，在规律中创造升华，升华到艺术境界；“善”就是要符合政治理念；“美”是指领导使人愉悦、舒畅。另一方面是有效性，领导实践活动是检验领导艺术的唯一标准。戈尔巴乔夫领导苏联解体不能说是成功的领导，霸王别姬也不能说是成功的领导艺术。

领导艺术是领导者个人素质的综合反映，是因人而异的。黑格尔说过，世界上没有完全相同的两片叶子，同样也没有完全相同的两个人，没有完全相同的领导者和领导模式。有多少个领导者就有多少种领导模式。

二、关于领导艺术的不同观点

1. 毛泽东关于领导艺术的观点

毛泽东是一名优秀的领导者，他有着丰富的有关领导的理论和实践经验，在《党委会的工作方法》一文中，他总结了作为优秀领导的 12 条工作方法。这本身就是对领导艺术的高度概括。这 12 条工作方法是：①党委书记要善于当“班长”；②要把问题摆到桌面上来；③“互通情报”，即党委各委员之间要把彼此知道的情况互相通知，互相交流；④不懂的和不了解的东西要问下级，不要轻易表示赞成或反对；⑤学会“弹钢琴”，即党委的工作要有节奏，要互相配合；⑥要“抓紧”，党委对主要工作不但要

“抓”，而且要“抓紧”；⑦要胸中有“数”，对情况和问题一定要进行基本的分析；⑧“安民告示”，即开会要事先通知，像出安民告示一样，让大家知道要讨论什么问题，解决什么问题，并且早作准备；⑨“精兵简政”，讲话、演讲、写文章和写决议案，都应当简明扼要，会议也不要开得太长；⑩注意团结那些意见和自己不一致的人一道工作；⑪力戒骄躁，这对领导者是个原则问题，也是保持团结的一个重要条件；⑫划清两种界限，就是划清革命与反革命、成绩与缺点的界限。

2. 德鲁克关于领导艺术的观点

德鲁克通过研究和观察，提出了管理有效所需的条件，认为要成为有效的管理者必须养成五种习惯：

（1）正确地统筹时间。领导者应该知道把时间用在什么地方。领导者应该清楚，随自己支配的时间是很有限的，必须要利用这点有限时间进行系统的工作。

（2）把力量用在获取成果上，而不是工作本身。有效的管理者要注重外部作用，把力量用在获取成果上，而不是工作本身。开始一项工作的时候，首先想到的问题是人们要求我取得什么成果，而不是像现实生活中的许多管理者那样，从要做的工作开始着手。

（3）工作建立在优势上。有效的管理者把工作建立在优势上，包括自己的优势，上级、同事和下级的优势，以及形势的优势，也就是建立在能做什么的基础上，而不把工作建立在弱点上。

（4）把精力集中于少数主要领域。有效的管理者把精力集中于少数主要领域。这些领域里，优异的工作将产生杰出的成果。给自己定出优先考虑的重点，并坚持重点优先的原则。

（5）做有效的决策。有效的管理者做有效的决策。领导者应该知道，有效的决策常常是根据“不一致的意见”作出的判断，而不是建立在统一的看法基础上的。

3. 科维关于领导艺术的观点

1989 年，史蒂芬·科维出版了《高效能人士的七个习惯》一书。虽然各种管理理论层出不穷，但这本书还是引起了很大的反响。史蒂芬·科维用简单的语言讲述了一些大家现在都已熟知的理论——这些理论是如此重要，以至于现在许多人都觉得这一切理所当然。

史蒂芬·科维认为，观念是态度与行为的根本，观念决定行为，行为形成习惯，而习惯左右着我们的成败，成功其实是习惯使然。在《高效能人士的七个习惯》这本书里，史蒂芬·科维倡导的七个习惯分别是：积极主动、以终为始、要事第一、双赢思维、知己知彼、集思广益和自我更新。

（1）积极主动。高效能的人士为自己的行为及一生所作的选择负责，自主选择应对外界环境的态度和方法；他们致力于实现有能力控制的事情，而不是被动地忧虑那些没法控制或难以控制的事情；他们通过努力提升效能，从而扩展自身的关注范围和影响范围，积极的心态能让你拥有“选择的自由”。

（2）以终为始。高效能的人懂得设计自己的未来。他们认真地计划自己要成为什么人，想做些什么，要拥有什么，并且清晰明确地写出，以此作为决策指导。因此，

“以终为始”是实现自我领导的原则，这将确保自己的行为与目标保持一致，并不受其他人或外界环境的影响。确立目标后全力以赴，就是我们所说的在正确的时间做正确的事，并把事情做对。

（3）要事第一。每个人的时间都是有限的，所以要做重要的事，即你觉得有价值并对你的生命价值、最高目标具有贡献的事情；要少做紧急的事，也就是你或别人认为需要立刻解决的事。有效能的人只会有少量非常重要且需立即处理的紧急、危机事件，他们将工作焦点放在重要但不紧急的事情上，来保持效益与效率的平衡。

（4）双赢思维。一个高效能的人，把生活看作一个合作的舞台，而不是角斗场，他们在人际交往中不断寻求互利，以达成双方都满意并致力于合作的协议计划。他们忠于自己的感受、价值观和承诺；有勇气表达自己的想法及感觉，能以豁达体谅的心态看待他人的想法及体验；相信世界有足够的发展资源和空间，人人都能共享。

（5）知己知彼。在人际沟通中，“了解他人”与“表达自我”都是不可缺少的要素。首先要了解对方，然后争取让对方了解自己，才是进行有效人际交往的关键，要改变匆匆忙忙去建议或解决问题的倾向。当我们的修养到了能把握自己、保持心态平和、能抵御外界干扰和博采众家之言时，我们的人际关系也就上了一个台阶。

（6）集思广益。集思广益的合作威力无比，许多自然现象显示：全体大于部分的总和。不同植物生长在一起，根部会相互缠绕，土质会因此改善，植物比单独生长更为茂盛。只有当人人都敞开胸怀，以接纳的心态尊重差异时，才能众志成城。

（7）不断更新。过身心平衡的生活，有规律地锻炼身心将使我们能接受更大的挑战，静思内省将使人的直觉变得越来越敏感。

2004年，斯蒂芬·科维又出版了《高效能人士的第八个习惯》一书。他认为，高效对个人及组织而言已不再是一种可有可无的选择，它已成为我们在当今社会继续生存下去的必要前提。在这个被科维称为全新的知识时代里，我们必须在取得高效能的基础上进一步地提高自己，这样才能够不断发展，持续创新并且做这个时代的领路人。“如何找到自己的心声并且激励他人找到属于他们自己的心声”，这就是史蒂芬·科维所谓的“第八个习惯”。

三、领导艺术的定位

领导艺术是管理者在管理过程中对各种存在的问题进行处理所必须总结的一种特殊方式。任何领导行为都是在一定的领导思想支配下产生的，而领导艺术作为一种创造性的领导行为，其实践不是一种简单的实践，而是一种创造性实践。所以，领导艺术的产生，不仅基于一定的领导思想和对领导理论的基本认识，更包含着对领导思想、领导理论、领导过程以及领导对象的再认识；在此基础上的实践，也不是以往领导经验的简单重复，而是一种创新行为。这一特征使得领导艺术这种领导实践的内涵更为丰富，行为更具魅力。同时，由于领导艺术的这种扩大再认识、再实践的性质，又使领导艺术成为新思想、新经验的丰富源泉。

认识领导艺术的重要性，必须分清以下两种关系：

首先，分清领导艺术与领导理论的关系。我们所说的领导理论，是指对领导思想与领导行为的系统的理性认识。领导理论是一种认识，领导艺术是一种实践，所以，领导艺术与领导理论的最基本关系就是认识与实践的辩证关系。领导理论是一种理性认识的归纳和概括，也是系统化、科学化的知识，所以我们又称之为领导科学。然而，由于领导理论作为一种管理理论，包含着较多经验的成分，并且这种理论的科学性也必须经过实践的不断检验，所以，把领导行为作为一种科学来研究，所得到的结果称为领导理论比称为领导科学更为科学。

领导艺术则体现了领导者的创造力，是在经验基础上的创造力的总结。但领导艺术的产生脱离不了领导理论，领导行为、领导艺术必须依据一定的领导思想、领导理论的指导。况且，领导理论作为领导者实践经验的结晶，它体系严谨、知识规范，具有一般的普遍性和相对的稳定性，是领导者学习和实践的宝贵财富。

领导理论是领导艺术依据的一般原则，领导艺术是领导理论的灵活运用。没有灵活性的领导理论，就会成成僵化的教条；没有原则性的领导艺术，就会成为随心所欲的行为。领导艺术应当是科学原则和艺术的完美结合。领导理论是造就领导艺术的必要前提。

其次，要分清领导艺术与领导经验的关系。管理者经验的总结，需要经过不断的实践、不断的积累。一个人可以在没有领导经验的情况下实施领导行为，但不可能在没有经验的情况下达到领导行为的艺术境界。这是因为，必要的经验的积累是产生领导艺术的基础，只有具备经验的积累，才能使经验得到提炼，才能使认识得到升华，才能产生领导的艺术。虽然领导经验与领导艺术都是领导实践的反映和结果。但是与经验的一般性相比，领导艺术更具有它的特殊性，这种特殊性就是领导艺术的创造性。领导艺术并不是因为我们说它是艺术就成为领导艺术，而是因为客观上实现了领导经验的升华，创造了领导的新经验。这两者的层次是迥然不同的。

综上所述，领导理论是领导艺术的前提，领导经验是领导艺术的基础。领导艺术产生于领导实践，超越于领导经验，升华为领导理论。

第五节 领导者的沟通

一、沟通的含义和类型

（一）沟通的含义

1. 沟通的定义

沟通在管理中发挥着重要的作用。沟通就是信息的交流，是信息由发出者到达接收者并为接收者所理解的过程。沟通既是社会心理学、行为科学及管理心理学的研究课题，也是现代管理学研究的内容。美国主管人员训练协会把沟通解释为：它是人们进行的思想或情况交流，以此取得彼此的了解、信任及良好的人际关系。纽曼和萨默则把沟通定义为：在两个或更多的人之间进行的在事实、思想、意见和情感等方面的交流。此外，沟通还被定义为用语言、书信、信号、电信进行的交往，是在组织成员之间取得共同的理解和认识的一种方法。

本书认为，沟通是人与人之间、人与群体之间进行思想与感情的传递和反馈，以求思想一致和感情通畅的过程。

2. 沟通的组成要素

人与人的沟通过程包括输出者、接受者、信息、渠道、噪声五个主要因素。这些要素共同作用的沟通过程如图 8－5 所示：

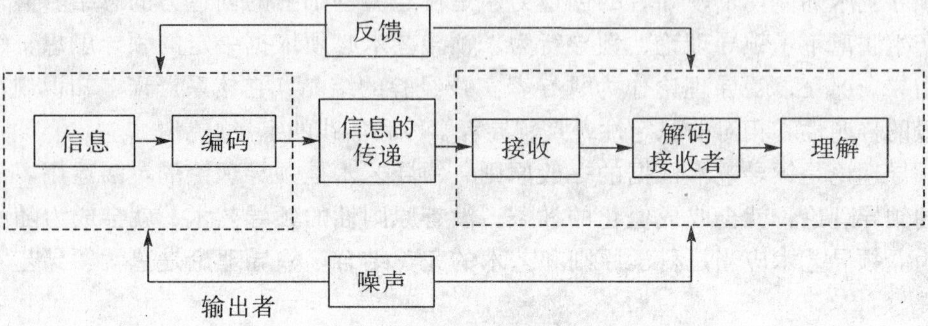

图 8－5　沟通过程示意图

（1）输出者。信息的输出者就是信息的来源，他必须充分了解接收者的情况，以选择合适的沟通渠道便于接收者的理解。要顺利地完成信息的输出，必须对编码（Encoding）和解码（Decoding）两个概念有一个基本的了解。编码是指将想法、认识及感觉转化成信息的过程。解码是指信息的接收者将信息转换为自己的想法或感觉。

（2）接收者。接收者是指获得信息的人。接收者必须从事信息解码的工作，即将信息转化为他所能了解的想法和感受。这一过程要受到接收者的经验、知识、才能、个人素质以及对信息输出者的期望等因素的影响。

（3）信息。信息是指在沟通过程中传给接收者（包括口语和非口语）的消息，同样的信息，输出者和接收者可能有着不同的理解，这可能是输出者和接收者的差异造成的，也可能是由于输出者传送了过多的不必要信息。

（4）沟通渠道。企业组织的沟通渠道是信息得以传送的载体，可分为正式或非正式的沟通渠道、向下沟通渠道、向上沟通渠道、水平沟通渠道。

（5）噪声。人们之间的信息沟通经常受到“噪声”的干扰。无论是在输出者方面，还是在接受者方面，噪声就是指妨碍信息沟通的任何因素。例如：传递过程中的各种外界干扰；价值观不同导致无法理解对方的真正意思等。

3. 沟通的意义

沟通是人类组织的基本特征和活动之一。没有沟通，就不可能形成组织和人类社会。家庭、企业、国家，都是十分典型的人类组织形态。沟通是维系组织存在，保持和加强组织纽带，创造和维护组织文化，提高组织效率、效益，支持、促进组织不断进步发展的主要途径。

有效的沟通让我们高效率地把一件事情办好，让我们享受更美好的生活，善于沟通的人懂得如何维持和改善相互关系，更好地展示自我需要、发现他人需要，最终赢得更好的人际关系和成功的事业。有效沟通的意义主要体现在：

（1）为科学决策奠定基础。组织内外存在着大量模糊、不确定的信息，沟通可以澄清事实、交流思想、倾诉情感，从而降低信息的模糊性，为科学决策奠定基础。如企业管理中问题的提出、各种解决方案的比较都需要组织内外大量的信息。

（2）为组织创造和谐的氛围。一个组织是否吸引人，组织的员工在企业是否乐得其所、甘愿为之奋斗，并不仅仅在于有一个诱人的愿景，还在于这个企业组织内部是否具有一种和谐的人际氛围。所谓和谐的人际氛围就是指人际关系和谐，即组织成员间友好相处，彼此和气敬重，彼此相知，即便产生了一些矛盾，一定也是各方妥善地当面处理，而不是剑拔弩张，或者背后搞小动作。人际关系的和谐尽管首先与组织成员的素质修养有很大关系，但没有良好的信息沟通渠道和沟通方式，组织内和谐的氛围也难以维持。通过信息沟通使员工相互了解，进而调整自己的行为，就容易友好相处。

（3）促进组织员工行为协调。当组织的领导机构作出某一决策或制定出某一政策时，由于组织内部成员或部门之间所处的位置不同，利益不同，掌握的信息不同，因而对决策或政策的态度一般不一样，产生的行为也存在一定的差异。这种差异性有的是好的，与组织的目标一致，工作效率高，有的则会给组织员工的工作造成障碍，使其完不成组织交代的任务。为使组织成员及部门明确目标和任务，就要时刻保持组织成员的行为协调一致，就必须进行充分而有效的沟通，以交换意见，统一思想，明确任务的一致性，以最有效的方式完成组织任务。

（二）沟通的类型

1．语言沟通与非语言沟通

在沟通过程中，根据沟通符号的种类不同，可以把沟通分为语言沟通和非语言沟通，语言沟通又包括书面沟通与口头沟通。

2．正式沟通与非正式沟通

根据是否是结构性和系统性的，可将沟通分为正式沟通和非正式沟通。所谓正式沟通一般是指组织系统内，依据组织明文规定的原则和程序进行信息的传递与沟通；而非正式沟通是指不按照正式的、组织所规定的沟通渠道与沟通方式，或不以工作职务的身份所进行的对组织内、外部的人际沟通。

3．自上而下沟通、自下而上沟通与平行沟通

根据在群体或组织中沟通传递的方向不同，可以将沟通分为自上而下沟通、自下而上沟通和平行沟通。

4．单向沟通与双向沟通

根据沟通中的互动性，可以把沟通分为单向沟通与双向沟通。

5．自我沟通、人际沟通与群体沟通

从发送者和接收者的角度而言，可以将沟通分为自我沟通、人际沟通与群体沟通。

二、有效沟通的原则

（一）沟通是一种感知

禅宗曾提出过一个问题，“若林中树倒时无人听见，会有声响吗？”答曰：“没有”。树倒了，确实会产生声波，但除非有人感知到了，否则，就是没有声响。沟通只在有接收者时才会发生。

与他人说话时必须依据对方的经验。如果一个经理和一个半文盲员工交谈，他必须用对方熟悉的语言，否则结果可想而知。谈话时试图向对方解释自己常用的专门用语并无益处，因为这些用语已超出了他们的感知能力。接收者的认知取决于他的教育背景、过去的经历以及他的情绪。如果沟通者没有意识到这些问题，他的沟通将会是无效的。另外，晦涩的语句意味着杂乱的思路，所以，需要修正的不是语句，而是语句背后想要表达的看法。

有效的沟通取决于接收者如何去理解。例如经理告诉他的助手：“请尽快处理这件事，好吗？”助手会根据老板的语气、表达方式和身体语言来判断，这究竟是命令还是请求。德鲁克说：“人无法只靠一句话来沟通，总是得靠整个人来沟通。”

所以，无论使用什么样的渠道，沟通的第一个问题必须是：这一信息是否在接收者的接收范围之内？他能否收得到？他如何理解？

（二）沟通是一种期望

对管理者来说，在进行沟通之前，了解接收者的期待是什么显得尤为重要。只有这样，我们才可以知道是否能利用他的期望来进行沟通，或者是否需要用“孤独感的震撼”与“唤醒”来突破接收者的期望，并迫使他领悟到意料之外的事已经发生。因为我们所察觉到的，都是我们期望察觉到的东西；我们的心智模式会使我们强烈抗拒任何不符合“期望”的企图，出乎意料的事通常是不会被接收的。

一位经理安排一名主管去管理一个生产车间，但是这位主管认为，管理该车间这样混乱的部门是件费力不讨好的事。经理于是开始了解主管的期望，如果这位主管是一位积极进取的年轻人，经理就应该告诉他，管理生产车间更能锻炼和反映他的能力，今后还可能会得到进一步的提升；相反，如果这位主管只是得过且过，经理就应该告诉他，由于公司精简人员，他必须去车间，否则只有离开公司。

（三）沟通产生要求

一个人一般不会做不必要的沟通。沟通永远都是一种“宣传”，都是为了达到某种目的，例如发号施令、指导、斥责或款待。沟通总是会产生要求，它总是要求接收者要成为某人、完成某事、相信某种理念，它也经常诉诸激励。换言之，如果沟通能够符合接收者的渴望、价值与目的的话，它就具有说服力，这时沟通会改变一个人的性格、价值、信仰。假如沟通违背了接收者的价值与动机，可能一点也不会被接受，或者最坏的情况是受到抗拒。

宣传的危险在于无人相信，这使得每次沟通的动机都变得可疑。最后，沟通的信息无法为人接受。全心宣传的结果，不是造就出狂热者，而是讥讽者，这时沟通起到了适得其反的效果。一家公司员工因为工作压力大，待遇低而产生不满情绪，纷纷怠工或准备另谋高就，这时，公司管理层反而提出口号“今天工作不努力，明天努力找工作”，更加招致员工反感。

（四）信息不是沟通

公司年度报表中的数字是信息，但在每年一度的股东大会上董事会主席的讲话则是沟通。当然这一沟通是建立在年度报表中的数字之上的。沟通以信息为基础，但和信息不是一回事。

信息与人无关，不是人际间的关系。它越不涉及诸如情感、价值、期望与认知等人的成分，它就越有效力且越值得信赖。信息可以按逻辑关系排列，技术上也可以储存和复制。信息过多或不相关都会使沟通达不到预期效果。而沟通是在人与人之间进行的。信息是中性的，而沟通的背后都隐藏着目的。沟通由于沟通者和接收者认知和意图不同显得多姿多彩。

尽管信息对于沟通来说必不可少，但信息过多也会阻碍沟通。“越战”期间，美国国防部陷入到了铺天盖地的数据中。信息就像照明灯一样，当灯光过于刺眼时，人眼会瞎。信息过多也会让人无所适从。

【本章小结】

领导即是对组织成员进行引导和施加影响的过程，其目的在于使组织成员自觉自愿并充满信心地为实现组织目标而努力。

领导的属性主要包括自然属性与社会属性两个方面。

领导的功能包括组织功能、激励功能和控制功能。

领导理论主要有领导特质理论、非德勒的权变理论、路径—目标理论、领导—参与模型和领导—成员交换理论五类。

领导风格理论主要有：勒温的民主与专制模式；俄亥俄模式；密西根模式；管理方格图；领导者的生命周期理论。

领导类型理论主要有交易型领导理论、变革型领导理论、魅力型领导理论。

领导艺术是指在领导的方式方法上表现出的创造性和有效性。关于领导艺术的不同观点主要有：毛泽东关于领导艺术的观点；德鲁克关于领导艺术的观点；科维关于领导艺术的观点。

沟通是人与人之间、人与群体之间进行思想与感情的传递和反馈，以求思想一致和感情通畅的过程。

沟通的组成要素包括输出者、接收者、信息、渠道、噪声等主要因素。

有效沟通的原则包括：沟通是一种感知；沟通是一种期望；沟通产生要求；信息不是沟通。

【思考题】

1. 什么是领导？
2. 领导的属性包括哪些？
3. 简述领导和管理的区别与联系。
4. 简述菲德勒权变理论的主要内容。
5. 简述管理方格图的含义。
6. 简述交易型领导理论的主要内容。
7. 德鲁克关于领导艺术的观点的主要内容是什么？

【案例】

“小鱼吃大鱼”的背后

W县是A市下面的一个小县，W县粮食局下属企业A市药用辅料厂（以下简称药辅厂），兼并了A市第三制药厂（以下简称三药厂）。这件事不仅开创了W县工业发展史上的先例，而且在全县以至整个A市都引起了强烈反响。

A市第三制药厂1980年建成投产，占地46 000平方米，职工641人，年产淀粉10 000吨，曾有过辉煌的历史，产品在1988年前畅销十多个省、市，远销日本、菲律宾、马来西亚等国，年利润100多万元。但由于设备老化，工艺技术落后，管理混乱，淀粉出品率低，产量质量不稳定，客户愈来愈少，企业效益下降，特别是投资600万元新上的年产5 000吨的葡萄糖生产线半途而废，使企业不堪重负而被迫停产。停产时，固定资产和债权总额只有1 088万元，债务却达2 100万元，相抵后亏损1 012万元。

A市药用辅料厂1987年7月正式投产，占地3 500平方米，职工180人，固定资产110多万元，年生产淀粉5 000吨。由于设备和工艺技术先进，管理科学规范，淀粉产量稳定，质量好，供不应求，年产值1 500万元，利润140多万元，生产经营形势蒸蒸日上。

W县粮食局局长高某对比两家企业的现状，产生了一个大胆的想法：何不借机让药辅厂将三药厂兼并？药辅厂虽暂时背个大包袱，但不久便可形成规模，成为抵御市场风浪的强者。高局长思考再三，他决定召开会议讨论，了解一下局内对于此事的各种看法。会上，高局长刚把这一想法说出，立刻遭到了多数粮食局各级成员的强烈反对。有的说自古以来都是大鱼吃小鱼，小鱼吃虾米，还没听说过小鱼吃大鱼；有的说药辅厂效益再好，让它背上这个大包袱，非把它压趴下不可；还有的说风险太大了，万万使不得。结果会议不欢而散。

就在会议结束没多久，此事传到了社会上，A市第三制药厂职工的反映也传入了高局长的耳朵，各方人士纷纷议论，各执一词，莫衷一是，多数持否定态度。面对重重阻力，他反复考虑：要想干成一件事，哪有不冒风险的？在市场经济条件下，企业要生存和发展，必然要冒一定的风险，只要有50%以上的成功把握，这件事就值得干。改革开放以来，粮办企业从无到有，从小到大，不断上规模，跨台阶，走过的不正是这样的路吗？于是，他一方面组织有关人员对两个厂进行综合考察，一方面要求粮食局内领导班子成员对这件事也要进行调查研究，每人都必须拿出有说服力的意见来。

于是，专门研究兼并问题的局长办公会议如期召开，主题就是“究竟敢不敢让‘小鱼’吃‘大鱼’”。讨论在平和而又认真的气氛中进行，大体上有两种意见：

一种意见是不敢。理由有四点：①药辅厂规模小，小马拉不动大车；②药辅厂兼并三药厂，不仅会拖垮药辅厂，还会累及全局的利益；③淀粉市场饱和，竞争十分激烈，再去争市场，困难可想而知；④三药厂职工抵制兼并。

另一种意见是敢。其理由也有四点：①药辅厂兼并三药厂可以充分发挥粮办企业借粮生产的优势，不断壮大实力；②三药厂产品质量长期上不去，问题在于关键的工艺技术问题没有解决好，药辅厂有从上海高薪聘请的技术专家，可以从根本上解决淀粉生产工艺和质量问题；葡萄糖国内已有先进工艺，只要引进，便可解决质量问题；③从长远看，药辅厂的规模难以抗击大风大浪，年产淀粉规模至少要在万吨以上，才不至于在激烈的市场竞争中被淘汰，三药厂的厂房设备稍加投资改造，不仅可使淀粉生产能力扩大2倍，还可以进一步扩大葡萄糖生产规模，形成新的经济增长点；④三药厂的干部职工，绝大多数素质是好的，只要归还他们集资的本息和补发他们的工资，就可以把他们的工作积极性调动起来。

通过摆事实，讲道理，两种意见终于趋向统一，一致决定让药辅厂这条“小鱼”吃掉三药厂那条“大鱼”。于是出现了文章开头的那一幕。

【思考题】

1. 高局长为何作出兼并A市第三制药厂的决策？他的依据是什么？
2. 高局长的做法体现了领导者的哪些艺术？
3. 作为领导者，在这种情况下，你觉得应该具备哪些基本素质？

第九章　激励

【学习要点】

1. 理解激励的概念和作用；
2. 熟悉激励的基本过程；
3. 掌握内容型相关激励理论的基本理论观点；
4. 掌握过程型相关激励理论的基本理论观点；
5. 掌握行为改造型相关激励理论的基本理论观点；
6. 能够灵活地将相关激励理论与管理实际结合起来；
7. 运用需要、动机与行为理论提高认识自我、调整自我和激励自我的能力；
8. 提高激励他人的技巧。

第一节　激励概述

一、激励的概念和作用

（一）激励的概念

在很多管理学著作中，激励通常是与需要、动机连在一起的，一个人可能同时有许多需要和动机，但是人的行为却是由最强烈的动机引发和决定的。因此，要使员工产生组织所期望的行为可以根据员工的需要设置某些目标，并通过目标导向使员工出现有利于组织目标的优势动机并按组织所需的方式行动，这就是激励的实质。

激励的原意是指人在外部条件刺激下出现的心理紧张状态。在组织管理中，不同管理学家基于不同层面对激励提出了不同概念。在本书中激励是指管理者运用各种管理手段，激发员工的主动性和创造性，调动员工的积极性，使员工朝向组织的目标做出持久的努力过程。

从这个定义看，理解激励的含义还应把握以下内容：激励的出发点是激发员工的主动性、创造性和积极性；激发人的主动性、创造性和积极性是一种内部心理过程，这种心理过程不能直接被观察到，只能从行为上和工作绩效上进行衡量；激励必须贯穿于员工工作全过程；激励过程是正面激励和反面激励的各种手段综合运用的过程；信息沟通需要贯穿于激励的全过程；激励的最终目的是组织目标与个人目标的统一。

（二）激励在管理中的作用

随着人本管理思想的发展和在实践中的应用，人们越来越重视作为组织生命力和创造力源泉的“人”的作用，因此激励成为现代企业管理者不可或缺的重要手段。激励对于调动人们潜在的积极性、出色地去实现既定目标、不断提高工作绩效，均有十分重要的作用。

1. 提高人们工作的积极性、主动性和创造性

人的行为通常带有个人利益的动机，而利益是调节人的行为的重要因素。承认和尊重个人利益，让人们看到在实现组织大目标的过程当中，也包括个人利益和个人目标。一般来说个人目标和组织目标是一致的，二者统一的程度越高，职工的积极性、主动性和创造性就越得到充分发挥。反之，职工便会消极怠工，甚至产生抵触心理。工作的主动性、创造性是工作取得突破性进展的重要保证，是工作积极性得到充分发挥的体现。

2. 有效激励可以提高员工的工作效率和业绩

通过激励可以进一步激发员工的革新精神，从而大大提高工作绩效。美国哈佛大学的心理学家威廉·詹姆斯在其《行为管理学》中提出：按时计酬的员工仅能发挥其能力的20%～30%，而受到充分激励的员工可以发挥其能力的80%～90%，工作效率大大提高了。日本丰田汽车公司采用“合理化建议奖”来鼓励员工提建议，不管建议是否被采纳，均会受到奖励和尊重。如果建议被采纳并取得经济效益，则得到的奖励会更丰厚。管理学家们曾指出，员工的工作绩效是员工能力和受激励程度的函数，即绩效＝F(能力，激励)。如果在设计激励制度时，把员工创造性和革新精神以及主动提高自身素质的意愿作为考虑因素，那么激励对工作绩效的影响就更大了。

3. 有效激励可以吸引和留住优秀人才

伴随知识经济时代的到来，企业之间的竞争实际上成为人才的竞争。人才决定了企业的发展方向，一个企业要想吸引和留住优秀人才，尤其是知识型人才，就要具备丰厚的薪酬、丰富的福利待遇、良好的职业生涯规划以及企业的发展愿景等一套科学有效的员工激励机制，只有这样才能吸引优秀的人才，并留住人才，使他们全心全意为企业贡献自己的才智。

二、激励的要素

构成激励的要素主要包括以下四个方面：

（一）动机

动机是推动人从事某种行为的心理动力。激励的核心要素就是动机，关键环节就是动机的激发。需要并不能直接产生动机，只有当需要被激发出来，有了强烈愿望才会导致动机。

（二）需要

需要是激励的起点和基础，人的需要是人们积极性的源泉和实质，而动机则是需

要的表现形式。

（三）外部刺激

这是激励的条件。它是指在激励的过程中，人们所处的外部环境中诸种影响需要的条件和因素，主要是管理者为实现组织目标而对被管理者所采取的各种管理手段及相应形成的管理环境。

（四）行为

这是激励的目的，是指在激励状态下，人们为动机驱使所采取的实现目标的一系列动作。

以上四个方面相互组合与作用，构成了对人的激励。

三、激励的过程

心理学家认为，人的一切行为都是由动机支配的，动机是由需要引起的，行为的方向是寻求目标、满足需要。当人们的需要未得到满足时，会产生一种紧张不安的心理状态；当有能够满足需要的目标时，这种紧张不安的心理会转化为动机，并在动机的驱动下向目标努力。目标达到后，需要得到满足，紧张不安的心理状态就会消失。随后又会产生新的需要，引起新的动机和行为。人们在满足需要时，并非每次都能实现目标。在需要没有得到满足，目标没有实现的情况下，人会产生挫折感，此时有人可能会积极进取，动机更强；有人可能动机变弱，消极防范。具体的激励过程如图9－1所示：

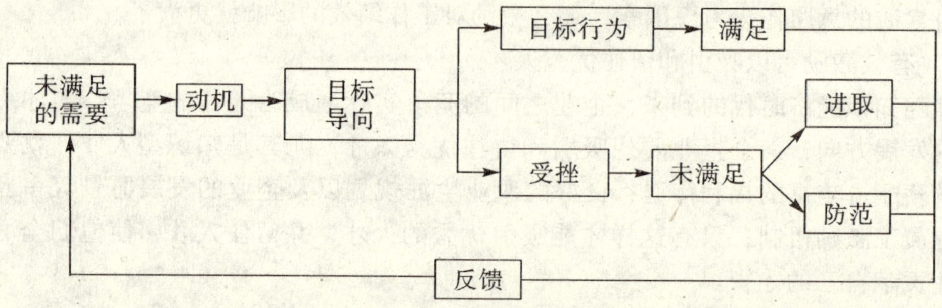

图9－1 激励过程

第二节 激励理论

关于激励理论的研究，自20世纪二三十年代以来，西方的心理学家、行为学家和管理学家等领域的研究者们从不同的角度研究了应怎样激励人的问题，并提出了各种激励理论。这些激励理论基本上分为三大类：内容型激励理论、过程型激励理论和行为改造型激励理论。

一、内容型激励理论

该理论重点研究激发动机的诱因，主要包括：马斯洛的“需要层次理论”、赫兹伯格的“双因素理论”、麦克利兰的“成就需要理论”等。

（一）需要层次理论

亚伯拉罕·马斯洛（Abraham Maslow）是一位人本主义心理学家，他于1943年在《人类动机理论》一文中初步提出需要层次理论，随后在1954年出版的《动机与人格》一书中作了进一步的阐述，并经过不断的补充和修正，使该理论成为西方最有名的理论。

1. 基本内容

马斯洛需要层次理论重点研究了人的需要，他把人的需要分为生理需要、安全需要、社交需要、尊重需要和自我实现需要5个层次。

（1）生理需要：人类维持其生命最基本的需要，也是需求层次的基础。这类需要主要包括人对衣食住行、空气和水等的需要，这类需要得不到满足，可能会威胁生命。从这个意义上来说，这些基本的物质条件是人们行为最强大的动力。马斯洛认为，当这些需要还未达到足以维持人之生命时，其他需要将不能激励他们。

（2）安全需要：基本的生活条件满足之后，生理需要就不再是人们追求的重点了，取而代之的是人们对安全的需要。安全的需要是保护自己免受身体和情感伤害，同时保证生理需要得到持续满足的需要。可以分为两大类：一类是现在的安全需要，即希望自己目前生活的各个方面都可以得到满足，要求自己在目前社会生活的各个方面均有所保障，如人身安全、职业安全、劳动安全、生活稳定等；另一类是对未来的安全的需要，希望未来的生活得到保障。具体表现在：物质方面，如操作安全、劳动保护等；经济方面，如失业、意外事故、养老等；心理方面，如希望解除严密监督的威胁、希望免受不公正的待遇；等等。

（3）社交需要：包括友谊、爱情、归属、信任与接纳的需要。马斯洛认为，人是一种社会动物，人们的生活和工作不是独立进行的，经常会与他人接触，因此，人们需要有社会交往、良好的人际关系、人与人的感情和爱，在组织中能得到他人的接纳与信任。

（4）尊重需要：分为内部尊重和外部尊重。内部尊重因素包括自尊、自主和成就感等；外部尊重包括地位、认可和关注，即受人尊重。自尊是指在自己取得成功时获得的一种自豪感；受人尊重指当自己取得成功，做出成绩时希望受到别人的认可和赞赏。马斯洛认为，尊重需要的满足，能使人对自己充满信心，对社会满腔热情，体会到人生的社会价值。

（5）自我实现的需要：指的是实现个人的理想、抱负，最大限度发挥自己的能力，完成与自己能力相称的一切工作的需要，这是一种成为自己要成为的人的内驱力（追求个人能力极限的内驱力）。其表现在两个方面：一是胜任感方面，即主动控制事务和环境；二是成就感方面，即真正的乐趣在于成功，成功带来的满足远远超越其他的报酬。以上五个层次如图9－2所示。

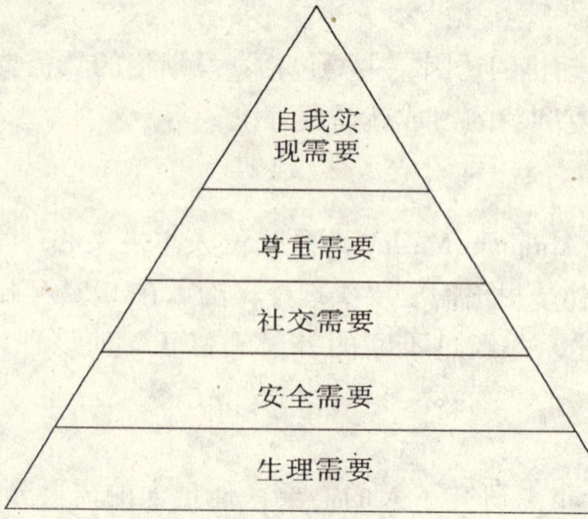

图9－2　马斯洛的需要层次

2．主要观点

马斯洛需要层次论的主要观点是：

（1）强调需要与激励的关系。需要本身就是激发动机的原始驱动力，一个人如果没有什么需要，也就没有什么动力与活力。反之，一个人有所需要，也就存在着激励的因素。

（2）生理需要和安全需要属于低级需要，尊重需要和自我实现需要属于高级需要，社交需要起着中间过渡作用。人的需要由低至高逐级发展，自我实现需要是人类需要发展的顶峰。马斯洛认为，一个健全的人首先受“发挥和实现自我最大潜力和能量”这种需要所激励，能自我实现的人是具有高度责任感的人，他们在较大程度上能自己鞭策自己。

（3）各级层次需要的产生与个体发育密切相关。儿童期生理需要、安全需要占优势；青少年期社交需要和尊重需要占优势；中年期自我实现的需要占优势。但个人需要的结构演进不像间断的阶梯，低一级的需要不一定完全得到满足才产生高一层次的需要，需要的演进是波浪式的。较低一级需要的高峰过去之后，较高一级的需要才能起到优势作用。

（4）低级需要是有限度的，一旦得到满足，便不再有激励作用；高级需要的满足却是无限的，对行为具有持久的激励作用。但越是高层次的需要，其满足度越低。据马斯洛估计：80%的基本生理需要和70%的安全需要一般会得到满足；而只有50%的社交需要、40%的尊重需要和10%的自我实现需要能得到满足。

3．管理启示

在管理上，要借鉴马斯洛需要理论的积极方面，注意研究和掌握组织成员的需要情况，把握共性和个性，了解成员的需要差异，分析哪些是优势需要，哪些是一般需要。将满足成员需要所设置的目标与组织的目标密切结合起来，同时要坚持物质激励与精神激励相结合，注意引导培养员工高层次的需要。这样才能把激励做到实处，真正起到调动积极性的作用。

表 9－1 说明了需要层次同管理措施的关系。

表 9－1　　马斯洛层次论管理措施相关表

需要层次	追求的目标（诱因）	管理制度与措施
生理需要	薪水、健康的工作环境、各种福利	身体保健（医疗设备）、工作时间（休息）、住宅设备、福利设备
安全需要	职位的保障、意外的防止	雇佣保证、退休金制度、健康保险制度、意外保险制度
社交需要	友谊（良好的人际关系）、团体的接纳、与组织的一致	协谈制度、利润分配制度、团体活动制度、互助金制度、娱乐制度、教育训练制度
尊重需要	地位、名分、权力、责任、与他人薪水相对高低	人事考核制度、晋升制度、表彰制度、奖金制度、选拔进修制度、委员会参与制度
自我实现需要	能发展个人特长的组织环境、挑战性的工作	决策参与制度、提案制度、研究发展计划、劳资会议

（二）双因素理论

1．主要内容

双因素理论，又称为激励—保健理论，是美国心理学家赫茨伯格（Frederick Herzberg）于20世纪50年代所提出的理论。他通过对200名工程师和会计师的访谈，深入研究了“人们希望从工作中得到些什么”。他要求受访者详细描述哪些因素使他们在工作中感到特别满意及受到高度激励，又有哪些使他们感到不满和消沉。赫茨伯格对调查结果进行了分类归纳，如图 9－3 所示：

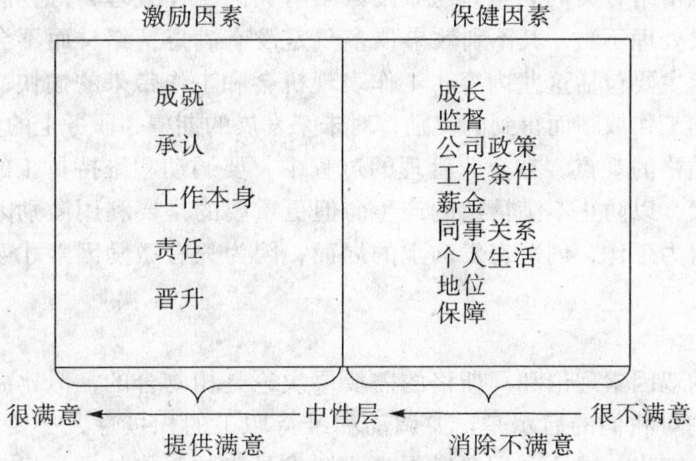

图 9－3　赫兹伯格双因素理论图

赫茨伯格在分析调查结果时惊讶地发现，对工作满意的员工和对工作感到不满意的员工的回答极为不同，与满意和不满意相关的因素是两类完全不同的因素。例如“低收入”通常被认为会导致不满，但“高收入”却不一定被归结为满意的原因。左侧列出的因素是与工作满意有关的特点；右侧列出的因素是与工作不满意有关的特点。

一些内在因素如成就、承认、责任与工作满意相关。当对工作感到满意时，员工倾向于将这些特点归因于他们本身；而当他们感到不满意时，则常抱怨外部因素，如公司的政策、管理和监督、人际关系、工作条件等。

这个发现使赫茨伯格对传统的“满意—不满意”相对立的观点提出了修正。传统的看法认为满意和不满意是一个单独连续体相对的两端（见图9－4）。但是，赫茨伯格认为，满意的对立面并不是不满意，消除了工作中的不满意因素并不一定能使工作结果令人满意。如图9－4所示，赫茨伯格提出这之中存在双重的连续体；满意的对立面是没有满意，而不是不满意；同时，不满的对立面是没有不满，而不是满意。

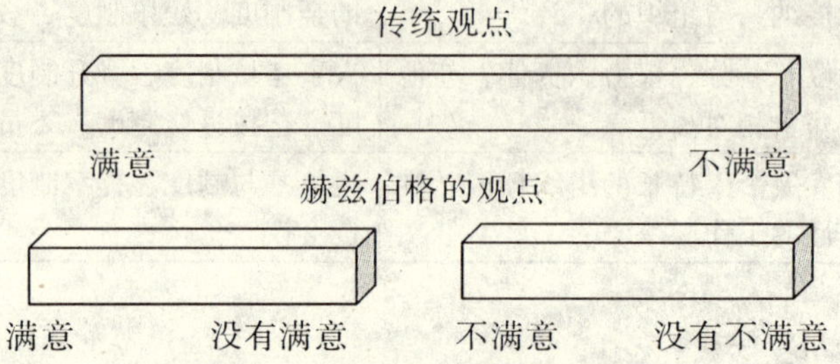

图9－4　满意—不满意观点的对比

因此，赫茨伯格提出，影响人们行为的因素主要有两类：保健因素和激励因素。保健因素是那些与人们的不满情绪有关的因素，如公司的政策、管理和监督、人际关系、工作条件等。保健因素处理不好，会引发对工作不满意情绪的产生，处理得好，可以预防或消除这种不满。但这类因素并不能对员工起激励的作用，只能起到保持人的积极性、维持工作现状的作用。所以保健因家又称为“维持因素”。激励因素是指那些与人们的满意情绪有关的因素。与激励因素有关的工作处理得好，能够使人们产生满意情绪，如果处理不当，其不利效果顶多只是没有满意情绪，而不会导致不满。他认为，激励因素主要包括这些内容：工作表现机会和工作带来的愉快，工作上的成就感，由于良好的工作成绩而得到的奖励，对未来发展的期望，职务上的责任感等。

按照赫茨伯格的观点，在企业管理的过程中，要调动和维持员工的积极性，首先要注意保健因素，以防止不满情绪的产生。但更重要的是要利用激励因素去激发员工的工作热情，努力工作，创造奋发向上的局面，因为只有激励因素才会增加员工的工作满意感。

2. 管理启示

赫茨伯格的双因素理论和马斯洛的需要层次论是相吻合的，但比需要层次论更进一步。这种理论对我们的启示是：要调动和维持职工的积极性，一要注意保健因素，防止不满情绪的产生，二要利用激励因素去激发员工的工作热情，努力工作。但重要的是应当区别对不同的人的激励因素和保健因素。对管理者来说更重要的是要利用激励因素去激发员工的工作热情、努力工作。创造奋发向上的局面，从而取得一流的工作成绩。

（1）要充分保证保健因素的作用，使员工的积极性维持在一个基本的水平，进而在激励因素上下工夫。

（2）在客观上确实存在某些不能激励人的因素，对某些人来说，有些保健因素也可能是他们的激励因素，管理者应当充分考虑到员工对保健因素和激励因素的看法，对此要心中有数，针对不同的人采取不同的激励措施。管理者也不应该忽视保健因素，以消除职工的不满，保持职工的积极性。

（3）管理者要想持久而高效地激励员工，必须改进员工的工作内容，双因素理论可以促使人们更多地注意与工作本身有关的因素。同时，管理者要善于把某些保健因素（如薪金）转化为激励因素，即把员工的薪金与工作的好坏联系在一起。

（三）成就需要理论

成就需要理论是美国哈佛大学心理学家大卫·麦克利兰（David C. Mccleland）于20世纪50年代在做了大量调研的基础上提出的。麦克利兰主要研究了在人的生理需要得到基本满足的条件下，人还有哪些需要。麦克利兰认为：人还有权力需要、友谊需要和成就需要。

1. 主要内容

（1）人的高层次需要是由权力需要、友谊需要和成就需要构成的。权力可分为个人权力和社会权力。具有较高权力欲望的人，往往对向他人施加影响和控制表现出极大兴趣；具有友谊需要的人，喜欢有一种融洽的人际关系，那些负有全局责任的人往往把友谊看得比权力更为重要；而具有成就需要的人，把具有挑战性的成就看作人生最大的乐趣，把做好工作达到自己所设置的目标视为最大的愿望。

（2）决定一个人的成就需要的有两个因素，即直接环境和个性这两个变量，可用下式表示：

成就需要 =f（直接环境，个性）

具有高度成就需要的人，把个人的成就看得比金钱更重要。他们有强烈的事业心和独立性，勇于克服困难和担当一定的风险，并强烈希望获得工作成绩的反馈，从成就中得到的鼓励超过物质鼓励的作用。麦克利兰还认为高成就需要可以通过教育加以培养训练。

（3）成就需要和经济发展密切相关。麦克利兰认为，具有高度成就需要的人对于企业和国家都有重要的作用。一个公司拥有这种人越多，它的发展越快，获利越多；一个国家拥有这种人越多，就会越兴旺发达。

（4）成就的需要要受组织管理状况和职位的影响。一般来说，有较高成就感的人总要比较低者工作得好，进步也较快。如果把有高成就需要的管理人员放在具有挑战性的工作岗位上，便能引起成就的动机和相应的行为。如果把高成就需要的人放在例行的、没有挑战性的岗位上，则成就的动机便难以激发。麦克利兰还发现，成就需要与经理人员的关系在小公司最为明显，其总经理通常具有较高的成就激励，但是大公司的总经理却仅有一般的成就需要，他们往往更多地追求权力和社交的需要。

（5）努力宣传高成就需要的人的形象，使他们成为大家学习的榜样；努力培养和造就具有高成就需要的人才，这对一个组织的发展极为重要。

2. 管理启示

有着强烈成就感需要的人，是那些倾向于成为企业家的人。他们喜欢把事情做得比竞争者更好，并且敢冒商业风险。另一方面，有着强烈依附感需要的人，是成功的“整合者”，他们必须具有过人的人际关系技能，能够与他人建立积极的工作关系。不过，麦克利兰指出，这种需要一直未能引起研究人员的足够重视。高归属需要者喜欢合作而不是竞争的环境，希望彼此间的沟通和理解。而有着强烈权力需要的人，则经常有较多的机会晋升到组织的高级管理层。相比之下，有强烈的成就需要，但没有强烈的权力需要的人，容易登上他们职业生涯的顶峰，只不过职位的组织层次较低。原因在于，成就的需要可以通过任务本身得到满足，而权力的需要只能通过上升到某种具有高于他人的权力层次才能得到满足。

二、过程型激励理论

过程型激励理论研究“激励是怎样产生的”问题，解释人的行为是怎样被激发、引导、维持和阻止的，着重分析人们怎样面对各种满足需要的机会以及如何选择正确的激励方法，过程型激励理论解释的是“为什么员工会努力工作”和“怎样才会使员工努力工作”这两个问题。如弗鲁姆的“期望理论”、亚当斯的“公平理论”等。

（一）期望理论

期望理论是美国心理学家维克托·弗鲁姆（Victor H. Vroom）于1964年在《工作与激励》一书中提出来的。这是一种通过考察人们的努力行为与其所获奖励之间的因果关系来说明激励过程的理论。

1. 主要内容

期望理论的基本内容主要包括弗鲁姆的期望公式和期望模式。

弗鲁姆认为，人总是渴求满足一定的需要并设法达到一定的目标。这个目标在尚未实现时，表现为一种期望，这时目标反过来对个人的动机又是一种激发的力量。而这个激发力量的大小，取决于目标价值（效价）和期望概率（期望值）的乘积。用公式表示为：

激励水平（M）＝目标效价（v）×期望值（E）

式中：M 表示激发力量，是指调动一个人的积极性、激发人内部潜力的强度。v 表示目标价值（效价），这是一个心理学概念，是指达到目标对于满足他个人需要的价值。同一目标，由于各个人所处的环境不同，需求不同，其需要的目标价值也就不同。同一个目标对每一个人可能有三种效价：正、零、负。效价越高，激励力量就越大。E 是期望值，是人们根据过去经验判断自己达到某种目标的可能性是大还是小，即能够达到目标的概率。目标价值大小直接反映人的需要动机强弱，期望概率反映人实现需要和动机的信心的强弱。

这个公式说明：假如一个人把某种目标的价值看得很大，估计能实现的概率也很高，那么这个目标激发动机的力量越强烈。

怎样使激发力量达到最好值，弗鲁姆提出了他的期望模式，如图9－5所示：

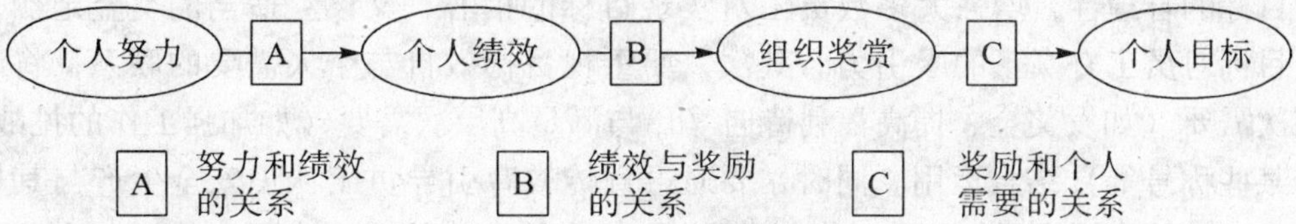

图 9-5　期望模式

在这个期望模式的四个因素中包含了以下三个方面的关系：

(1) 努力和绩效的关系。个人感觉到通过一定程度的努力而达到工作绩效的可能性。

(2) 绩效与奖励的关系。个人对于达到一定工作绩效后即可获得理想的奖赏结果的信任程度。人们总是期望在达到预期成绩后，能够得到适当的合理奖励，如奖金、晋升、提级、表扬等。组织的目标，如果没有相应的有效的物质和精神奖励来强化，时间一长，积极性就会消失。

(3) 奖励和个人需要的关系。奖励什么要适合各种人的不同需要，要考虑效价。要采取多种形式的奖励，满足各种需要，最大限度地挖掘人的潜力，最有效地提高工作效率。

2. 激励产生过程

通过对弗鲁姆的期望模式的分析，我们可以总结出期望理论中所包含的激励产生过程的四个步骤：

第一，员工感到这份工作能提供什么样的结果？这些结果可以是积极的，如工资、人身安全、同事友谊、信任、额外福利、发挥自身潜能或才干的机会等；也可以是消极的，如疲劳、厌倦、挫折、焦虑、严格的监督与约束、失业威胁等。当然，也许实际情况并非如此，但这里我们强调的是员工知觉到的结果，无论他的知觉是否正确。

第二，这些结果对员工的吸引力有多大？他们的评价是积极的、消极的还是中性的？这显然是一个内部的问题，与员工的态度、个性及需要有关。如果员工发现某一结果对他有特别的吸引力，也就是说，他的评价是积极的，那么他将努力实现它，而不是放弃工作。对于相同的工作，有些人的评价可能是消极的，从而放弃这一工作，还有人的看法可能是中性的。

第三，为得到这一结果，员工需采取什么样的行动？只有员工清楚明确地知道为达到这一结果必须做些什么时，这一结果才会对员工的工作绩效产生影响。比如，员工需要明确了解绩效评估中“干得出色”是什么意思，明确使用什么样的标准评价他的工作绩效。

第四，员工是怎样看待这次工作机会的？在员工衡量了自己可以控制的决定成功的各项能力后，他认为工作成功的可能性有多大？

3. 管理启示

期望理论对企业安全管理具有启迪作用，它明确地提出员工的激励水平与企业设置的目标效价和可实现的概率有关，这对企业采取措施调动员工的积极性具有现实的意义。首先，企业应重视安全生产目标的结果和薪酬对员工的激励作用，既充分考虑设置目标的合理性，增强大多数员工对实现目标的信心，又设立适当的奖金定额，使安全目标对员工有真正的吸引力。其次，要重视目标效价与个人需要的联系，将满足低层次需要（如发奖金、提高福利待遇等）与满足高层次需要（如加强工作的挑战性、给予某些称号等）结合运用。同时，要通过宣传教育引导员工认识安全生产与其切身利益的一致性，提高员工对安全生产目标及其薪酬效价的认识水平。最后，企业应通过各种方式为员工提高个人能力创造条件，以增加员工对目标的期望值。

（二）公平理论

公平理论是美国心理学家斯达西·亚当斯（Stancy J. Adams）于20世纪60年代首先提出的，也称为社会比较理论。这种理论的基础在于，员工不是在真空中工作的，他们总是在进行比较，比较的结果对于他们在工作中的努力程度有影响。大量事实表明，员工经常将自己的付出与所得和他人进行比较，而由此产生的不公平感将影响到他以后付出的努力。

1. 主要内容

公平理论主要讨论报酬的公平性对人们工作积极性的影响。这一理论认为员工首先考虑自己收入与付出的比率，然后将自己的收入—付出比与相关他人的收入—付出比进行比较。如果员工感觉到自己的比率与他人相同，则为公平状态；如果感到二者的比率不相同，则产生不公平感，也就是说，他们会认为自己的收入过高或过低。这种不公平感出现后，员工就会试图去纠正它。

人们通常通过两个方面的比较来判断其所获报酬的公平性，即横向比较和纵向比较。所谓横向比较，就是将自我与他人相比较来判断自己所获报酬的公平性，从而对此作出相应的反应。纵向比较则是把自己的目前与过去进行比较。

亚当斯提出“贡献率”的公式，描述了员工在横向和纵向两个方面对所获报酬的比较以及对工作态度的影响：

$O_A/I_A = O_B/I_B$

式中：I 为个人投入（付出）的代价，如资历、工龄、教育水平、技能、努力等；O 为个人所获取的报酬，如奖金、晋升、荣誉、地位等。

该式简明地表达了影响个体公平感各变量间的关系。从中可以看出，人们并非单纯地将自己的投入或获取与他人进行比较，而是以双方的获取与投入的比值来进行比较，从而衡量自己是否受到公平的对待。若 $O_A/I_A = O_B/I_B$，人们就会有公平感；若 $O_A/I_A < O_B/I_B$，人们就会感到不公平，产生委屈感；若 $O_A/I_A > O_B/I_B$，人们也会感到不公平，产生内疚感。一般来说，人的内疚感的临界阈值较高，而委屈感的临界阈值较低，因此主要是后者对人的影响大。

在公平理论中，员工所选择的与自己进行比较的参照对象是一重要变量，我们可以划分出三种参照类型：“他人”、“制度”和“自我”。“他人”包括同一组织中从事相似工作的其他个体，还包括朋友、邻居及同行。员工通过口头、报纸及杂志等渠道获得了有关工资标准、最近的劳工合同方面的信息，并在此基础上将自己的收入与他人进行比较。“制度”指组织中的薪金政策与程序以及这种制度的运作。“自我”指的是员工自己在工作中付出与所得的比率。它反映了员工个人的过去经历及交往活动，受员工过去的工作标准及家庭负担程度的影响。

当一个人发现自己受到不公平（利己或损己）待遇时，他往往采取以下几种方式消除心理的不公平感：

（1）力求改变自己的报酬；

（2）要求改变他人的报酬；

（3）设法改变自己的投入；

（4）要求改变他人的投入；

（5）自我消除不公平感。

2. 对报酬分配的建议

具体而言，公平理论对报酬分配提出了四点建议：

（1）按时间付酬时，收入超过应得报酬的员工的生产率水平，将高于收入公平的员工。按时间付酬能够使员工生产出高质量与高产量的产品，以增加自己收入—付出比率中的付出额，保持公平感。

（2）按产量付酬时，使员工为实现公平感而加倍努力，这将促使产品的质量或数量得到提高。然而，数量上的提高只能导致更高的不公平，因为每增加一个单位的产品导致了未来的付酬更多，因此，理想的努力方向是提高质量而不是数量。

（3）按时间付酬时，对于收入低于应得报酬的员工来说，将降低他们生产的数量或质量。他们的工作努力程度也将降低，而且相比收入公平的员工来说，他们将减少产出数量或降低产出质量。

（4）按产量付酬时，收入低于应得报酬的员工与收入公平的员工相比，他们的产量高而质量低。在计件付酬时，应对那些只讲产品数量而不管质量好坏的员工，不实施任何奖励，这种方式能够产生公平性。

3. 管理启示

由于公平是一种主观感受，要得到真正的统一是有难度的，作为管理者应当认真仔细研究这个问题，并根据具体情况采取相宜的措施。

（1）管理者对付出的劳动要给予公平的报酬。因为如果人们认为他们没有得到公平的报酬，就会影响员工的士气和劳动生产率的提高，影响整个组织的生命力和活力。

（2）作为管理者在判断公平与不公平时应该进行全面而系统的比较。不应只在企业的内部进行比较，应与组织内外其他员工进行比较，只有这样才能产生公平的报酬，也才能消除员工的不公平感，才能给企业带来生机和活力，也只有这样才能留住人才。因为如果领导者认为自己所给的报酬已经很公平了（在企业内部进行比较后得到的结论），但在社会中进行比较时则是不公平的，那么员工就会产生不满的情绪，甚至于有的员工会产生跳槽的想法，使企业的优秀人才外流。

（3）个人对不公平的反应可以采取许多不同的形式。个人如果感受到不公平，他的反应将是多种多样的，有的可能表现为工作懒散，无组织、无纪律，有的可能表现为消极怠工等各种形式。

总之，领导要时刻关心下属的思想波动情况和下属工作时的表现情况，据此评判他们是否产生了不公平感，只有这样，企业才能生存和发展。

三、行为改造型激励理论

行为改造型激励理论是重点研究人的行为怎样转化和改造，如何使人的心理和行为变消极为积极的理论。在这里主要讲一下强化理论。

1. 主要内容

强化理论，也叫有效的条件反射反应理论，是美国哈佛大学心理学家斯金纳（B. F. Skinner）提出的。强化理论认为人们的行为在很大程度上取决于行为所产生的结果。换句话说，那些能产生积极的或令人满意的结果的行为，以后会经常得到重复；相反，那些会导致消极的或令人不满意的结果的行为，以后再得到重复的可能性很小。显然，管理者应该基于这样一种理念来设计奖励和惩罚，即有效的工作行为所产生的结果是积极的，而无效的工作行为的结果是消极的或令人不满意的。

2. 强化手段

在管理实践中，常用的强化手段有：正强化、负强化。

（1）正强化，又称积极强化，就是奖励那些符合组织目标的行为，以便使这些行为得到进一步加强，从而有利于组织目标的实现。正强化的刺激物不仅包含奖金等物质奖励，还包含表扬、提升、改善工作关系等精神奖励。为了使强化达到预期的效果，还需要采取不同的强化方式。有的正强化是连续的、固定的，譬如对每一次符合组织目标的行为都给予强化，或每隔一个固定的时间都给予一定数量的强化。尽管这种强化有及时刺激、立竿见影的效果，但久而久之，人们就会对这种正强化有越来越高的期望，或者认为这种正强化是理所当然的。管理者只有加强这种正强化，否则其作用会减弱甚至不再起刺激行为的作用。另一种方式的正强化是间断的、时间和数量都不固定的正强化，管理者根据组织的需要和个人行为在工作中的反映，不定期、不定量地实施强化，使每次强化都能起到较大的效果。实践证明，后一种正强化更有利于组织目标的实现。

（2）负强化，就是惩罚那些不符合组织目标的行为，以使这些行为削弱甚至消失，从而保证组织目标的实现不受干扰。实际上，不进行正强化也是一种负强化，譬如，过去对某种行为进行正强化，现在组织不再需要这种行为，但这种行为并不妨碍组织目标的实现，这时就可以取消正强化，使行为减少或者不再重复出现。同样，负强化也包含减少奖励和报酬或进行罚款、批评、降级等。实施负强化的方式与正强化有所差异，应以连续负强化为主，即对每一次不符合组织的行为都应及时予以负强化，消除人们的侥幸心理，减小这种行为重复出现的可能性。

3. 强化理论的应用原则

强化理论在管理中应用得十分广泛。上述这些强化方法，可以单独使用，也可以结合起来使用，但是想达到预期的激励效果，必须遵循以下原则：

（1）奖励与惩罚相结合的原则，即对正确的行为，对有成绩的个人或群体给予适当的奖励，同时，对于不良行为，对于一切不利于组织工作的行为则要给予处罚。大量实践证明，奖惩结合的方法优于只奖不罚或只罚不奖的方法。

（2）以奖为主，以罚为辅的原则。强调奖励与惩罚并用，并不等于奖励与惩罚并重，而应以奖为主，以罚为辅。因为过多运用惩罚的方法，会带来许多消极的作用，在运用时必须慎重。

（3）及时而正确地强化的原则。所谓及时强化是指让人们尽快知道其行为结果的好坏或进展情况，并尽量予以相应奖励。而正确的强化就是奖罚分明，即当出现良好行为时就给予适当的奖励，而出现不良行为时就给予适当的惩罚。及时强化能给人们以鼓励，使其增强信心并迅速激发工作热情。但这种积极性的效果是以正强化为前提的，相反，乱赏乱罚决不会产生激励效果。

（4）奖人所需、形式多样原则。要使奖励成为真正的强化因素，就必须因人制宜地进行奖励。每个人都有各自的特点和个性，其需要也各不相同，因而他们对具体奖励的反应，也会大不一样。所以奖励应尽量不搞一刀切，应该奖人之所需，形式多样化，只有这样才能起到奖励的效果。

第三节　激励方法

一、激励原则

人的心理、需求和行为的复杂性以及外部环境的多样性，决定了在不同的情形下对不同的人进行激励的复杂性和困难性。同时，激励总是存在一定的风险性，所以在制定和实施激励政策时，一定要谨慎。尽管如此，在管理中仍然有一些共同的激励原则可以遵循和参考。

（一）坚持物质激励与精神激励相结合的原则

好的激励应该是物质激励与精神激励的有机结合。物质激励是激励的一般模式，也是目前使用最为普遍的一种激励模式。加薪、年终分红、各种奖金、股权及福利奖励等都是物质奖励的常用方式。与物质激励相比，精神激励满足的主要是员工的精神需求。精神激励相对而言不仅成本较低，而且常常能取得物质激励难以达到的效果。将精神激励和物质激励结合使用，可以大大激发员工的成就感、自豪感，使激励效果倍增。

（二）坚持目标合理的原则

激励往往和目标联系在一起，因此，应制定合理的目标及尽可能准确、明确的绩效衡量标准。目标既不能过高，也不能过低；过高使员工的期望值降低，影响积极性，过低则会使目标的激励效果下降。

（三）坚持奖惩结合的原则

有功则奖，有过则罚。对有贡献者奖励是必要的，而对有过失者实施适当的惩罚也是必要的。要坚持以正激励为主，以负激励为辅。在进行奖惩时要注意奖惩分明，以奖为主。同时，对于无功无过者也不能采取不闻不问的态度。一般来说，无功无过者大都甘居“中游”，多是思想消极、缺乏热情、不求进取的平庸之人。因此，对无功无过者也必须给予适当的批评、教育，让他们懂得“无功便是过”，激发他们的热情，促使他们进取。

（四）坚持因人而异的原则

不同的人需求是不一样的，同一个人在不同时期的需求也是不一样的。所以相同的激励措施对不同的人起到的效果是不同的。在制定和实施激励措施时，首先要调查清楚每个员工的真正需求，将这些需求合理地整理归纳，然后再制定相应的激励措施。对于处于不同需求层次的人，应该使用不同的激励手段。而且，同样经济成本下不同的激励方式对人的激励程度也是有差别的。因此，管理者必须努力与员工共同去发现其最有效的激励因素是物质奖励、培训、发展机会、良好的工作氛围还是其他什么回报。

（五）坚持公开、公平、公正的原则

激励应坚持公开、公平、公正的原则，切忌平均。公开是公平、公正的基础，公开的核心是信息的公开，包括制度、程序及结果的公开。公平性是员工管理中一个很重要的原则，员工感到的任何不公的待遇都会影响他的工作效率和工作情绪，并且影响激励效果。公平、公正一方面意味着所有相关员工在激励面前享有平等的权利和义务，另一方面也意味着奖励的程度与价值贡献度对等。公平、公正必然导致价值分配实际上的不平均，而这种不平均正好体现了制度和程序的公平、公正。追求成果分享的平均主义，是一种实质上的不公平，起不到很好的激励效果，而且可能产生副作用，打击优秀员工的积极性。

（六）坚持适度激励的原则

激励要适度，奖励和惩罚不适度都会影响激励效果，同时增加激励成本。奖励过重会使员工产生骄傲和满足的情绪，失去进一步提高自己的欲望；奖励过轻会起不到激励效果，或者让员工产生不被重视的感觉。惩罚过重会让员工感到不公，或者失去对公司的认同，甚至产生怠工或破坏的情绪；惩罚过轻会让员工轻视错误的严重性，从而可能还会犯同样的错误。

二、激励方法

激励是对员工需求的满足。员工的需求是多种多样的，所以激励的途径也是多种多样的。管理者在使用激励方法时，要根据具体的情形选择不同的激励方法来调动员工的积极性。在管理中常见的有以下几种激励方法：

（一）事业激励

工作本身就是一种非常有效的激励方式。把一个人放在最能发挥潜力的工作岗位上，使工作具有挑战性和富有意义，就能够充分调动他的工作积极性。把个人目标同组织的发展紧密联系起来，把个人的事业心激发出来，就可以焕发出无穷的力量，员工会为实现一个实实在在的目标或理想而认真地考虑自己该如何做和怎样才能做好。

（二）目标激励

目标激励就是通过设定适当的目标，诱发人的动机和行为，达到调动积极性的目的。每个人都有成就感的需求，因此管理者在管理的过程中，要不断地为员工设立可以看得到、在短时间内可以达到的目标。通过帮助员工确立既定的目标，使之诱发行动的力量，并按照目标的要求自觉控制自身的行为方向，挖掘自身的心理和生理潜力，全力以赴实现目标。

（三）物质激励

物质激励的内容包括工资奖金和各种公共福利。它是一种最基本的激励手段，因为获得更多的物质利益是普通员工的共同愿望，它决定着员工基本需要的满足情况。同时，员工收入及居住条件的改善，也影响着其社会地位、社会交往，甚至学习、文化娱乐等精神需要的满足情况。员工在工作中能否得到合理的报酬，在完成任务之后能否得到公正的业绩评价，这是激发员工积极性的基本前提。

（四）荣誉激励

荣誉是贡献的象征，反映了企业对团队和个人贡献的充分肯定和高度评价，是满足员工自尊需要的重要激励手段。每个人都有强烈的荣誉感，对作出突出贡献的员工予以表彰和嘉奖，代表着公司对这些员工工作的认可，会增强他们对工作的热情。设定荣誉是管理者的一个工作职责，而这种荣誉既对单位有效，对同行业其他部门也有作用。

（五）责任激励

大部分人都希望能够担任一定的职务，管理者应该学会让大部分的员工找到适合自己的事情并负起一部分责任。员工一旦感觉到自己在某个方面受到了重视，他自己会尽自己最大的努力来把这方面的事情做好。选定适合每个员工特点的工作，则是管理者应该在平时的观察和了解中掌握的。

（六）晋升激励

这是绝大多数单位都在使用的一种激励方法。对于富有企业家精神、具有较强管理能力的职员，应当考虑提升他们在企业内的职位，使他们承担更多的责任。这些人往往有极强的事业心，不会拘泥于一时的收入或评价。但是由于有的单位没有更多的位置可以晋升，或者有的单位不能在晋升过程中按照择优的标准来实施晋升，就可能造成这些单位在使用晋升激励手段时出现偏差和错误。

（七）关怀激励

公司领导者经常在生活上和思想上对员工给予帮助和鼓励，会加深员工对公司的感情，从而唤起他们努力工作的热情和高度的责任感。

（八）参与激励

参与激励，即让员工参与管理，从而调动下级的积极性和创造性。员工参与管理，有利于集中群众意见，以防决策失误；有利于满足员工受尊重的心理需要，从而受到激励；有利于员工对决策的认同，从而激励他们积极、自觉地去推进决策的实施。一般而言，员工对于参与与自己的利益和行为有关的讨论有较大的兴趣。通过参与，可培养员工对企业的使命感、归属感和认同感，满足其自尊和自我实现的需要。事实证明，参与管理会使多数人受到激励。正确的参与管理既对个人产生激励，又为组织目标的实现提供了保证。

（九）尊重激励

随着人类文明的发展，人们越来越重视尊重的需要。管理者应利用各种机会信任、鼓励、支持员工，努力满足其尊重的需要，以激励其工作积极性。要尊重下级的人格，上下级只是管理层次和职权的差别，彼此之间是平等的。管理者应尊重自己的下级，特别是尊重其人格，使下级始终获得受到尊重的体验。要尽力满足下级的成就感。要尊重下级自我实现的需要，创造条件鼓励和支持下级实现自己的工作目标，追求事业的成功，以满足成就感。支持下级自我管理、自我控制。管理者要授权于下级，充分信任他们，放手让下级实行自我管理、自我控制，以满足其自主心理。

【本章小结】

所谓激励，是指管理者运用各种管理手段，激发员工的主动性和创造性，调动员工的积极性，使员工朝向组织的目标做出持久的努力的过程。激励的过程表现为：由需要引起动机，由动机导向行为，由行为达成目标。激励在管理中发挥的作用表现为：提高人们工作的积极性、主动性和创造性；有效激励可以提高员工的工作效率和业绩；有效激励可以吸引和留住优秀人才。本章介绍了国外许多管理学家、心理学家和社会学家根据现代管理的实践提出的不同类型的各种激励理论。这些理论按照所研究的侧重点不同，主要分为内容型激励理论、过程型激励理论和行为改造型激励理论。根据激励理论管理者在实践中应根据具体情况采取有效的激励方法，依据激励的原则，提出了事业激励、目标激励、物质激励、荣誉激励、责任激励、晋升激励、关怀激励、参与激励与尊重激励九种有效激励方法。

【思考题】

1. 激励的概念是什么？激励有哪些作用？
2. 简述激励的过程。
3. 简述激励的三要素。
4. 比较内容型激励理论和过程型激励理论在实际运用中有何不同。
5. 简述过程型激励理论。
6. 简述内容型激励理论。
7. 马斯洛需要层次理论的主要观点是什么？如何评价？

8. 成就需要理论的主要内容是什么？为什么说人的成就需要对组织、对社会都有较大影响？

9. 应用“双因素理论”进行激励时应注意哪些问题？

10. 强化理论的观点是什么？为什么要提倡以奖为主、以罚为辅？

【案例】

施科长没有解决的难题

施迪闻是富强油漆厂的供应科科长，厂里同事乃至外厂的同行们都知道他心直口快，为人热情，尤其对新主意、新发明、新理论感兴趣，自己也常在工作上搞点新名堂。

前一阶段，常听见施科长对人嚷嚷说：“咱厂科室工作人员的那套奖金制度，是彻底的‘大锅饭’平均主义，我看到了非改不可的地步了。奖金总额不跟利润挂钩，每月按工资总额拿出5%当奖金，这5%是固定死了的，一共才那么一点钱。说是具体每人分多少，由各单位领导按每人每月工作表现去确定，要体现‘多劳多得’原则，还要求搞什么‘重赏重罚，承认差距’哩。可是谈何容易，‘巧妇难为无米之炊’呀！总共就那么一点点，还玩得出什么花样？理论上是说要奖勤罚懒，干得好的多给，一般的少给，差的不给。可是你真的不给试试看！结果大伙基本上拉平，皆大欢喜；要说有那么一点差距，这差距也只是象征性的。照理说这奖金也不多，有啥好计较的？可要是一个钱不给，他就认为这简直是侮辱，存心丢他的脸。唉，难办！一个是咱厂穷，奖金拨得就少；二是咱中国人平均主义搞惯了，爱犯‘红眼病’。”

最近，施科长却跟人们谈起了他的一段有趣的新经历。他说：“改革科室奖金制度，我琢磨好久了，可就是想不出啥好点子来。直到上个月，厂里派我去市管理干部学院参加一期中层管理干部培训班。有一天，他们不知打哪儿请来一位美国教授，听说还挺有名，来给咱们作一次讲演。

“那教授说，美国有位学者，叫什么来着？……对，叫什么伯格，他提出一个新见解，说是企业对员工的管理，不能太依靠高工资和奖金。又说：钱并不能真正调动人的积极性。你说怪不？什么都讲金钱万能的美国佬，这回倒说起钱不那么灵来了。这倒要留心听听。

“那教授继续说，能影响人积极性的因素很多，按其重要性，他列出了一长串单子。我记不太准了，好像是，最要紧的是‘工作的挑战性’这是个洋名词，照他解释，就是指工作不能太简单、轻而易举地就完成了；要艰巨点，让人得动点脑筋，花点力气，那活才有干头。再就是工作要有趣，要有些变化，多点花样，别老一套，太单调。他说，还要给自主权，给责任；要让人家感到自己有所成就，有所提高。还有什么表扬啦，跟同事们关系友好、融洽啦，劳动条件要舒服安全啦什么的，我也记不准、记不全了。可有一条我是记准了：工资和奖金是摆在最后一位的，也就是说，最无关紧要。

“你想想，钱是无关紧要的！闻所未闻，乍一听都不敢相信。可是我细想想，觉得这话是有道理的，所有那些因素对人说来，可不都还是蛮重要的吗？我于是对那奖金制度不那么担心了，还有别的更有效的法宝呢。

“那教授还说，这理论也有人批评，说那位学者研究的对象全是工程师、会计师、医生这类高级知识分子，对其他类型的人未见得合适。他还讲了一大堆新鲜事。总之，我这回可是大开眼界啦。

“短训班办完，回到科里，正赶上年末工作总结讲评，要发年终奖金了。这回我有了新主意。我那科里，论工作，就数小李子最突出：大学生，大小也算个知识分子，聪明能干，工作积极又能吃苦，还能动脑筋。于是我把他找来谈话。

“别忘了我如今学过点现代管理理论了。我于是先强调了他这一年的贡献，特别表扬了他的成就，还细致讨论了明年怎么能使他的工作更有趣、责任更重，也更有挑战性……瞧，学来的新词儿，马上用上啦。我们甚至还确定了考核他明年成绩的具体指标。最后才谈到这最不要紧的事——奖金。我说，这回年终奖，你跟大伙儿一样，都是那么多。我心里挺得意：学的新理论，我马上就用到实际里来了。

“可是，小李子竟发起火来了，真的火了。他蹦起来说：‘什么？就给我那么一点？说了那一大堆好话，到头来我就值那么一点？得啦，您那套好听的请收回去送给别人吧，我不稀罕。表扬又不能当饭吃！’

“这是怎么一回事？美国教授和学者的理论听起来那么有道理，小李也是知识分子，怎么就不管用了呢？都把我搞糊涂了。”

【思考题】

1. 案例中所提到的激励理论，是指管理学中的哪个激励理论？按照这个理论，工资和奖金属于什么因素？能够起到什么作用？

2. 施科长用美国教授介绍的理论去激励小李，结果碰了钉子，问题可能出在什么地方？根据案例提示的情况，说出你的理由。

3. 你认为富强油漆厂在奖金分配制度上存在的主要问题是什么？可以用什么办法解决？

第十章 控制

【学习要点】

1. 理解控制的概念和控制与计划的关系；
2. 掌握控制的基本原理及其特征；
3. 掌握控制的基本类型和过程；
4. 熟悉主要控制方法；
5. 掌握全面质量管理的内涵及过程；
6. 理解价值工程的基本原理，掌握相关的基本概念；
7. 能应用控制原理和方法有效地调控所涉及的人、事、物；
8. 注意提高自我（情绪、语言、行为）控制能力；
9. 能正确使控制方法灵活地在实践中应用。

第一节 控制概述

控制是管理的重要职能。在现代管理系统中，人、财、物等要素的组合关系是多种多样的，时空变换和环境影响很大，内部运行和结构有时变化也很大，加上组织关系复杂，随机因素很多，处在这样一个复杂多变的系统中，组织如果缺少有效的控制，工作就容易产生错乱，甚至偏离正常组织活动轨迹，组织目标从而不能实现。因此控制是对管理系统的计划实施过程进行监督，将监督结果与计划目标相比较，找出偏差，分析产生的原因并予以处理，以确保组织的计划目标得以实现的过程。为了使控制有效，组织有必要设计一个良好的组织控制系统。控制系统越完善，组织目标就越容易实现。

一、控制的概念

对于“控制”一词，不同的管理学家站在不同的层面有着不同的看法。亨利·法约尔认为，在一个企业中，控制就是核实所发生的每一件事是否符合所制订的计划、所发布的指示以及所确立的原则，其目的就是要指出计划实施过程中的缺点和错误，以便加以纠正并防止重犯。控制在每件事、每个人、每个行动上都起作用。霍德盖茨认为，控制就是管理者将计划的完成情况和目标（标准）对照，然后采取措施纠正计划执行中的偏差，以确保计划目标的实现；孔茨认为：控制就是按照计划标准衡量计划的完成情况和纠正计划执行中的偏差，以确保计划目标的实现。

在本书中对于控制的定义我们可以从两方面进行把握：从职能（静态）的角度来看，控制是为了保证企业计划与实际作业动态相适应的管理职能；从过程（动态）的角度来看，控制是对各项活动的监视，从而保证各项活动按计划进行，并纠正各种显著偏差的过程。

（一）正确理解控制的含义需要掌握以下几点

1．控制是组织的一项重要管理活动

任何一个组织如果要生存和发展就离不开管理，管理主要是通过计划、组织、领导和控制等职能实现，控制是对组织活动监督并实现既定目标的一项必不可少的管理活动。

2．控制是一个检验计划执行成效和计划正确性的过程

由于管理环境的不断变化，管理活动可能会偏离计划和目标，出现各种偏差。对管理者来说，不仅要执行计划，还要对计划执行过程进行监控，以便及时发现问题，分析原因并采取有效措施加以控制。

3．控制过程要有一套科学的程序

控制过程包含三个基本步骤，即制定标准、衡量成效、纠正偏差。没有标准就无法衡量成效，无法衡量工作成效也就无法制定纠正偏差的措施，控制也就变得无任何意义。

4．控制具有明确的目标

控制的目的是要保证组织目标的实现，防止偏差的产生和扩大，增强组织适应环境的能力。

在现代管理活动中，控制既是一次管理循环的终点，是保证计划得以实现、组织按既定方针发展的管理职能，又是新一轮管理循环的起点。

（二）控制与计划的关系

（1）计划起着指导性作用，管理者在计划的指导下领导各方面工作以便达成组织目标，而控制则是为了保证组织的产出与计划一致而产生的一种管理职能。

（2）计划预先指出了所期望的行为和结果，而控制则是按计划指导实施的行为和结果。

（3）只有管理者获取关于每个部门、每条生产线以及整个组织过去和现在状况的信息才能制订出有效的计划，而这些信息中的绝大多数都是通过控制过程得到的。

如果没有计划表明控制的目标和依据，管理者就不可能进行有效的控制，计划和控制都是为了实现组织的目标，两者是相互依存的。

（三）控制的控能

对于管理者而言，重要的问题不是工作有无偏差，或者工作是否有可能出现偏差，而是能否及时发现已经出现或者预见潜在的偏差，采取措施进行预防和纠正，以确保组织的各项活动能够正常进行，从而能够顺利实现组织的预期目标，这就是控制的功能。

（1）及时了解组织环境的变化；
（2）组织协调各部门和各层次的活动；
（3）协调组织成员的活动；
（4）提供修改计划的依据。

二、控制原理

任何一个有效的管理者，都希望有一个适宜、有效的管理系统来帮助他们确保各项活动都符合计划要求。要使控制工作有效地进行，在建立控制系统时必须遵循下列基本原理：

（一）反映计划要求原理

计划是控制的依据，控制是实现计划的保证，控制的目的是为了实现计划，因此，计划越明确、全面、完整，所设计的控制系统越能反映这样的计划，则控制工作越有效。

每一项计划、每一种工作都有其特点。所以，为实现每一项计划和完成每一种工作所设计的控制系统和所进行的控制工作，尽管基本过程相同，但是，在确定什么标准、控制哪些关键点和重要参数、收集什么信息、如何收集信息、采用何种方法评定成效，以及由谁来控制和采取纠正措施等方面，都必须按不同计划的特殊要求和具体情况来设计。

（二）控制关键点原理

控制关键点原理是控制工作的一条重要原理。这条原理可表述为：为了进行有效的控制，需要特别注意在根据各种计划来衡量工作成效时有关键意义的那些因素。对一个主管人员来说，随时注意计划执行情况的每一个细节，通常是浪费时间、精力和没有必要的。他们应当也只能够将注意力集中于计划执行中的一些主要影响因素上。事实上，控制住了关键点，也就控制住了全局。关键点可以是组织目标本身不同时期的状态，也可以是与组织目标实现有直接联系的其他因素的状态。

（三）例外原理

例外原理可表述为：对于偏差，管理者不应平均看待，对于那些可能经常出现的偏差，要制定处理程序、政策和规则，交由下属或当事人处理，而对于那些以前没有或很少出现的问题才需要交上级主管处理。

质量控制中广泛地运用例外原则来控制工序质量。工序质量控制的目的是检查生产过程是否稳定。如果影响产品质量的主要因素，如原材料、工具、设备、操作工人等无显著变化，那么产品质量也就不会发生很大差异。这时，我们可以认为，生产过程是稳定的，或者说工序质量处于控制状态中。反之，如果生产过程出现违反规律性的异常状态，应立即查明原因，采取措施使之恢复稳定。

需要指出的是，只注意例外情况是不够的。在偏离标准的各种情况中，有一些是无关紧要的，而另一些则不然，某些微小的偏差可能比某些较大的偏差影响更大。比如说，一个主管人员可能对利润率下降了一个百分点感到非常严重，而对“合理化建议”奖励超出预算的20%不以为然。因此，在实际运用当中，例外原理必须与控制关键点原理相结合。仅仅立足于寻找例外情况是不够的，我们应把注意力集中在关键点的例外情况的控制上。这两条原则有某些共同之处。但是，我们应当注意到它们的区别在于：控制关键点原理强调选择控制点，而例外原则强调观察在这些点上所发生的异常偏差。

（四）控制效率原理

控制方法如果能够以最低的费用或其他代价来探查和阐明实际偏差或可能偏离计划的偏差及其原因，那么它就是有效的。对控制效率的要求是控制系统的一个限定因素，控制的目的是为了增加效益或减少损失，但是控制的花费不应超过它能带来的潜在效益。

（五）直接控制原理

直接控制，是相对于间接控制而言的。一个人无论他是主管人员还是非主管人员，在工作过程中常常会犯错误，或者往往不能觉察到即将出现的问题。这样，在控制他们的工作时，就只能在出现了偏差后，通过分析偏差产生的原因，然后才去追究其个人责任，并使他们在今后的工作中加以改正。这种控制方式，我们称为间接控制。显而易见，这种控制的缺陷是在出现了偏差后才去进行纠正。针对这个缺陷，直接控制原理可表述为：主管人员及其下属的工作质量越高；就越不需要进行间接控制。这是因为主管人员对他所负担的职务越能胜任，也就越能在事先觉察出偏离计划的误差，并及时采取措施来预防它们发生。这意味着任何一种控制的最直接方式，就是采取措施来尽可能地保证主管人员的质量。

（六）控制趋势原理

控制趋势原理可以表述为：对控制全局的主管人员来说，重要的是现状所预示的趋势，而不是现状本身，控制变化的趋势比仅仅改善现状重要得多，也困难得多。一般来说，趋势是多种复杂因素综合作用的结果，是在一段较长的时期内逐渐形成的，并对管理工作成效起着长期的制约作用。趋势往往容易被现象所掩盖，它不易觉察，也不易控制和扭转。例如，一家生产高压继电器的大型企业，当年的统计数字表明销售额较去年增长5%。但这种低速的增长却预示着一种相反的趋势：因为从国内新增的发电装机容量来推测高压继电器的市场需求，较上年增长了10%，因而，该企业的相对市场地位实际上是在下降。同样是这个企业，经历了连续几年的高速增长后，开始步入一个停滞和低速增长的时期。尽管销售部门做出了较大努力，但局面却仍未根本扭转。这迫使企业的上层主管人员从现状中摆脱出来，把主要精力从抓销售转向了抓新产品开发和技术改造，因而从根本上扭转了被动的局面。

通常，当趋势可以明显地被描绘成一条曲线，或是可以描述为某种数学模型时，再进行控制就为时已晚了。控制趋势的关键在于从现状中揭示倾向，特别是在趋势刚显露苗头时就敏锐地觉察到。这也是一种管理艺术。

第二节 控制过程

控制在不同的场合具有不同的内涵，如质量控制、宏观经济控制、时局控制、资金控制等。在这些控制场合中不管在什么地方，也不管控制对象是什么，控制本质是相同的，控制过程基本上都包括三个步骤：制定标准、衡量绩效和纠正偏差。经过这三个步骤，管理控制实际上形成了一个完整的反馈系统，促进了组织目标的实现和管理活动的发展，如图 10－1 所示：

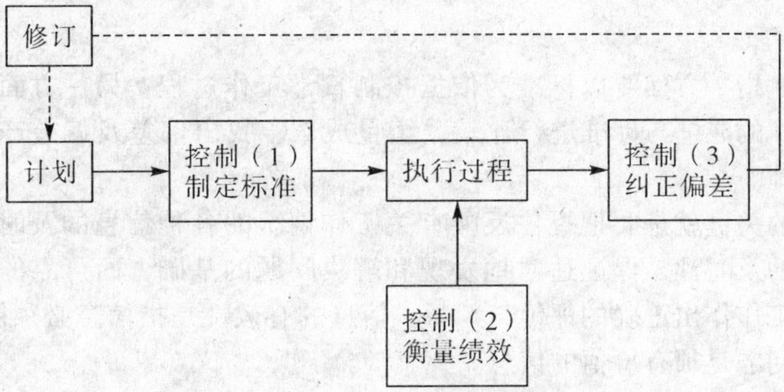

图 10－1 控制的过程

一、制定标准

要控制就要有标准，标准是指衡量绩效的尺度，包括组织中的各种计划及所规定的各项工作指标等，是人们检查和衡量工作及其结果的规范。制定标准是进行控制的基础，没有标准或离开了标准就无法对活动进行评价，控制工作也就无从谈起。由于计划是控制的依据，控制的标准来源于计划，所以从逻辑上讲，实施控制的第一步是以计划为基础，制定出合理的控制标准。标准的设立应当是具有权威性，应当是可以考核的，可以是常数，也可以是变量；可以考核数量，也可以考核质量。

（一）标准的种类

（1）时间标准：主要反映工作时间进度的各种标准，如完工日期、交货时间、时间定额等。

（2）成本标准：主要反映各种活动与工作所支出的费用标准，如产品成本、质量成本、人力资源成本等。

（3）数量标准：主要从量的方面规定活动和工作所完成的数量。

（4）质量标准：主要从定性或定量的角度规定工作水平和质量的要求。

（二）制定标准的方法

1. 统计法

相应的标准称为统计性标准，是以企业的历史数据记录为基础或对比同类型企业的水平，运用统计学的方法进行分析并确定现在的控制标准。常常用于拟定与企业的经营活动和经济效益相关的标准。

2. 经验估计法

相应的标准称为估价性标准，是在缺乏充分的统计数据和资料情况下，根据管理人员过去的经验和判断为基础进行估计评价而确立的控制标准。

3. 工程法

相应的标准称为工程性标准，是指根据对具体工作情况作出客观的定量分析来制定标准的一种方法。他不是利用现成数据，也不是靠管理者的经验判断，而是对实际发生的活动进行测量从而制定出符合实际的可靠标准。

二、衡量绩效

衡量绩效是指一方面要以标准为依据控制日常工作过程，另一方面要以标准为尺度，将实际工作的成绩与标准进行比较，衡量成效，找出偏差及偏差产生的原因，以便制定纠正措施。

衡量绩效的关键就是要把握住反映有关工作情况的各种信息的及时性、可靠性和有效性。信息的及时性是保证适时地发现和解决问题的基础，而可靠的信息有助于管理人员对实际工作作出正确的评价与判断。信息的有效性是指信息必须能够说明问题，并对解决这个问题是很有价值的信息。

这一阶段的具体内容包括：明确衡量的对象；确定衡量的方法；落实进行衡量和检查的人员；通过衡量—对比过程获得偏差信息。

1. 明确衡量的对象

明确衡量的对象就是要知道衡量什么。这个要结合控制的对象而定，不同的对象有不同的控制指标，如财务控制要求衡量组织的资金周转率、投资收益率等，而对于人员的控制要求我们衡量员工满意度、出勤率等。

2. 确定衡量的方法

按照管理者获取信息的方式我们可以把衡量的方法归纳如下：①现场观察法（走动管理法）。这是指管理者亲自去工作现场，通过直接与员工交流，观察员工的工作现状，了解工作进展的信息。这种方法可以使管理者直接获得第一手的资料，减少信息的遗漏和传递过程的丢失，但是它容易受管理者个人主观因素的影响，往往会产生个人偏见。对同一个问题，不同的管理者会有不同的看法。这种方法基层管理者较多采用。②报告法。通过下属口头的、书面的报告或者计算机统计报告获得相关信息，这种方式在管理活动中较为普遍，而且管理者所处的层次越高，他们越依赖于这种方式获取信息。它可以节约时间，但报告的质量高低决定了管理者所获信息是否准确和全面。

3. 落实进行衡量和检查的人员

控制工作最终要落实到人，人是控制活动的主体，离开了人，组织的控制活动将无法实施。在控制活动过程中，组织需要根据工作的性质和特点，确立衡量和检查人员，他们利用相应的衡量方法来检查工作的执行情况，这些人员可以是一线的员工，也可以是基层管理者或者高层管理者。

4．通过衡量—对比过程获得偏差信息

这是指确定实际业绩是否满足了预定或计划的标准。通过对标准和实际工作的比较，找出偏差所在。因为在所有活动中，偏差是不可避免的，所以确定可以接受的偏差范围是很必要的一项工作。按照标准来衡量实际成效的最好办法应当建立在向前看的基础上（即前馈控制），这样可使差错在其实际发生之前就被发现并采取适当的措施加以避免。富有经验与远见的主管人员常常能预见可能出现的偏差。

三、纠正偏差

控制的最后一个步骤就是根据衡量和分析的结果采取适当的措施。管理者对计划工作进行检查，采取的措施无非是维持原状或纠正偏差。当衡量绩效的结果比较令人满意，可采取维持原状；如果发现偏差，就要分析偏差产生的原因，对不同的情况要采取不同的措施，要么纠正偏差，要么对标准进行修正。

（一）措施分类

1．纠正偏差

如果偏差是由绩效不足所产生的，管理者就应该采取纠正措施。这种措施的具体方式可以是：调整管理策略、完善组织结构、及时进行补救、加强人员培训以及进行人事调整等。作为一个有效的管理者，对偏差进行认真的分析，并花一些时间永久性地纠正这些偏差是非常有益的。

2．修订标准

工作中的偏差也可能来自不合理的标准，也就是说指标定得太高或太低．或者是原有的标准随着时间的推移已难适应新的情况。这种情况下，需要调整的是标准而不是工作绩效。

值得说明的是，在纠正偏差中，最难的就是找出偏差产生的主要原因。偏差产生的原因是极其复杂的，必须透过现象看本质，通过一定的分析法，找出偏差的主要原因，看是标准本身不完善、健全，还是执行过程中的其他管理问题。只有“理直”才能“气壮”。

（二）在整个纠偏过程中管理者还需要注意的问题

（1）保持纠偏方案的双重优化。既要提高控制措施的效用，同时也要降低纠偏成本。通过对各种可行的纠偏方案的分析比较，找出其中相对最优的方案，以实现追加投入最少、成本最小、解决偏差效果最好的目的。

（2）充分考虑原有计划实施的影响。管理控制的实施将会使企业经营活动方向发生或大或小的调整，因此管理者在制订和选择控制方案的时候，就需要充分考虑组织由于原有计划的实施已经造成的种种影响以及人员思想观念的转变等问题。

（3）长期目标与短期目标兼顾。短期目标治标，长期目标治本。管理者采取纠正偏差的措施，可以针对所出现的问题立即采取应急行动，也可以从“问题的症状—问题的原因—问题的根源”层层深入分析着手，找到彻底解决问题的突破口。

（4）注意消除组织成员的疑虑。管理控制措施的实施会在不同程度上引起组织结构、人员关系和活动方式的调整，会触及某些组织成员的利益。管理者在控制工作中要充分考虑和处理组织成员对准备采取纠正措施的各种态度，特别是要注意消除执行者的疑虑，争取理解、赞同和支持，以避免可能出现的人为障碍。

综上所述，控制是一个连续的过程。在大多数情况下，实时控制既是一个管理过程的终结，又是另一新的管理过程的开始。控制活动从计划开始，通过衡量计划执行中出现的偏差，采取纠正措施，把那些不符合要求的管理活动引回到正常的轨道上来，以稳步地实现预定目标。

第三节 控制类型

在组织中，控制可以从不同角度划分为多种类型。

一、根据控制点的不同时间分类

（一）预先控制

预先控制又称事前控制、事先控制，是指针对不久的未来预测可能出现的偏差，预先采取各种防范措施，使未来的实际结果能够达到预定标准。预先控制发生在实际工作开始之前，是以未来为导向的，对管理者来说，其控制的关键在于需要及时和准确的信息捕捉能力与敏锐的判断力，并进行仔细和反复预测，把预测和预期目标相比较，并促进计划的修订。预先控制是用来防止问题的发生而不是当出现问题时再补救。例如，市场调查、原材料的检查验收、组织招工考核、入学考试等都属于预先控制。

预先控制的最大优点是克服了时滞现象，防患于未然，使企业尽量避免损失。其缺点是需要对计划目标的变化趋势进行预测，并要分析可能对计划产生影响的因素，这一点往往会给管理工作带来很大的困难。

（二）事中控制

事中控制，也称现场控制，是指在某项活动或工作过程中进行的控制，管理者在现场对正在进行的活动给予指导和监督，以保证按规定政策、程序方法进行。最常见的事中控制就是直接观察，及时发现偏差，及时了解，及时解决。例如，生产过程中的进度计划、每日情况统计报表、学生的家庭作业和期中考试等，都属于事中控制。

在进行事中控制时，要注意避免单凭主观意志进行工作。管理人员必须加强自身的学习，亲临第一线进行认真仔细的观察和监督，以计划为依据，服从组织原则，遵循正式指挥系统的统一指挥，逐级实施控制。

（三）事后控制

事后控制是在工作结束之后进行的控制。事后控制把注意力集中于工作结果上，用预定的标准去衡量最终结果，指出偏差，分析原因，为改进下一期的行动提供依据。事后控制既可以用来控制系统的最终结果（如利润、产量等），也可以用来控制系统的中间结果（如生产计划、工序质量、生产过程等）。事后控制是历史最悠久的控制类型，传统的控制方法几乎都属于此类。如企业对生产出来的成品进行质量检验、学校对学生的违纪处理等，都属于事后控制。

事后控制的优点是：为管理者提供了有关计划执行的结果究竟如何的真实信息；它可以增强员工的积极性，因为人们希望自己的工作得到肯定，希望获得评价他们的信息，而反馈正好提供了这样的信息。其缺点是时滞问题，管理人员获得信息时损失已经造成了，对已经形成的结果来说是无济于事的，无法改变已经存在的事实。所以事后控制的目的在于总结过去的经验教训，为未来计划的制订和活动安排提供借鉴，也是面向未来的。

二、按控制信息的性质分类

（一）前馈控制

前馈控制又称为指导将来的控制，他通过情况的观察、规律的掌握、信息的分析、趋势的预测、对未来可能发生问题的预计，在问题发生前即采取措施加以防止。前馈控制的着眼点是通过预测对被控对象的投入或过程进行控制，以保证所期望的产出，并可较好解决一些非正常现象所带来的问题。如通过市场营销预测来调整企业的营销策略、通过流通资金的预算来控制资金的收支等，都属于前馈控制。前馈控制的难点是敏锐地捕捉可能影响组织绩效的信息。

（二）反馈控制

反馈控制是根据过去的情况来指导现在和将来，即从组织活动进行过程中的信息反馈中发现偏差，通过分析原因，采取相应措施纠正偏差；反馈控制是一个不断提高的过程，他的工作重点是把注意力集中在历史结果上，并将它作为未来行动的基础。反馈控制不是最好的控制，但目前仍被广泛地使用，这是因为有许多工作现在还没有有效的预测方法，而且受主、客观条件的限制，人们往往会在执行计划过程中出现失误。在组织中应用最广泛的反馈控制方法是：财务报告分析、标准成本分析、质量控制分析与工作人员成绩评定等。事后控制和事中控制都用反馈控制系统，只不过事中控制的反馈周期短，有实时控制效果。

三、按控制的主体分类

（一）直接控制

计划的执行结果往往要受到人的影响，要清除未来的偏差，就应通过各种方法改进管理者的行为。而直接控制就是用来改进管理者未来行动的一种方法，它着眼于培养更好的管理者，使他们能够熟练地应用管理的概念、技术和原理，能以系统的观点来改进和完善他们的管理工作，从而防止因管理不善而造成的不良后果。此时的控制主体应由直接责任者负责。

直接控制的优点是：首先，直接控制重视人的素质，对管理者的优缺点有比较全面的了解。在对个人委派任务时，能有较大的准确性，同时，为了提高管理者的素质，对他们进行经常的专门培训和评价，能消除他们在工作中暴露出的缺点和不足，提高控制效率。其次，能充分发挥管理者的主观能动性，使他们主动确定他们自己应负的责任，自觉地纠正错误，并有效地培养自我管理能力和主人翁精神。再次，由于提高了管理者的素质，减少了偏差的发生，并强调自我控制，因此能减少控制系统所需的人力和物力。最后，可以获得较好的心理效果。

（二）间接控制

人们常常会犯错误，或常常不能察觉到那些将要出现的问题，因而未能及时采取适当的纠正或预防措施。间接控制就是着眼于工作中出现的偏差，分析产生的原因，并追究其个人责任，使之改进未来工作的一种控制方法。

在实际工作中，管理人员往往是根据计划和标准，对比或考核实际的结果，研究造成偏差的原因和责任，然后才去纠正。实际上，计划执行中出现问题、产生偏差的原因是很多的：有时是制定的标准不正确，可对标准做合理的修订；有时存在未知的不可控因素，如未来的经济发展状况、自然灾害等，因此造成的失误是难免的；还有一种原因就是管理人员缺乏知识、经验和判断力等，在这种情况下可以运用间接控制来纠正。同时，间接控制还可以帮助管理人员总结并吸取经验教训，丰富他们的知识、经验，提高其判断力和管理水平。

间接控制对比较规范和程序化的工作较为有效，但也存在着许多缺点：第一，对复杂环境反应较慢，所制定的标准实际执行时可能较为困难；第二，只考核工作业绩，忽视了其他因素，如外部环境因素等；第三，在改正错误和纠正偏差之前可能已发生了时间和金钱的损失，因为间接控制是在出现了偏差、造成损失之后才采取措施，所以它的费用支出是比较大的；第四，可能导致管理者对控制的消极情绪，加上大家互相推卸责任或当事者固执己见，不愿纠正错误等，情况可能更糟。

四、按控制力量的来源分类

（一）正式组织控制

正式组织控制是指由管理人员设计和建立起来的一些机构或规定来进行控制。例如，组织通过规划指导组织成员，通过预算来控制消费，通过审计来检查各部门或各成员是否按照规定进行活动，对违反规定或操作规程者给予处理等，都属于正式组织控制。在多数组织中，普遍实行的正式组织控制的内容包括：实施标准化，即制定统一的规章、制度，制定标准的工作程序以及生产作业计划等；保护组织的财产不受侵犯，如防止偷盗、浪费等；质量标准化，包括产品的质量及服务的质量；防止滥用权力；对员工的工作进行指导和考核。

（二）群体控制

群体控制是基于非正式组织成员之间的不成文的价值观念和行为准则进行控制。非正式组织尽管没有明文规定的行为规范，但组织中的成员都十分清楚这些规范的内容，都知道自己如果遵守这些规范，就会得到其他成员的认可，可能会由此强化自己在非正式组织中的地位；如果违反这些行为规范就会遭到惩罚，这种惩罚可能是遭受排挤、讽刺，甚至被驱逐出该组织。群体控制在某种程度上左右着员工的行为，处理得好有利于组织目标的实现，如果处理不好会给组织带来很大危害。

（三）自我控制

自我控制是指个人有意识地按某一规范进行活动。自我控制能力取决于个人本身的素质。例如，一个员工不愿把企业的东西据为己有，可能是因为他具有较强的自我控制能力。具有较高层次需求的人具有较强的自我控制能力。

划分控制类型的目的，是为了根据管理者的不同情况，分别采取不同类型的控制，以便使管理的控制职能得到更有效的发挥。控制类型按照不同的标准还可以分成许多种。例如按照控制对象的全面性，可分为局部控制和全面控制；按照控制的程度不同，还可以分为集中控制和分散控制。

第四节 控制方法与技术

组织在管理活动中，控制是需要借助相应的方法与技术来实现的，因控制的对象、内容和条件不同，还应选择不同的控制方法。既可以利用预算实施预算控制，还可以利用管理经济学和管理会计学提供的一些专门方法，如比率分析和盈亏平衡分析等对实际系统进行经济分析。此外还可以借用行政手段监测、控制受控系统，主要包括实地观察、资料统计、报告、企业诊断、制度规范与培训。另外，审计控制也是一种有效的控制方法。而近年来一些新的管理观念（目标管理、全面质量管理、价值工程等）的兴起、信息技术的迅猛发展都对管理控制活动的方式和方法产生着重大影响。

一、预算控制

组织管理中最基本、最广泛运用的一种控制方法就是预算控制方法。无论是工商企业还是政府、文化组织，都需要借助预算对管理系统的运行进行控制。

（一）预算的概念

预算，也可以称为预算编制，是一种计划，是用数字编制来反映组织在未来某一个时期的综合计划，也可以简单地理解为预算是计划的数量体现，即用数字来表明预期的结果。它预估了组织在未来时期的经营收入或现金流量，同时也为组织中的各部门或各项活动规定了在资源（人、财、物及时间等）方面的支出不能超过的额度。

（二）预算控制

预算控制是指通过编制预算并根据预算规定的收入和支出标准为基础，来检查、监督和控制组织各个部门的生产经营活动，在活动过程中比较预算和实际的差距及原因，以保证各种活动或各个部门在充分达成既定目标、实现利润的过程中对经营资源的利用，从而使费用支出受到严格有效的约束。

通过编制预算有助于改进计划工作，更有效地确定目标和拟定标准。但是，预算的最大价值还在于它有助于改进协调和控制工作。当为组织的各个职能部门都编制了预算时，就为协调组织的活动奠定了基础。同时，由于对预期结果的偏离将更容易查明和评定，预算也为控制工作中实施纠正措施奠定了基础。所以预算可以导致更好的计划和协调，并为控制提供基础。此外，要使预算对主管人员具有指导和约束作用，预算必须反映组织的机构状况。只有充分按照各部门业务工作的需要来制订、协调并完善计划，才有可能编制一个足以作为控制手段的分部门预算。将各种计划编制为一些确切的数字，有助于主管人员清楚地看到哪些资金将由谁来使用，将由哪些单位使用，并涉及哪些费用开支计划、收入计划和以实物表示的投入量和产出量计划。主管人员明确了这些情况，就可以放手地授权下属，以便使之在预算的限度内去实施计划。

（三）预算的种类

对于不同的组织而言，其预算会各不相同。即使同一组织内部的不同部门，由于其经营活动的不同，预算也会有所差异。一般来说预算可分为以下几种基本类型：

1. 收支预算

收支预算又称经营预算，是从财务的角度即从货币的收入与支出角度编制的企业经营管理收支计划，也即企业日常发生的各项基本活动的预算。它主要包括销售预算、生产预算、直接材料采购预算、直接人工预算、制造费用预算、单位生产成本预算、推销及管理费用预算等。

（1）销售预算是销售预测的详细说明，即通过分析企业过去的销售情况、目前和未来的市场需求，比较竞争对手和本企业的经营实力，确定企业未来时期内，为了实现目标和利润必须达到的销售水平。销售预算应该和企业的具体业务活动相对应，不同的产品、不同的销售区域、不同的时期的销售状况往往会有很大差别，所以销售预算需分项、分期编制。由于销售预测是计划的基石，企业主要是靠销售产品和提供服务的收入来维持经营费用的支出并获利的，因此，销售预算是预算控制的基础。

（2）生产预算是指组织在预算期内生产多少产品才能满足销售和期末存货需要的预计，按产品品种、数量分别编制。生产预算取决于销售预算、期初产成品存货量以及期末产成品预计存货量。确定预计生产量的公式如下：

预计产量 = 预算的销售量 - 期初产成品存货量 + 期末产成品存货量

选择期末产成品存货量的大小时需要平衡两个相冲突的目标：一是组织不愿意因缺货而丧失销售机会；二是产成品存货过多又会损失成本。在生产预算编制好后，还应根据分季度的预计销售量，经过对生产能力的平衡，排出分季度的生产进度日程表，或称生产计划大纲。

（3）在生产预算和生产进度日程表的基础上，可以编制直接材料采购预算、直接人工预算（即直接工资及其他直接支出预算）和制造费用预算。这三项预算构成对企业生产成本的统计。而推销及管理费用预算，包括制造业务范围以外预计发生的各种费用明细项目，例如销售费用、广告费、运输费等。对于实行标准成本控制的企业，还需要编制单位生产成本预算。

2. 时间、地点、原材料和产品预算

这种预算一般是以产品单位或直接工时为计量单位的预算，如直接工时效、台时数、单位原材料、划拨的平方米面积和生产数量等。这是一种以实物单位进行的预算。在预算控制中，有时用实物单位表示更好。例如，一个自行车装配车间的管理人员，知道每周有 8 000 工时劳动力预算，要比知道每周 7 万元工资的工人数更容易安排工作。

3．资产预算

这种预算是对企业固定资产的购置、扩建、改造、更新等，在可行性研究基础上编制的预算。其基本内容包括：何时进行投资，投资多少，资金从何处取得，何时可获得收益，每年的现金净流量为多少，需要多少时间收回全部投资等。由于投资兴建的固定资产所需资金量大，又往往需要很长时间才能回收，所以，投资预算应当反映企业的战略以及长期计划。

4．现金预算

这实质上是一种现金收支预算，主要反映计划期间预计的现金收支的详细情况。完成初步的现金预算后，就可以知道企业在计划期间内需要多少资金，财务主管人员就可以预先安排和筹措，以满足资金需求。现金预算可用它来衡量实际的现金使用情况。从某种意义上讲，这种预算是组织中最重要的一种控制。为了有计划地安排和筹措资金，现金预算的编制期应越短越好。如按季度、按月编制现金预算，甚至逐周、逐天编制预算。

5．资产负债预算

它可用来预测将来某一特定时期的资产、负债和资本等账户的情况，或用来反映企业在计划期末那一天预计的财务状况。其编制是以计划期间开始的资产负债表为基础，然后根据计划期间各项预算的有关资料进行必要调整而形成的。由于其他各种预算都是资产负债表项目变化的资料依据，因而利用资产负债表可以验证所有其他预算的准确性。

6．总预算

它是把各部门各种预算综合而成的。总预算包括预计的资产负债表和资产损益表。资产负债表预测资产、债务和权益，表明了组织财产的具体情况；资产损益表预计收入、支出及利润，表明了组织的经营状况和成果。总预算中还需附有编制预算所需的有关数据和资料，以及可能出现的情况分析。总预算的编制要以组织目标和计划为依据。

（四）预算编制的程序

预算编制的程序一般包括以下六个步骤：

（1）组织下属各职能部门制订本部门的预算方案，呈交归口负责人审批；

（2）各归口负责人对所属部门的预算草案进行综合平衡，并制订本系统的总预算草案；

（3）各系统将其预算草案呈交预算领导小组；

（4）预算领导小组审查各系统预算草案，并进行综合平衡；

（5）预算领导小组与最高决策人磋商，拟订整个组织的预算方案。

（6）预算领导小组将整个组织的预算方案提交最高领导层审批之后下发各部门执行。

（五）现代预算方法

1．弹性预算

弹性预算是在固定预算模式的基础上发展起来的一种预算模式。它是根据计划或预算可预见的多种不同的业务量水平，分别计算其相应的预算额，以反映在不同业务量水平下所发生的费用和收入水平的财务预算编制模式。由于弹性预算随业务量的变动而作相应调整，考虑了计划期内业务量可能发生的多种变化，故又称变动预算。弹性预算有两方面的特性：①弹性预算仅以某个“相关范围”为编制基础，而不是以某个单一业务水准为基础；②弹性预算的性质是“动态”的。弹性预算的编制可适应任何业务要求，甚至在期间结束后也可使用。也就是说，企业可视该期间所达到的业务要求编制弹性预算，以确定在该业务要求下“应有”的成本是多少。弹性预算总是提出一个产量幅度——在这个幅度内，各种固定性的费用要素是不变的。如果产量低于该幅度的下限，就要考虑采用一个更适合于较低产量的固定费用，例如压缩行政人员、处理闲置设备等。如果产量超过了该幅度的上限，那么，为了按较大生产规模来考虑必需的固定费用，例如增加设备、扩大厂房面积等，则应另外编制一个不同的弹性预算。弹性预算的编制采用弹性预算方法，有效地弥补了固定预算方法的不足。弹性预算的出现，使不同的财务经济指标水平或同一经济指标的不同业务量水平有了相应的预算额。因此，在实际业务量发生后，可将实际发生量同与之相适应的预算数进行对比，以揭示生产经营过程中存在的问题。

2. 零基预算

增量预算是一种传统的预算方法，是以上年度的实际发生数为基础，再结合预算期的具体情况加以调整，很少考虑某项费用是否会发生，或预算的数额是否正确。在增量预算法下，预算编制单位的负责人常常竭力用完全年的预算指标。针对传统预算编制方法存在的问题，在每个预算年度开始时，将所有还在进行的管理活动都看做是重新开始，即以零为基础。根据组织目标，重新审查每项活动对实现组织目标的意义和效果，并在费用—效果分析的基础上，重新排出各项管理活动的优先次序，并据此决定资金和其他资源的分配。

3. 程序性预算

传统的预算方法是以各项开支为目标制订的。它一般是根据以往开支情况，将资源分配在各个开支项目上，而忽略了开支只是完成计划目标的手段。这样的预算，必然会导致资源分配的不合理以及不能有效地保证组织或部门目标的特定需要。而程序性预算，完全是以计划为基础的，按照计划目标的实际需要来分配资源，使资源最有效地保证目标的实现。

（六）预算的作用及其局限性

1. 预算的作用

（1）使企业在不同时期的活动效果和不同部门的经营绩效具有可比性；

（2）预算的编制为企业的各项活动确立了财务标准；

（3）通过为不同职能部门和职能活动编制预算，也为协调企业活动提供了依据；

（4）数量形式的预算标准大大方便了控制过程中的绩效衡量工作。

2. 预算的局限性

（1）只能帮助企业控制那些可以计量的，特别是可以用货币单位计量的业务活动，而不能促使企业对那些不能计量的企业文化、企业形象、企业活力的改善予以足够的重视。

（2）企业的外部环境是在不断变化的，这些变化会改变企业获取资源的支出或销售产品实现的收入，从而使预算变得不合时宜。除了销售预算、生产预算适合弹性预算外，很多行政业务预算需要使用其他预算方法。

二、比率控制

企业通过对一些反映财务状况与经营业绩的比例进行分析，并控制在一定范围，有利于企业长期保持健康的运营状态。

（一）财务比率分析

这种方法主要用来分析财务结构，控制财务状况，并通过这种资金形式来集中对整个系统进行控制，有助于直接控制企业的经营活动。

1．流动比率

流动比率是企业流动资产和流动负债的比率，反映了企业流动负债的能力。其计算公式为：

流动比率 =（流动资产/流动负债）×100%

这一比率普遍被用来衡量企业短期偿债能力。流动比率越高，表示短期偿债能力越强。企业资产应有足够的流动性来增强企业的偿债能力和信誉，但也要防止追求高流动性而导致财务资源得不到充分利用而使收益受损。

2．负债比率

负债比率是企业负债总额和资产总额的比率，反映了企业所有者提供的资金与外部债权人提供的资金的比率关系。其计算公式为：

负债比率 =（负债总额/资产总额）×100%

该比率用来衡量企业利用债权人提供的资金进行经营活动的能力，也反映了债权人借出资金的安全程度，负债比率低虽然表明了企业的长期偿债能力强，但会影响企业利用外部资金发展并获取额外利润，因此确定合理的债务比率是企业成功举债经营的关键。

3．盈利比率

盈利比率是企业利润与销售额或全部资金等相关因素的比例关系，反映了企业在一定时期从事某种经营活动的盈利程度，主要包括：销售净利率、销售毛利率和资产净利率。

盈利比率反映了企业是否从全部投入资金的利用中实现了足够的利润，企业可以利用该比率来考虑如何调控资金的投入分配从而获得最大的利润。

（二）经营比率分析

经营比率（活力比率），是与资源利用有关的几种比例关系，反映了企业经营效率的高低和各种资源是否得到了充分利用，为企业管理控制工作提供依据。

（1）库存周转率——销售总额与库存平均价值的比例关系，反映了与销售收入相比库存数量是否合理。

（2）固定资产周转率——销售总额与固定资产之比，反映了单位固定资产能够提供的销售收入，表明了企业固定资产的利用程度。

（3）销售费用率——销售费用与销售收入的比率，表明单位销售费用能够实现的销售收入，反映了企业营销活动的效率。

三、审计控制

审计是指对反映企业资金运动过程及其结果的会计记录及财务报表进行审核、鉴定，以判断其真实性和可靠性，从而为控制和决策提供依据。根据审计主体和内容的不同，可将审计分为三种类型：一是由外部审计机构的审计人员进行的外部审计；二是由内部专职人员对企业财务控制系统进行全面评估的内部审计；三是由外部或内部审计人员对管理政策及其绩效进行评估的管理审计。

（一）外部审计

外部审计是由外部机构（如会计师事务所）选派的审计人员对财务报表及其反映的财务状况进行独立的评估。为了检查财务报表及其反映的资产与负债的账面情况与企业真实情况是否相符，外部审计人员需要抽查企业的基本账务记录，以验证其真实性和准确性，并分析这些记录是否符合公认的会计准则和记账程序。

外部审计实际上是对企业内部虚假、欺骗行为的一个重要而系统的检查，因此起着鼓励诚实的作用。由于知道外部审计不可避免地要进行，企业就会努力避免做那些在审计时可能会被发现的不光彩的事情。

（二）内部审计

内部审计是由内部的机构或由财务的专职人员来独立进行的审计。内部审计兼有许多外部审计的作用。它不仅要像外部审计那样核实财务报表的真实性和准确性，还要分析企业的财务结构是否合理；不仅要评估财务资源的利用效率，还要检查和分析企业控制系统的有效性；不仅要检查目前的经营状况，还要提供改进这种状况的建议。

（三）管理审计

外部审计主要核对企业财务记录的可靠性和真实性；内部审计在此基础上对企业政策、工作程序与计划的遵循程度进行测定，并提出必要的改进企业控制系统的对策建议；管理审计的对象和范围更广泛，它是一种对企业所有管理工作及其绩效进行全面、系统的评价和鉴定的方法。管理审计虽然也可由组织内部的有关部门进行，但为了保证某些敏感领域得到客观的评价，企业通常聘请外部专家来进行。

管理审计的方法是利用公开记录的信息，从反映企业管理绩效及其影响因素的若干方面，将企业与同行业其他企业或其他行业的著名企业进行比较，以判断企业经营与管理的健康程度。

四、行政控制

行政控制泛指借用行政手段监测、控制受控系统的方法。其主要包括以下几种：

（一）视察

视察，也称亲自观察法，是一种最古老、最常见、最直接的行政领导控制方法。

它是指管理者通过对重要管理问题的实际调查研究，获取控制所需的信息，或亲自观察员工的生产进度、倾听员工的心声来获取信息，或者亲自参加某些具体工作，通过实践来加深对问题的了解，获得第一手资料。视察不仅可以直接掌握第一手资料、能亲自辨别情报真伪、及时把握变化情况，还有利于缩短管理者与被管理者的心理距离。因此，它是其他控制手段所不能替代的。

（二）报告

这是指管理者搜集与阅读关于受控系统运行信息的各种报告，了解情况，以控制系统运行的方法。这些报告较为详尽地提供有关信息并进行纠偏分析，为纠正偏差的行动提供依据和指南。

报告的形式多样，可以通过口头汇报的形式实现，如各种会议、一对一谈话或电话交谈，也可以通过书面的形式来实现。

对报告控制的基本要求是做到适时、突出重点，指出例外情况，尽量简明扼要。通常，运用报告进行控制的效果，取决于管理者对报告的要求。管理实践表明，大多数主管人员对下属应当向他报告什么缺乏明确的要求。随着组织规模及其经营活动规模的日益扩大，管理也日益复杂，而主管人员的精力和时间是有限的，从而，定期的情况报告也就越发显得重要。

（三）资料统计

这是指管理者借助各种数据资料，掌握受控系统运行情况，进而进行控制的方法。如果能够有连续反映受控系统运行情况的原始记录，其将便于实施有效的控制。同时，坚持对有关统计资料的分析与积累，就能为控制系统运行、监测偏差并及时采取纠正行动提供有力的依据。所以，加强管理的基础工作，健全原始记录，积累统计数据，是实施控制的有效手段。

五、全面质量管理

（一）全面质量管理的含义

质量管理一直是组织经营的一项重要内容，也是对相关组织活动实施控制的一种重要手段。随着组织管理理论的演变，质量管理经过了从检验质量管理、统计质量管理、全过程质量管理到全面质量管理的演变。全面质量管理作为一种全新的质量管理观点和方式，是企业为了保证和提高产品质量，综合运用整体质量管理体系、手段和方法所进行的系统性管理活动。具体地说，就是组织企业全体员工和有关部门参加，综合运用现代科学和管理技术成果，控制影响产品质量的全过程和各因素，指导经济地研制、生产和提供用户满意的产品的系统管理活动。

全面质量管理于20世纪60年代产生于美国，后来在西欧与日本逐渐得到推广与发展。它应用数理统计方法进行质量控制，使质量管理实现定量化，变产品质量的事后检验为生产过程中的质量控制。它通过“计划—实施—检查—处理”的质量管理循环，提高质量管理效果，保证和提高产品质量。因此，它比传统的质量检验、统计质量控制等质量管理更加完善与全面。全面质量管理是一个系统化、综合化的管理方法，是一套能够控制质量、提高质量的管理技术和科学技术。

（二）全面质量管理的基本内容

（1）对全面质量的管理。全面质量指所有质量，即不仅是产品质量，还包括工作质量、服务质量。在全面质量中产品质量是核心。

（2）对全过程的管理。对产品的质量管理不限于制造过程，而是扩展到市场研究、产品开发、生产准备、采购、制造、检验、销售、售后服务全过程。

（3）由全体人员参与的管理。企业把“质量第一、人人有责”作为基本指导思想，将质量责任落实到全体员工，人人为保证和提高质量而努力。

（三）全面质量管理的工作程序

通常采用 PDCA 循环工作法。PDCA 循环是全面质量管理最基本的工作程序，即计划—执行—检查—处理（Plan - Do - Check - Action）。这是美国统计学家戴明（W. E. Deming）发明的，因此也称为戴明循环。用四个阶段、八个步骤来展示反复循环的工作程序。如图 10 - 2 所示。

（1）计划阶段：①找出存在的质量问题；②找出质量问题的原因；③找出主要原因；④根据主要原因，制定解决对策。

（2）执行阶段：按制定的解决对策认真付诸实施。

（3）检查阶段：调查分析对策在执行中的效果。

（4）处理阶段：总结执行对策中成功的经验，执行对策中不成功或遗留问题转下一个 PDCA 循环解决。

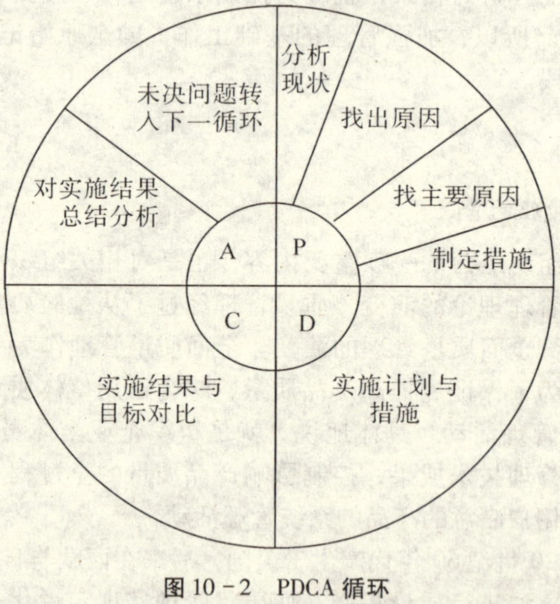

图 10 - 2 PDCA 循环

PDCA 循环管理的特点：①PDCA 循环工作程序的四个阶段，顺序进行，组成一个大圈；②每个部门、小组都有自己的 PDCA 循环，并都成为企业大循环中的小循环，大循环套小循环，互相促进，整体提高；③阶梯式上升，循环前进。企业的质量管理循环是连续进行的，但每个 PDCA 循环都不是在原地的简单重复，而是每次都有新的提高。

六、价值工程

（一）价值工程的由来

价值工程（Value Engineering，VE），又称价值分析（Value Analysis，VA），是对产品或服务的功能与成本实施优化控制的一种工具。它是一项现代化管理技术，也是非常实用的控制技术，在第二次世界大战期间产生于美国。当时为了解决战争时期军工生产材料短缺的困难，从研究材料代用入手，创造了功能分析的方法。此后，该法在推广应用中不断发展和完善，成为一种有组织的创造活动，并形成一套先进、科学、有效的管理方法。

（二）价值工程的原理

1. 含义

价值工程是以提高产品、服务质量甚至行政工作的价值为目标，以最低的总成本完成必要的功能所实施的有组织的综合活动。

2. 价值与产品功能和成本的关系

这里所说的“价值”，不同于政治经济学中所讲的价值。它是指人们对产品或服务的一种综合评价。在价值分析中，评价一种产品的价值大小，既要考虑产品劳动消耗，又要考虑产品使用效能，从而得出综合性概念——价值。价值与产品功能和成本的关系可以用下式表示：

$V=F/C$

式中：V 为价值；F 为功能；C 为成本。

从上式可以看出，价值与功能成正比，与成本成反比。如果说某产品价值大，意味着或者是以原有的成本生产出较大的功能，或者是以较低的成本生产出同样的功能。推广到顾客购买商品上来，某件商品对于消费者来说价值大，意味着或者是价格相同而商品质量较好，或者是质量一般，但价格便宜，这些商品是值得购买的。

3. 提高价值的途径

根据价值形成的规律，可以找到如下提高产品价值的途径：

（1）保持功能不变，努力降低成本；

（2）以原有的成本，提高产品功能；

（3）大幅度地提高产品的功能，并适当提高产品成本也是必要的，只要功能的提高程度超过成本的提高程度，就能使产品的价值有所提高。

（三）价值工程的基本程序

1. 价值工程的提问程序

开展价值工程的过程就是发现问题、分析问题、解决问题的过程。国外习惯于逐步深入地提出一系列问题，通过回答问题寻找答案，导致问题的解决。所提问题有七个：

（1）价值工程的对象是什么？

（2）它是干什么用的？

（3）其成本是多少？

（4）其价值是多少？

（5）有无其他方法实现同样的功能？

（6）新方案的成本是多少？

（7）新方案能满足要求吗？

2．价值工程的实施步骤

价值工程的开展是一项逻辑性较强的系统性工作，它把整个过程划分为若干阶段、基本步骤和具体步骤。这些阶段和步骤要大致有个先后顺序，但内容又有交叉。根据价值工程对象的复杂和重要程度，以及工作人员的经验水平不同，步骤可以粗一些或细一些，但内容不应省略，否则会影响价值工程的质量和效果。

按一般决策过程来划分，可将价值过程分为三个阶段：分析问题、综合研究、方案评价；按工作顺序可分为三个基本步骤和十二个具体步骤，如表 10－1 所示：

表 10－1　　价值工程的基本程序

决策阶段	价值分析的实施步骤		价值分析的提问程序
	基本步骤	具体步骤	
一、分析	（一）功能定义	1. 选择对象	（1）VA 的对象是什么？
		2. 收集情报	
		3. 功能定义	（2）它是干什么用的？
	（二）功能评价	4. 功能评价	（3）其成本是多少？ （4）其价值是多少？
二、综合	（三）改进方案的制定与评价	5. 方案制订	（5）有无其他方法实现同样的功能？
三、评价		6. 概略评价	
		7. 方案具体化	（6）新方案的成本是多少？
		8. 试验研究	（7）新方案能满足要求吗？
		9. 详细评价	
		10. 提案审批	
		11. 方案实施	
		12. 成果总评	

【本章小结】

控制是监视各项活动的运作、及时纠正活动中出现的偏差，使活动按计划进行的过程。控制运用在管理活动中就称为管理控制，它是管理工作的一项基本职能。适时有效的控制有助于组织达到预期的目标。掌握管理控制的不同分类方式有利于我们更好地了解各类控制的特征，搞好控制工作。管理控制的主要对象是人员、财务、作业、信息和组织绩效。控制活动由三个基本环节构成：制定标准、衡量绩效、纠正偏差。为了达到对计划的有效控制，在控制执行过程中我们应遵循反映计划要求原理、控制关键点原理、例外原理、控制效率原理、直接控制原理、控制趋势原理。在组织中，控制可以从不同角度划分为各种类型，主要是根据控制点的不同时间分为预先控制、现场控制和事后控制，按控制信息的分类分为前馈控制和反馈控制，按控制的主体分为直接控制和间接控制，按控制力量的来源划分为正式组织控制、群体控制和自我控制。此外还要运用恰当的技术和方法。既可以利用预算实施预算控制，还可以利用管理经济学和管理会计所提供的一些专门方法，如比率分析等。此外还可以借用行政手段，另外，审计控制也是一种有效的控制方法。而近年来一些新的管理观念（目标管理、全面质量管理等）的兴起、信息技术的迅猛发展都对管理控制活动的方式和方法产生重大影响。

【思考题】

1. 简述控制的前提条件。
2. 简述控制与计划的关系。
3. 如何正确对待工作中出现的偏差？
4. 控制工作的过程是怎样的？
5. 管理者在衡量工作成绩的过程中应注意哪几个问题？
6. 管理控制工作职能对信息的要求有哪几个方面？
7. 为了获得控制信息，管理人员可以采用哪些方法？
8. 鉴定偏差与采取纠正措施应注意哪些问题？
9. 控制的方法有哪些？各有什么特点？
10. 全面质量管理的概念及内涵是什么？

【案例】

麦当劳公司的控制系统

麦当劳公司以经营快餐闻名遐迩。1955 年，克洛克在美国创办第一家麦当劳餐厅，其菜单上的品种不多，但食品质量高、价格低廉、供应迅速、就餐环境优美，连锁店迅速发展到每个州。至 1983 年，国内分店已超过 6 000 家。1967 年，麦当劳在加拿大开办了首家国外分店，以后国外业务发展很快。到 1985 年，国外销售额占它的销售总额的约 1/5。在 40 多个国家里，每天都有 1 800 多万人光顾麦当劳。

麦当劳金色的拱门上都标明：每个餐厅的菜单基本相同，而且“质量超群，服务优良，清洁卫生，货真价实”。它的产品、加工和烹制程序乃至厨房布置，都是标准化的、严格控制的。它撤销了在法国的第一批特许经营权，因为他们尽管赢利可观，但未能达到在快速服务和清洁方面的标准。

麦当劳的各分店都由当地人所有和经营管理。鉴于在快餐饮食业中维持产品质量和服务水平是其经营成功的关键，因此，麦当劳公司在采取特许连锁经营这种战略开辟分店和实现地域扩张的同时，就特别注意对各连锁店的管理控制。如果管理控制不当，使顾客吃到不对味的汉堡包或受到不友善的接待，其后果就不仅是这家分店将失去这批顾客及其周围人光顾的问题，还会影响其他分店的生意，乃至损害整个公司的信誉。为此，麦当劳公司制订了一套全面、周密的控制办法。

麦当劳公司主要是通过授予特许权的方式来开辟连锁分店。其考虑之一，就是使购买特许经营权的人在成为分店经理人员的同时也成为该分店的所有者，从而在直接分享利润的激励机制中把分店经营得更出色。特许经营使麦当劳公司在独特的激励机制中形成了对其扩展中的业务的强有力控制。麦当劳公司在出售其特许经营权时非常慎重，总是通过各方面调查了解后挑选那些具有卓越经营管理才能的人作为店主，而且事后如发现其能力不符合要求则撤回这一授权。

麦当劳公司还通过详细的程序、规则和条例规定，使分布在世界各地的所有麦当劳分店的经营者和员工们都遵循一种标准化、规范化的作业。麦当劳公司对制作汉堡包、炸土豆条、招待顾客和清理餐桌等工作都事先进行模拟真实环境的动作研究，确定各项工作开展的最好方式，然后再编成书面的规定，用以指导各分店管理人员和一般员工的行为。公司在芝加哥开办了专门的培训中心——汉堡包大学，要求所有的特许经营者在开业之前都接受为期 1 个月的强化培训。回去之后，他们还被要求对所有的工作人员进行培训，确保公司的规章条例得到准确的理解和贯彻执行。

为了确保所有特许经营分店都能按统一的要求开展活动，麦当劳公司总部的管理人员还经常走访、巡视世界各地的经营店，进行直接的监督和控制。例如，有一次，管理人员巡视中发现某家分店自行主张，在店厅里摆放电视机和其他物品以吸引顾客，这种做法因与麦当劳的风格不一致，立即得到了纠正。除了直接控制外，麦当劳公司还定期对各分店的经营业绩进行考评。为此，各分店要及时提供有关营业额、经营成本和利润等方面的信息，这样总部管理人员就能把握各分店经营的动态和出现的问题，以便商讨和采取改进的对策。

麦当劳公司的另一个控制手段，是在所有经营分店中塑造公司独特的组织文化，这就是大家熟知的“质量超群，服务优良，清洁卫生，货真价实”口号所体现的文化价值观。麦当劳公司的共享价值观建设，不仅在世界各地的分店、在上上下下的员工中进行，而且还将公司的一个主要利益团体——顾客也包括进这支建设队伍中。麦当劳的顾客虽然被要求自我服务，但公司特别重视满足顾客的要求，如为他们的孩子们开设游戏场所，提供快乐餐和组织生日聚会等，以形成家庭式的氛围，这样既吸引了孩子们，也增强了成年人对公司的忠诚感。

【思考题】

1. 麦当劳公司采用了哪些控制技术与方法?

2. 麦当劳公司是如何制定标准来约束管理人员和一般员工行为的?

3. “麦当劳公司总部的管理人员还经常走访、巡视世界各地的经营店。”请问，这是哪一种控制方法？其优点是什么？

第十一章　制度管理

【学习要点】

1. 掌握制度管理的概念、特征和体系；
2. 认识制度管理的重要意义；
3. 掌握制度优化的要点；
4. 了解我国制度管理的现状和完善对策。

第一节　制度管理概述

一、制度管理的含义

（一）制度的含义

经济学家道格拉斯·诺斯在《经济史上的结构和变革》一书中指出，制度是一系列被制定出来的规则服从程序和道德伦理的行为规范，其作用是提供人类在其相互影响中的框架，使协作和竞争的关系得以确定，从而构成一个社会特别是构成一种经济秩序。这意味着对国家来说，制度旨在规范人类的行为，从而创造一种正常的经济秩序；对企业来说，制度是通过一系列政策、法规、规章、条例等法律关系，同时结合人的心理因素，构建一种企业制度化管理氛围，以此推动企业目标的落实和实现。良好的制度可以使组织的各项活动规范有序地进行，是组织健康运行的根本保证。

一套规范、健全的制度应该具有以下特点：

（1）合理性。合理性是制度有效发挥作用的前提条件。制度的合理性主要表现在：制度制定之时就要充分考虑企业内外部的各种环境因素，符合所在国家和地区的法律法规，适应企业经营管理活动的客观规律，并进行了充分论证，从而在源头上保证制度的高质量和高水准，避免在日后制度运行过程中不断出现漏洞而影响企业的正常工作。

（2）至上性。制度一经制定实施，就要作为组织成员活动的准则，并对组织成员的活动具有最高的约束力，一旦违反了制度，就会受到相应的处罚。在组织管理中能否坚持制度的至上性和权威性，是区分组织人治和法治的分水岭。

（3）整体性。组织制度是一个体系，是由各项相互补充、相互衔接的制度构成的有机整体，只有相互之间有机配合的制度体系才能发挥制度的整体效力。

（4）稳定性。组织成员从认识制度到将制度内化为自觉行为需要一个过程，这就要求组织制度在一定的时间内保持相对稳定。制度的合理性、至上性和整体性是制度稳定性的重要保证，制度制定的稳定性是维持制度至上性的重要基础。但是，制度并非任何时候都不能改变，为了保证制度的合理性，在外界环境发生较大变化时，可以在科学论证的基础上对制度内容作相应的调整。

（二）制度管理的含义

制度管理是指在组织管理中一切以制度为准绳，把制度看成是企业的法律法规，使工作流程规范化、标准化，以此协调组织成员行为的管理方式。制度管理要求员工进入企业后，先进行企业制度方面的培训，充分了解企业的制度要求；当员工把制度学好之后，就必须严格执行。在日常工作中，企业管理者充当企业的执法人员的角色，随时以制度来衡量员工的行为，如果员工行为违反了企业制度，企业将按照制度的约定对其进行处罚。制度管理是企业由成长向成熟阶段过渡的必由阶段，是企业管理杜绝主观、随意性，从人治走向法治的表现。其实质在于以科学确定的制度规范为组织协作行为的基本约束机制，以制度规范体系构建的具有客观性的管理机制进行管理。

1. 制度管理的主要特征

（1）根据职位权力的大小，以制度形式建立组织结构框架和等级系列。

（2）以岗位责任制为核心，明确各岗位的职责与权力。

（3）组织成员的任用必须经过考核或教育训练，经考核具备职位所需素质和能力后才能予以任用。上级若需免除其职务，必须符合相关制度和程序的规定，不可随意任免。

（4）制度管理要求企业的所有权与经营管理权相分离，管理者并非企业的所有者，只是被组织制度赋予了行政职权的人；在制度适用上，他们同普通员工一样要严格遵守组织制度规定，一旦违反制度也要受到相应的惩罚。

（5）组织成员之间的关系以理性为准则，不受个人感情因素的影响，这种非人格化的特征不仅适用于组织内部成员之间的关系，也适用于组织与外部成员之间的关系。

2. 制度管理的内容

（1）企业行政制度化管理的目标

企业行政制度化管理的目标是促进企业整体优化。企业整体优化的内涵包括企业内各种有形资源的优化、企业内各种无形资源的优化、有形资源与无形资源的配置优化。高效的企业行政管理的精髓在于科学、合理的制度机制的形成。它的形成规范了处于机制中的各类人员的行为模式。在这种制度体制下，行政管理者普遍会采取有益于企业和自身的行为，促进企业的良性运转。企业整体优化是企业在竞争中保持优势的根本条件。

（2）企业行政制度化管理的对象

企业行政制度化管理的对象是企业和企业行政管理人员的行为。企业行为是企业确定目标及实现目标的各种行为方式的总和。为了实现企业的目标，制定规范作为企业行为的准则是非常必要的。从企业行政管理的组织结构、决策体系到具体的财务、人事、机关行政都需要以制度规范作为行为的标准。企业行为需要以规范为准则，企业行政管理人员的个人行为也需要以规范作为准则。

（3）企业行政制度化管理的手段

企业行政制度化管理的手段是由各种形式的制度规范组成的制度体系。要实施制度化管理，必须用有效的手段。为了约束和引导分散在企业行政各个岗位、各种职务上的管理者的行为，就需要制定各种岗位职务规范；为了协调与控制处于不同管理部门、不同岗位上的管理者之间的协作关系，就需要制定各个环节的规范；为了充分发挥各专业管理子系统的管理职能，建立健全管理网络，就需要制定各种专业管理规范；为了从总体上控制企业的动态运行，强化企业的综合管理，保证企业运行与企业目标一致，就需要制定包括由事前控制、过程控制、事后控制三种规范形式组成的总体控制规范。

二、制度管理的意义

制度管理是当今世界公认较为有效的一种管理模式。在当今日益激烈的市场竞争中，精良的管理已经成为企业的核心竞争优势之一，而管理的优势是通过制度体现出来的。促进企业持久发展的力量是制度，制度制定和执行水平的好坏直接决定了企业发展的速度，关系到企业的兴衰存亡。

（一）制度管理能使企业实现从人治向法治的转变，提高企业管理的科学性、规范性

亚当斯的公平理论告诉我们，员工的公平感受会大大影响其劳动积极性。企业依靠管理者个人经验和人格因素进行管理，虽然也有成功的例子，但由于管理者的水平参差不齐，主观随意性大，容易让员工产生不公平感而挫伤其劳动积极性，很难把这样一种模式普遍推广；而在企业中推行一整套严格的制度，可以让企业管理的各个环节有章可循，可以大大减少个人因素对员工行为的影响，让员工感觉到公平，更有利于组织工作正常、有序运行。

（二）制度管理可以减轻管理者的工作负担，提高其工作的有效性

管理者区别于一般员工的一个重要特征就在于，管理者是同别人一起，并通过别人来共同完成工作，并对这些人的行为结果负最终的责任。因此，管理者，特别是高层管理者，如果事必躬亲，就很难有精力去考虑企业的发展战略，所以管理者必须学会授权，而授权的基础是规范的制度，只有通过制度授权，授权的责任才能得以落实，避免在授权过程中相互推诿导致管理纠纷。

（三）有效的制度管理可以节约管理成本，提高管理效能

有效的制度体系能够发挥企业的整体优势，使企业内外能够更好地配合，可以避免由于公司中的员工能力及特点的差异，使公司生产经营管理产生波动，让企业内部做到因事设岗而非因人设岗，从而避免企业内部人浮于事的现象，做到人人有事干，事事有人干，从而节约人力开支，提高组织运作的效率和效能，提高企业的整体竞争力。

（四）完善的制度可以大大调动员工的积极性，有利于员工的自我发展

完善的制度体系给员工提供了公平的竞争环境，同时也为他们指引了努力的方向。员工在这样的制度体系下可以更有效率地工作并获得相应的奖励，这就大大调动了他们的劳动积极性，同时也让他们有更多的时间去考虑自我实现的需要，有利于公司员工的自我发展。公司员工由于有统一的标准可供参考，可以自己明了自己工作需要达到的标准，能够对自己的工作有一个明确的度量，自己可以发现差距，有自我培训发展的动力和标准。

（五）制度管理可在很大程度上减少决策失误

制度管理要求企业的决策排斥“一言堂”，排斥没有科学依据的决策，企业的决策过程必须程序化、透明化，决策必须有科学依据，决策的结果必须经得起实践的检验，决策人必须对决策结果承担责任，这在很大程度上减少了决策失误。

（六）制度管理能强化企业的应变能力，增强企业的竞争力

制度管理使企业管理工作包括市场调研、供应商及客户的管理和沟通等工作都得以规范化和程序化，在企业内部形成快速反应机制，使企业能及时掌握市场变化情况并及时调整对策，也使整个供应链的市场应变能力增强，从而提高供应链和企业本身的竞争力。

三、组织制度体系

以下是组织制度体系图：

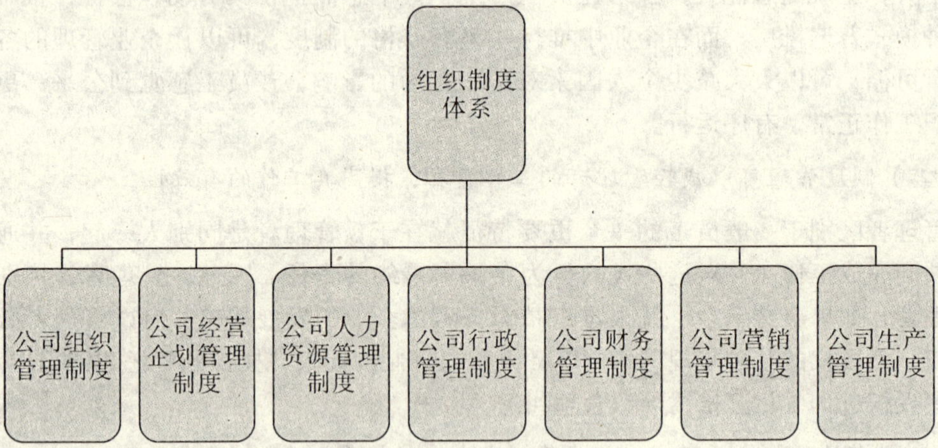

图 11－1　组织制度体系

组织制度是相互配套和衔接的体系，一般应包括以下几个方面的内容：

（一）公司组织管理制度

公司组织管理制度是指对公司组织机构、业务分工以及职务权限的责任进行明确规定，以谋求公司业务能够有组织、有效率进行运营的公司管理制度。一套完整的公

司组织管理制度应该包括以下八大内容：

（1）原则、方针的设计规定；

（2）职能分析的设计规定；

（3）组织框架的设计规定；

（4）联系方式的设计规定；

（5）管理规范的设计规定；

（6）人员配备和培训规定；

（7）运作规定的设计规定；

（8）反馈和修正制度。

（二）公司经营企划管理制度

公司经营企划管理制度是指根据公司所处的环境特点，通过对管理部门实现企业目标的方法和途径进行管理，有效地为全体人员最大限度地利用环境所提供的机会，同时使环境对公司的威胁降到最低的公司管理制度。一套完整的公司经营企划管理制度应该包括以下内容：

（1）公司战略目标制度；

（2）公司战略企划管理纲要；

（3）公司战略企划操作流程管理制度；

（4）公司形象企划纲要；

（5）企划管理部门工作责任制度。

（三）公司人力资源管理制度

公司人力资源管理制度是公司对内部人员进行统一、规范化管理所实施的法则。一套完整的公司人力资源管理制度应该包含以下内容：

（1）人力资源管理部门职责规定；

（2）人员甄选与录用制度；

（3）员工薪金制度；

（4）员工保险制度；

（5）员工培训制度；

（6）员工考核制度；

（7）人事调整管理制度；

（8）劳动合同与人事纠纷管理制度；

（9）人事管理的日常工作制度。

（四）公司行政管理制度

公司行政管理制度是为了加强现代公司行政管理，规范员工的言谈举止，使行政管理工作能够有章可循、有法可依，从而不断提高工作效率，促进公司经济效益增长的管理制度。公司行政管理制度主要包括以下两方面：

（1）公司办公室管理制度；

（2）公司资料管理制度。

（五）公司财务管理制度

公司财务管理制度是根据公司经营过程中资金运动的规律、剩余价值、货币形式，通过计划、组织、指挥、协调与监督，对公司的资金、销售收入和利润的管理制定的制度。一套完整的公司财务管理制度主要包含以下几个方面的内容：

（1）财务管理体制制度；

（2）资本金管理制度；

（3）资产管理制度；

（4）成本费用管理制度；

（5）收入利润管理制度；

（6）财务报告与评价制度。

（六）公司营销管理制度

营销管理制度是指公司根据市场情况，制定的有关市场调查、预测、产品决策、销售、定价、广告、服务等一系列活动的管理的制度。公司在制定营销管理制度时会涉及以下几个方面的内容：

（1）市场营销计划管理制度；

（2）营销人员组织管理制度；

（3）市场营销客户管理制度；

（4）市场营销内部结算制度。

（七）公司生产管理制度

公司生产管理制度包括以产品的生产过程为对象的管理制度，也包括对企业生产活动全过程进行综合、系统的管理的制度，是对企业生产活动的计划、组织和控制的管理制度。公司在制定生产管理制度时会涉及以下几个方面的内容：

（1）生产部门组织与工作职责；

（2）公司物料与产品管理制度；

（3）公司产品质量管理制度；

（4）公司生产设备管理制度；

（5）公司仪器仪表与工具管理制度；

（6）生产技术管理制度。

第二节　制度的优化

管理者制定制度的目的是在组织内部规范行为，使组织高效率地运转。随着各方面条件的变化，制度会有滞后问题。因此，它可能成为保护落后、束缚进步的枷锁。不断优化组织的制度体系，是管理者的重要职责。优化组织制度要遵守以下基本要求：

一、各种制度应从企业根本需求出发与企业最本质目标相联系

制度文化建设是企业文化的骨架部分，任何一个企业离开了制度就会成为一盘散沙。但制度又反映一个企业的基本观念，反映企业对社会、对人的基本态度，因而制度又不是随心所欲、不受任何制约的。制度必须从企业的根本需求出发，是对企业根本需求的维护。如事关企业生存的各种问题，包括产品质量、安全、相关方关系等，必须以制度加以明确规范。制度必须体现对人有高度的约束和规范，但又充分地信任人和尊重人，这就要求制度的产生必须是立足于需要之上的，立足于需要之上的制度即使再严格也是被人乐于接受的。

二、制度应使各直接参与者的利益得到平衡并产生互相制约的作用

制度作为公正的体现不但要求其形式是公正的，更要求其内容是公正的，要使制度约束下各直接参与者的利益得到平衡，体现权利与义务的对称。制度在其形式上是对人的利益的制约。既然是制约，相对人来说就有一定的心理承受限度，决定这种承受限度的是制度的公正、公平性。同时，制度制约下的每一个成员既是受约束者，又是监督者，如果制度的内容是不公正的，就不能得到全员的认可。

三、制度出台的程序应公正和规范

制度管理如果没有一个公正的出台程序就有可能陷入强权管理范畴。而强权发展到一定程度，往往会产生“指鹿为马”的结果。在当代企业制度建设中渗入强权成分的情况屡见不鲜，朝令夕改、出口成规的情况在很多企业中都没有彻底根除，而且管理越不规范，这种情况就越严重，就越是与企业文化建设背道而驰。

四、制度要系统配套

制度的全面性固然重要，但制度的系统配套性却是制度得到有效执行的根本前提。各种章程、各种条例、规程、管理办法等要构成内容一致、相互配套的体系。核心制度的各项条款要在其他配套制度中得到具体落实，要避免制度间口径不一致甚至相互冲突的情况。

五、要定期和不定期地审视组织制度

定期和不定期地审视组织制度的目的是及时掌握外部条件的变化并进行相应的制度调整。如果不能及时跟踪、掌握外部条件的量变信息，制度修订就没有必要的动力；如果等到环境条件发生了重大质变才考虑进行制度调整，将使企业陷入被动局面。

六、制度的执行要人人平等

制度执行的最好效果就是在无歧视原则下产生的普遍的认同心理，这也正是制度执行中的难点问题。因为每个人在企业中所处的地位不同，制度的监督执行部门在企业中所处的地位不同，在执行制度时很难做到完全公正和无歧视性，这就需要企业高

层领导的积极参与和强有力的支持推动，定期组织制度落实督导检查，确保制度在不同层面上得到有效落实。

【案例链接】

联想集团有个规矩，凡是开会迟到者都要罚站。在媒体的一次采访中，联想的总裁柳传志表示，他也被罚过三次。

他描述说："公司规定，如果不请假而迟到就一定要罚站。但是这三次，都是我在无法请假的情况下发生的。

"比如：有一次被关在电梯里边。罚站是挺严肃而且是很尴尬的一件事情，因为这并不是随便站着就可以敷衍了事的。在20个人开会的时候，迟到的人进来以后会议要停一下，静静地看他站一分钟，有点儿像默哀，真是非常难受的一件事情，尤其是在大的会场，会采用通报的方式。

"第一个罚站的人是我的一个老领导。他罚站的时候，站了一身汗，我坐了一身汗。后来我跟他说：'今天晚上我到你们家去，给你站一分钟。'不好做，但是也就这么硬做下来了。"

据说在联想被罚站过的人不计其数，还能说明这个制度的有效性吗？

柳传志非常肯定地回答："当然有效，而且非常有效。在不计其数以后，出了问题就要受罚的观念就深入人心了。并且不管谁犯了错误都会受罚，公平感才会产生，你的团队才会精神百倍。"

第三节　制度管理实施

一、我国企业制度管理现状

改革开放后，我国很多企业逐渐认识到制度管理的重要作用，并把制度化建设纳入到企业的议事日程中。但是由于我国市场经济还处于初级阶段，我国企业当前在制度管理方面还存在以下问题，主要体现在：

（一）管理制度不健全、不规范

相当部分企业部门设置比较单一，有的部门只一个人，甚至几个部门只设一个人。部门的单一、人员的设置不合理以及一人多岗职务交叉重叠等现象在一定程度上影响了企业管理制度的健全和规范，无法可依和有法不依的现象普遍存在，经验管理占有较大比重。我国很多企业缺乏规范的管理制度，或者有了管理制度也形同虚设，朝令夕改，处理问题时人治化成分居多，企业管理完全依照管理者的意志来处理，处于一种随意松散的状态。经验管理在一些企业里甚至居于主导地位，想当然乱指挥现象普遍存在；经验管理导致企业经营具有较大的主观性和随意性，缺乏对企业长远发展的规划，在一定程度上阻碍了企业制度化建设和管理。

(二) 管理制度不合理，难以执行

相当部分企业为了体现其运作的正规化、程序化和透明化，盲目照搬照抄国外公司先进的管理制度，甚至有些企业为了急于做大做强，动用大量的人力、物力、财力，不惜重金请咨询公司前来诊断，制定所谓完备的企业管理制度，但结果发现与公司的实际情况格格不入，很多方面难以跟进和配套实施，操作起来举步维艰，最后制度只能作为一种装饰企业门面的摆设。

(三) 制度过于严格呆板和僵化

我国很多企业在发展到一定的规模，虽然认识到了制度建设的必要性和重要意义，也加大了制度化建设力度，但是制定的制度过于严格呆板和僵化，对员工创造性开展工作的积极性和热情起到了抑制作用，久而久之，企业的整体运行逐渐陷入因循守旧、不思进取的恶性怪圈，危及制度建设的终极目标。

二、规范我国企业制度管理的具体对策

管理制度的规范化，目的在于为企业建立符合现代化生产的企业组织、治理结构的管理制度，以此为企业构建一种自我免疫、自我修复的机能，使企业获得持续的发展动力。

(一) 建立系统完善的规章制度，做到事事有章可循

规章制度的目标模式是建立一套以责任制为基础、以标准和流程为内容、以专项制度为补充的内部管理制度体系。

(1) 以责任制为基础。责任制是将企业目标层层分解落实，明确各个部门和岗位的工作内容、职责和权限的制度。

(2) 以标准化为内容。标准化是将生产经营活动中必须共同遵守的技术规范及例行的管理活动，制定出标准的程序和方法，实现各项工作的系统化、规范化。企业日常性工作大都可纳入相应的技术标准和管理标准中，两者相互配合，可以大大提高管理的综合效果。

(3) 以专项制度为补充。专项制度是指责任制和标准化以外的具有特殊用途的制度，如技术创新管理办法、管理改进与创新管理办法等。

(二) 建立企业制度创新的规范

本着“动态稳定”的原则，不断完善企业的管理制度体系，为企业构建一种自我免疫、自我修复的机能，使企业运作具备较强的抵御风险的能力。

1. “动态稳定”原则

“动态稳定”包含两层意思：①制度的变化是有益的创新，使企业的制度在整体上保持稳定性、连续性；②企业员工可以经常流动，但是绝不能因人员的流动，导致该岗位的制度及操作规范出现反复。

2. 企业管理制度“动态稳定”的影响因素及创新

(1) 在现实的管理工作中，企业经营的环境、产品、全员素质等会经常发生变化，

引发组织结构及其员工队伍的变化，继而会导致使用原有的企业管理制度的主体发生变化，进而可能出现“管理回潮”现象，即：一个老员工的离职，可能使该岗位所有的经验积累化为乌有；一个新进的员工，则需要从头开始重新对该岗位的工作进行整理和规范。因此，企业要不断完善自己的管理制度和管理体系，防止“管理回潮”现象的出现。

（2）产品结构、新技术的应用导致生产、操作流程的变化，相关的岗位及其员工的技能必然要随之变化，必须对与之相关的企业管理制度进行更新。

（3）因发展战略及竞争策略的原因，企业需要不断提高工作效率、降低生产成本、增加市场份额，当原有的管理制度成为限制提高生产效率、降低生产成本的主要要素时，就有必要重塑企业机制，改进原有企业管理制度中不适应的规范、规则、程序。

3. 构建制度的自我修复机能

制度绝不能仅仅是事事有章可循的“法制化”管理，还应是具有生命机能的系统，它能够适应环境的变化，在“动态稳定”中不断得到更新和发展。

（三）制度的执行

实施规范的制度化管理，关键在于执行，而制度的执行也要规范。

（1）企业领导者应作为遵守制度的模范。制度一旦制定，就不能朝令夕改，且人人平等，最终在企业内形成人人遵守制度、自觉按照制度规范自身行为的良好氛围。

（2）拒绝接收随心所欲、无视制度的“人才”。“只要把事情做好，就可以不受制度的约束”的想法与制度管理的要求是格格不入的，今天不遵守制度而获得了成功，明天就可能会因违反制度而酿成大祸。因此，要构建良好的制度管理，就要招聘既有能力又守规矩的人才。

（3）在维护制度权威性和严肃性的同时，要保证制度能给予员工灵活创造的空间。要致力于发挥制度的真正作用，使制度成为激发员工积极性和创新性的有效手段，切忌把制度等同“铁面判官”，导致看似维护制度的严肃性，实则影响企业发展生机和活力的现象出现。

【本章小结】

本章从制度的含义和特征入手，诠释了制度管理的含义、内容和体系，进而提出制度优化的要点，最后在此基础上审视了我们企业制度管理的现状和问题，并提出了相应的完善对策，以期让国内管理者清楚认识到制度管理的重要意义，并采取相应措施将制度管理落到实处。

【思考题】

1. 什么是制度？制度有哪些基本特征？
2. 什么是制度管理？实行制度管理有何重要意义？

3. 制度管理的体系构成是怎样的？

4. 制度优化的原则有哪些？

5. 结合我国企业制度管理的现状，谈谈应从哪些方面着手提高我国企业的制度化水平。

【案例】

认牌不认人

美国有一家房地产公司，它的规模很大，员工薪水也很高。但由于保安人员不太负责任，工地那里不但每天都有一些非公司的人进入，而且每天都要丢失一些重要且值钱的物品。

保安经理知道后，十分地恼火，把大家召集起来开会，经理说："你们当保安主要是做什么？为什么准许非我们公司的人进入到工地？"

其中有一个保安说："因为工地里的员工很多，我们也不是都认识，有的说是这里的员工，我们不能不让他们进去吧？"

经理说："好，那我们从现在开始，是我们公司的人，必须有工牌才可以进入工地，就算你认识他，他如果忘记了带工牌，也不可以进入；员工出来的时候手中有关于我们公司的财产，一律让他们送回原处，大家听明白了吧。"保安们同声回答："知道了。"

执行这样的制度后，工地里再也没有丢过东西。有一天，总经理来工地视察，刚走到大门就被一个很精神的小伙子拦住了。第一句话就说："请问你的工牌在哪里？"

总经理发怒说："我是总经理，还要用工牌吗？再说了难道你们不知道我吗？"

小伙子还是很冷静地说："对不起，我一进这个公司里的时候就认识你，可是你没有工牌是不能进入的，这是我的职责。"

旁边那个保安小声地说："你都知道他是我们的总经理了怎么还不让他过去啊？你是不是不想吃这碗饭了？"

小伙子很严肃地说："我身为保安人员，我就要为这份工作负责，不能因为你是总经理我就放你过去，我执行的是公司的制度。我现在是只认牌不认人，你有工牌我就放你进去，不然休想。"

总经理听完这句话，不但不生气而且很高兴地说："小伙子你叫什么名字？我很欣赏你的执著和勇气。"

小伙子还是很严肃地说："我叫霍尔·丹尼斯。"

总经理笑笑拍了拍霍尔·丹尼斯的肩膀走了。没有过多久，霍尔·丹尼斯成了公司中的高层领导。

【思考题】

从制度管理的角度看，这位保安的做法合适吗？为什么？

第十二章 目标管理

【学习要点】

1. 目标的概念、性质及功能；
2. 目标管理的含义；
3. 目标管理的特点及实施的先决条件；
4. 目标管理的实施。

第一节 目标概述

一、目标

目标是指一定时期内管理活动与其达到的成果或效果。按照计划的时间性分为带有战略性的长期目标（10 年以上），中期目标（3 ~5 年），短期目标（1 年）和执行目标（季度或月度）。

目标既是计划工作的主要内容，也是制订计划的基本依据。科学地计划工作主要是为了正确地预测未来的发展，选择好目标方向，有效地利用现有的资源（人力、财力、物力），获得更好的经济、社会效益。

二、企业目标的组成及分类

目标一般由目标项目和目标项目要达到的标准（目标值）两部分组成。目标项目指围绕总体目标所确定的具体管理项目，目标值是衡量目标项目要达到什么程度或水平的具体标准，是目标项目要达到的结果。

目标项目既然是围绕总目标确定的具体项目，是为实现经营目的而确定的在目标周期内应该实现的具体成果。因此，它实际上就是目标管理的基本内容，它包含了生产经营活动中的全部管理工作。从我国的国情和现状考虑，根据目标项目的不同将目标分为 15 种，见表 12 -1。

表 12 -1 依据目标项目的目标分类

序号	分类	举例
1	生产目标	产品产量、工业总产值、商品产值

表12－1(续)

序号	分类	举例
2	经营目标	利润总额、成本、资金收支计划、上缴利税额、产值资金率，产品销售总额、市场占有率
3	质量目标	质量改进计划、升级创优计划、质量指标计划
4	安全目标	安全改进计划、事故降低率、千人负伤率
5	环保目标	环保装置开车率、三废治理、尘毒噪音合格率
6	设备目标	设备完好率、泄漏率
7	技术目标	工艺指标合格率、消耗定额指标完成率、能耗降低率
8	管理目标	创新奖、升级、创优活动
9	信息目标	市场调研计划、信息系统建立计划
10	人事目标	人才开发、干部建设、奖惩事宜
11	劳资目标	劳动生产率、劳动增长率
12	教育目标	思想教育、培训计划
13	科研目标	试验研究、技术储备、技术改造计划
14	新产品开发目标	新产品开发计划、基建计划
15	生活福利目标	住宅分配

根据目标值的性质不同，可以将目标分成定量目标和定性目标两大类，具体内容如表12－2所示。

表12－2　　依目标值性质的目标分类

分类			特点
定量目标值	按性质分	数量目标值	用来表明目标的广度，即数量水平，如产量、含量、成本
		质量目标值	用来表明目标的深度，即质量水平，如合格率、优级品率
	按计量单位分	实物目标值	用实物单位计量，如消耗200万吨、电100万度
		价值目标值	用货币单位计量，如产值800万元，利润200万元
	按目标值计算方法分	绝对数目标值	用绝对的总量表示，如年产化肥90万吨，上缴利润60万元
		相对数目标值	用两个相关的数值反映程度、速度，如资金利用率75%
		平均数目标值	用平均水平表示，如平均单位产量
定性目标值			不能用数字表示的目标值，如顾客满意程度

从目标值的分类可见，对于数量目标，如产量、成本等比较易于定出具体的数量界限。但对于经济管理中诸如质量问题、经营方向、专业化程度等定出数量标准就比较复杂，这就是目标值的数量化问题。为了使目标项目更加明确且便于用现代化科学方法手段进行外理，应该尽量使目标值数量化。

三、目标的性质

1．目标是分层次、分等级的

组织要生存下去，必须有目标，但组织的目标有总目标和辅助目标之分。组织从其结构看是分层次、分等级的系统组织，随之目标也应层层分解，构成一个系统。

2．组织中各级、各类目标要构成一个网络

组织的目标通常是通过各种活动的相互联系、相互促进来实现的，因而目标和具体的计划通常构成为一个网络。要使一个网络具有效果，就必须使各个目标之间彼此协调、互相支援、互相连接。

各目标之间并不是孤立的，而是相互联系、相互支撑的，这样一个公司的总目标和各个子目标相互结合、作用，形成一个严谨、直观、可行而又实用的目标体系。目标体系应与组织结构相吻合，从而使每个部门都有明确的目标，每个目标都有专人明确负责。这种明确负责现象的出现，很有可能导致对组织结构的调整。从这个意义上说，目标管理还有搞清组织结构的作用。

3．目标的多样性

一般而言，企业目标可以分为长期目标、短期目标、战略目标、战术目标、总目标、子目标、阶段目标等。组织的目标具有多样性，即使是组织的主要目标一般也是多种多样的。但目标的多样性，并非指目标越多越好，有时太多的目标有时会导致管理工作成效不大。

（1）主要目标与次要目标。这是按目标的重要程度来划分的。确定目标的优先次序是极为重要的，任何一个组织都必须以合理的方法来分配其资源。

（2）长期目标与短期目标。这是按目标的期限来划分的。要使管理工作收到成效，就必须把长期目标和短期目标有机地结合在一起。为了使短期目标有助于长期目标的实现，必须制订实现每个目标的计划，并把这些计划汇合成一个总计划，以此来检查它们是否合乎逻辑，是否一致和是否现实可行。

（3）定量目标与定性目标。这是按考核目标的性质来划分的。要使目标有意义就必须使目标是可考核的。使目标能够考核的最方便的方法就是定量化。但是在组织的经营活动中，定性目标也是不可缺少的部分。人们在管理机构中所处的地位越高，其定性目标就可能越多。管理者应尽可能地使下属，尤其是基层的工作人员充分理解并清晰地知道自己要做的工作及其评价标准。

4．制定目标的 SMART 原则

在设置目标的过程中，人们往往需要考虑的一个问题就是什么样的目标是好的目标。判断一个目标是否是好的目标，可以参照 SMART 原则：

Specific：目标应清晰明确；

Measurable：目标要可量化、可评估（如表 12－3 所示）；

Attainable：目标既具有挑战性，也具有可达性；

Relevant：目标要组织与个人能结合；

Time-Table：目标要有时程。

表 12－3　　可评估的目标与不可评估的目标

不可评估的目标	可评估的目标
·获得较高的利润 ·提高生产部门的生产率 ·保证产品的质量 ·主管人员增加与下属的沟通 ·维持电脑网络系统的稳定性	·在本年末实现利润增长15% ·在不增加费用和保持现有质量水平的情况下，本季度的生产率比上季度增长10% ·产品抽查的不合格率低于3‰ ·主管人员每周花费在与每个下属人员沟通的时间不少于2个小时 ·由于技术问题网络中断的次数每季度不超过1次，每次能够在1小时之内恢复正常

四、目标的功能

（一）导向功能

任何管理活动都必然有一定的目标。正确、科学的目标，能促使管理活动取得预期的管理效果。一般来说，目标方向、工作效率与管理绩效三者的关系可以用下列公式表示：

目标方向×工作效率 = 管理绩效

该公式表明，如果目标方向正确，则工作效率越高，管理绩效越好，效率与绩效成正比；反之，如果目标方向不正确，则工作效率越高，管理绩效越坏，效率与绩效成反比。由此可见，管理的首要问题是如何制定正确的目标。

（二）激励功能

目标对人们的行为有激励作用，科学的目标能激发人们努力去实现。激励理论强调，目标是一种激励因素。人们对目标的价值期望越大，期望实现的概率越高，目标激发出来的力量就越大。因此，在管理过程中，管理者应充分发挥目标的激励作用。管理者一方面要及时提出明确、合理的奋斗目标，使被管理者认识到目标的重要价值；另一方面要帮助被管理者认识实现目标的可能性，从而激发他们的行动动机，为实现目标努力工作。

小资料　　**摸高试验**

管理学家们曾经专门做过一次摸高试验。试验内容是把20个学生分成两组进行摸高比赛，看哪一组摸得更高。第一组10个学生，不规定任何目标，由他们自己随意制定摸高的高度；第二组规定每个人首先定一个标准，比如要摸到1.60米或1.80米。试验结束后，把两组的成绩全部统计出来进行评比，结果发现规定目标的第二组的平均成绩要高于没有制定目标的第一组。

摸高试验证明了一个道理：目标对于激发人的潜力有很大作用。

（三）调节功能

通过制定目标、实现目标和检验目标等一系列管理活动，使各管理部门、各成员端正方向、统一思想、自觉行动，协调好各方面的关系。对管理者自身来说，只有当他心目中有了明确的目标，才能取得工作的主动权，从而抓住主要矛盾，分清轻重缓急，自觉地、主动地去调动各方面的积极因素，控制不利因素，促进管理效率不断提高。

就管理工作本身来说，如果没有统一的目标或忽视目标的调节作用，整个管理工作就没有中心点，从而失去向心力、内聚力，管理工作也就无法实施。管理者不仅要明确整体的工作目标，还要明确各个部门和上下层次的工作目标，从而保证它们相互补充、相互制约，并能协调一致地进行工作。

（四）衡量功能

管理工作总是从制定目标开始，以目标的达成为终结。目标的达成度是测量管理工作成就的根本标准。要使目标成为有效的衡量标准，关键是把它化为有形的、可估量的、能评估的指标。

综上说明，只有确立了正确的目标，才能有正确的、有效的管理。因此管理者要充分认识到目标的重大意义，努力制订正确的目标，并用它去统率员工的思想，引导、激励、调节员工的行为，这是进行有效管理的重要基础。

第二节　目标管理概述

一、目标管理

自19世纪50年代，美国管理学家彼得·德鲁克在《管理实践》一书中首次提出“目标管理”，即“目标管理及自我控制”（Management by Objective and Self-control）的概念以来，目标管理（MBO）风行一时。

德鲁克认为，并不是有了工作才有目标，相反地，有了目标才能确定每个人的工作。所以“企业的使命和任务，必须转化为目标”，如果一个领域没有目标，这个领域的工作必然会被忽视。因此管理者应该通过目标对下级进行管理，当组织最高层管理者确定了组织目标后，必须对其进行有效分解，转变成各个部门以及各个人的分目标，管理者根据分目标的完成情况对下级进行考核和奖惩。

因此，目标管理是以目标的设置和分解、目标的实施及对完成情况的检查、考核为手段，并通过员工的自我管理来实现企业经营目的一种管理方法。它以目标为导向，以人为中心，以成果为标准，企业在员工的积极参与下，自上而下地确定工作目标，并在工作中实行“自我控制”和“自我管理”，从而自下而上地保证目标实现。

关于目标管理的主张要点有三种：

（1）必须明白确定企业的整体目标，包括市场定位、革新、生产力、人力与财力资源、获利能力、主管的绩效与培养、员工的绩效与态度、社会责等八项。

（2）每个主管必须根据整体目标，各自设定本身的目标，以实施自我控制的管理方式。因此，企业的经营活动，尽可能依靠最低管理层。

（3）在前述两项基础上，才能推行分权及业绩考评。

综合而言，目标管理是一种改进经营方法，以提高绩效为目的的行为科学原理。它由组织内上下级人员共同协商该下级人员的责任范围，以订立该人员在一定时间内应完成的目标以及成果评价标准与优劣界限的尺度为手段，以达到激发各级人员的潜力为准绳的管理方法。

二、目标管理的特点

（一）目标管理是参与管理的一种形式

实现目标的执行者同时也是目标的制定者。在目标制定的过程中，上级和下级共同协商，下级以上级的目标为依据来制定自己的分目标，积极地参与到目标的制定及相应的行动方案的设定中，上一级管理者只是保留和下级协商其目标的权利。所以这是一种参与的、民主的管理制度，也是一种把个人需求与组织目标结合起来的管理制度，在这一制度下，上级与下级的关系是平等、尊重、依赖、支持，下级在承诺目标和被授权之后是自觉、自主和自治的。

全体组织成员，特别是基层成员通过参与目标的制定进一步加深了对目标的理解，消除上下级之间对目标产生的意见分歧。组织的总体目标被确定之后，就要对其进行层层分解，逐级展开，通过协商制定出组织各部门直至每个组织成员的目标，取得各级组织目标的统一；同时，也形成了“用总目标指导分目标、用分目标保证总目标”这样“目标—手段”动态链，从而确保了组织总目标的实现（如图 12－1）。

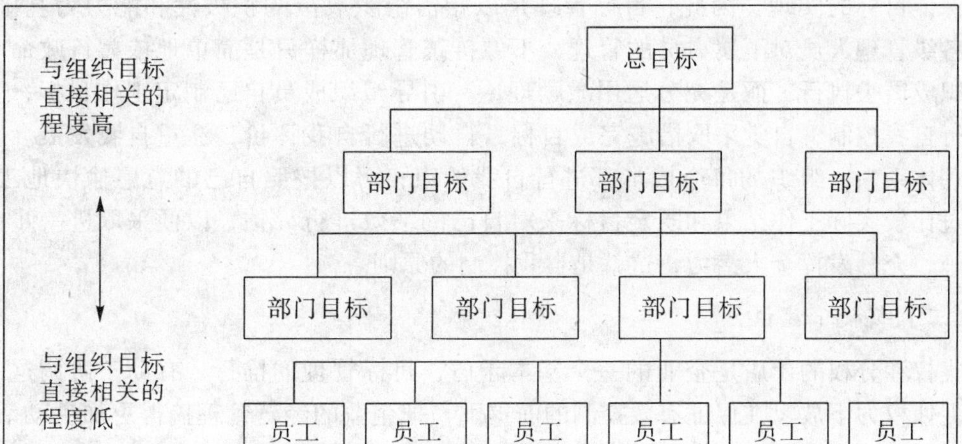

图 12－1　目标体系图

由于目标管理吸收了组织全体成员共同参与目标管理实施的全过程，一方面尊重每名组织成员的个人意志和愿望，充分发挥组织成员的自主性，实行自我控制，改变了由上而下摊派工作任务的传统做法，使组织成员充分了解自己的工作价值，激发了组织成员关心组织目标的热情，调动了他们开展工作的积极性、主动性和创造性；另一方面，实现了组织成员个人目标和组织目标的高度一致性，通过由上而下或自下而上层层制定目标，在组织内部建立起纵横联结的完整的目标体系，把组织中各部门、各类人员都严密地组织在目标体系之中，明确职责、划清关系，每个组织成员的工作都直接或间接地同组织总目标联系起来，使组织成员清楚地认识到个人工作目标和组织目标之间的关系，从而增强了组织成员共同的责任感和团结协作精神。这样就可以更有效地把全体组织成员的力量和才能集中起来，提高组织工作效率，实现组织的总体目标。

（二）强调自我管理和自我控制

目标管理是以Y理论为管理的指导思想，即认为员工是愿意为实现目标而负责的，而且也愿意在工作中发挥自己的想象力、聪明才智和创造性为实现目标而努力。因此，管理者要对组织实施有效管理就必须控制每个组织成员的意愿，即要“控制”组织成员的行为动机，而不是行为本身，通过对组织成员动机的控制来实现对成员行为的控制。在目标管理法中实行自我控制，正是强调了对组织成员动机的控制，其主旨在于用“自我控制的管理”代替“压制性的管理”。这种“自我控制的管理”可以产生强烈的动力，促使组织成员努力把工作做得最好。

目标管理的核心是：让员工自己当老板，自己管理自己，变“要我干”为“我要干”。管理不再是上级领导的事，也不仅仅是管理部门的事，目标成果成为激励大家的动力，每个人都会用目标来指导自己的行动，努力发挥创造性和积极性，用自己的努力来保证目标的实现。因此，目标管理是以相信组织成员的积极性和能力为基础的，组织各级管理人员对下属人员的管理，不像传统管理那样只是简单地依靠行政命令强迫组织成员去执行，而是充分运用激励理论，引导组织成员自己制定工作目标，自主地进行自我控制，自觉采取措施完成目标，自动进行自我评价，注重自我发展。在目标管理体系中，组织的每个成员都进行自我约束，可以按照自己的意愿愉快地工作，并通过比较实际工作结果和既定目标来对自己的绩效进行评估，以便采取进一步的改善措施，充分发挥个人潜力，这就是自我控制的原则。

（三）促使下放权力

集权和分权的矛盾是企业的一个基本矛盾，目标管理的推行，有助于协调这一矛盾，促使权力下放，在保证有效控制的前提下，把企业的经营管理搞得更加生动活泼。目标管理强调自我管理和自我控制，即员工要承担更多的责任，因为责任和权利是对等的，所以实施目标管理必然要求给予下属更多的权力来保证目标的实现。合理地授权，在有助于保持对下属有效控制的前提下，可以充分发挥下属的积极性。下属人员设置目标，并不意味着可以为所欲为，任意行事。上级领导必须认真听取和对待他们的想法和意见，并视具体情况批准下属人员的目标，同时也承担相应的责任。目标一且确定，上级管理人员就要放手把一部分权力交给下级管理人员，自己去思考一些战略性和综合性的问题，着重抓整体的平衡和目标网络的协调衔接，为目标实施人员提供情报、解决困难、创造良好的工作环境等，努力保障组织目标的如期实现。

（四）注重成果的管理

古人云：上有所好，下必甚之；楚王好细腰，宫中多饿死。当今社会的一些组织之所以无效率、无生气，究其原因是成员考核体系、奖罚制度出了问题。目标管理非常强调成果，注重目标的实现，重视成果的评定，因此也叫成果管理。所谓成果管理，就是管理人员在目标实施过程结束后，将组织成员所取得的工作成果与先前确定的目标项目标准进行比较，对目标的完成情况和组织成员的工作状况进行衡量，并总结目标管理活动的经验教训，然后以此为依据对组织成员进行适当的奖励和惩罚，以便在更高的起点上开始新一轮的目标管理循环。

以制定目标为起点，以目标完成情况的考核为终结。工作成果是评定目标完成程度的标准，也是考核和奖惩的依据，成为评价管理工作绩效的唯一标志。但在实施过程中，并不是仅仅设定了目标，然后等待目标的实现，而是要建立和健全目标实施过程中的监测和反馈系统，有效控制计划的执行，从而达成最终的目标实现。至于完成目标的具体过程、途径和方法，上一级并不过多干预，最大限度地给予下级自主权。

三、目标管理实施的先决条件

目标管理要取得成功，必须满足以下条件：

（一）高层管理人员的积极参与

战略目标是由组织的高层管理者制定的。目标管理的实质是以实现个人、部门的分目标来最终实现组织的战略目标。部门和个人的分目标必须以组织的战略目标实现为目标。所以，高层管理人员的积极参与十分重要。

（二）下级人员的积极参与

下级人员特别是一线人员，他们不仅是各自分目标的制订者，而且是为实现该目标的执行者。所以积极地吸引各级管理人员和下级人员参与到组织的管理当中，不仅可以起到激励作用，而且还能够改善组织的人际关系。

（三）有效的双向沟通机制

一方面，上级在设定自己的目标时要有下级提供充分而精确的信息为参考；另一方面，下级在设定自己的分目标时要充分理解上级的目标，要以上级的目标实现为依据来设定自己的分目标。这样才可以使各级的分目标最终和组织的整体目标相一致。这就要求上下级之间要建立有效的双向沟通机制。

（四）对实现目标的手段有控制权

要赋予目标执行者相应的权力，否则，即便是目标制定得再好，如果没有相应的权力，也很难实现实施的效果。

（五）对为实现目标而勇于承担风险的组织成员予以保护和激励

这样才可以激励更多的组织成员参与到目标管理当中来，达到自我管理和自我控制的目的，也更能激励组织成员为实现目标而努力。

（六）对组织成员有信心

以人性假设Y理论的观点来看待组织成员，即组织成员愿意承担实现目标的责任，能够自我管理和自我控制，并且愿意为实现目标而努力。

四、目标管理的优缺点

（一）目标管理的优点

目标管理法在管理上具备以下优势：①目标管理使各级部门及员工知道他们需要完成的目标是什么，从而可以把时间和精力投入到能最大限度地实现这些目标的行为中去。②目标管理对组织内易于度量和分解的目标会带来良好的绩效。对于那些在技术上具有可拆分性的工作，由于责任、任务明确，目标管理常常会起到立竿见影的效果。③目标管理调动了员工的主动性、积极性和创造性。由于强调自我控制，自我调节，将个人利益和组织利益紧密联系起来，因而提高了士气。④目标管理促进了雇员及主管之间的意见交流和相互了解，改善了组织内部的人际关系。

（二）目标管理的缺点

尽管目标管理理论非常先进，但在实施过程中，由于各种主客观因素的影响，多数时候很难达到预期的效果，目标管理主要存在如下缺陷：①目标难以制定。组织内的许多目标难以定量化、具体化；许多团队工作在技术上不可分解；组织环境的可变因素越来越多，变化越来越快，组织的内部活动日益复杂，使组织活动的不确定性越来越大。这些都使得组织的许多活动制定数量化目标是很困难的。②目标商定可能会带来管理成本的增加。目标商定需要上下沟通、统一思想，这是很费时间的；而且在具体目标确定的时候，每个单位、个人都关注自身目标的完成，很可能忽略了相互协作和组织目标的实现，滋长本位主义、临时观点和急功近利思想。③目标管理倾向于短期目标，即能在每年年底加以测量的目标。结果，员工可能会试图达到短期目标而牺牲长期目标。④目标修正不灵活。由于实行目标管理的目标形成网络式的目标体系，一环紧扣一环，因此，目标修正不灵活。

第三节　目标管理的实施

虽然目标管理的应用领域广泛，各个领域目标管理工作的开展类型也有所不同，但是其基本内容还是一致的。从不同角度对目标管理实施的基本内容框架可概括为“一个中心、三个阶段、四个环节和九项主要工作”（如图12－2所示）：

一个中心：以目标为中心统筹安排工作。

三个阶段：计划、执行、检查（含总结）三个阶段。

四个环节：确定目标、目标展开（分解）、目标实施和目标考评。

九项工作：计划阶段有三项工作即决策论证、协商分解、定责授权；执行阶段包括咨询指导、反馈控制、调节平衡；检查阶段包括考评结果、实施奖惩、总结经验。

这一个中心、三个阶段、四个环节和九项工作从不同的角度比较准确地反映了目标管理的基本内容和实施流程。本书主要对目标管理的四个环节进行研究，下面对每个环节都作以简要的概括。

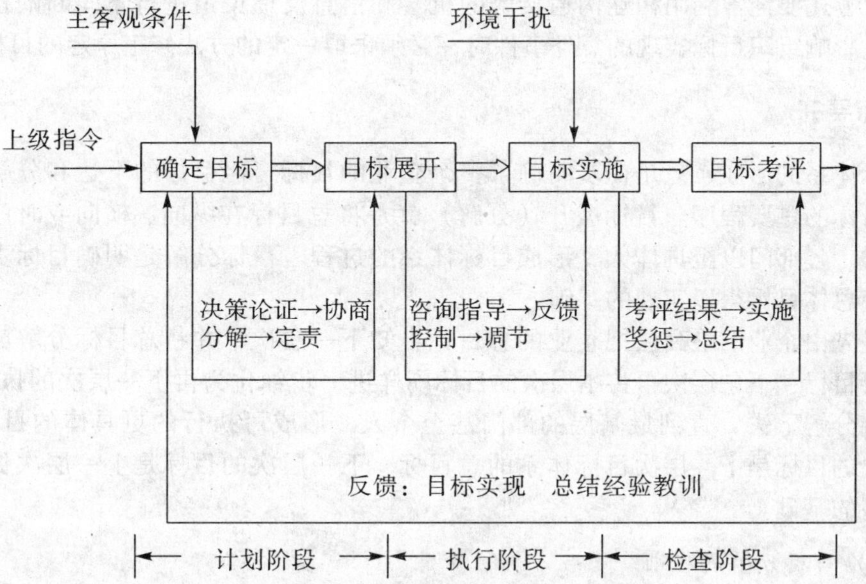

图 12－2　目标管理流程图

一、目标制定

实行目标管理方法，首先必须把制定科学的目标体系放在重要地位。这项工作总是从企业的最高管理部门开始，然后由上而下级逐级确立目标。某一级的目标，需要用一定的手段来实现，这些手段就成为下一级的次目标，按级顺推下去，直到作业层的作业目标，从而构成一种锁链式的目标体系。建立一整套的目标体系是目标管理的最重要阶段，可以将其细分为四个步骤：

（1）高层管理预定目标。领导根据企业的使命和发展战略，正确评价客观环境的机会和挑战。此时的目标是预定的、可改变的，可上级提出，再与下级讨论，也可由下级提出，上级审批。无论是哪一种形式，都是上下级共同商量决定的；同时，管理者还应根据长远目标，对组织有清楚的认识，做到心中有数。

（2）明确组织结构和职责分工。目标管理要求每一个分目标都有确定的任务承担者，因此预定目标后，需要重新审查现有的组织结构，根据新的目标分解要求进行调整，引导目标承担者明确任务和责任的关系、明确承担者的利益和组织利益的关系，并协调好这些关系。

（3）明确下级的目标。首先下级明确组织的规划和目标，然后商定下级的分目标。

在讨论中上级要尊重下级，平等待人，耐心倾听下级的意见，帮助下级发展一致性和支持性的目标。分目标要具体化，便于考核；分清轻重缓急，以免顾此失彼；既要有挑战性，又要有实现的可能性。每个员工和部门的分目标协调一致，支持本单位和组织目标的实现。

（4）上级和下级就实现各项目标所需要的条件以及目标实现后的奖惩事宜达成一致意见。分目标制订后，要授予下级相应的资源配置的权力，实现权责利的统一。由下级写成书面协议，制成目标记录卡片，整个组织汇总所有资料后，绘制出目标图。上下级双方还要经常利用相互沟通接触的机会和信息反馈渠道进行不间断的检查；当出现严重影响组织目标实现的意外事件时，必须采取一定的方法修正原定的目标。

二、目标展开

目标体系的形成，只是初步明确了整个企业的目标，但目标的下达和分解则是实现整个目标的重要程序。目标展开（分解）就是将总目标在纵向、横向或时序上分解到各层次、各部门以至具体人，形成目标体系的过程。目标分解是明确目标责任的前提，是使总体目标得以实现的基础。

它是先由企业的最高层把企业的总目标告知下一层次，并将总目标分解成下一层次的执行目标：下一层次再将本层次的目标同样进一步细化为再下一层次的执行目标，这样逐层分解下去，直到最基层的部门甚至个人，形成可执行的更具体的目标体系。上一层次的目标是下一层次目标体系的总目标，下一层次的目标是上一层次目标的细化和实现的基础。

（一）目标分解的原则

进行目标分解时要遵循以下原则：

（1）目标分解应按整分合原则进行。也就是将总体目标分解为不同层次、不同部门的分目标，各个分目标的综合要体现总体目标，并保证总体目标的实现。

（2）分目标要保持与总体目标方向一致，内容上下贯通，保证总体目标的实现。

（3）目标分解中，要注意到各分目标所需要的条件及其限制因素，如人力、物力、财力和协作条件、技术保障等。

（4）各分目标之间在内容与时间上要协调、平衡，并同步地发展，不影响总体目标的实现。

（5）各分目标的表达也要简明、扼要、明确，有具体的目标值和完成时限要求。

（二）目标分解的方法

总目标在企业的纵向行政管理层和横向职能部门之间进行层层分解，便形成了企业的目标管理体系。在目标管理中，如何进行目标分解，进而形成覆盖全企业各层次各部门的目标体系，是一个难点。

纵向分解即下级目标是上一级目标的细分化，见图 12－3。下级目标与上一级目标有着紧密的联系，而每一层次的措施却不一定有必然的联系，这就是纵向分解不同于横向分解的主要标志。对目标的纵向分解来说，各级的目标项目可以是相同的，所不同的则是目标值。

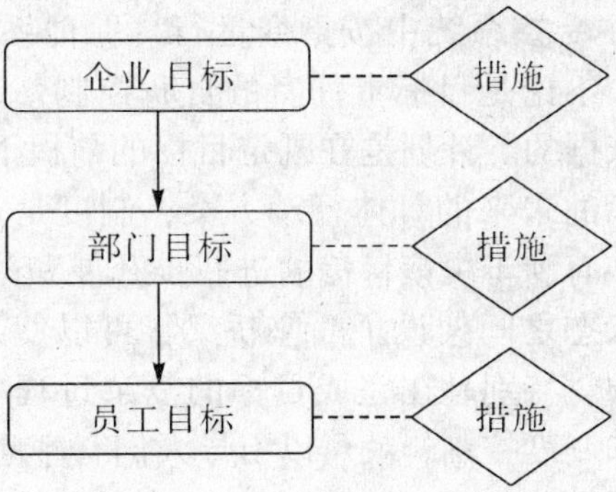

图 12－3　目标的纵向分解

横向分解一般是指把决策层的目标、措施向管理层分解，见图 12－4。职能部门在分解时，根据本部门在经营活动中的权利与义务，落实各自的目标责任，成为业务部门职能管理的支持者与监督者。横向分解不像纵向分解那样侧重于目标的细分化，而是重点要把上级的措施具体化，转化为下一级的目标，通过对措施的管理、控制和实施，来保证上级目标的实现。

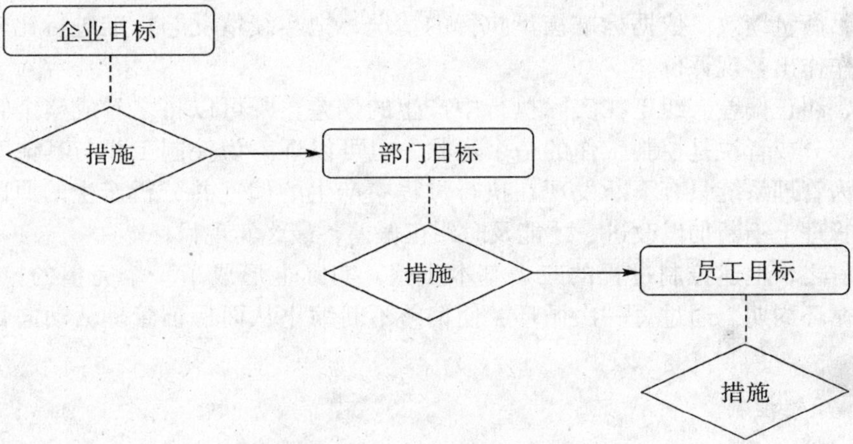

图 12－4　目标的横向分解

通过目标的纵向与横向分解，形成企业完整的目标体系。在目标体系的制定中，各部门各层次的目标应始终以企业的总目标为依据，上至总经理，下至基层的一线人员，都必须有明确的目标。

三、目标实施

目标展开以后，关键要看目标管理体制能否在企业管理的全过程中有效运转，所以必须在目标实施的过程中展开有效的控制。控制是管理的一项基本原则，与其说目标管理是一种管理模式，还不如说目标管理是一种管理控制的模式，所以控制对目标管理和整个目标管理体系的实现起着举足轻重的作用。目标管理主要有以下几种控制：

（一）事前控制

事前控制又称程序控制。程序控制中系统的输入，是将预先编制好的计划和事先制定的制度输入，使它们在受控系统中按指令运行，保证系统状态不偏离计划轨道。在推行目标管理的过程中，不论是目标责任者的自我控制，还是上级对下级的宏观控制，都是以计划和制度为依据的。计划是在既定目标的前提下，结合各个部门的特点，科学地预计和制订达到目标的未来的具体行动方案；制度是让计划得以实现的系统保证。计划在目标实施之前，有利于决策目标的进一步开展和落实。制订一个好的计划，就如同在现实状态和目标状态之间架设了一座桥梁，可以使人在目标推行过程中方向明确、步骤有序、工作协调。特别是在完成目标的复杂过程中，在人们对目标还不甚了解的情况下，运用计划和制度控制，就可以引导人们有序地达到目标、实现目标。

（二）事中控制

它是指管理人员为了保证实际工作与计划相一致而采取的管理活动。一般通过对计划执行情况的监督、检查等方式，及时发现目标差异，找出原因，采取措施，以保证目标实现的过程。事中控制的一般过程应该包括以下三个基本步骤：

首先，确定实行控制的标准。标准在组织里发挥着巨大作用：第一，有利于进一步明确组织的目的和目标。第二，标准是未来执行任务的依据。第三，标准是考核的依据。第四，有利于提高组织的运作效能。第五，可以降低损耗。

其次，衡量绩效。依据标准衡量执行的情况，把实绩情况与标准进行比较，对所完成的工作作出客观评价。

再次，纠正偏差。纠正在实际执行中产生的偏差，既可以将之看成整个管理系统工作的一部分或者说是控制工作的一个步骤，也可以理解为控制工作与其他工作的结合点。因为管理系统只有不断发现在执行过程中产生的偏差并分析产生的原因，在制度和计划管理上不断加以改进，才能及时纠正偏差，最终实现目标。

总而言之，上述控制过程的三个基本步骤，实际上形成了一个完整的控制系统，完成一个循环周期。通过每一次循环，使偏差不断缩小从而保证管理活动向目标方向健康发展。

（三）反馈控制

反控制的基本思想是：用输出的结果，反过来影响输入，从而保证系统的稳定。反馈控制有以下几个方面的作用：

第一，检查目标决策。目标决策正确与否，可以用反馈控制方法进行检查。控制论的创始人维纳曾指出，任何一个管理人员，都应通过反馈控制参与组织内部的双向通信，否则就难以发现政策是否是建立在完全理解下属人员掌握的事实基础上的。

第二，检查计划的制订。计划制订得是否符合实际，可以用反馈控制的方法进行检查。

第三，稳定目标管理系统。目标管理系统，是保证目标能够层层得以落实的多级递阶控制系统。通常情况下这种多级反馈控制可以提高系统的有序度，从而使系统处于稳定状态。采取多级反馈控制能较好地适应环境的变化，保持系统的稳定状态，从而顺利实现目标。

（四）自我控制

目标管理的最大优点就在于它能使管理人员控制自己的表现，即实现自我控制。

自我控制意味着更强大的动力：它追求卓越而不是仅仅要求过得去，它意味着更高的业绩目标和更广阔的视野。所以，为了能够控制自己的表现，管理人员就不仅仅需要知道他的目标是什么，而且还必须能够根据目标衡量他的业绩和成就。这种管理人员提供企业所有关键领域内明晰的共同的衡量标准的做法应是一种可以持之以恒的做法。这些衡量标准不必是严格量化的标准，也不必十分精确，但是必须明晰、简单、合理。

四、目标考评

当目标管理的一个阶段完成后，就要对目标实施后的绩效进行考评。做好目标管理绩效考评工作，对于推进目标管理、提高员工士气、加强团队、促进目标管理的循环与提高，具有十分重要的意义。

（一）目标考评的准备工作

首先，建立有效的绩效考评指标体系。在建立绩效考评体系时应该注意以下几个问题：第一，确保考评指标的系统化。在建立绩效考评体系时，要根据目标项目的要求，选择和制定相关的考核指标，然后根据指标间的内在联系和指标在整个目标体系中的作用，合理安排，从而使其成为一个完整的、各指标间重要性各不相同的指标系统。第二，考评指标的标准化。在指标体系中，除去一些特殊的考评指标之外，一般考评指标应尽可能做到标准化，最好用数字将其内涵与外延表示出来，加以明确的限制与说明。第三，考评指标的具体化。在考评中，把评价指标分成不同的等级，制定相应的得分标准。第四，考评指标的制度化。绩效考评指标在形成体系后，最好用制度确定下来，保持其相对的稳定性。

其次，为了使目标成果考评工作顺利进行，确保绩效考评的质量，在考评工作进行之前，在组织内部建立各级绩效考评机构。其主要任务有：绩效考评的双方发生矛盾与分歧时进行协调；根据实际情况对各有关目标项目的完成情况做出考评；制订和修改成果考评的指标体系和方案。

最后，做好标准化工作。具体包括：考评程序标准化、考评组织标准化、方法和手段标准化等。

（二）目标考评的主要内容

一是评价目标实现程度。目标实现程度是以目标值作为考评尺度。在考评阶段将考评结果与目标值加以比较，就可知道目标的实现程度。值得注意的是，在目标实施过程中往往会出现一些新的情况，使最初提出目标时的外界条件发生变化，从而直接或间接影响目标及其完成情况。这些变化造成的影响，有的可以经过目标执行者的努力来消除，有的则是难以消除。为了正确地反映目标状况，就有必要根据外界客观条件的变化，适当地调整目标。

二是目标难度的比较。目标难度是指根据目标任务的性质、客观条件和外界因素等的不同，为实现预定目标所付出的代价和努力的大小不同。如相同的企业利润目标，对于成熟的、综合实力强的公司来说，可以轻而易举地完成；而对于那些新的、综合实力薄弱的公司来说，只有花费大量的努力，才有可能实现目标。因此，在目标考核中，只注重目标的实现程度，而不考虑目标的难度的做法，并不能全面衡量目标执行者的业绩和能力，只有把目标实现程度和目标难度结合起来考虑，才能对目标成果做出较为全面的公正的评价。

（三）目标绩效考评的过程

第一，目标执行者对绩效进行自我评价。当目标实施过程结束后，首先由目标执行者本人对目标管理的成果进行自我评价。自我评价的具体内容可以包括：检查和衡量目标的实现情况，衡量目标的进度与难度情况以及目标执行过程中采用的措施手段的状况。

第二，上级的指导和考评。上级可以通过个别协商和交谈等方式，同下级交换意见和看法，使下级能恰如其分地对自己的工作绩效做出客观的评价。

第三，考评机构的综合评价。在组织内部的各级管理单位要成立考评机构。他们的工作职责是根据每个目标执行者的自我评估，进行进一步的考核评价。在考评过程中，考评机构要注重实际取得的成果，并与目标执行者和上级领导者充分交换意见，以减少考评工作的片面性和局限性，更好地解决出现的矛盾和分歧。

【本章小结】

目标管理是以目标的设置和分解，目标的实施及对完成情况的检查、奖惩为手段，通过员工的自我管理来实现企业的经营目的的一种管理方法。它以目标为导向，以人为中心，以成果为标准。在员工的积极参与下，自上而下地确定工作目标，并在工作中实行“自我控制”和“自我管理”，自下而上地保证目标实现。

在本章中，对目标管理的基本理论加以简要概括。首先介绍了目标的概念、类型、性质及其功能，其次介绍了目标管理的概念、特点、适用范围及实例，最后依据目标管理实施的四个环节，即目标制定、分解、实施和考核，逐一对目标管理进行较为全面的描述。

【思考题】

1. 什么是目标？企业的目标一般有哪些？
2. 目标对企业管理来说有何功用？
3. 目标管理的特点是什么？
4. 阐述目标管理的优点和缺点。
5. 试述目标管理的基本实施过程。

【案例】

海尔的 OEC 管理

目标管理的概念由德鲁克在 1956 年提出，1978 年传入中国后，历经了 30 多年的发展，目前已是中国企业中推行较为普遍的一种现代管理方法。中国企业在应用目标管理理论的同时，还根据国内企业与职工的特点，结合中国文化对目标管理进行实践创新的成功实例。青岛海尔集团的日清管理法（OEC 管理）就被认为是有中国特色的目标管理法。

海尔的 OEC 管理，O 是指全员、全方位（Over），E 是指每人、每天、每件事（Everyone），C 是指控制清理系统（Clean）。它也是由企业制定大目标，然后把目标分到各部门，各部门再分到每个人的每一天，做到事事有人管。最后再通过控制清理系统来促进既定目标完成，做到人人都管事。

OEC 管理建立了客观的目标体系，把企业的总目标进行分解，并将分解后的子目标按照事（软件）、物（硬件）分两类，建立总账，使企业正常运行过程中的所有事、物都能处于控制之中，做到“总账不漏项”；然后将总账中的事、物通过层层细化落实到各级人员，并制订各级岗位职责及每件事的工作标准，每个人根据其职责建立工作台账，明确每个人的管理范围、工作内容、每项工作的工作标准、工作频次、计划进度、完成期限、考核人、价值量等。绩效目标采取自主认定制度，每个人都在上一级目标的指导下，参照自己的岗位职责自主拟定自己的目标计划，并分解至每一天的工作。为确保工作目标的准确性、完整性以及确保公司总体目标的实现，在海尔每个人的工作目标（台账）都要由其上一级主管审核之后方可生效，这样就保证了工作目标的整体一致性和整体协调性。

作为目标控制系统，OEC 管理提出“日事日毕、日清日高”。对管理人员实行月度台账加日清表控制，即每天一张表，明确一天的任务，下班时交上级领导考核，没有完成的要说明原因和解决的办法。对生产工人实行 3E（Everyday、Everything、Everyone）卡由责任人和检查人员分别填写，每日对照检查是否全部完成达标。对工作中出现的薄弱环节不断改善、不断提高，每天寻找差距，以求第二天更好。日清系统有自我日清和职能人员按管理程序进行的复审两部分。

OEC 管理实行多元激励和及时激励的考核激励机制。对于管理人员来讲，每月的总结及月报表便反映了其业绩的好坏，其结果是不但影响其本月工资，而且还会影响其去留升迁。而对于工人来讲，每天根据“3E”卡上的工作记录（点数）就可以算出自己的工资。使得在反馈工作业绩的同时，也将绩效考评落到了实处。

海尔 OEC 管理很巧妙地将中国传统文化的精华融入了现代化的管理实践中，它不仅仅将企业的大目标分解到最末端的执行单位，而且还将企业的大目标分解到企业运作的每一天做到“日清日高”。这种管好企业运作的每一件事，每一个人，每一天甚至每一个小时的精细管理，以及不断提高不断完善的进取精神使得企业的总体目标一个个得以实现。正是凭借 OEC 管理的客观的目标体系，完善的目标责任制，合理有效的考核机制体系和激励机制体系确保了目标管理的实施目标和效果。海尔集团的管理创新仍在继续，他们又提出了“人单合一”体系的管理运作方式，进一步强调人的创造力，这也是对实施目标管理的深入与发展。

【思考题】

海尔目标管理的特色是什么？

第十三章 人本管理

【学习要点】

1. 人本管理的含义、原则及特点；
2. 人本管理的核心内容；
3. 人本管理的具体方式。

第一节 人本管理概述

一、人本管理的含义

美国著名的企业家艾科卡说过："你可以取走我企业的所有存款，拆去我工厂里所有的设备，但务必请你留下我所有的成员。因为他们才是我企业的真正财产。"现代著名管理大师彼得·德鲁克曾说过："任何组织中最稀缺的资源是在文化的影响下能把任务执行好的人"。这些都充分显示了"人"在现代组织发展中的重要性。当前，"以人为本"、"人的因素第一"、"重视和发展人"的人本管理思想已经成为中外管理领域最热门的话题之一。

那究竟什么是人本管理？学者们仁者见仁、智者见智，尚未形成一个权威的定论。

有的学者通俗的将人本管理看做把人当人看，把人当人用，充分考虑个人的特点，尊重个人的个性，理解个人的情感与追求；同时在人与物的关系中，重视人与物的差别，做到人与物的协调，而不是使人成为物的附庸或一部分。

有的学者把人本管理归结为"3P"管理。"3P"即"of the people"、"by the people"、"for the people"。它们的含义分别是"人与人才是企业最重要的资源"、"企业是依赖人进行生产经营活动的"、"企业是为了满足人的需要而存在的"。

有的学者将人本管理划分为五个层次：情感管理、民主管理、自主管理、人才管理、文化管理。根据这一观点，人本管理实践认可企业目标和员工目标的一致性，建议采取目标管理、合理化建议、员工持股等多种方式增强员工参与管理的积极性；同时，以情感、文化凝聚人心。

有的学者将人本管理的内涵划分为两个层次：第一层是指首先在管理过程中树立人的主导地位，然后围绕如何调动企业人的积极性、主动性和创造性开展企业的一系列管理活动，强调人的主导地位；第二层内涵是通过以人为本的企业管理活动，以尽可能少的消耗获取尽可能多的产出的实践，来锻炼人的意志、脑力、智力和体力，通过竞争性的生产经营活动，使自己得到进步，也使企业获得更大的发展。

有的学者认为人本管理就是以人为本的管理，指人们在管理活动中从人的角度出发来分析问题，以人为中心，按人性的基本状态来进行管理的一种管理方式，其实质就是充分肯定人在管理活动中的主体地位和作用。

以上各种观点实际上都是从不同的角度去认识人本管理的，只是反映和强调了人本管理的不同侧面。人本管理应该是从管理理念、管理制度、管理技术、管理方式到管理态度的全面转变。因此，编者赞同学者赵继新（2008）的观点，将人本管理的含义概括为：人本管理是一种把“人”作为管理活动的核心和组织最重要的资源，把组织全体成员作为管理主体，从尊重人的角度开发和利用组织的人力资源，服务于组织内外的利益相关者，实现组织目标和成员个人目标的管理理论和管理实践的总称。

二、人本管理的特征

分析人本管理的含义，我们可得出它的以下特征：

1. 人本管理的核心是“人”，是企业最重要的资源

这是人本管理与以“物”为中心的管理的最大区别，它意味着企业的一切管理活动都围绕如何识人、选人、用人、育人、留人而展开。人成为企业最核心的资源和竞争力的源泉，而企业的其他资源（如资金、技术、土地）都围绕着如何充分利用“人”这一核心资源，如何服务于人而展开。

传统管理把“人”作为工具和手段，作为企业达到效益最大化的途径，人仅仅为这一目的而存在，毫无自身作为“人”的价值和意义。而人本管理更重视企业中的“人”，突出人在管理中的地位，在促进企业发展的同时不断促进人的全面发展、实现人的价值。在生产力发展程度、科技运用与实施程度以及资源占有程度大体相同的情况下，企业的可持续发展依靠企业中人的日趋成熟与发展，依赖于人的素质提高，只有将“人”作为根本目标来追求才能使企业立于强者之林。日本索尼公司董事长盛田昭夫说：“如果说，日本式经营真有什么秘诀的话，那么，我觉得‘人’是一切秘诀最根本的出发点。”被人们誉为“经营之神”的松下幸之助曾说，松下公司的口号是“企业即人”，并多次宣称“要造松下产品，先造松下人”。

2. 企业的全体员工是人本管理的主体

劳动是企业经营的基本要素之一。人们对提供劳动服务的劳动者在企业生产经营中的作用是逐步认识的，这个认识过程大体上经历了三个阶段。

（1）要素研究阶段。对劳动力在生产过程中的作用研究是随着以机器大生产为主要标志的现代企业的出现而开始的。但在早期，这种研究基本上限于把劳动者视为生产过程中的一种不可缺少的要素。比如，管理科学的奠基人泰勒的全部管理理论和研究工作的目的，都是致力于挖掘作为机器附属物的劳动者的潜能。他仔细研究工人操作的每个动作，精心设计出最合理的操作程序，要求所有工人严格地执行，而不要自己再去创造和革新。他坚信，工人只要按照规范程序去作业，就能实现最高的劳动生产率，从而获得最多的劳动报酬。这样对工人和企业双方都是有利的。泰勒之后几十

年中，所有对劳动和劳动力的研究大多未摆脱这种把人视做机器附属物的基本观点和方法。

（2）行为研究阶段。第二次世界大战前夕，特别是战后，有一部分管理学家和心理学家，开始认识到劳动者的行为决定了企业的生产效率、质量和成本。在此基础上，他们进行了大量的案例分析，研究影响劳动者行为的因素。通过这些研究他们发现，人的行为是由动机决定的，而动机又取决于需要。劳动者的需要是多方面的，经济需要只是其基本内容之一。所以他们强调，管理者要从多方面去激励劳动者的劳动热情，引导他们的行为，使其符合企业的要求。这一阶段的认识有其科学合理的一面，但其基本出发点仍然是把劳动者作为管理的客体。

（3）主体研究阶段。20 世纪 70 年代以来，随着日本经济的崛起，人们通过对日本成功企业的经验剖析，进一步认识到职工在企业生产经营活动中的重要作用，逐渐形成了以人为中心的管理思想。中国管理学家蒋一苇（1980）发表了著名论文“职工主体论”，明确提出“职工是社会主义企业的主体”的观点，从而把对职工在企业经营活动中地位和作用的认识提到了一个新的高度。根据这种观点，职工是企业的主体，而非客体；企业管理既是对人的管理，也是为人的管理；企业经营的目的，绝不是单纯商品的生产，而是为包括企业职工在内的人的社会发展而服务的。

人本管理的主体是企业的全体员工，其实现的关键在于员工的参与管理。企业实现有效管理有两条完全不同的途径：一是高度集权，依靠严格的管理和铁的纪律，重奖重罚，使得企业目标统一，行动一致，从而实现较高的工作效率；二是适度分权，依靠科学管理和职工参与，使个人利益与企业利益紧密结合，使企业全体职工为了共同的目标而自觉地努力奋斗，从而实现高度的工作效率。两条途径的根本区别之处，在于前者把企业职工视做管理上的客体，职工处在被管的地位；后者把企业职工视做管理的主体，使职工处于主动地参与管理的地位。当企业职工受到饥饿和失业的威胁时，或受到政治与社会的压力时，前一种管理方法可能是有效的；而当职工经济上已比较富裕，基本生活已得到保证，就业和流动比较容易，政治和社会环境比较宽松时，后一种方法就更为合理、更为有效。

3. 人本管理的主要手段是利用和开发组织的人力资源

人是企业的最核心的竞争力，是决定企业兴衰成败的关键因素。在信息爆炸的现在，技术优势的保持变得困难，这就使得各个公司可以更容易、更快速地战胜对方。这时，组织可持续发展竞争优势的源泉就不在于商品与服务，而在于人的思维与能力了，因此，企业要想在激烈的竞争中取得优势，就必须充分利用和开发企业的人力资源。这就要求企业一方面要能最大限度地利用企业现有的人力资源，另一方面要尽可能地开发人力资源。而这当中最重要的问题就是提高人的能力和开发人的潜能，只有充分挖掘人的潜能，调动人的积极性，才能保持人力资源优势。同时，企业要想保持竞争优势，还必须制定和实施人力资源发展规划，不断追加对员工的人力资本投资，使组织中员工的知识不断更新，综合素质始终处于不断提高的状态，发展在职教育和终生教育，营造学习型组织分为，才能保持企业的竞争力。

4. 人本管理活动的服务对象是组织内外的利益相关者

人本管理的主体是全体组织成员，因此，企业在追求物质资本所有者利益的同时，应该兼顾人力资本所有者的利益，亦即企业内部全体员工的利益。此外，随着社会的发展，企业的目标趋于多元化，企业已突破单一的经济组织的局限，综合考虑企业外部的利益相关者，包括顾客、环境、社区建设，遵守国家相关的法律法规和企业应尽的社会责任，把人、企业、社会整合成一个有机的整体。

5. 人本管理的理想效果是组织和员工的双赢

人本管理是以人为本，尊重人性，注重人的发展与提高的管理，因此，在人本管理理念下，企业的发展不仅要看企业经济利润，更要注重员工的个人发展是否与组织发展同步，从而达到人本管理的理想状态——组织与员工双赢。在当代，人是企业最重要的资源，员工的个人发展与组织的发展是密不可分的；员工的个人发展程度则取决于企业对于员工的态度和方式，与此同时也决定了员工的工作能力及其对企业的忠诚度，而这又反过来影响组织的发展。正如管理学家麦格雷戈所说："当管理者为员工提供使他们的个人目的与公司的商务目的一致的机会时，组织就会远为有效与有力。"

总之，人本管理的本质就是尊重人、服务人、依靠人和发展人。

三、人本管理的原则

人本管理的原则是指以人为本的管理过程中应遵循的基本原则，它涉及以人为本管理的基本方式的选择和以人为本管理的核心。

（一）个性化发展的原则

以人为本的管理，从根本上说应该是以组织成员的全面发展为出发点。个性化的发展虽然仅仅是人的全面发展的初级阶段，但比起过去组织仅将员工看做是"机械人"或"操作工"，只培养完成某一岗位要求的技能，只按完成岗位任务的优劣进行奖惩，已进步许多。因为尊重员工的个性化发展，表明组织已允许员工在发展符合组织发展要求的技能的同时，可以在组织中选择其自愿发展的方向。

个性化发展的原则要求组织在成员的岗位安排、教育培训，在组织工作环境、文化氛围等方面都要以是否有利于组织成员个性潜力的发挥和长远发展来考虑，而不仅仅是从组织的功利性目标出发。

另外，在人本管理的模式下，组织员工是一个个独特的、具有能动性的个体，因此，组织在制定管理制度的过程中不能忽视员工的个性，以统一标准管理员工，而应该尊重员工的个性发展要求，采取因人而异的多样化管理模式。

（二）引导性管理原则

组织中以本人的管理本质上是组织中成员的自我管理。因此，以人为本的管理实则是不需要权威和命令的管理。组织员工之间的协作配合，资源的安排、投入与产出等方面原来依靠领导者的权威和命令来组织、协调与监控，而在人本管理思想的指导下则演变为引导性的管理，即以引导来取代权威和命令，以引导来协调组织成员自我管理的行为，从而最终有效地完成组织既定的目标。

引导性的管理原则实际上是要求管理主体至少要改变其在决策方面的角色。在人本管理条件下决策是组织成员共同的责任，否则就不能称之为自我管理。

引导性准则在组织运作中要求组织中的所有成员能相互协调、互相建议，使组织成员凝聚在一起，共同完成组织最终的目标，并在此过程中谋求成员的个性化发展。因此，自我管理既是个性化发展的一个条件，也是它的结果。

（三）建设环境原则

人本管理的核心是要促进人的全面发展，因此就必须为组织员工创建一个能让人全面发展的场所，间接地引导其自由地发展个体的潜能。组织应从以下两个方面进行环境建设：一是物质环境，包括工作条件、设施、设备、文化娱乐条件、生活设施安排等；二是文化环境，即组织独特的文化氛围。

组织的物质环境建设要受到组织所拥有的资源有关，虽然不能说物质环境越好，越能让个性化全面发展，但良好的物质条件是发挥人的潜质、训练技能的重要保障。组织文化建设是一个漫长的过程，需不断寻找及调试适合组织发展的文化。但组织文化一经创设成功，就会对组织成员的思想和行为产生导向、约束、激励和凝聚的作用，其效用是不可取代的。

第二节　人本管理的核心内容

一、参与管理

参与管理是指员工从单纯的执行者转变为积极参与者，自愿地参与到管理决策中来，以此满足员工成长发展、自主管理需要的一种管理方式，也是有效管理的关键。实现有效管理的途径有两条：一条是高度集权；另外一条是适度分权、职工参与的民主式管理，使员工个人利益与企业利益结合，使企业全体职工为了共同的目标而自觉地努力奋斗，从而实现高度的工作效率。两条道路的根本不同之处在于，前者把企业职工视做管理上的客体，职工处于被管理的地位；后者把企业职工视做管理的主体，职工处于主动地参与管理的地位。

企业实施参与管理的目的在于：第一，从控制性管理向参与性管理转变，满足员工多层次、多方面的需要。与单纯的经济激励相比，员工在参与管理中更能体验到归属感，促进团体的凝聚力，提高员工的忠诚度。第二，参与管理的方式为员工提供了发挥自己多方面才智的机会，使员工能在更大的范围内运用自己的智慧与能力，而不局限于本职工作。参与管理可以采取多种形式，如，建立员工合理化建议制度、管理者接见日制度等。

二、企业文化管理

现代企业文化是指在一定的社会历史条件下，企业在生产经营活动中培育并形成全体员工共同遵循的企业使命、价值观、道德规范、行为规范等，是企业赖以生存和发展的精神支柱。现代企业文化包括三个层次：理念层、制度层和物质层。理念层主要是企业精神文化，包括企业的核心价值观、经营哲学、企业使命等一系列价值理念，其中价值观是最核心的内容；制度层主要是企业的行为文化，包括企业制度、流程、企业行为等一系列规范，它在理念层指导下活动，是企业价值理念的实践化；物质层是企业文化的表层外显部分，是精神形态文化的载体。

企业文化具有对内和对外双重功能。对内起着导向、凝聚、激励、约束的作用；对外则发挥传播形象、扩大影响的功能。企业文化形成后，员工在企业文化的熏陶下，共享同样的价值观、共同创造并维持组织特定的氛围，并为实现组织目标而共同努力，企业内部的人际关系将更融洽，正式组织和非正式组织之间的关系更加协调。同时，企业文化还通过传媒、员工行为等途径在社会上传播和辐射，成为社会文化的重要组成部分并在社会文化中发挥越来越重要的作用。在高度协调的企业文化氛围中，员工既保持各自鲜明的个性，又能形成合力，遵循共同的行为准则且不断进取创新。

人是人本管理的主体，企业首先要树立以人为本的价值观，体现出尊重人、爱护人、尊重人个性化发展的文化理念，并表现出企业组织对个人目标的重视。如：海信集团的宗旨是“以人为本”，关心人、尊重人、理解人、爱护人是海信集团文化最主要的特色。

三、激励管理

激励是通过满足员工的个人需求来提高他们工作积极性的活动。激励是现代企业人力资源管理的核心。哈佛大学的威廉·詹姆士教授发现，按时计酬的职工一般只需发挥20%～30%能力，就可保住饭碗，但是，受到充分激励的员工能发挥出80%～90%的能力。人本管理的最终目的在于人的全面发展，发展首先体现在能力的发展上，但人的能力并不完全处于外显状态，有些潜能需要适当的目标和环境的刺激才能显现出来，这就需要激励。建立在需求和心理动机理论基础上的激励通过提供适当的目标刺激和环境支持，将人的行为动机强烈地激发出来，在实现目标的过程中将一些员工甚至没意识到的能力施展出来。激励管理实际上是管理者为企业员工服务的一种重要的方式。

通过激励，管理者洞察并满足员工的需要，将员工个人目标与企业目标结合起来，从而使他们产生符合组织期望的动力。即激励通过提供外界推动力或吸引力，把组织的期望转化为员工内在自觉自愿的行为，使其实现从“要我做”到“我要做”的转变。因此，激励管理是人本管理重要的、不可或缺的组成部分。

四、人力资源开发与培训管理

在人本管理中，人力资源的培训与开发不是作为员工的福利，也不是作为留住员工的一种手段，而是员工应享有的基本权利。企业则是员工进一步获得提高与发展的责任承担者。

培训是企业向员工提供工作所必需的知识与技能的过程；开发是依据员工需求与组织发展的要求对于员工潜能开发与职业发展进行系统设计与规划的过程。培训与开发的目的都在于通过提升员工的能力实现员工与企业组织的共同成长。人本管理中企业应注重对于组织成员在企业服务期间全过程进行开发，通过工作轮换、工作扩大化和丰富化等方式不仅可以提高员工对岗位要求的适应性，而且着眼于提高员工个人对外部环境，包括市场竞争的适应性和驾驭能力，完善员工的个性、开发他们的潜能，发挥他们的创造力，使企业员工在自我实现的过程中得到全面的发展。为了满足员工个人发展的需要，企业必须更加注重差异化、个性化的培训方法，根据员工发展需要，设计不同的培训方案，即组织由培训的主导地位转变为辅助地位，而将培训的主导地位交给员工自己。总之，在员工培训过程中，企业要以员工为主，组织起辅助引导作用，尽量给员工创造良好的培训环境，提供培训资料、设备等条件。另外需要说明的是，这个方法很大程度上要靠员工的自觉性和积极性来实施，企业要想取得良好的培训效果，还要设法提高员工的积极主动性。

五、人际关系管理

任何一个组织都是由有着共同目标的人组成的有效协作系统。企业组织不仅是一个经济组织，也是一个人群组织。在组织中，不仅内部成员之间存在着各种各样的人际关系，而且企业与外部其他社会组织以及个人之间也存在着错综复杂的人际关系，二者共同构成了企业的人际关系网络。

企业对外的人际关系网络具有信息沟通、调动资源、增强互信感等功能，是对正式市场机制的一种补充，对企业目标的实现具有重大的意义。此外，组织中人与人之间和睦亲善、相互信任的关系，能避免成员之间不团结、内耗等事情的发生，使成员之间的合作更为有效，从而共同完成组织的目标。同时，通过组织内部深入的沟通和交流，可以产生共鸣，有助于团队精神的培养，能够发挥成员的潜能，形成凝聚力，在组织遇到困难或危机之时，起到相互扶持与鼓舞的特殊作用，从而使人的精神得到升华。

第三节　人本管理的方式

一、人本管理的基本方式

人本管理的方式是极其丰富且多样的。从企业目前和未来面临的经营环境对于企业的要求来看，从企业的实践效果来看，人本管理的方式可以归纳为：目标管理、建立有效激励机制、加强情感沟通、建立良好用人、育人、留人机制、创建独特的企业文化等五个方面。

（一）实施目标管理，实现员工的参与管理与自主管理

目标管理是以目标的设置和分解、目标的实施及完成情况的检查、奖惩为手段，通过员工的自我管理来实现企业的经营目的的一种管理方法，也是员工参与管理的一种管理方式。它以目标为导向，以人为中心，以成果为标准，企业在员工的积极参与

下，自上而下地确定工作目标，并在工作中实行“自我控制”和“自我管理”，自下而上地保证目标实现。而人本管理下的目标管理则是在此基础上更加强调企业目标与个人目标相协调，强调全体员工或员工代表参与组织目标的制定与实施。它具有强调个人与组织共成长、重视参与管理、强调自我管理与自我控制、注重权力下放及注重成果的特点。其实质之一就是尊重人。因此，目标管理是实施人本管理的重要方式之一。

通过推行并实施目标管理，不仅调动了员工的积极性、主动性和创造性，通过强调自我控制，自我调节，将个人利益和组织利益紧密联系起来，提高了士气；也促进了管理者与员工之间的意见交流与有效沟通，改善了组织内部的人际关系，为组织营造一个和谐的氛围。另外，目标管理也可以通过改进组织结构和职责分工的方式，将时间和精力最大的限度地投入到组织目标的实现中去，从而能带来良好的绩效。

（二）建立有效的员工激励机制，充分调动员工的积极性

美国哈佛大学教授威廉·詹姆斯用一个数学公式表示了激励的作用：工作绩效=F(能力×激励)。这就是说，人的工作绩效取决于他的能力与水平即积极性的高低，能力是绩效的基本保证，但是不管能力多强，如果激励水平低，就难以取得好的绩效。可见，根据人的心理和行为规律不断调动、提高和保持员工工作的积极性、主动性和创造性，有利于创造出更佳的工作绩效，增强企业的综合实力。

人本管理中要想做到有效激励必须注意以下几点：首先，要了解员工的需求。需要是员工产生积极行为与进行有效激励的动力源。在企业内部，不同的员工及其群体，由于其从事的岗位、知识的构成、兴趣与爱好、年龄与性别、性格与气质、自身的素质等各不相同，往往需求也不相同，管理者应根据其不同特点采取不同的激励措施，有的放矢地激励职工的积极性。需要强调的是，企业应重视员工合理的物质要求，企业应结合自身特色制定以机会、职权、工资、奖金、股权、红利、福利以及其他人事待遇为形式的灵活分配制度，确定一整套有效的薪酬激励机制，包括：确定合理的工资差别，力求使每个人的收入与他们的实际贡献相称；实行弹性工资制，使员工收入与企业实际效益紧密相连；在利益分配上引入竞争机制，通过竞争使收入分配趋于合理化；以工资为杠杆，引导员工积极解决公司所面临的难题和关键问题，倾向对解决这些问题做出显著贡献的人给予重大奖励。其次，建立适合本企业实际的激励机制。激励是全方位的，不仅有物质形态的还有精神形态的，单纯的物质激励和精神激励都不能解决企业动力不足的问题。一般来讲，在激励中可采用主要有：理想激励、目标激励、榜样激励、荣誉激励、竞争激励、情感激励、物质激励、参与激励等等。根据人的心理和行为规律，通过对员工的激励，以创造出最佳工作绩效，从而更好地实现组织目标。

（三）加强情感沟通，创建和谐人际关系

随着社会发展，经济体制与企业经营方式的变革，员工在思想上、心理上、工作上、生活上难免会出现许多的问题与困难，这些问题与困难如果得不到关心和解决，将直接影响到员工的情绪和队伍的稳定，更直接关系到企业能否正常运转和改革的顺利进行。在这个时候，建立良好的沟通以及和谐民主的团体关系就显得尤为重要。

首先，管理者要善于与员工沟通。沟通是一种人与人之间的情感、思想、态度和观点上的交流，是心灵之间的相互感触。管理者要经常深入到员工中去，倾听员工的心声、了解员工的各种需要、体察员工的喜怒哀乐、关心员工的冷热痛痒，关心员工思想上的提高、政治上的进步、工作上的适应以及员工自身的发展等。从而在管理者与员工之间建立起亲密融洽的关系，在组织内部形成强大的凝聚力，达到管理目标。

其次，管理者要尊重员工。人都有自尊心，被尊重是每个员工渴望的心理欲求。要达到组织目标，管理者就必须尊重员工，即所谓爱人者，人恒爱之；敬人者，人恒敬之！它包括尊重员工的价值、人格、需要、情感 以及他们的劳动和休息等。只有把尊重员工置于管理工作的始终，管理者的工作才能深入员工的心中，才会使员工产生一种知遇感，从而促使员工以在工作中的加倍努力作为回报。刘备“ 三顾茅庐”换得了诸葛亮的鞠躬尽瘁，死而后已，就是一个鲜明的例子。

最后，加强民主管理、民主参与、民主监督，增强员工的主人翁意识。管理者要彻底改变“命令—服从”这种对员工缺乏信赖的单向管理方式，在工作中经常征求和虚心听取员工的意见，畅通与员工间的信息渠道，及时向员工通报企业的经营状况以及遇到的困难，鼓励员工参与企业生产经营决策，积极采纳员工的合理化建议，自觉维护员工的合法权益等。在制定企业计划与目标时要构建一种公开、透明、参与的机制，使员工将其内化为自觉的行动，形成与企业的命运共同体。这样就会在企业中形成一种民主、融洽、和谐的人际关系，充分调动广大员工的积极性、智慧和创造力，从根本上增强企业活力。

（四）建立良好的引人、用人、育人、留人机制，不断增强组织发展的原动力

人本管理中不断强调，人是组织发展的原动力。因此，在推行人本管理的过程中，组织应在引进、培养、留住人才上下工夫，为组织的发展存储相当数量的人力资源。

第一，千方百计引进人才。企业要根据自己的生产经营要求制定人才需求计划，采取各种方式想方设法地网罗人才。这就要求企业必须坚持公开、公平、竞争、择优的原则，打破传统的分配制度，实行合理公平的新的分配方式。建立客观公正的评价体系，对每位员工的工作业绩、工作态度、工作能力、贡献的大小进行客观公正的评价，充分激发员工的热情，使其安心工作，为企业的发展创造后劲。

【小资料】

1. 20 世纪 30 年代初美国著名教育家佛莱克斯纳为了聘请爱因斯坦去他位于普林斯顿的高等研究院讲学，曾到美国的加利福尼亚州、英国、再到爱因斯坦位于柏林附近的寓所再三恳求，爱因斯坦为其诚心邀请所感动，终于答应担任终身教授。从此美国成了世界物理的中心。

2. 福特：为引进一个人买下一个公司

一次，福特公司的一台汽车马达坏了，公司所有的技术人员修了半天都没有修好。于是，他们就把一个在小厂工作的技术员请过来帮忙。这个人是德国的技术人员，技术非常好，不知什么原因流落到美国，现在所在的这个小厂收留了他。福特

公司把他请来以后，这个技术员为了听马达的声音，在电机旁躺了三天，听了三天，然后在一架梯子上爬来爬去，最后找到了原因。原来是马达上的线圈多缠了16圈，他把这多的16圈线圈拿掉，马达马上恢复了正常。对此，福特老板对他非常赏识，给了他1万美元作为酬劳，并邀请他来福特工作。但这个技术人员很讲义气，他说："原来的公司待我很好，我不能见利忘义。"福特说："那好，我就把你的公司全买过来就是了。"于是福特公司真的把这个小厂买了过来。后来，福特公司能成为全球著名的大企业，应该说是与其重视网络人才有很大的关系。

第二，要坚持量才适用、人事相宜等原则。用人是管理者的重要职责，人各有所长，企业管理者要根据员工的能力、兴趣、心理等因素进行综合考虑，科学的把最合适的人安排到最合适的岗位，以此来发挥人的最大效能。在使用人才时要坚持任人唯贤、任人唯能的原则，要坚决剔除那些不考虑企业现状与未来发展却只关心自身利益的干部，提拔那些有能力、魄力和胆识的人；要大胆启用那些犯过错误但具有良好的业务素质或特殊专长的人，使他们承担起相应的责任；要做到重资历更重能力决不忽视创新意识和开拓精神。在用人上真正做到公开、公正、公平。

第三，不仅要会使用人才，还应注重人才的开发与培训。企业要在生产经营的同时有计划地实施企业的员工教育培训，把企业办成一个学习型企业。必须重视并积极创造条件，组织员工学习新知识、新技术，不断为其提供各种外出进修和学习的机会，不断提高员工的知识、技能和业务水平，使他们能够不断提高自身素质适应企业发展的需要。同时要加强员工的思想政治工作，加强员工的职业道德建设，培养员工爱岗敬业、团结拼搏的精神。使企业内形成和谐、友善、融洽的人际关系和团结一心、通力合作的团队精神。

第四，重视员工的个体成长和职业生涯设计，留住企业人才。对企业而言，人才是最稀缺的资源，如何合理利用并发挥最大效用，是一个值得关注的问题。越来越多的员工更在意自身价值的实现，并不满足于被动地完成一般性事务，而是尽力追求适合自身的有挑战性的工作。这种心理上的成就欲、满足感也正是事业上的激励。企业更多的是不同岗位间模糊化，工作职责的跨度化，企业应尽可能根据员工自身的素质与经验，结合企业内部的实际情况，依照企业的目标策略，给员工设置挑战性的工作或职位，使其能够在工作中得到锻炼发展的空间，不但满足了员工自我满足、自我实现的需要，同时，也使得员工在工作中得到了锻炼，反过来也有利于企业的发展。同时也可以采用内部提升、工作轮换方式，让企业员工接受多方面的锻炼，培养跨岗位解决问题的能力，并发现最适合自己发展的工作岗位，为员工提供实现自我的环境与机会，积极提高员工的工作满意度，还可以促进良好的人才竞争机制，形成能者上，庸者下的合理竞争局面。

（五）培养独特的企业文化，不断增强企业的核心竞争力

良好的企业文化不仅是提高员工素质的重要保证，也是企业员工朝气与活力的源泉，是企业的灵魂所在。因此，实施以人为本管理，必须构筑独特的企业文化。企业

文化建设必须做到企业价值观、企业精神与企业形象三者的有机统一。企业价值观是核心，企业精神是保证，企业形象是利器。只有将这三者有机地统一起来，才能形成企业的核心竞争力。在企业文化建设过程中，只有实现尊重人、理解人的价值观，把团结奋进的企业精神与良好诚信的企业形象有机结合，才能激励员工不断创新，推动企业快速发展。除此，企业的亚文化也不可忽视。例如，在“以人为本”的细节管理时代，咖啡机是一种有效的“软管理”工具。许多企业都在写字楼的茶水间配置浓缩咖啡和上好的咖啡豆，向员工供应免费的“工间咖啡”。“咖啡时间”成为公司的一种亚文化，不但可以激发员工的创意和灵感，而且还是一种特殊的沟通方式。部门与部门之间不再是独立王国，大家经常可以在咖啡机旁碰撞、交流，上司与下属之间也有了更好的沟通渠道，比如要督促或批评一个下属，边喝咖啡边聊天，自然能达到很好的批评效果。同时，还可以给员工一个充电和沟通的时间。

二、人本管理运作的机制

为有效的实行人本管理，关键是建立一整套完整的管理体制和适宜的环境，使员工能处于自动运转的主动状态，自我激励，自我管理，奋发向上。

（1）动力机制。动力机制旨在形成员工内在要求的强大动力，主要包括物质动力和精神动力，即利益激励与精神激励机制，两者相辅相成，不可分割。

（2）压力机制。压力机制包括竞争压力和目标责任压力。竞争使人面临挑战，使人产生紧迫感，会产生积极向上获得解脱的冲动。因而在用人、选人、工资、奖励等管理工作中，应充分发挥优胜劣汰的竞争机制。目标责任使人们有明确的奋斗方向和责任，迫使人们努力去履行职责。

（3）约束机制。约束机制是由制度规范和伦理道德规范组成，是企业的内部法规和社会舆论约束，使人们知道应当做什么，如何去做并怎样做对。制度规范是一种有形的约束，伦理道德是一种无形的约束；前者是企业的法规，是一种强制约束，后者主要是自我约束和社会舆论约束。当人们的精神境界提高时，以上两种约束都会内化为员工的自觉行为。

（4）保证机制。保证机制主要指法律和社会保障体制保证。法律保障体制主要是指通过法律保证人的基本权利、利益、名誉、人格等不受侵害。社会保障体制主要是保证员工在病、老、伤、残及失业等情况下的正常生活。在社会保障体系之外的企业福利制度，则是作为一种激励和增强企业凝聚力的手段。

（5）选择机制。选择机制主要指员工有自由选择职业的权力，有应聘和辞职、选择新职业的权力，以确保人才的合理流动；另外，企业也有选择和解聘的权力。实际上也是一种竞争机制，有利于人才的选拔与优化组合，有利于建立企业结构合理、素质优良的人才群，来保证企业的正常运作和发展。

【本章小结】

人本管理是一种尊重人、服务人、依靠人和发展人的管理，是一种把“人”作为管理活动的核心和组织最重要的资源，把组织全体成员作为管理主体，从尊重人的角度开发和利用组织的人力资源，服务于组织内外的利益相关者，实现组织目标和成员个人目标的管理理论和管理实践。

本章对人本管理的基本理论作了简要概括。首先介绍了人本管理的概念、特征及其原则，其次介绍了人本管理的核心内容，最后对实施人本管理的基本方式及运行机制逐一进行了较为全面的描述。

【思考题】

1. 什么是人本管理？人本管理的特征是什么？
2. 人本管理应遵循什么原则？
3. 在管理中，人本管理应遵循哪些原则？
4. 人本管理的核心内容是什么？
5. 实施人本管理有哪些基本方式？

【案例】

摩托罗拉的人本管理

摩托罗拉自成立之日起，根本宗旨就是尊重人性，为员工、客户和社会做有益的事情，并始终把这一理念作为指导企业发展的最高准则，在人本管理方面其主要做法有：

有成熟的雇聘制度：摩托罗拉的所有正式员工均与公司签订无期限合同。

有完备的培训体系：公司每年为每个员工提供五天的在职培训。此外，公司还非常重视为员工提供高级的技术、管理培训及多层次的学历教育。

有科学的工作安排：公司普遍实行工作轮换制度，管理人员通常也采取轮换的方式来进行培养。人力资源、行政、培训、采购等非生产部门的领导多数都具备生产管理经历。

有公正的评估体系：公司在制定薪酬报酬时所遵循的原则是“论功定酬”，员工有机会通过不断提高业绩水平及对公司的贡献而获得加薪。对于直接从事生产的员工，其直属主管每月统计并公布所属员工的产量、质量、效率和出勤情况并以此来决定加薪与否与加薪幅度。对非生产性员工来说，他们的绩效分要根据他们完成半年工作目标的程度来定。

有优厚的福利待遇：公司的员工每年享受80小时带薪休假。通过员工援助计划为员工及其家庭成员提供保密的心理健康咨询、矫正不正当行为和其他个人问题的业务服务。公司的主要办公区内部都设有应急医疗服务并举办健康和保健教育。公司的员工享受所在国政府规定的所有医疗、养老、失业等保障。在中国，公司为员工提供免费午餐、免费班车，并成为第一个为员工提供住房的外资企业。

有真正的人格尊重：摩托罗拉企业文化的基石是对人保持不变的尊重。公司将人的尊严定义为：实质性的工作；了解成功的条件；有充分的培训并能胜任工作；在公司有明确的个人前途；及时中肯的反馈；无偏见的工作环境；员工还享有充分的隐私权，员工的机密纪录，包括病例、心理咨询纪录和公安调查清单等都与员工的一般档案分开保存，员工的私人资料，只有在获得本人同意的情况下才能对外界公布。

有开放的沟通渠道：为促进员工关系、鼓励和增强员工参与意识，公司采取双向沟通策略。员工可以根据个人情况选择不同的沟通方式参与“总经理座谈会”“肯定个人尊严”对话等。公司还设有业绩报告大会、“大家庭”报、公司互联网网页等面向全体员工的沟通渠道。

有平和的离职安排：公司尽最大的可能将裁员人选降至最低。当必须裁员时，裁员人选将根据员工业绩、技能和服务年限等各方面作出抉择。在公司服务满10年的员工未经董事长和总裁批准不被列入裁员的名单。当员工由于个人或公司业务需要而离开时，公司还将视情况提供诸如安排其他工作、帮助介绍外面的工作、发放补偿金和继续发给某些福利和工资的帮助。

【思考题】

摩托罗拉的人本管理给予我国企业在推行人本管理上的启示有哪些？

第十四章　管理成本

【学习要点】

1. 掌握管理成本的内涵与构成；
2. 理解管理成本影响因素的作用过程；
3. 研究控制管理成本的方法。

在21世纪经济全球化的趋势下，新兴经济体的迅猛发展使全球经济版图发生着巨大的变化。伴随着高速发展的信息技术与不断创新的管理方式，企业面临的竞争越来越激烈。如2007年美国次贷危机引发的全球性金融危机导致大批企业的倒闭；2008年的“三鹿奶粉”暴露的奶粉行业三聚氰胺事件；2010年双汇身陷瘦肉精事件；等等。这些问题都不再是个体事件，它向我们揭示了在经济快速发展的趋势下，企业规模膨胀与管理失控、企业有效管理与成本之间的平衡问题。管理成本不再是一个新鲜的词，但是学术界对其内涵的界定却还存在一定的争议，但可以确定的是现在所提的管理成本有别于会计上的管理成本，也不同于成本管理的概念。

第一节　管理成本概述

一、管理成本的概念

管理成本的概念在20世纪30年代由新制度经济学奠基人科斯（R. H. Coase）提出后，长期未受到充分重视，但随着组织管理水平的提高，人们发现并非所有的管理方法和手段都是提升组织效率的“灵丹妙药”，因为管理给组织带来效率的同时，也消耗组织的成本。管理成本是组织获取管理这一稀缺性资源必然付出的相应成本，它不同于会计学名词“管理费用”，而是一种体制成本。会计学上管理成本是指企业行政管理部门为组织和管理生产经营活动而发生的各项费用支出，例如工资和福利、折旧费、办公费、邮电费和保险费等。人们以财务会计和管理会计的划分为依据，而将成本分为财务成本和管理成本两大类。

如果把管理看做是组织资源的有效整合，那么管理成本也可以看做是有效地整合组织资源所需要的成本。

二、管理成本的构成

在科斯教授率先提出管理成本的概念之后，其追随者不断对管理成本理论进行补充和修正，形成了管理成本理论的四个主要组成部分：内部组织管理成本、委托—代理成本、企业外部交易成本、管理者机会成本。[①]

（一）内部组织管理成本

内部组织管理成本是指企业利用企业内部行政力量取代市场机制来配置企业内部资源，从而带来的订立内部“契约”活动的成本。管理学者和经济史学家钱德勒在考察了企业演进的历史后，得出现代企业的两大特点：①企业包含着许多不同的部门；②每个部门都由所属等级的企业管理人员来管理。在进一步考察现代企业形成的原因后，他提出现代企业内部资源的配置机制是由企业内部行政力量这只“看得见的手”，而不是由斯密所谓的“看不见的手”来调节的。这就意味着现代企业将由市场机制决定的交易“内部化”到企业内部，由企业管理人员来协调和支配。因此，企业内部的职能部门和企业经理的专业知识对于企业的“长寿”来说是必不可少的。

企业经理利用企业内部行政力量这“看得见的手”来配置企业内部资源，这是需要花费财力和精力的创造性活动。企业管理活动的复杂性，导致了企业内部职能部门的分化和管理的专业化，进而使得企业内部的组织活动成为必不可少。企业的内部组织活动就是合理配置企业所拥有的各项人、财 、物，使企业资源能够按照理想的生产函数组织生产。在企业内部管理中，虽然“看得见的手”代替了“看不见的手”，但并不意味着“契约”成本被免除了。企业内部行政力量的协调也是一种内部“契约”活动的结果。企业内部“契约”活动也带来了大量的、难以计量的成本，这就是企业的内部组织成本，主要表现在两个方面：构建正式企业组织结构框架所需要的成本和企业内部组织管理机制的运行成本。

（二）委托—代理成本

委托—代理成本即由委托—代理关系的存在而产生的费用。现代企业的委托—代理关系主要表现在两个方面：第一，在股份制企业中，企业的股东越来越多，企业所有权越来越分散，管理权和所有权的分离日益明显，在这种条件下，企业的股东和管理者之间就形成了一种委托—代理关系；第二，在现代企业的内部，以团队生产为特征的内部组织管理使得管理者的任务是通过他人来完成的，此时在管理者和执行决策的执行者之间形成企业组织内部的委托—代理关系。无论哪一种委托—代理关系，都可以看做是一种契约，在这种契约下，委托人把若干决策权或者具体的执行权托付给代理人，由代理人来履行某些任务。由委托—代理关系所产生的委托—代理成本在企业管理中表现为监督激励成本、承诺成本和利益偏差损失。

---

① 冯巧根．管理成本、信息成本和运行成本初探［J］．财会月刊（会计），2002（12）；李元旭．管理成本问题探讨［J］．中国工业经济，1999（6）；张建平，胡明晖，杨春平，楚德江．试论管理成本及其构成［J］．财税与会计，2003（6）．

为了降低委托人和代理人间的利益偏差，委托人可以对代理人做出的符合委托人利益的行为进行适当的激励，或者对代理人牟取私利的行为或不利委托人的行为给予监督约束。不管是激励活动还是监督约束活动都需要一定的激励成本，包括测量代理人努力程度的费用、测量报酬数量的费用以及使报酬与努力程度相联系的费用等。

(1) 监督成本，包括制定有关约束规则的费用、监督交易者执行约束规则的费用以及对机会主义进行惩罚的费用等成本。

(2) 承诺成本。在委托—代理关系中，代理人可以保证不采取损害委托人利益的行动，或者承诺如果采取了损害委托人利益的行动时愿意给予委托人以经济赔偿。代理人为此所产生的资源支出称承诺成本。虽然承诺成本不如激励监督成本那样普遍，但它是委托—代理成本的一种重要的形式。

(3) 利益偏差损失。委托人和代理人的行动选择是以各自利益最大化为导向的，二者之间的利益偏差是绝对的，由此导致的委托人的利益损失实际上也是一种管理成本。

(三) 外部交易成本

交易成本的概念最早是科斯提出的，是指交易双方在寻找交易对象、签约以及履约等方面的付出。现代企业是市场中的行为主体，在购买或租用生产要素时需要签订合同，而在货物和服务的生产中雇佣要素的过程则需要有价值的信息。这两者都涉及真实资源的消耗，这种真实资源的消耗被定义为外部交易成本。在一般情况下，企业的外部交易成本由搜寻成本、谈判成本和履约成本三部分组成。

(1) 搜寻成本是指企业主体在市场上搜寻有关交易信息所付出的代价。市场具有不确定性，即有关的价格、质量、品种、交易伙伴以及交易双方的搭配等情况是难以清晰预见的。企业为了避免或少受市场变化的不利影响，会尽可能搜寻有关的交易信息，这一切都会导致企业成本的增加。

(2) 谈判成本是指企业在契约谈判活动中所付出的成本。交易谈判过程往往表现为一场旷日持久的战争，需要投入相当多的人力、物力和财力，这些构成了企业的交易成本。交易的成本大小与谈判的复杂程度正相关。

(3) 履约成本是指企业监督交易合同履行所造成的资源支出。签约后，企业有履行和违约两种选择。当市场变化时，契约的一方如果违约能够带来更大的利益，那么履约将导致利益的损失、管理成本的增加；如果不履约，将会被诉诸法律。在这样的情况下，无论企业做出哪项选择都会付出一定的代价。

(四) 管理时间的机会成本

管理本身是企业使用的一项稀缺资源，获得管理者的管理要付出成本。由于管理资源的特殊性（主要体现在管理者的时间和精力有限、且难以计量），管理者用于一个企业或一项活动时，必然放弃其他选择。管理的机会成本并不意味着真实的成本付出，它的重要意义在于可以用来判断管理活动是否值得继续以及管理者的精力和时间分配是否合理。因此就存在企业是否有必要继续使用管理资源的问题，它会直接影响企业的管理绩效。

机会成本概念的引入可以使我们更好地衡量企业管理资源的使用价值，可以将其视为企业继续使用管理资源的代价，因而被包括在企业管理成本之中。管理资源不同于其他一般的资源，它不具有具体的或有形的实体形态。因此，管理者的时间可能是衡量企业管理资源消耗的一个相对较好或具有操作性的标准。管理资源继续使用的代价是指管理者时间的机会成本，即管理者的时间资源因为用于管理而不能用于其他用途的最大可能损失。

三、管理成本理论的实践意义

（一）管理成本理论为改善组织绩效提供新思路

无论是对于组织的管理者还是对于组织的利益相关者，组织的管理绩效评价都是一个不易破解的难题。管理成本理论的提出使得我们能够对组织管理进行重新审视，即组织管理在给组织带来利益和价值的同时也会增加组织的产品成本和运作成本。影响组织管理成本的因素主要包括产权制度、组织规模、组织结构、组织环境、组织文化以及组织的管理者才能。企业应从分析影响组织管理成本的各个因素着手，采取各种手段和措施去控制管理成本的诸因素，从而降低管理成本提升组织绩效。从这个意义上说，管理成本理论是我们改善组织绩效的主要基本理论。

（二）管理成本理论为甄选和考评管理者提供了理论支持

管理者的才能对管理成本以及组织的生产成本具有重要的影响，有效的管理者能够通过降低组织的管理成本来降低组织的生产成本，提高组织的绩效。第一，有效的管理者能够适应环境的变化，并通过对环境变化的把握来减少组织的内耗，获得趋近完备的信息来降低组织的管理成本、产品成本和服务成本。第二，有效的管理者能够设计合理有效的组织框架和运作机制，通过从外部减少交易成本、从内部减少组织成本来改善经营绩效。第三，有效的管理者能够准确把握组织的目标，使管理决策更加符合组织的利益，从而减少组织的委托—代理成本、监督成本和利益损失。第四，有效的管理者具有较高的效率，可以提高组织的效率，降低管理者经营企业的机会成本。

（三）管理成本理论的提出使我们更加重视管理和管理者

管理是一种稀缺性资源，管理者是一种稀缺性人才，但我国许多企业对管理和管理者并不十分重视，管理成本理论要求我们必须重视组织的管理和管理者。

四、管理成本与成本管理的区别

最初的近代意义上的成本计量是为了管理而产生的。工业革命对传统生产经营方式的冲击，形成了新的近代工业生产企业。以机器为特征的大生产代替了传统的以手工操作为特征的生产方式，企业经营管理的重心也由原来企业外部市场上的生产要素的协调转移到企业内部对所拥有的资源进行有效配置，以提高劳动生产率，满足不断增长的市场需要。

目前，仍有人把“管理成本”与“成本管理”混淆。所谓成本管理是指利用价值手段，对生产费用的耗费及成本的形成所进行的控制；而管理成本是指企业为了获得管理这种特殊的稀缺性资源所付出的成本。国外企业界流行一句话："根据不同的目的动用不同的成本"，管理成本就是为了企业管理的需要而提出的成本概念。而成本管理强调的是管理，即如何对成本进行管理，以降低其发生额。由此可见，二者是有着本质区别的。我们国家在很长一段时间内，将二者混为一谈，只抓了成本管理的研究，而忽视了管理成本的研究。

五、经济发展趋势对管理成本内涵的影响

进入新世纪以来，我国企业管理出现了新的发展趋势，极大地冲击着企业管理成本的原有内涵，主要表现在以下几个方面。

（1）国际化趋势增强。随着我国加入世界贸易组织，企业的国际化趋势更加明显，它迫使企业从全球经济一体化的视角思考问题，同时还要从企业所处的实际情况出发考虑成本管理等战略问题。企业要向外扩展，还有如何适应当地经营环境与经营文化的问题，这使得企业间经济交易的环境更加不确定，增加了管理的难度，促使管理成本内涵发生新的变化。

（2）竞争模式转变。以往的竞争更多的是体现在价廉物美上。近年来，竞争的焦点集中到如何最大限度地满足顾客的需求。对此，企业必须改进现有的管理流程，加强内部管理，使外部交易内部化，增强企业的竞争机制。

（3）组织结构扁平化。企业规模越大，管理层次就越多，机构臃肿以及官僚主义等"大企业病"将使企业管理成本大幅度上升。因此，结合企业再造，重构企业成本管理的扁平化的组织结构，围绕降低管理成本进行的改革和完善成为当前企业管理的一个重要课题。

（4）管理活动更趋复杂。在现代企业制度中，经营者、股东和债权人三方利益存在着不可避免的矛盾和冲突，就出资者与经营者的关系而言，如何使经营者恪守职责，在委托—代理关系中完成出资者的托付，实现以企业价值为核心的顾客价值最大化，一直是困扰着人们的一个话题。

第二节　管理成本的影响因素与控制方法

一、影响管理成本的因素

管理成本是管理学与新制度经济学研究的重要方面，学术界和企业界都在寻找一种能够节约管理成本，且能更加合理、有效地配置资源的范式。影响管理成本的因素是多方面的，借鉴李元旭等作者对管理成本影响因素的分析，本书总结了以下几个方面：组织规模、产权制度、组织环境、组织结构、组织文化、管理者才能。[①] 如

① 科斯．企业、市场与法律［M］．上海：上海三联书店，1990；李元旭．对企业体制成本的分析方法—管理成本的影响因素［J］．经济体制改革，2001（2）；李超杰，张阳，周海炜．管理创新的管理成本分析［J］．经济师，2001（12）．

图 14－1 所示：

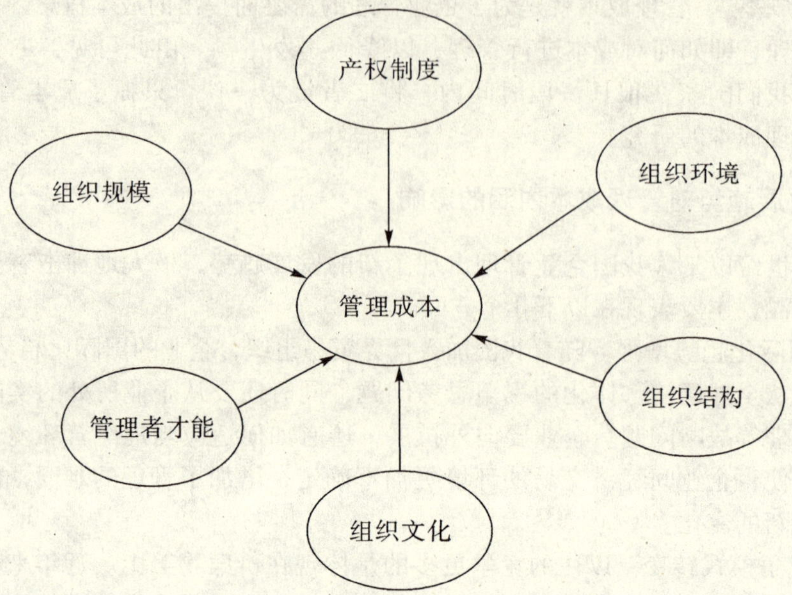

图 14－1　管理成本的主要影响因素

（一）组织规模

组织规模是由组织运作资源的多少和组织内部业务量的多少决定的，它是管理成本的重要决定因素，其变动会影响到外部交易成本和内部组织成本。

1. 外部交易成本与内部组织成本的关系

外部交易成本是交易双方用于寻找交易对象、签约及履约等方面的一种包括金钱、时间和精力上的资源支出，通过外部交易内部化可以节省一部分外部交易成本，但同时会增加企业内部组织成本。因此，外部交易成本与内部组织成本存在此消彼长的关系。当市场交易费用的节约与内部组织成本的增加相等时，企业规模的扩大就会停止，企业与市场的边界就由此确定。但是企业的外部交易成本不可能被消除，否则企业的利润无从取得。事实上，不同规模的企业，在一定的技术水平的制约下，都有一个最优经济规模，在这个规模下的外部交易成本与内部组织成本之和为最小。

2. 组织规模对外部交易成本的影响

组织的外部交易成本可能会随着组织规模的增加而减少。这主要体现于以下两方面：

（1）组织的规模影响搜寻成本和谈判成本。首先，规模大的企业在寻找交易对象时所花费的成本较小。大企业往往知名度高、资信好，因此受到市场的广泛关注，当其寻找交易伙伴的消息一发出，很快就会有回音。相对而言，小企业则没有这方面的便利。其次，规模大的企业谈判能力强，这包括与供应商的谈判能力和与购买方的谈判能力。

（2）组织规模影响履约成本。履约成本是指用于防止一方违反合约或协约条款的支出，是外部交易成本的组成部分。规模大的企业，经营稳定性较强，因而对交易对手违反合约和协议的抵御能力较强，也就是说，大企业不是十分担心交易对手违约，因此在履约成本上的开支较小企业少。

3．组织规模对内部组织成本的影响

组织规模的扩大可以获得交易成本下降的好处，同时又会面临内部组织成本增加带来的威胁。

（1）组织规模的扩大增加了组织复杂性。组织横向扩大，增加了管理幅度，使组织协调的难度增大，为缓解这种状况，组织可能会增加管理人员或聘用更有能力的管理者，这样既增加了组织规模，又增加了组织的工资费用。组织的纵向扩大增加了组织内部沟通与交流的复杂性，使信息传递的失真度变大，指挥人员的指挥会因此变得困难且缺乏成效，这样将降低组织的效率，从而增加企业管理成本。

（2）组织规模的扩大增加了组织内部的监控费用。规模扩大，内部人员增加，为了有效管理，组织将使用直接控制和间接控制的方法来控制内部成员的工作。直接控制即人员控制，通过增加监工来控制组织员工，使组织计划得以实现，它可以提高控制的成效，却不可避免地增加了控制成本。间接控制是利用规章制度来约束员工行为，从而促使其行为合乎企业的需要，这样会增加组织规章制度的拟定成本、解释成本及执行成本。尽管这些成本本身是微不足道的，但其中的隐含成本却不容忽视。这是因为过多过细的规章制度会使组织内部工作日益程序化，导致组织灵活性和创造性下降，对市场反应迟钝从而造成效率下降。官僚化大概已经成为巨型公司的通病，其主要原因就在于为有效控制而制定了过多的规章制度。

（3）组织规模的扩大造成内部消耗增加。规模扩大不可避免地使组织权力中心下移，拥有权力的中低层执行者可能会从小集体而不是组织整体利益出发来制定决策，这将在整体层面增加组织内部消耗，最终使管理成本增加。

（二）产权制度

现代产权是由原始产权和派生产权构成的财产权利体系。原始产权指的是人们所说的财产的终极所有权，而派生产权则指法人财产所有权，即财产占用权、处置权、经营权和使用权等权利。这里所探讨的组织产权制度主要指组织的所有权与经营权问题。下面我们按企业的类型来分析产权对管理成本（主要是代理成本）的影响。

1．私人企业

私人企业大多规模较小，经营业务简单，通常由企业所有者自己管理企业，不存在委托—代理关系，因此不存在因委托—代理关系而产生的管理成本。不过，对于为数不多而规模较大的私人企业，为了提高管理绩效，也存在两权分离的情况，所有者将企业的经营权交给管理能力更强的职业经理来管理，这时会增加委托—代理成本，但由此产生的收益可能更大。此外，因为私人企业的委托—代理机制相对简单，其监督激励成本和承诺成本因其规模的限制而不可能太高，代理成本则主要体现在剩余损失上，经营者很可能会逃脱监控而作出对所有者不利的决策。

2．合伙企业

合伙企业可分为两种：企业所有者共同经营；合伙人通过一定程序将经营权委托

给职业经理。对于前一种情况，所有者之间会相互代理，因而会产生代理成本，而这种代理成本主要产生于互相监督的需要及其剩余损失，其原因在于：如果每一个合伙人都在管理企业时尽力而为，并且相互之间能察觉到各方的努力，那么合伙能够达到最优。但事实上，当相互观察和监督要花费很大的成本时，就会出现互相“搭便车”问题，经营改善的收益由全体合伙人分享，而成本却只由那些积极去监督的单个合伙人来承担，所以单个合伙人缺乏监督经营的激励，因而只要有机会，单个合伙人就可能偷懒，这必将导致剩余损失的增加，从而造成管理成本的提高。另外，企业所有者一般没有职业经理的经营才能高，所以会造成内部组织成本增加，继而增加管理成本。对于第二种情况，由于经营者的经营能力一般会高于所有者，使得企业的内部组织成本减少，同时委托—代理关系的发生必然增加委托—代理成本。与私人企业委托他人管理相比，合伙企业的委托—代理程序比较正规和完善，因此，在同等规模下剩余损失会小些，但是，正规和完善的程序不可避免地增加了企业的监督成本和激励成本，经营者的承诺成本也将增加。

3. 股份制企业

近期来，越来越多的企业开始采用股份制形式，因为它不仅能使企业的筹资能力得到加强，也能降低所有者的风险。股份制企业对管理成本的影响是双方面的：一方面，股份公司可以聚集大量的资本，使得股份公司的竞争实力增强、声誉变好，企业的外部交易成本降低而且其雄厚的实力使公司可以聘用比较好的管理者，有利于日常经营的改善，从而降低内部组织成本。另一方面，股权分散产生的委托—代理问题比私人企业和合伙企业更加突出。通常股份公司有两层委托—代理关系：一层是股东大会选举董事会；另一层是董事会聘任总经理。每一层委托—代理关系都会产生委托—代理费用，尤其是第二层。在有些情况下，总经理是不持有公司股份的职业经理，为了使其决策符合股东利益最大化的目标，公司必须付出很高的监督激励成本和承诺成本。即使如此，由于信息不对称，经理们的行为也不能完全被约束，因而会产生股东目标与经理目标不一致的情况，造成较大的剩余损失。

（三）组织环境

组织环境是指对组织绩效起着潜在影响的外部机构或力量，它包括一般环境和具体环境。一般环境又称为宏观环境，是指并不涉及某一具体组织但对组织的一切经营活动产生影响的周围环境，如经济、技术、文化、法律等因素。而具体环境是与实现组织目标直接相关的那部分环境，包括供应商、客户、竞争者、政府机构及公共舆论等。环境对企业管理的影响是显而易见的，下面我们从环境的层次及环境的竞争性两方面来分析它们对管理成本的影响关系。

1. 一般环境层、具体环境层与管理成本

每个组织都会受到一般环境和具体环境两方面的影响，组织环境有两个度量尺度：变化程度（平衡和动荡）、复杂程度（简单和复杂），由这两个度量尺度组成四类环境，以下逐一分析它们对管理成本的影响。

（1）相对平稳而简单的环境。其特点是组织面临的环境因素较少，因素之间有较多相似性，有关因素变化较小。在这种环境下，所有者对组织的环境判断较准确，因而对组织的目标和任务比较明确，能够有效地控制经营者，对经营者努力程度较容易把握，从而使委托—代理产生的管理成本较低。另外，由于环境比较平静，外部交易成本大大降低，经营者将致力于提高组织内部的经营效率，从而进一步降低内部组织成本。

（2）相对平稳而复杂的环境。其特点是环境变化性较小，所有者有可能预测出环境的发展状况，但环境的复杂性又使所有者无法准确把握环境状况，所以对组织的目标和任务不可能十分明确，而是给经营者以足够的自主权，这样为避免败德行为及逆向选择的发生会增加监督成本。对经营者而言，平静的环境下交易成本较低，其主要精力将用于提高组织内部的经营效率，因此将降低内部组织成本。

（3）相对动荡而简单的环境。其特点是组织面临的环境因素较少，因素间有相似之处，但各因素含有持续的变化，即持续的动荡性。在这种环境下，环境的动荡导致企业所有者对未来的预测十分困难，因此，其组织目标和任务的确定比较模糊，由此带来了更高的监控成本。相对动荡的环境增加了外部交易成本，其内部的组织效率也因经营者要经常注意环境的变化而降低，内部组织成本增加。

（4）动荡而复杂的环境。其特点是组织面临的环境因素多，各因素差异大，诸要素变化速度快且持续性强。在这种环境下，企业所有者很难对组织现实和未来的环境作出评估，因此，其组织目标和任务的确定非常困难，所有者为保证经营者的决策能够实现企业价值最大化，要增加监控成本。环境的动荡增加了交易的不稳定性，从而增加了外部交易成本。同时，动荡的环境使领导者无法安心于内部组织效率的提高而导致内部组织成本的增加。

2. 环境的竞争性与管理成本

环境的竞争程度将影响到企业从投入到产出和最终实现产品价值的全过程。在充满竞争的市场里，企业的企业管理人员面对各种市场（产品市场、资本市场和企业家市场）的压力，这些压力在不同程度上影响企业的管理成本。

（1）产品市场竞争性与管理成本。产品市场的竞争性对管理成本的影响比较复杂。一般说来，市场的竞争性与外部交易成本成正比，这是因为：竞争使得企业的谈判实力降低，从而导致谈判成本增加；竞争使企业不得不提供较优惠的交易条件，这样交易对象容易发生违约现象，为防止违约，企业要增加履约成本。而委托—代理成本则与市场竞争激烈程度成反比。

（2）资本市场的竞争与管理成本。资本市场的竞争主要影响组织的委托—代理成本和内部组织成本，两者成反比关系。企业的股票价格反映企业的经营状况，如果经营不善，股票的价格会下跌，于是，经营较好的企业可以通过买进足够的股票购买该企业，使原有的经理失去经营企业的权力。这种企业控制权的争夺使企业的经营者感到有压力，从而在很大程度上防止败德行为和逆向选择行为的发生。

（3）经理市场的竞争与管理成本。经理市场的竞争对管理成本的影响更直接，它们成反向关系。企业家的现实价值取决于以往的成就，未来价值的预期则取决于过去和现在，在竞争激烈的经理市场中，经理会尽可能使自己的价值增大，这就要求经理努力工作，尽量使自己的地位稳固并争取直接报酬的增长。

（四）组织结构

组织结构形式多种多样，但最基本的是直线职能制和多事业部制，随着管理学及其相关领域的实践和研究的不断发展又衍生出其他一些形式，如直线参谋制、矩阵制、委员会制、超事业部制等，最近又出现向网络发展的新趋向。无论何种组织结构，对管理成本影响最大的因素有三个：

1. 组织对信息的处理能力

许多企业已经把信息看做生产要素之一。有关市场和产品的信息往往是决定企业成败的关键因素，及时准确的信息能使企业领导进行正确的决策，提高企业效益。

2. 组织分权与控制

企业的许多信息往往掌握在低层管理者手中，过于集权的组织结构很难对有关信息作出及时、准确的反应。因此，当企业面对竞争激烈的市场环境时，适当进行分权能充分利用信息的决策价值。分权的实质是把决策权下放到更接近信息源的各个管理层次，避免了传递过程中的控制问题。企业分权的本意是希望在被授权部门以企业整体利益为决策目标的基础上，以较小的成本充分利用信息的决策价值。然而，如上所述，被授权部门在利用信息进行决策时，往往首先考虑部门的局部利益，而不是企业整体利益，这就形成了委托—代理关系，由此造成的代理成本是分权管理的主要问题之一。同时，被授权部门为了在企业的利益中获取更多的份额，会把更多的精力放在争权夺利等分配性努力而非生产性努力上。因此，企业在分权的同时，还要进行必要的控制，即集权与分权的程度问题。

组织对信息的处理能力与分权控制这两个因素往往交织在一起，对管理成本产生作用。为了有效地协调企业各层次的管理活动，企业的领导必须从下级搜集信息，并将指令传递给下级。信息在各层级传递的过程中，会因种种原因产生信息的损失或扭曲，当信息只有部分正确内容得以传递时，信息就会发生累积性失真，从而使企业总体决策发生重大偏差。企业可以通过改进传递技术来弥补信息传递的技术性损失，但却无法避免人为的对信息的扭曲。信息在传递过程中并不是“中性”的。当企业内部包含不同的部门与不同的层级时，信息的处理问题就更加复杂了。这也正是企业分权问题的症结所在。

3. 组织结构的相对稳定性

组织结构一经设立就要在相当长一段时间内保持不变，这就是企业组织结构的相对稳定性。对不同的组织环境有比较有效的组织结构与之相对应，这种有效性会降低企业的管理成本。但由于组织结构相对稳定，组织的管理成本也随之增加。组织结构的稳定性与管理成本的关系是：

（1）组织结构稳定性将减少内部组织成本。在外界环境发生变化的时候，企业的组织结构不能变化，这就促使企业从其他方面来适应变化的环境。这些努力可以是增加新的机构，也可以是增加或减少组织的规模，还可以是增加、减少或改变原有的管理人员等等，这些努力都会在一定程度上改善企业组织协调的状况或提高信息沟通的效率。如果企业不断地改变其组织结构，无论是具体工作人员还是管理人员都会感到无所适从，具体工作的效率和组织协调的效率都将大大下降，从而对内部组织成本造成不良影响。因此，组织结构的稳定性有利于减少内部组织成本。

（2）组织结构的稳定性将减少委托—代理成本。不断变化的组织结构使企业的所有者感到难以适应，他们面对变化不能立刻研究出最好的委托—代理机制，从而导致组织的委托—代理成本的提高。

（3）组织结构的稳定性将增加外部交易成本。相对一个外部环境，一定有一个最有外部交易效率的组织结构与之相对应。因此，如果企业的组织结构不随市场环境的变化而变化，它就不可能达到最优外部交易效率。但是，组织结构的不断变化显然对内部组织成本和委托—代理成本有不利的影响，加上组织结构的改变将增加经营的不确定性，必然会遭到经营者和企业员工的共同抵制。组织结构的稳定性强度在很大程度上决定了外部交易成本的大小。

（五）组织文化

组织文化是指组织中共有的价值体系，它使一个组织区别于其他组织。组织文化是影响管理成本的重要因素。在每个组织中都存在随时间而改变的价值观、信条、仪式、习俗、伦理、制度及实践的体系或模式。组织文化是有其显著特征的，如成员的同一性、团体的重要性、对人的关注、单位一体化、冲突的宽容度、系统的开放性、风险承受度等等，这些特征表明，组织文化在很大程度上决定了企业员工的看法及对周围世界的反应。此外，组织文化制约着管理者的行为，左右着管理者的判断、思想和感觉。

企业中个人的目标与企业目标之间总会有一定的差距。个人所追求的并不一定是企业的目标，而是在企业规定的奖惩条件约束下的自身利益最大化。个人为了追求其自身利益的最大化，其行为可能会违背企业的目标，损害企业的利益。为了克服这种偏差，订立有约束力的内部“契约”就十分必要了。由于内部契约涉及企业内部的资源分配，个人（或部门）为了订立有利于自己的契约而讨价还价，这会消耗组织的时间、精力及其他资源，这便形成了企业内部组织成本。现代企业理论认为，企业组织活动是成员个体决策及其相互作用的结果。这一决策过程在一定程度上也是企业内部资源的流动过程。在信息非对称条件下，组织成员的决策行为存在着机会主义倾向。同时，决策主体为了搜集决策信息，也要付出一定的成本。决策主体决策的博弈过程，同时也是一种内部管理的协调过程。为了使企业内部决策顺利进行，企业不得不花费相当大的协调成本。企业管理成本在量上主要是委托—代理成本。在企业组织的每一个层次上，每次管理活动都涉及委托—代理关系（如委派、授权或指挥）。如果这种关系的双方当事人都是效用最大化者，就有理由相信，代理人不会总是以委托人的最大利益而行动。

企业文化的形成是以企业“内部契约”的稳定为前提的。在短期（不稳定）的内部契约关系下，订立契约的双方（在企业内部是上下级或同事）考虑的是短期利益，容易导致机会主义行为，导致双方的不信任，从而不利于一种良好的企业文化的形成。

而在长期（稳定）的内部契约关系下，一方目光短浅的机会主义行为易导致对方的报复。因此，契约双方会努力恪守契约，从而有助于建立信任关系，形成良好的企业文化。企业应在不同的管理层次上，建立一种相对长期（稳定）的内部契约关系，将契约双方“捆”在同一种利益关系上，从而建立起一种相互信任的“关系链”，塑造企业文化。这种相互信任的企业文化，培育了一个利益相关者合作的氛围，大大减少了机会主义行为，降低了企业内部的委托—代理成本。同时，这种信任的关系还可以增加彼此经验的交流，随着交流的增多、经验的积累，可能会发展出一套专用的语言，并可能产生一种只能意会不可言传的知识，从而形成交流经济，降低组织的协调成本。激励问题的实质是企业组织对组织成员决策的价值前提施加影响的过程。这种价值前提包括组织成员的责任心、敬业精神、对组织的归属感和成就感等。任何一种企业文化的建立，都可能或多或少地影响企业内部各层决策主体决策的价值前提。企业可以通过影响企业各层管理者决策的价值前提，而使其行动目的与企业整体利益趋于一致，从而减少各层管理者有损于企业融化利益的机会主义行为，减少监督约束成本（代理成本的一种）和协调成本。这就是为什么现代管理的前沿注重对员工进行价值观教育的原因所在。

（六）管理者才能

管理者才能是管理者整合组织资源的能力，它对组织的管理成本有全面的影响。好的管理者通常能够降低管理成本，其理由是：首先，好的管理者能适应环境的变化。从外部看，把握环境变化就是充分掌握信息，这样就能提高企业对供应方和消费者的砍价实力，降低企业的谈判成本和履约成本；从内部看，把握环境变化将使企业的经营方法、生产规模、人力资源制度、财会制度等适应环境的变化，从而减少企业内部的损耗，最终减少内部组织成本。其次，好的管理者能设计好的运作框架和机制，有较高的效率。好的运作机制能自动适应环境的变化，减少外部交易成本，也能够不断地改善企业的经营效率，从而减少内部组织成本；高效率可以降低管理者的时间投入，从而降低管理者管理企业的机会成本。再次，好的管理者能够准确把握组织的目标，并使决策符合组织的利益。这种能力职业道德，可以减少监督成本和剩余损失，也就可以减少企业所有者和经营者的委托—代理成本。好的管理者有较强的控制下属的能力，可以下属的决策符合组织的利益，这将进一步降低委代理成本。

二、管理成本控制的方法

现代企业管理成本控制并不是单纯降低企业管理成本，而是实现企业管理效益的提升。要实现管理成本控制，提升管理效益，对企业而言这是一项系统性的工程。

（一）有效沟通

在一个团队中，要使每一个成员能够为共同目标而努力工作，就离不开沟通。有效沟通是管理的核心和灵魂。从很多事例中都能看出沟通所产生的巨大作用，企业管理中也不例外。管理沟通已经成为现代管理者所必备的素质，顺畅的沟通体制是实现有效沟通的基础。

1. 纵向沟通

纵向沟通即上下级之间的沟通，良好的纵向沟通首先能够实现对工作过程的控制，避免上级交办的工作很长时间得不到反馈，不知进展情况；其次，能够让下级正确理解上级意图，避免工作方向出现偏差，而且通过实时的反馈沟通偏差也能及时纠正；最后，积极的纵向沟通要求管理者用发展的眼光看待员工，对员工的表现及时激励和有效指导，有利于激发员工的工作热情。

2. 水平沟通

水平沟通指一个团队中相互协作的部门或者成员间的沟通。良好的水平沟通会促使合作双方换位思考，营造宽容互信的气氛，创造和谐融洽的人际氛围。部门或员工之间由于站的高度不同，角度不同，导致对事物的看法认识也不尽相同。充分有效地沟通可以使双方多站在对方的角度，虚心听取别人的观点、意见，总结、反思自己，使自己时刻保持清醒的头脑，实现团队整体效能的最大限度发挥，形成推动企业发展的强大合力。

3. 对外沟通

对一个企业来说，一是与客户的沟通，二是与地方政府、社会公众的沟通。客户是企业的衣食父母，客户关系是市场营销中最基础的链条，而建立良好的客户关系也离不开有效的沟通。与客户沟通的例子在移动公司这样的企业里更是不胜枚举，了解需求、解释业务、处理投诉、推荐产品，谈判、推介会、联谊会等，可以说在每一个工作环节里沟通都显示了勃勃生机。而企业发展中，营造一个有利的外部发展环境至关重要，与政府、媒体等的沟通，是必不可少的。

4. 完善与建立企业沟通机制

每个企业都会制定一定的宏观战略，它需要通过团队协作和强大的执行力来实现。但是，如果沟通不畅，在执行中就会出现偏离和误差，进而削减执行力，影响效率和效益。要进行及时而有效的沟通，首先，要有一套健全的沟通和反馈机制，其中包括日总结、月工作计划与回顾、OA 办公系统、内部报纸、例会、谈心等，利用这些沟通机制第一时间搜集准确信息、了解工作进展、掌握思想动向，便于及时修正和指导。其次，促进企业扁平化，减少沟通环节，减少信息的传递层次，在信息传递过程中，传递的层级越多，信息的失真度越高。

（二）培养良好的企业文化

在统一的企业文化中，人们对各种事物的认知相对一致，价值判断也趋于相同，即使不了解深度的背景信息，也可以统一行动，促进效率提高。反之，如果企业文化不统一，员工对企业的价值观、目标、使命的认识也不统一，那么信息处理的过程就容易有分歧、走弯路。因此，作为经营管理环境的一部分，企业文化的整合，在企业管理沟通的有效实现过程中起着关键的作用，会大大提高沟通效率，并为企业持续健康发展注入和谐力量。

（三）企业管理创新

目前不少 IT 企业从硬件和软件两方面为中小企业量身定做了解决方案。2007 年 7

月 19 日惠普公司在上海全球首发了一款新的服务器 HP ProLiant DL180，惠普希望它能够成为中小企业和部门级单位最理想的选择之一。当日，惠普公司同时发布推出了 HP Systems Insight Manager（SIM）5.1 简体中文版，用来对 HP ProLiant 和 Integrity 服务器以及存储设备进行统一管理，由此降低操作运营成本。

而根据近期由 IDC 调查公司进行的一项研究表明，SIM 可以使客户降低多达 34% 的数据中心运行成本。此项研究发现，每 100 位 SIM 的使用客户能在 3 年时间里最多省下 35 000 美元，减少成本 1/3 以上，达到 468% 的投资回报率。"新推出的 HP ProLiant DL180 面向新兴行业而设计"惠普公司亚太及日本区副总裁 Tony Parkinson 说，"它在保持塔式服务器经济性的同时，提供了机架式服务器的效率。"而此前金蝶 K/3 10.4 新品巡展也在全国陆续强势展开，该产品的全面成本管理解决方案也是其巡展最大的亮点之一。据金蝶 K/3 财务产品市场总监黄秋红介绍，目前金蝶全面成本管理解决方案具有快速交付、灵活实用、全面管理的特点，可以满足处于不同行业、不同发展和管理阶段的企业需求，帮助企业完善成本管理体系、建立成本领先优势。

熊彼特提出"创新是破坏性的创新"。创新本身就表示要改变原有模式，也意味着要有所突破。在打破原有模式的情况下，管理创新的效应是双重的，它可能产生积极效应，也可能产生消极效应。管理创新是一项系统工程，在创新过程中，不仅要注重局部管理方式、方法的创新，更要注重管理系统的整体配合与协调，只有通过管理创新实现系统的整体优化，才能发挥管理创新的积极效应。管理活动本身就是一个不断维持和创新的动态过程，它不像技术创新那样有明确的终点、也不像制度创新那样具有时代性、阶段性，它具有的是动态性和持续性。芮明杰曾提出管理创新是指创造一种新的更有效的资源整合范式，这种范式既可以是新的有效整合资源以达到企业目标和责任的全过程式管理，也可以是新的具体资源整合及目标制定等方面的细节管理。这一概念指出管理创新包含五个方面的内容。

（1）管理创新包括提出一种新经营思路并加以有效实施。

（2）管理创新包括创设一个新的组织机构并使之有效运转。

（3）管理创新包括提出一个新的管理技术。

（4）管理创新包括设计一种新的管理模式。

（5）管理创新包括进行一项制度的创新。

企业只有不断进行管理创新，适应内外环境的变化和发展才可能寻找到管理成本控制的较优方法。

【本章小结】

企业在实现规模化发展获得规模经济的同时，已经不得不关注因管理成本上升引发的规模不经济等现象。管理成本作为现代企业发展不可忽视的一个问题，已经引起了广泛重视。本章主要谈及管理成本的内涵、管理成本的构成、管理成本的影响因素、管理成本与成本管理的区别，以及如何控制管理成本等。读者在学习本章时，应理解管理成本对企业发展的深远意义；要从企业整体发展的角度考虑管理成本的构成；从提升管理效益和实现企业长远发展的角度考虑成本控制。

【思考题】

1. 管理成本的内涵是什么?
2. 管理成本的影响因素有哪些?
3. 企业文化是如何影响管理成本的?
4. 在职业经理人市场逐渐发展的今天，你如何看待企业中的委托—代理成本?
5. 管理成本与传统的成本管理有什么区别?
6. 管理学上的管理成本与会计学中提及的管理费用有什么关系?
7. 企业如何才能实现企业管理成本的有效控制?

【案例】

苏宁“E连锁”管理：降低管理成本①

苏宁电器集团是中国最大的电器流通企业之一，连锁企业300多家，建立了遍布全国24个省、市的4 000多家分销客户网络。2002年营业额为80亿元人民币，拥有14 000名员工。那么苏宁为什么能够潇洒自如地管理好这么庞大的网络资本和来自五湖四海的上万人的员工队伍呢?也许恰如张近东所说：“微软有数字神经网络，苏宁有‘IT神经网络’，就是建立在ERP系统的强大的销售网络、物流配送网络和售后服务网络的‘三位一体’网络。入世后，零售业实现的竞争体现在服务的竞争，正是有了这‘三位一体’的网络，苏宁才得以将店开进社区，实现零售网点的社区化。”

事实上，在20世纪最后几年，张近东已经意识到21世纪“资本+技术”经济特性，将主导零售行业的竞争。零售业既是一个市场进入门槛低、技术经营简单的行业，又是一个资金密集、吸收着IT技术等各种新兴技术的行业，是一个古老又现代、传统又创新的行业。连锁经营不能简单化，传统的老办法更是不适应现代化连锁经营的发展。高成本风险、进货价高、专卖店商品单一、繁荣地段与昂贵地租的矛盾曾经是(直到现在对某些企业也仍然是)零售企业的死穴，今天的零售企业面对的更多风险却可能是在管理混乱中死亡。管理混乱，资本利用率降低，管理的无法复制，已形成遏制零售业主的铁链。正是在这个意义上，在“网络为王”的新经济时代，零售行业要发展更要重视“E连锁”管理。“E连锁”管理概念是苏宁公司率先在全国提出的。

早在2000年，苏宁就成功上线ERP系统，这标志着各类数据、信息在苏宁庞大的连锁网络内的实时传递、分析、处理已成为可能。苏宁的企业经营和内部管理已全面启用基于Internet的企业资源管理系统和基于Internet的供应厂商、连锁企业、分销客户以及终端用户的电子商务系统。而苏宁庞大的客户管理系统不仅是售后服务网络化

① 许强. 苏宁“连锁”管理：降低管理成本[N]. 经理日报，2004-07-30.

管理的需要，也为苏宁的电器采购决策和大规模定制提供了最为客观、最具权威性的决策依据。苏宁利用最先进的技术和设备实施了快速高效的现代化供应链管理，通过对信息流、物流、资金流的有效调控，把供应厂商、连锁企业、分销客户，直到终端用户连成一个整体的功能性网链结构，以便进行更加有效的协调和管理。与此同时，在分公司之间充分共享信息，苏宁电器决定建立 VoIP 网络，以降低分支机构之间的通信成本、网络管理成本；在分公司之间充分分享信息，包括商业行政、采购、销售、物流、服务、策划等；同时，全面部署简单通信，比如内部捷径、呼叫 ID 等。在经过全方位的比较之后，苏宁电器决定与西门子进行全面合作。西门子为苏宁提供了 HiPath3750、Hicom350、HG1500 等设备，在总部与各个分部之间建立了畅通无阻的集成 IP 网络。系统运行后，苏宁电器每年节省的通信成本为 43.2 万元人民币。同时，新的系统为苏宁电器未来部署呼叫中心方案提供了强大的平台；24 小时的服务全面提升了客户满意度，在苏宁电器集团已经成为现实。

专家们认为，苏宁为代表的连锁营销为基本形态的家电营销模式最具有竞争力。事实上，连锁营销是中国家电业供应链一种形态变式。中国家电业供应链的发展，很大程度上取决于生产企业与流通企业的关系协调发展。商家与厂家自古就有互惠互利的传统关系，二者的双赢是厂商的共同目标。在这个过程中，在大市场环境下，任何一个企业都不可能在所有业务上成为最杰出者，必须联合行业上、下游企业，建立一条经济利益相连、业务关系紧密的行业供应链，以此实现优势互补，充分利用一切可利用的资源来应对复杂的市场环境，共同增强市场竞争实力。说白了，新世纪市场竞争正演变为产业供应链之间的整体竞争。我国加入 WTO 后，国外的制造业巨头、零售业巨头大举进军国内市场已成为定势，如何深练内功，整合彩电行业的产业供应链，共同打造中国制造的核心竞争力这是中国家电业必须探讨的问题。

世纪交替之时，中国家电市场格局变化中一个引人注目的新现象——以苏宁为代表的以连锁经营为基本形态的商业资本的不断壮大。2003 年江苏苏宁连锁区域已覆盖北京、上海、成都等 20 多个大都市，成为了在国内与北京国美、山东三联齐名的家电零售三巨头之一。这种成功基于苏宁实现了“E 连锁”管理，从而实现了服务网点社区化，众多的分支机构、完善的配送系统、低廉的价格优势、忠心耿耿的客户群体以及强大的技术力量和谐统一、有序而系统，苏宁的“E 连锁”管理让在众多人眼里虚无缥缈的电子商务管理真实而丰富多彩。毋庸置疑，苏宁的“E 连锁”管理为中国连锁营销业创造了新的管理模式，值得学习和借鉴。

【思考题】

1. 苏宁的“E”连锁是如何影响企业管理成本的？

2. 苏宁“E 连锁”模式为中国企业实现连锁化经营带来了什么启示？

第十五章　管理效率

【学习要点】

1. 理解管理效率的内涵；
2. 掌握影响管理效率的因素；
3. 掌握各因素对管理效率的作用过程。

管理效率并不是一个新的管理理论问题，它是伴随着科学管理的产生而被提出来的，是科学管理的重要内容和基本原则。研究一下管理思想史会发现，科学管理产生的主要动因是企业（工厂）对管理效率现状不满，产生了新的管理效率的要求和愿望。科学管理的奠基人泰勒开创科学管理理论的直接原因就是他对工厂的管理现状不满，认为很多工人做工时在“磨洋工”，在工作时间内远未尽其所能；管理人员没有科学管理的规划，仅凭经验行事，纪律涣散；工厂中劳资关系紧张，充满敌对情绪，相互不协作，归根结底，工厂管理效率低下，急需寻找一种每个工人从事劳动的最佳方式和工厂管理工人的最有效率的方法。哈林顿·埃默森进一步明确提出管理效率是科学管理的核心，并对管理效率进行了深入研究，提出了12项效率原则。法约尔在对管理过程研究后认为，成功的管理人员如想保持较高的管理效率，必须在工作中遵循经过验证行之有效的管理原则，他列出了实行分工、专业化、给管理人员权力等14项管理原则。现代管理科学为提高管理效率把最新的科研成果应用于管理活动中，特别是统计学和计算机技术的应用，使管理活动最大限度地数学化和模型化，增强了管理活动的客观性、规律性、必然性，极大地提高了管理的效率。

第一节　管理效率概述

一、管理效率的概念

管理效率有量和质的两重含义：从量上来看，它是指资源的投入与产出的比率。罗宾斯说：“效率是指输入与输出的关系”，对于给定的输入，如果你能获得更多的输出，你就提高了效率。类似的，对于较少的输入，你能够获得同样的输出，你同样也提高了效率。从质上来看，它是指资源的合理配置。萨缪尔森说：“效率是指在不会使其他人的境况变坏的前提条件下，一项经济活动如果不再有可能增进任何人的经济福利，那么该经济活动就是有效的，称帕累托效率。”效率质的含义说明人们衡量它的尺度是合理性。

管理效率是劳动效率中一种，是指管理者从事管理劳动的效率，评价的是管理者的投入产出比。管理效率和其他劳动效率的区别主要体现在管理者运用和发挥智力的效用上。因为管理劳动集中表现在计划、组织、指挥、控制、协调和决策的过程之中。管理效率的高低与管理的有效性有很大的关系，对一个管理者来说，首先应该考虑的是做对事情的能力，也就是有效性，比如说决策正确、指挥得当等。然后再考虑把事情做好做快的能力，比如说怎样很好地实施决策方案等。因此，提高管理工作的有效性有非常重要的现实意义。

例：李氏进出口公司的罗宾·李先生是这家服装公司的创立人和执行总裁。他在5年内成就了一家由1个人到50个人的私人公司，年生产额为300万美元。尽管企业的规模和盈利水平都发生了变化，然而他的管理却没有多大的变化。他埋头于企业的日常事务中，总是犹豫不决是否应该由其下属人员完成某些重要任务。他制订企业的所有规划，组织各种活动，招聘员工，指挥员工的活动，解决员工的待遇问题。在企业快速成长期间，他已经没有时间去制定新的策略以应付各种变化。员工发现问题时，很难找到李先生，员工的士气达到了最低点。随着问题的增多，压力的增大，他正准备卖掉他的公司。

管理是通过他人完成工作的艺术，李先生在管理上用的时间太多了，显而易见，他的管理效率是极低下的，他根本就不理解管理的实质，也就更谈不上管理效率的提高了，这是导致他最终失败的原因。

二、管理效率的特征

不同的管理方式、管理手段具有不同的效率结果；同一种管理方式在不同的社会历史条件下所产生的管理效率也不尽相同。为了取得较高的管理效率，就产生了管理方式、手段的选择问题。对不同管理方式的认同是管理理论分歧的根本原因。因此管理效率如同其他社会活动、工作和劳动效率一样，是历史的变化和发展的结果。随着管理劳动及其相应管理决策、管理组织、管理监督、管理信息、管理工具的现代化，现代管理效率呈现出新的特征。

（一）管理效率的多重化

现代管理效率的多重化特征主要表现在管理效率的构成因素、形成条件和社会作用上。人们通过管理取得了有效的劳动成果，这种成果的构成因素可以分解为物质的、精神的、经济的、政治的等，以往人们追求和考虑的只注重某一或某几个方面，忽视效率目标的多重性，造成片面性和利己性。现代管理效率化要求各构成因素协调发展、相互促进，以实现具有多重性的管理目标。

（二）管理效率的集约化

集约化是最能反映效益问题的，从粗放到集约就是提高效率的过程。在现代化的进程中，管理效率不断地表现出集约化的特征，这种集约化特征最突出的表现是在智力、信息和科技方面。管理效力的形成和提高，总是与管理者的智力水平和实际能力有着密切的关系。过去提高管理效率主要依赖于经验，采用简单的强制、胁迫或者粗暴的形式达到目的。现代社会主要通过智力开发来提高管理效率。利用信息提高管理效率已成为人们管理的客观要求和必然趋势。同时，人们在关注信息数量的同时，十分关心信息的质量，把管理效率的提高建立在信息资源集约化的基础上，以提高管理的可靠性。

（三）管理效率的综合化

管理历史和实践告诉我们，管理过程不可能孤立地进行和完成，提高管理效率是一个综合的过程。效率综合化是现代管理的明显特征，这种特征主要表现在效率责任、效率关系和效率效能上。管理学家孔茨·奥唐奈指出：主管人员“必须尽力地以经济效率来完成自己的任务，以最好的判断对政治情况作出反应，尊重别人的一切权利，并作为社会中的一种建设力量去进行活动，这就是他们的社会责任。”可见管理效率体现的绝不是为了某个人、团体、或者地区的狭隘利益，而是全局的共同利益，管理者从事的管理劳动是一种社会责任。与此同时，提高管理效率不单单与额定的工作量、投入的实际工作时间有关，而且与环境（社会的、企业的）条件有着十分密切的关系，在效率关系上反映出多方位、多条件的综合性。为了提高管理效率，必须把各种效率关系综合起来加以考虑。效率责任、效率关系的综合化最终要体现在管理的效能上，即管理者从事管理活动及其相应管理劳动的行为水平和能力、工作状态和效果上。包括用人效能、办事效能、组织效能、决策效能、支配时间的效能等方面，这种管理效能的综合化已成为提高管理效率的根本。

第二节　管理效率的影响因素

影响管理效率的因素很多，有管理体制、文化传统、以及人们的行为方式等。现在通行的观点认为影响企业管理效率的因素分为内部因素和外部因素。吕谋笃[①]认为，导致企业组织效率差距的因素主要有两个方面：一是源自企业外部的环境因素，如政治与法律、区域经济、科学技术、社会与文化等；二是源自企业内部的管理因素，如组织结构、业务流程、企业员工、工具平台以及企业文化等。外部环境因素与内部管理因素相互影响，相互制约，最终决定了企业的组织效率。

一、外部环境因素分析

外部环境因素主要指企业组织所处国家的政治法律、区域经济、科学技术、社会文化等外部条件，这些外部条件客观存在，不以单个企业意愿发生改变。一般情况下，企业组织只能适应这些环境因素，对组织本身进行调整与改变，以便获得生存与发展的机会，世界500强企业中，曾排名第1的美国埃克森美孚比曾排名第39的中国石油

① 吕谋笃．组织效率的影响因素分析［J］．中国安防，2007（7）．

组织效率高出50倍，其主要原因就是受到外部环境的影响，因为中国石油作为传统的大型国有企业，承载了很多社会职能，并对政治稳定与城市就业有着不可推卸的责任。

企业组织受到外部环境因素的限制，但如果能对环境因素进行深入研究，加以有效利用，也会对企业组织效率产生积极的影响。在企业组织所处的行业与行业供应链位置的选择上，企业具有相当大的自由度。如某集团自2003年的15亿营业额增至2006年的68亿，取得了年增长约100%的良好业绩，主要原因就是在企业所处行业与供应链位置选择中，从初期的单一煤产业转向了煤电铝产业，这一业绩绝不是靠加强煤产业的内部管理所能达到的。

外部环境对组织效率有着决定性影响，这种影响是长期的，不会在短时间改变。由于内部因素的可控性、可操作性，内部因素的改变往往可对企业管理改善产生直接影响，对企业内部因素的改善可以在较短的时间内实现企业组织效率的提升，因而对内部因素的研究就有着非常重要的现实意义。

二、组织结构因素分析

影响管理效率的第一个内部因素就是组织结构。一个组织的结构往往意味着一个组织的权力分配，同时也决定着组织的决策模式，而权力分配与决策模式是影响组织效率最关键的要素。组织结构同时也影响着组织沟通效率，这方面主要体现在组织的层级以及信息传递的路径上，层级越多、路径越长，组织的效率也就越低。

扁平化已经成为组织结构发展的一个趋势。在欧美发达国家，层级较少、路径较短的扁平化组织已经成为企业改善组织效率的一个有效工具，郭士纳进行IBM再造的一个重要的工作就是改变了IBM全球的组织结构，把以区域公司为主的权力结构改为中央事业部为主的扁平化组织架构，使区域成为没有任何权力的服务平台。同时，适时调整组织结构也是提高组织效率的一个重要手段，企业现状组织结构往往有着其历史原因，在形成当初也适应或解决了一些特定问题。然而对于任何企业来说，随着自身的发展，规模的扩张，组织的变更与调整也是必然的，无论这种变更与调整方案是来源于企业自身，还是外部机构（如管理咨询公司）。以新华信正略钧策咨询公司为例，业务发展的直接动力来源于组织结构的调整，在每个业务年度开始，公司都会根据上一年度的业务进行分析，寻找新的种子业务，并设立新的业务部门，以此来促进新业务的快速发展。

（一）业务流程因素分析

在组织结构确定后，业务流程成为影响管理效率的又一个关键因素。面对越来越激烈的市场竞争，如何让企业在现有资源的基础上，突破运作瓶颈，大幅度提升效率，成为所有企业追求的目标。在这一过程中，丰田的精益制造模式、高德拉特的TOC法，以及哈默提出的流程优化等理论，都是在流程方面对提升效率的有效尝试。

（二）员工因素分析

在组织结构与企业流程确定之后，工作人员的态度与能力就成为影响管理效率的又一重要因素。目前市场中进行的各类管理类培训业务、人力资源咨询业务都是在这方面所进行的努力。在咨询公司提供的各类咨询项目中，人力资源项目是最直接的，也是短期内最有效提升组织效率的做法，对组织效率的贡献值约为15%。

组织效率的提高必须通过全员参与才能实现，华为内部刊物《华为人》第181期曾对此问题进行了深入讨论，文章认为华为经过多年的快速扩张，已经出现效率增长减慢的现象，为进一步提高组织效率，缩小与业界巨头的差距，必须进行全员参与。并提出每位员工是组织效率提升的责任主体和执行主体，只有充分发挥每位员工的聪明才智，并使全员持续发现和分析日常工作中存在的效率问题，制定并实施改进措施，从注重规模化扩张的粗放化管理转向注重组织效率的精细化管理，才能实现公司整体效率的提升。

（三）工具因素分析

随着科学技术的发展，信息化成为提高组织效率最直接的工具，在企业应用的信息化工具，可简单分为两个层面：一是技术信息化工具，技术信息化的相关软件直接提高某个具体工作岗位的效率，软件功能非常具体，通常涉及大量数据的计算与管理，效果也最为明显；二是管理信息化工具，管理信息化相关软件有助于提高管理效率，即沟通效率、协同效率、决策效率等。从信息化工具的效果上讲，技术信息化有利于提高岗位技能，能够快速提高瓶颈岗位的工作效率，管理信息化则是从整个公司的视角出发，提高整个供应链的服务运作能力，因而管理信息化一旦实施成功，将成为企业核心竞争力重要组成部分。如戴尔公司，其信息系统都已成为企业运营不可缺少的重要组成部分，也成为领先于其他企业的重要工具。

（四）企业文化因素

虽然建立企业文化需要经过漫长的历史积累，但良好的企业文化对于长远发展却是至关重要的。企业文化随着企业成长逐步建立起来，无法在较短时间内通过交易方式获得，曾经有人说过，即使你有足够的资金，你或许能够按照戴尔构建组织、流程、企业制度，能够招聘到同样优秀的工作人员，购买同样先进的运作系统，却肯定不能实现戴尔式的顺畅运作，其原因就是你的企业没有戴尔文化，这些员工的思维方式、思维习惯还不是戴尔式的。企业文化虽然不能快速建立，但是员工却能在短时间内融入企业文化，并按照文化认同的方式去做事，一个很明显的例子，国企工作的员工，经常迟到、怠工，可一旦进入外企工作，就会适应外企的工作节奏、工作模式，其实这一点就是文化的作用。

第三节 提高管理效率的有效途径

提高管理效率的根本目的就是要增强企业的经济效益。要提高企业的经济效益没有高效率的管理是很难实现的。要提升一个企业的组织效率，必须从多方面共同努力，结合考虑企业的外部因素，如区域经济、社会文化、政治法律、科学技术等，以此提升企业的远景效率；同时不懈努力地追求企业内部因素的优化和发展，如对组织结构、业务流程、员工因素、工具因素等内部管理因素进行改善，以此提升企业组织的效率现状。只有充分关注现状效率与远景效率的双重改善，才能使自己的企业在竞争中胜出，并保持长久的竞争力。一般而言，企业并不能控制和改变宏观环境，但对于企业的内部因素却有较强的控制能力。因此要提升企业的管理效率，要着力练好内功。

1. 系统地积累管理资源，发挥管理资源的累积效应

管理资源是企业重要的财富和无形资产。如同企业原始资本的积累一样，企业没有长期的积累，要全面提高企业管理效率，增强企业的效益是很难实现的。管理资源的积累有利于丰富企业的管理内容，促进本企业管理工作的顺利开展，更有利于企业长期稳定的发展。这已被国内外先进企业的经验所证实。

企业的管理资源有软件和硬件。软件资源包括企业文化、企业精神、管理观念、各种规章、管理制度及方法等，管理文化既是企业管理的精神环境又是企业管理的基本方法，与管理效率密切相关。硬件资源主要是各种管理工具、器械等。管理资源的累积过程表现为长期性和滚动性特征，比如企业文化、企业精神、管理观念都要经过长期的培育才能形成和发挥作用。同时，累积过程也是边干边建、边实践边完善，最终形成一整套行之有效的管理方案。

管理资源的累积方法灵活多样，可以派人员学习和引进先进企业的管理经验，可以聘用管理专家直接指导，可以通过综合和汇总各家之长变为己用等；并要建立翔实的管理资源档案，实行信息化管理，加速管理资源转化速度。在管理资源累积中，要充分注意理论和实践相结合、继承和创新相结合，以便提高管理的实效性。

2. 提高管理密度和强度，增强管理过程的力度

“密度”和“强度”是物理学上的两个概念，把它们引入管理过程，说明管理的状态和力度。管理密度表示组织结构各层次管理网的分布和联结情况，比如企业内部的人事组织分布及联接关系；管理强度表示管理组织管理过程的控制力度，比如企业计划的执行状况。管理密度和管理强度是直接影响管理效率的原因，企业管理的效率不高，往往是由于管理脱节、不能到位、密度不够。或者是管理过程十分松懈、偏离控制标准，力度不够。高管理密度可提高管理效率的基础，条件合理的管理密度有利于管理信息畅通无阻，有利于管理资源集约化使用。

管理强度是提高管理效率的保证。提高管理强度有利于体现管理决策的意志和目标的实现。提高管理密度要和企业管理网络、信息网络密切地结合起来，同时要和企业的管理资源累积过程结合起来，逐步优化，使管理载体始终处于“管理场”之中。提高管理强度要从管理者和被管理者的教育入手，通过各种途径和手段努力提高管理者的能力和被管理者的素质，使其适应市场经济的要求，尽快成为现代企业的管理者和新型员工。

3. 择一套适合实际的经营管理模式

企业经营的市场环境瞬息万变，而企业因为自身所处行业、发展历史、人文环境和员工素质等的差异，对企业而言没有一套万能的管理模式。要想提升企业的管理效率，只有结合自身实际情况和外在环境特点寻求一套适合实际的管理模式。

市场经济的发展要求企业必须转变经营方式，因为商品生产经营只营运产品，只

注意产品保护，只看到增量投入和技术的先进水平。这显然是一种静态的管理方法。而资本营运是营运资金，使之不断增值，注意多元产业的保护，关心资产闲置、关心投入的报酬率。这是一种动态的管理办法，能以市场为基础，合理配置包括资产在内的各种资源，提高总体管理效率。

4. 流程再造

近年来，企业运作模式已经发生巨大变化，大规模生产已经不能确保企业在竞争中获得相对优势。以轿车为例，产品多样化日趋明显，型号已从原来的几种上升到几千种；生产模式不自觉进入调整状态，生产模式由原来的按照计划生产模式转化为围绕订单的生产模式；产品研发与销售周期缩短，产品的销售周期由原来的多年缩减为一年甚至几个月，旧产品总为新产品让路。对大规模定制的研究正是在这一背景下开展的，大规模定制是个性化定制与大规模生产的结合，最终目标是用大规模的生产的价格实现产品的多样化甚至个性化的定制。

通过流程工作的改变，完成对组织效率的提升。2006 年世界 500 强汽车企业的人均营业额排名中，日本丰田公司位居第一，领先德国大众近一倍，其主要原因就是丰田汽车多年来一直进行流程改善，大力推行丰田精益制造思想，将大规模生产模式逐步改为大规模定制模式而实现。

5. 造就一批高素质的管理专家队伍和企业家阶层

人永远是企业管理的核心，也是提升管理效率的关键。企业家阶层是科学管理得以推行的基础和前提，是企业提高经营管理水平和企业效益的关键因素。一个企业如果没有良好的管理团队，再好的政策、再合适的经营管理模式最终都只能流于形式，因为一切事情都需要依靠人去执行和落实，而人的素质就决定了执行的结果。企业不但是需要高素质的管理者，更需要一个结构合理、能力互补，可以实现分工协作的优秀管理团队。

【本章小结】

竞赛以快取胜，搏击以快打慢，军事先下手为强，商战已从“大鱼吃小鱼”变为“快鱼吃慢鱼”。跆拳道要求心快、眼快、手快；中华武学一言以蔽之：百法有百解，唯快无解！

竞争的实质就是在最短的时间内做最好的东西。质量是“常量”，经过努力都可以做好以至于难分伯仲；而时间，永远是“变量”；一流的质量可以有很多，而最快的冠军只有一个——任何领先，都是时间的领先！作为衡量一个企业是否管理高效、是否运行健康、是否拥有潜力的重要指标，管理效率一直是很受关注的话题。很多企业想尽办法要提高效率，效果不一。没有企业能一直保持高效率，但却有企业永远低效率而直至消亡。

【思考题】

1. 什么是管理效率?
2. 管理效率受到哪些因素的影响?
3. 我国企业要提升管理效率应该重点解决哪些方面的问题?

【案例】

滨海某置业有限公司业务流程再造①

一、企业概况

滨海某置业有限公司于2000年5月率先在滨海市以“连锁经营”的全新销售模式向房地产三级市场进军。经过不懈的探索，该公司的连锁经营快速发展起来，规模不断壮大。现在已经建立了160家覆盖市内六区的连锁店，200家以社区服务为中心的社区服务店。而且随着该有限公司的全国化发展，其在10个城市的异地公司也秉承连锁经营的模式沿着规模化的道路迅速发展。在不久的将来，公司将进入全国80个城市，形成对中国房地产中介市场的全面覆盖，规模化发展将使该集团随时随地为客户提供便捷、完备的专业服务。

目前，公司已经拥有员工近2 600人，大本以上学历占90%。公司制定了严格的招聘及用人标准，所有连锁店员工均要求大本以上的学历。该公司在长期的发展过程中形成了完善的业务体系，具有丰富的业务品种。同时，针对变化的市场不断探索新的业务，为客户提供更加满意的服务。目前，公司针对市场特点以及发展趋势，对商品房销售、空置房销售以及租赁等业务有了很大创新，建立了崭新的业务操作模式。

1. 全国化的租赁业务

公司利用自身强大的体系能力，发挥全国范围连锁经营的优势，推出了全国化租赁业务，帮客户实现“异地需求，本地实现”的愿望。这不仅满足了客户工作调动时异地长期居住的需求，同时也使得出差、旅游等短期住宿问题只依靠酒店解决的旧观点受到冲击。公司不仅可以提供长期的租赁居住需求，也可提供专为旅游，出差等事宜开设的短期租赁业务，极大地满足了客户多样化的需求。

客户所有租赁需求，不仅可以通过各地连锁店，还可以通过公司特意为客户开通的各地租赁专线、短信、全国租赁网络录入需求，第一时间得到公司和客户的沟通，真正实现足不出户解决异地租赁问题。

2. 限时销售

公司经过对市场、客户的长期关注，通过对客户需求的深入分析，充分聚焦客户价值法则，在传统的代卖基础上，推出了限时销售这个新的业务品种。

所谓“限时”是指公司运用其强大的渠道销售能力，使客户的房屋在约定的销售

① 天津财经大学《生产管理学》案例教材。

期限（如一个月）内售出变现，如果在约定的销售期限（如一个月）内，客户的房屋因为各种原因未能售出，公司可以以事先约定的市场价格付给房主房款，从而使客户避免了因房屋买卖过程中产生的问题而未能及时售出，使客户可以从容地制订资金使用计划。公司限时销售业务是用于补充委托代卖业务和收购业务之间空白市场的新业务品种，细化市场，针对不同需求的客户提供差异化服务。

3. 商品房的连锁销售

公司具有多年的商品房代理销售经验，在发展连锁经营的过程中，对二、三级市场有了更加深刻的认识，对连锁经营渠道有了更加深刻的理解。结合房地产市场的发展趋势，公司突破了传统的商品房销售模式，提出了崭新的商品房连锁经营销售模式。为商品房提供了一个低成本的、优质的、深度的宣传渠道，同时也为广大客户提供了一项便捷的服务，使连锁经营渠道发挥了极大的商品房销售能力。

网络渠道与公司的传统渠道有机结合，发挥了网络渠道覆盖面广，不受时间、空间局限，实时性强，形式多样化等优势，在一定程度上，弥补了传统渠道的不足，有效地扩大了资源的入口，同时，网络渠道还以传统渠道为依托，为网络业务的开展提供支持保证，使网络业务的真实性、可靠性得到保障。

二、企业业务流程现状

公司在2000年5月率先以连锁店经营方式进入滨海房地产三级市场，主营业务包括：二手房的买卖、租赁；空置房的买卖以及联动项目。对于服务型企业来说，公司的业务流程的先进性是取得市场竞争优势的关键。企业的目的是为了实现自己的价值，而价值的实现取决于企业是否满足顾客们的要求。企业业务流程设计应从顾客需求出发，以满足顾客为目的。顾客需求决定了主要业务流程的内容和基本模式。公司连锁店建立的就是以顾客为中心的业务流程。下面以二手买卖与租赁为例子来描述公司的主要业务流程。

1. 二手房买卖

公司连锁店的二手房买卖业务主要分为二手房的调入，调出以及代卖。调入是指公司以现金形式购买客户房，从而增加公司的房源量以及提高公司在交易中的主动性。调出即是把公司的房卖给客户即第三方。二手房的调入与调出是公司的主要利润来源。但是这两种情况并不是在交易中可以经常遇到的，二手房的代卖才是公司的主要项目。所以可以把二手房买卖的业务流程分为买房流程与卖房流程。

（1）卖房流程：

① 免费房屋评估

客户只需携带房屋的房本（产权证或商品房合同）、房主身份证、经办人身份证，就可以就近到公司连锁店享受公司为客户免费提供的房屋评估业务，为客户出售的房屋提供有价值的参考依据。

② 房屋委托代卖

如果客户认同公司评估价格出售房屋，双方签订委托协议。如果在委托期间成交，公司之收取买卖双方各成交价的1%信息费，如在委托期间未成交，则不收取任何费用。

③ 现金收购

如果客户希望尽快出售房屋，公司为客户提供收购房屋的业务。双方确定收购条件后签订收购协议，公司将约定时间向客户付款。

④ 房源信息发布

如果客户希望自己定价卖房，公司可以在连锁店及相关媒体上发布客户的售房信息并收取相应的费用。

（2）买房流程

①免费看房：客户可以就近到公司各连锁店免费查询房源，联系看房。

②求购登记：若客户时间宝贵请到各连锁店求购登记，并交纳50元登记费。

③成交：如成交公司会协助客户代办过户，办理居间中介鉴证（签订三方合同），钱款委托交接，贷款全程办理。如图15－1所示：

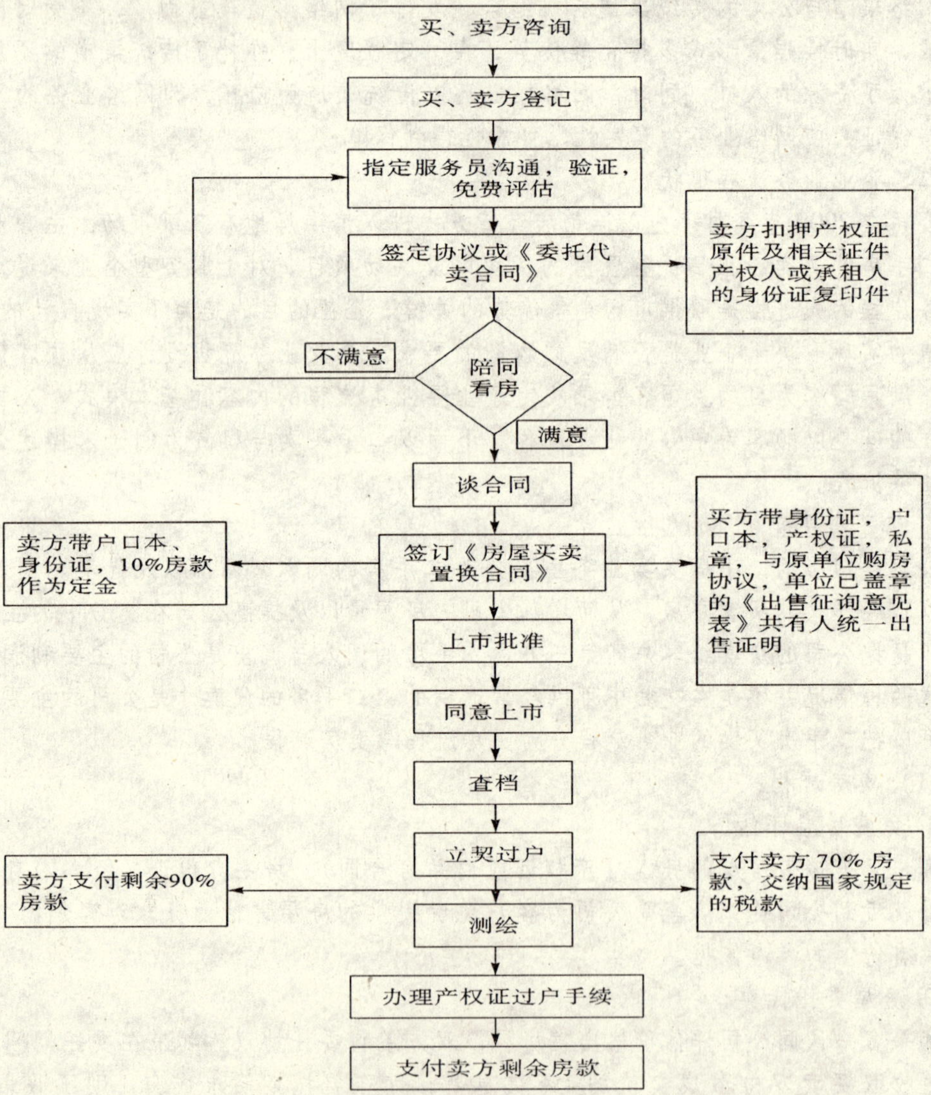

图15－1　二手房买卖流程

2. 房屋出租

公司连锁店的另一主营业务就是房屋出租。房屋出租分为普通出租与高端出租。并且公司利用强大的体系能力，发挥全国范围连锁店经营优势，推出了全国化租赁业务，帮客户实现“异地需求，本地实现”的愿望。公司不仅可以提供长期的租赁居住要求，也可以提供短期的租赁业务，极大地满足了客户多样化的要求。客户所有租赁需求，不仅可以通过连锁店还可以通过公司特意为客户开通的租赁专线、短信、全国租赁网络录入需求，解决客户租赁问题。

房屋出租流程：

流程一（原则上普通出租）

① 房屋委托

如果客户有空闲的房屋需要出租，客户可到公司200余家连锁店的任意一家连锁店，持权属证明、房主身份证原件，连锁店留存二者复印件，签订《委托出租协议》。

② 信息发布

客户的房屋信息将在全市200百余家连锁店、公司天津置业网租赁栏中推荐。

③ 签订合同

如果客户的房屋在委托期内成交，客户可与承租方自愿到连锁店签订《房屋租赁合同》，收取买卖双方租赁服务费，终止委托。

流程二（原则上高端出租）

① 房屋委托

如果客户有空闲的房屋需要出租，客户可到公司200余家连锁店的任意一家连锁店，持权属证明、房主身份证原件，连锁店留存二者复印件，签订《房屋租赁协议》，该房屋如有钥匙，可留存在连锁店。

② 信息发布

客户房屋信息将在全市200百余家连锁店、公司天津置业网租赁栏中推荐。

③ 签订合同

如果承租方为公司介绍的客户，将与公司连锁店签订《房屋租赁合同》，公司收取一定的中介费。如果承租方为非公司介绍的客户，则需告知公司，撤销委托，公司连锁店将与此类客户终止协议。

（注：普通出租的客户也可以选择此项服务）

流程三（信息发布）

① 发布委托

如果客户有空闲房屋需要出租，可到公司200余家连锁店的任意一家连锁店，持权属证明、房主身份证原件，连锁店留存二者复印件，签订《信息发布协议》，交纳一定信息发布费。

② 信息发布

客户的房屋信息将在全市200余家连锁店推荐并在相关媒体上发布广告一次。具体流程见图15－2：

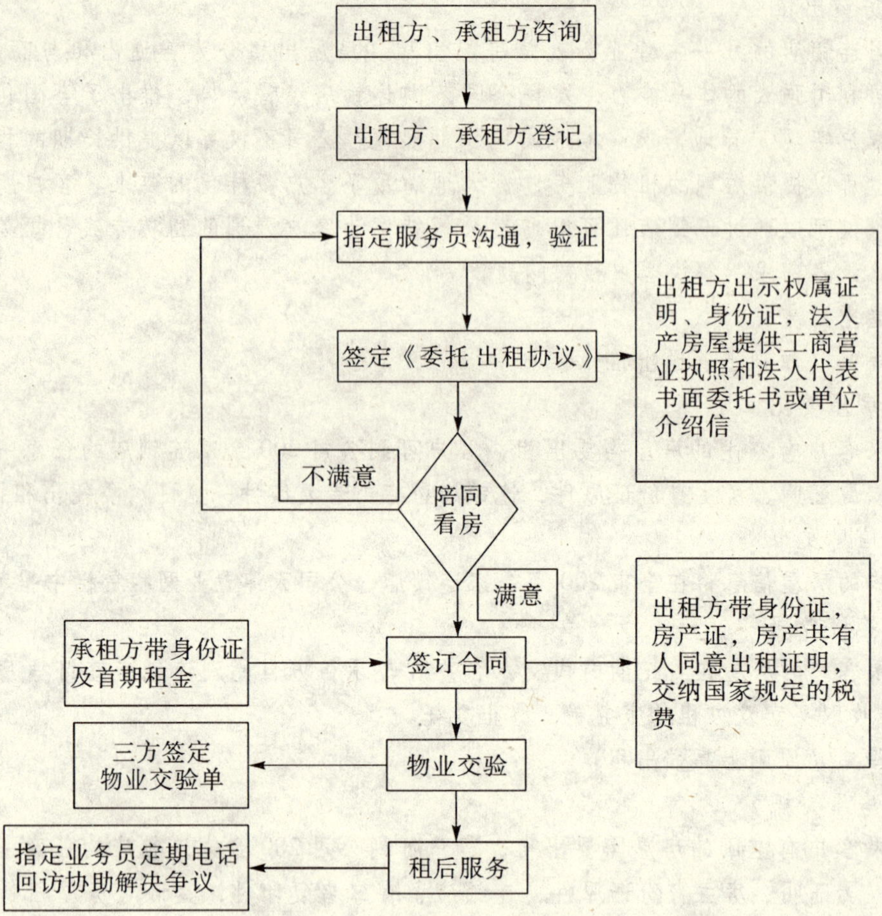

图 15－2　房屋出租流程图

【思考题】

1. 请思考企业业务流程与企业管理效率的关系？
2. 企业是否可以通过业务流程进行再造提升管理效率？
3. 企业的业务流程应该如何改进？

第十六章　管理理论的形成与发展

【学习要点】

1. 儒家、道家、法家、兵家学派的管理思想；
2. 近代前期、近代后期及中国当代管理思想；
3. 古典管理理论；
4. 行为管理理论；
5. 现代管理理论；
6. 当代管理理论；
7. 管理创新的概念、内容。

第一节　中国管理理论的形成与发展

现代管理科学发源于西方，随着经济全球化的浪潮，六西格玛、长尾理论、二八法则等种种西方学说逐步进入中国企业管理者的视野，冲击着管理者的思维方式，影响着管理者的行为。然而，中国与西方发达国家之间在文化上依然存在着难以逾越的鸿沟，如果脱离中国的国情，完全照搬照抄西方的管理理论与方式方法，必将导致我们管理工作的被动甚至事倍功半。因此，管理者研究中国的管理思想，通过科学的继承和发扬中国优秀的传统文化，吸取文化精粹与人文素养，融合西方先进的科学技术和管理思想，科学地总结中国企业管理理论与实践，对于探索适合中国国情的中国化管理之路，提升中国企业的生命力与核心竞争能力具有重要的现实意义。

管理学的发展是一个从实践到理论再到实践的回归过程，中国古代管理思想的形成是以最初的实践与经验总结为基础的。古代管理思想的形成为近现代管理理论的发展奠定了社会基础。

一、中国管理思想的萌芽阶段

中华民族的传统文化具有5 000多年的悠久历史和丰富多彩的内涵。作为东方文明的重要发端，对整个人类文明产生了深远的影响，是人类文明宝库中的重要内容。中国古代管理思想由四个方面构成。一是治国学，二是治生学，三是治家学，四是治身学。从春秋战国时期起，中国文化形成了以儒、道、释为中心，以法、工、墨、农、名、兵、纵横、阴阳为复线的多元文化体系，诸子百家竞相争鸣，三教九流各显其能。

其中以孔子、孟子为代表的儒家，以老子、庄周为代表的道家，以韩非为代表的法家，以孙子为代表的兵家的管理思想最具有代表性。

（一）儒家学派的管理思想

古代中国的儒家思想是中国传统文化与管理思想的一大主流，儒家学派的代表人物有孔子、孟子、庄子、墨子、管子等。儒家思想强调的基本主题是对人的本性和人与人之间社会关系的揭示。他们提出了以“三纲”（君为臣纲、父为子纲、夫为妻纲）作为处理君臣、父子、夫妻之间关系的道德规范；以“五常”（仁、义、礼、智、信）作为处理国家、社会、家庭及个人之间关系的行为准则。仁是儒家最重要的核心价值，孔子以仁为核心、以礼为准则、以和为目标、以德治国的思想是儒家管理思想的精髓，成为中国传统思想的主流。孔子所讲的仁，不是没有原则、没有勇气、没有理想的温情主义，而是一种深刻的核心价值。是由一切价值来充实的价值，其他所有价值如智、礼、义、信乃至忠、孝都可以充实仁的内容。孔子认为仁的本质是人，仁所讲的是做人的道理。孔子强调在内为仁，在外为礼，内心的道德操守和外在的行为规范相统一就达到了仁的境界。

“有智而无仁是可能的，有仁而无智是不可能的；有礼而无仁是可能的，有仁而无礼是不可能的；有义而无仁是可能的，有仁而无义是不可能的。”① 儒家思想在中国封建社会形成的长达数千年的以农业和手工业为基础的社会发展中，起着极其重要的支撑作用，构成了封建社会中起支配作用的管理思想。儒家思想早在唐代就已超越国界，传到日本、朝鲜和东南亚各国，成为对世界文化有重要影响的古老的流派。该思想应用到管理中就是强调以人为本，注重通过伦理规范、道德教化，增强员工的自身修养，培养人们共同的信念和价值观，增强员工的凝聚力，使企业和谐有序地发展。

（二）道家学派的管理思想

与儒家同时产生和并列发展的道家学说，在中国几千年的发展历史上有着极其重要的作用。老子是道家学说的创始人。道学中最为精炼的观点是无为而治，“为无为，则无不治”。老子所讲的“无为”并不是什么都不做，“无为”的真实含义是：人是自然万物中的一种物，应与其他万物一样，顺应自然规律，不能任意妄为。要根除使人妄为的种种欲望、欲念，心思清静地按照自然做事，就会收到好的管理效果。“道”是老子思想中的重要概念，老子认为“人法地，地法天，天法道，道法自然。”也就是说，人们必须按照自然规律办事，以“自然”为法则，而不要把自己的意志强加给自然界。从管理的角度来看，就是要求管理者必须遵循社会管理的客观规律，一切都顺其自然，才能取得良好的管理效果。

老子还提出“四不”来保证管理者、领导者的永久成功。“四不”是不自见、不自是、不自伐和不自矜。

（三）法家学派的管理思想

中国古代的法家思想是在君主专制制度的基础上形成的，具有稳固的经济基础和

① 骆建彬. 卓越领导国学讲堂［M］. 北京：北京大学出版社，2008：109.

传统文化基础的一种不完整的法治思想。法家学派的代表人物是韩非、商鞅等。他们主张使用客观的、具体的、铁定的法律，通过铁面无私的奖惩制度，强化司法的威严和检查力度，确保每个人在各自的工作位置上都必须达到最大限度的工作效率。以法律高于一切为主旨，提倡愚民政策，强调雷厉风行的作风和冷酷无情的强制手段。管理的核心是以奖惩的强制手段来求得“公平”这一社会思想。

法家思想的存在是极其自然的现象。任何组织的建立与运行都需要有一整套制度和规定去管制与约束组织成员的行为，其制度和规定需要一定的机构去维护和执行，并且需要一定的权威性惩罚手段作保证。因此，依法而治的思想是组织活动的必然产物，是组织存在与发展的保障。在古代中国的国家治理中，法家思想在历代统治者中都有实质上的体现。如秦国的变法和统一中国后的封建专制制度的确立；汉代天人同一的模式与“官学”的发展；唐代从强盛国力出发的“开明专制”；宋代“理学”思想的产生以及“以天理遏制人欲”的对执法者的约束理念与实践；直至元、明、清诸代专制体制的新发展，不断丰富着法家思想的治国实践。同时，古代中国的法家思想也存在着实质上的局限性，“刑不上大夫”实质上是对最高统治者权力的无限制保护，君主专制使“治国”带有“人治”的色彩。在维护社会秩序、促进生产发展的同时，也起着维护阻碍社会发展的封建专制制度的作用。

（四）兵家学派的管理思想

中国在漫长的历史进程中所经历的战争之多、规模之大，是世界各国所少有的，由此产生了对世界有重大影响的中国古代军事管理思想。其中，至今已流传 2 500 多年的《孙子兵法》就是中国最著名最具代表性的军事思想著作。《孙子兵法》内容博大精深，涉及战争规律、谋略、政治、外交、经济、天文、地理及气象等多方面内容，不仅明确了军、旅、卒、伍的军队编制，规定了军队管理的层次关系，还阐述了为将之道、用人之道、用兵之道，以及在各种错综复杂的环境中克敌制胜的战略、策略和战法。它不仅对战争有指导意义，对管理活动同样具有教益。

《孙子兵法》开篇就指出“兵者国之大事，生死之地，存亡之道，不可不察也”的军事重要性，接着指出军事斗争所涉及的关键点，“一曰道，二曰天，三曰地，四曰将，五曰法”。决策者需“智信仁勇严也”，战争的核心是“兵者，诡道也”。并提出战争的最高境界乃“不战而屈人之兵”。其提出的“上兵伐谋”、“必以全争于天下”、“出其不意，攻其不备”、“唯民是保”等思想至今仍为管理者们所运用。

总之，《孙子兵法》在管理方面的价值为国内外管理者所关注。在日本，一些大公司培训管理干部是以《孙子兵法》作为必读书目，东亚、欧美的一些国家也肯定了《孙子兵法》对现代管理的价值。

二、中国管理思想的形成阶段

1840 年的鸦片战争使中国社会的性质发生了重大变化，由封建社会逐步转变为半殖民地半封建社会。继鸦片战争之后，外国列强又对中国发动了一系列侵略战争，众多不平等条约夺去了中国大片土地，国家主权受到严重侵害，经济侵略也不断深入，清王朝成为列强统治中国的工具和代理人，其政权也病入膏肓。同时，西方列强的政治与经济入侵也带来了商品经济发展的宏观氛围。这种氛围动摇了中国传统的小农经济结构与自然经济的基础，也促进了中国城乡商品经济的发展。更为重要的是它为中国民族资本主义的产生和发展创造了客观条件。随之，中国资产阶级产生，中国无产阶级的队伍也随之壮大。在此前后，从清政府到民国政府都采取了一些发展经济的措施，民族资本主义不断发展。1911 年，辛亥革命胜利。1912 年，中华民国成立。1914 年第一次世界大战爆发，为中国民族工业的发展提供了良机。

从 1840 年的鸦片战争到 1945 年的抗日战争取得胜利，中国近代的 100 年间，列强打开国门，军阀混战不息。国门洞开促进了资本主义工商业的发展，引进了西方的企业经营管理思想，使中国传统管理思想融进了新鲜的内容。这一时期的管理思想，以 1911 年的辛亥革命为界限，又分为近代前期和近代后期。

近代前期中国管理思想的转变过程，也是一些先进人士向西方国家寻找真理的过程。林则徐、魏源是向西方寻求救国真理的思想先驱，他们做了引进西方管理思想的最初尝试；洋务派代表人物李鸿章、张之洞提出以“自强”“求富”为管理目标的主张；康有为、梁启超推出建立资产阶级君主立宪制国家的改革措施；孙中山、廖仲恺提出以“三民主义”为特征的政治管理思想。

近代后期主要是中华民国时期。辛亥革命推动资本主义发展，第一次世界大战为民族工商业的发展提供了机会，并形成了企业家群体。这些经营管理者们借鉴西方的企业管理理论与方法，使中国的传统经营思想与之融合，产生了独具特色的企业经营管理思想。中国近代管理思想具有以下两个特点：第一，中西管理思想融合，实现了科学管理原理的中国化。近代工商企业的发展使企业经营管理的思想体系形成，充实了中国传统管理思想。在继承中国传统管理思想精华的同时，企业家引进泰勒等的管理思想，并使两者相融合。穆藕初率先引进科学管理理论。他在美国结识科学管理之父泰勒及其弟子，并与其共同讨论生产企业的科学管理问题。回国后，他翻译并传播科学管理的著作和思想，并在实践中贯彻实施，使其逐渐中国化。第二，借鉴中国古代管理思想。中国近代民族企业家注重传统文化，在经营中强调引证和运用中国古代管理思想。

（一）近代前期的管理思想（1840—1911）

1. 林则徐的管理思想

林则徐在贸易管理方面认为一般贸易的开展有助于增加国家收入，增加国防经费。他从交换价值的角度认为对外贸易是有益的。但他坚决反对鸦片贸易，力主禁烟，并实施了虎门销烟。在货币管理方面林则徐从国内货币流通和币材的需要出发，提出了自铸银币、行使钱票和开采银矿的主张。首先，自铸银币。林则徐的建议符合用铸造货币代替称量货币的趋势，有利于社会进步。其次，行使钱票。林则徐认为，钱票的流通可以弥补现金的不足，有利无害，可以减轻银荒。第三，开采银矿。林则徐鉴于开矿所需资本甚巨，不是个别商人独立所能担任，提出“招集商民，听其朋资伙办”

的主张，官府发动，商民经营，“成则加奖，歇亦不追”[①]。这里的“朋资伙办”已具备股份公司的理念。

2. 李鸿章的管理思想

李鸿章办洋务首先从兴办近代军事工业做起，以求自强。他将制造船炮、修筑铁路、公派留学等视为“自强根本”，没有涉及社会制度问题，这是洋务派“自强”思想的根本特点。后来，经过实践检验，他认识到只靠发展军事工业还不能达到“自强”的目的，要发展民用工业以“求富”。先富而后强，强调“强与富相因”，强以富为基础，富以强为目的。这是其自强求富的管理思想。在创办和经营新式民用企业时，李鸿章主张“以官护商”。他强调，对私人投资企业听其自办，盈亏自负，政府不加干涉，只是“官为扶持”“以助商力之不足”，这是李鸿章官督商办的管理思想。所谓官督商办，就是商人出资，政府派员管理。

3. 张之洞的管理思想

张之洞从论述工商双方的关系出发，提出了“工商两业相因而成”的经营管理思想，他认为“工有成器，然后有商贩运，是工为体商为用也”，但“其精于商术者，则商先谋之，工后作之……是商为主工为使也”。“二者相益，如环无端”，而前者“易知”，后者则“罕知”[②]。张之洞精辟地论述了工业生产和市场需求的辩证关系。在对待清政权和商民的关系方面，提倡权利分离，即允许商民求利，但坚决反对其政治要求。他反对民权，也反对商权，并以官督商办的形式控制民族资本。

4. 康有为的管理思想

康有为主张君主立宪，认为变法必以政治改革为本，政治改革又必以君主立宪为根本。康有为对官制改革的设想，主要体现在设议院上。他在著名的“公车上书”中提出：由每十万户举一名“博古今、通中外、明事体、方正直言”的人为“议郎”。凡内外兴革大政，由“议郎”会议，“三占从二，下部施行”[③]。康有为多次上书光绪皇帝，提出发展资本主义经济的主张，目的为“富国”和“养民”。富国之法包括钞法、铸银、铁路、机器轮舟、开矿、邮政六项纲领。养民之法包括务农、劝工、惠商、恤穷四项纲领。

5. 梁启超的管理思想

梁启超强调变法图强，警告当局：“变亦变，不变亦变”，变法已为世界大势，绝非人力所能抗拒和阻挠的。他的变法主张是：首先必须从“育人才”和“变官制”入手。他认为“变法之本，在育人才；人才之兴，在开学校；学校之利，在变科举；而一切要其大成，在变官制。”[④] 他认为，通过教育“开民智”、“伸民权”，提倡西学，才能使中国由弱转强，而改变官制是变法维新的关键。梁启超主张以资本主义的方式振兴实业，并寄希望于资本家，认为发展经济“当以奖励资本家为第一义，而以保护

---

① 近代中国史料丛刊［C］. 台北：台湾文海出版社，1967.

② 张之洞. 劝学篇 · 农工商学［M］. 郑州：中州古籍出版社，1998.

③ 康有为. 康有为政论集：上册［M］. 北京：中华书局，1998.

④ 梁启超. 饮冰室文集：论变法不知本原之害［M］. 南京：正中书局，2003.

劳动者为第二义。"[①] 为振兴实业，梁启超明确提出"以托拉斯法行之"的近代工业管理思想，并以此管理方法从事中国的丝、茶、皮货、瓷器、纺织品等重要产品的生产。同时，梁启超对当时中国股份制公司发展的不利因素进行了深刻的剖析：一是股份公司必须在强有力的法制国家才能生存，而中国则不知法制为何物；二是股份公司有责任心强固的国民才能有效地实施，而中国人则不知有对于公众的责任；三是股份公司必须有种种相辅机关，而中国则全缺此种机关；四是股份公司必须有健全的企业能力才能有效办理，而中国则太缺乏企业人才。

6．孙中山的管理思想

孙中山以民权主义为特征的政治管理思想是在革命实践中形成并不断发展的。第一，民族革命的思想。这时的革命口号是："驱除鞑虏，恢复中国，创立合众政府。"第二，建立民国的思想。这时的革命目标是："驱除鞑虏，恢复中华，建立民国，平均地权。"[②] 第三，三民生义（民族、民权和民生）的思想。第四，五四运动以后，孙中山致力于改组国民党，并重新解释了三民主义。关于民权主义，又提出了"五权分立"的思想。

在经济管理方面，孙中山提出以民生主义为特征的经济管理思想。首先，治贫与治不均。同时注意"贫"和"不均"两个问题，但把解决不均的问题放在首位。其次，国家干预经济。其基本措施：一是土地国有，私人占有的土地可自行经营；二是国家对实业发展进行全面的规划和指导；三是国家对民营实业依法加以保护和扶持；四是对外实行开放主义，反对闭关锁国。

（二）近代后期的管理思想（1911－1945）

1．蔡元培的管理思想

蔡元培在任南京临时政府教育总长期间，发表了《对于教育方针之意见》，把清廷学部制定的"忠君、尊孔、尚公、尚武、尚实"的五项教育宗旨加以修正，删掉忠君、尊孔的内容，改为军国民教育、实利教育、公民道德教育、世界观教育、美感教育五项。他指出，这五方面教育不可偏废。在任北京大学校长时，整顿校风，注重学术研究，热心教师队伍建设。为了鼓励和提倡学术研究，引导学生参加各种有益的社会活动，他还组织和支持成立各种学术团体。他提出"思想自由"、"兼容并包"的治学方针，打破文化专制主义的桎梏，为新思想新文化的发展创造有利条件。他还改革学校体制，调整科系及课程设置，扩大文理两科；设立校评议会，实行教授治校和民主管理。并提出了劳工神圣的思想。

2．黄炎培的管理思想

黄炎培认为"要救中国，只有到处办学堂"、"教育为救国唯一方法"。他认为办教育如同治病，知病源才能开好药方，做到对症下药。"外国考察，读方书也；国内考察，寻病源也。方书诚不可不读，而病所由来，其现象不一，执古方治今病，执彼方

① 梁启超．饮冰室文集：论变法不知本原之害［M］．南京：正中书局，2003．

② 单宝．中国管理思想史［M］．上海：立信会计出版社，1997．

治此病，病曷能已。”[1] 1945 年，黄炎培来到延安，同毛泽东畅谈中国历代兴亡的经验教训，提出了著名的“黄炎培难题”。他说：“我生六十多年，耳闻的不说，所亲眼看到的真是所谓‘其兴也勃焉，其亡也忽焉’，一人、一家、一团体、一地方，乃一国，不少单位都没有能跳出这周期律的支配力。大凡初时聚精会神，没有一事不用心，没有一人不卖力，也许那时艰难困苦，只有从万死中觅取一生。现在环境渐渐好转了，精神也就渐渐放下了。有的因为历时长久，自然地惰性发作，由少数演为多数，到风气养成，虽有大力，无法扭转，并且无法补救。也有为了区域一步步扩大了，它的扩大有的出于自然发展，有的为功业欲所驱使，强求发展，到干部人才渐渐见竭蹶，艰于应付的时候，环境倒越加复杂起来了。控制力不免趋于薄弱了。一部历史，政怠宦成的也有，人亡政息的也有，求荣取辱的也有。总之没有能跳出这周期律的。只有大政方针决之于公众，个人功业欲才不会发生。只有把每一个地方的事，公之于每一地方的人，才能使地地得人，人人得事。用民主来打破这周期律，怕是有效的。”[2]

3. 张謇的经营管理思想

中国近代实业家张謇在资金管理方面就聚积国内资金提出以下设想：一是建立银行金融机构来聚积资金资源，具体措施是银行在经营储蓄的同时兼营商业；利用地方公款，政府股份来加强银行的力量；向企业和绅商吸收银行资本。二是发行股票，建立公司，建议国家对公司实行奖励政策及加强经济立法。三是借债，他说：“用己之财则己之善，用人之财则人之善，知其未必善而必期其善，是在经营之致力矣。”[3]

在人才管理方面。张謇把人才放在企业和国家发展的突出地位加以重视，认为人才培养的根本途径是教育，所以常将实业与教育相提并论。他还提出专门技能与创业精神并重的全面人才观。在人事管理方面，他提出建立岗位责任制，实施奖惩制度和建立考工制等。

在成本管理方面，张謇认为不论从竞争还是从获利的角度，都应该降低成本。他提出降低成本的具体措施：一是成本核算，二是节约开支，三是采用先进的机器设备和生产技术。在物资供应和产品销售方面，为实现“入乃不竭出乃不啬”的目标，主张把工厂建在供销两利的市场环境中。

上述人士的管理思想，在不同的年代，对中国的管理都产生了一定的影响。在抗日战争胜利后，中国官僚资本的发展达到最高峰，形成了以蒋介石、宋子文、孔祥熙、陈立夫四大家族为核心的官僚资本集团，在他们当权的 20 多年里，集中了约 200 亿美元的巨大财产，垄断了全国经济命脉。至 1947 年，四大家族控制的工矿业资本额占全国工矿业资本总额的 70% ~80%，这一时期的企业管理方式有了较大的进步。直至 1949 年新中国成立，管理思想又发生了新的变化。

三、中国当代管理思想（中国管理思想的发展阶段）

中国当代管理思想主要指新中国成立后到现在这一历史时期我国的管理思想。中

---

① 白寿彝. 中国通史：第十二卷［M］. 上海：上海人民出版社，1998.

② 白寿彝. 中国通史：第十二卷［M］. 上海：上海人民出版社，1998.

③ 张謇. 张季子九录·实业录：卷五［M］. 北京：中华书局，1935.

华人民共和国成立后，中国的企业管理活动伴随着宏观经济管理体制与运行机制的确立、调整与改革，不断发生着种种变化。这一时期又划分为五个阶段。

一是新中国成立初期的国民经济恢复阶段。在管理上重点是解决企业产权与管理权问题，没收了帝国主义和官僚资本主义企业，依靠工人阶级，组建工厂管理委员会和职工代表大会来管理企业，并实行对资本主义工商业的社会主义改造。

二是全面学习苏联阶段。1953 年以后，进入大规模的社会主义建设时期，我们自己无成熟经验可用，于是全面引进与学习苏联的管理模式，较为系统地建立了社会主义计划经济的管理体系。

三是“大跃进”与调整巩固阶段。1958 年的“大跃进”违背客观规律，在管理指导思想上产生错误，也造成了严重的经济损失。为纠正“大跃进”的失误，1961 年中央提出了“调整、巩固、充实、提高”的发展方针，并制定了《国营工业企业工作条例（草案）》（简称“工业七十条”）。在科学总结经验教训的基础上，提出较为系统的企业管理政策和管理方式，使我国经济又走上了健康发展的道路。

四是“十年动乱”阶段。中国进入全面内乱，一切管理机构、管理制度、管理体系都被冲垮，并使“管理”本身成为一个禁区。十年动乱是中国管理思想史上的一场浩劫。

五是改革开放后的探索与创新阶段。实施社会主义市场经济基础上的集权与分权结合、经济与社会并重的管理思想。19 世纪 70 年代后期，以改革开放为标志，中国进入到全新的，建设具有中国特色的社会主义阶段。30 多年来，中国所进行的社会主义经济体制改革，极大地促进了现代管理思想的发展，对外开放政策的实施又为学习和借鉴国外的先进管理经验提供了机会。因此，改革开放 30 多年来，中国现代管理思想发生了极为深刻的变化。突显出六大发展趋势。

第一，从传统产品经济的封闭型管理向社会主义市场经济的开放型管理转变。中国长达几千年的农牧经济形成了牢固的小农经济模式和小农经济思想，由此带来管理上的封闭与僵化。建国以后长期的产品经济模式与思想，排斥商品与市场，实质上是小农经济、自给自足生产方式的延续。市场交易观念的树立，统一大市场的形成，特别是中国加入世界贸易组织之后，封闭将不再可能，开放型管理必将到来。

第二，从“大锅饭”平均主义到承包制再到股份制。中国长期的小农经济极易导致平均主义和“大锅饭”行为，历代不少仁人志士提出“平均地权”的口号，发出“不患寡而患不均”的感叹。由于人们的机会、努力程度和素质不尽相同，造成了人与人收入与生活上的差别客观存在。是去承认差别进而用科学的、法制的手段去调节差别，还是一概否认、削平差别，是经济学上如何处理效率与公平问题的基本选择。经过了长期的探索与实践，我们终于作出了效率优先、兼顾公平，允许一部分人、一部分地区先富起来的现实选择。由此，承包制、股份制应运而生，一种以按劳分配为主体多种分配形式相结合的分配体系的经济形态扩展开来。

第三，从行政型管理向专家型管理转化。长期以来，各条战线上的管理人员大多是行政型人才，万金油式的干部较为普遍。近些年来，这种现象正在逐渐得到改善，专家型人才、内行管理逐渐流行，建立中国式的职业企业家队伍问题也提上了议事日程。

第四，从单一化向多元化转变。我国管理上的单一化主要体现在三个方面，一是经济形态的单一化，二是管理方法的单一化，三是企业经营的单一化。近年来正在向经济形态的多样化、管理方法的多样化、企业经营的多样化方向转变。

第五，从经验型管理向科学化、现代化管理转变。传统的企业管理以人治为主，以经验型管理为主，这就使得传统的企业存在两大共同现象：一是企业做不大，一大就面临倒闭；二是企业做不长，大多只是短暂的辉煌。近年来开始向管理的科学化、法制化、现代化转变。

第六，从重视物的管理向重视人的管理转变。传统上企业只是注重资本和技术的引进和增加，忽视人力资源开发。近年来企业人本管理思想在传播，不少企业转向重视人力、人才管理的开发。

第二节　西方管理理论的形成与发展

管理是随着人类生产活动的不断发展而发展的。纵观西方管理思想发展的全部历程，大致可以划分为六个发展阶段：分别为古代管理思想产生阶段、管理理论萌芽阶段、古典管理理论阶段、行为科学管理理论阶段、现代管理理论阶段和当代管理理论阶段。

一、古代管理思想产生阶段

国外有记载的管理实践和管理思想可以追溯到6 000多年前，一些文明古国如古埃及、古巴比伦、古罗马等在组织大型工程的修建、指挥军队作战、教会组织的管理和治国施政中都体现出了大量高深的管理思想。

（一）古埃及的管理思想

古埃及人在公元前5 000年左右开始建造的金字塔，是世界上最伟大的管理实践之一。他们当时在时间短、交通工具落后及科学手段缺乏的情况下创造了世界上最伟大的奇迹之一。

古埃及建立起以法老为最高统治者的中央集权的专制政权，制定了土地制度、税收制度、档案制度，把权力和财富都集中在法老手中。而辅助法老的宰相则集“最高法官、宰相、档案大臣、工部大臣”等职衔于一身，掌管着全国的司法、行政。高度的集权制使古埃及取得了巨大的成功。古埃及人在工程管理中表现出了非凡的管理和组织能力，他们在兴修水利系统、建造金字塔的过程中，精心计划、安排、组织和控制，铸就了人类历史上不可思议的壮举。

（二）古巴比伦王国的管理思想

公元前2 000年左右，巴比伦重新统一两河流域以后，建立了古代巴比伦王国。国王汉谟拉比建立起强大的中央集权制度，任命各种官吏管辖城市和各地区的行政、税收和水利灌溉；总揽国家全部司法、行政和军事权力，官吏是贯彻国王政令的工具；并且编写了古代历史上著名的《汉谟拉比法典》。这部法典共有280多条条款，包含丰富的管理思想。如其中对责任的承担、借贷、最低工资、货物的交易、会计和收据的处理、贵金属的存放等都作了明确的规定。

（三）古希腊的管理思想

古希腊文明是欧洲最早、影响最为深远的古代文明。古希腊也留下了一些宝贵的管理思想。在公元前370年，希腊学者瑟诺芬曾对劳动分工做了如下论述："在制鞋工厂中一个人只以缝鞋底为业，另一个人进行剪裁，还有一个人制造鞋帮，再由一个人专门把各种部件组装起来。这里所遵循的原则是：一个从事高度专业化工作的人一定能工作得最好"。瑟诺芬的这一管理思想与后来科学管理的创始人泰勒的某些思想非常接近。科学和思维的发展促进了管理思想的发展。希腊人探寻各种知识和思想，在哲学、政治、经济、文学、艺术、体育运动、数学、生物学、医学等许多领域推进了学术和科学的发展。科学方法对管理的影响十分明显。希腊人早就认识到按规定速度应用统一的方法能使产量最大化这一原则。他们用音乐来规定时间，用笛子和管乐器来规定动作。这样，他们配合着音乐来工作，改进了节奏、标准动作和工作速度。其结果会使产量增加而浪费和疲劳减少。

古希腊的改革家、思想家最先产生在工商业最发达、最容易接触其他先进文化影响的地方。这些地方生产力开始有了发展，人们为了发展工商业开始进行一些有组织的生产，从而促进了人们对自然的进一步认识。出现了如苏格拉底、柏拉图、色诺芬、亚里士多德等哲学家，其思想对后人影响极大。

（四）古罗马的管理思想

古罗马最初是意大利北部的一个奴隶制城邦，到公元前3世纪逐渐强大起来并统一了意大利。在人类历史上古罗马的文明也为我们留下了管理方面的宝贵文化遗产。公元284年，古罗马建立了层次分明的中央集权帝国。他们在权力等级、职能分工和严格的纪律方面都表现出相当高的水平的管理思想。中央集权帝国由百人团会议从贵族中选举执政官两人，协商处理国家政治事务，遇紧急事变则以其中一人为独裁官，为期半年。执政官有随从12人，肩荷棒一束，中插战斧，象征国家最高长官的权力。这种棒称为"法西斯"，这也是"法西斯"一词的来源。元老院由氏族长和退任执政官组成，有决定内外政策亦即审查和批准法案的权力，并监督执政官。这些管理方式对后来国家管理机构与政治体制影响很大。

二、管理理论萌芽阶段

18世纪60年代以后，西方国家开始了第一次产业革命，生产力有了很大发展，欧洲逐渐成为世界的中心。这时期可以说是欧洲各国在社会、政治、经济、技术等方面经历大变动、大改革的时期。几次大规模的资产阶级革命大大推动了生产技术的进步，以手工技术为基础的资本主义工场手工业开始过渡到以机器大生产为特征的资本主义工厂制度。工厂制度的产生导致生产规模的扩大、专业化协作的发展、投入生产的资源增多等，这就带来一系列迫切需要解决的新问题：工人的组织、分工、协作以及配合问题，工人与机器、机器与机器间的协调运转问题，劳资纠纷问题，劳动力的招募、训练与激励问题，劳动纪律的维持问题等。在这种形势下，一些管理先驱者从不同角度对管理进行了理论研究，出现了一批卓有贡献的以亚当·斯密为代表的思想家、以查尔斯·巴贝奇为代表的经济学家和以罗伯特·欧文为代表的管理学家。他们的管理思想虽然还不系统、不全面，没有形成专门的管理理论和学派，但对以后管理理论的形成却产生了较大影响。

（一）亚当·斯密的劳动分工与“经济人”观点

亚当·斯密（1732—1790）是英国古典政治经济学家，他在1776年发表的代表作《国民财富的性质和原因的研究》一书中，最早对劳动分工进行了研究。他以制针行业工人制造大头针为例，详细阐述了劳动分工可以极大地提高劳动生产率。在实验中，如果每个工人独立完成所有制针工作：拔丝、矫直、切段、敲针头、磨针尖、将针头和铁杆焊在一起，那么10个工人最快也不过每天制作200根大头针。但如果把制针程序分为若干项目，10个工人每人从事一项专门的工作，每天能生产48 000根大头针。由此，亚当·斯密得出结论，劳动分工之所以能够提高生产率，是因为它提高了每个工人的技巧和熟练程度，节约了由于变换工作所浪费的时间，以及有利于机器的发明和应用。他还进一步阐述了劳动分工之所以能提高劳动生产率的原因：第一，劳动分工可以使劳动者专门从事一种单纯的操作，从而提高工人技术的熟练程度；第二，劳动分工可以减少由于变换工作而损失的时间；第三，分工使劳动简化，可以使人们把注意力集中到一种特定的对象上，有利于发现比较方便的工作方法和改进机器和工具。

此外，亚当·斯密还提出了“经济人”的观点，认为人们在经济活动中追求的是个人利益，社会利益是由于个人利益之间的相互牵制而产生的。亚当·斯密的分工理论和“经济人”观点对后来西方管理理论的形成有巨大而深远的影响。

（二）罗伯特·欧文的人事管理思想

英国空想社会主义代表人物之一的罗伯特·欧文（1771—1858），从18岁创办他的第一个工厂开始，就一直致力于工厂管理的研究。他最早注意到了工厂中人力资源的重要性，并对人力资源的利用提出了独特的见解。在欧文以前，工厂的老板大多把工人看做是呆板的机器和工具，而欧文把他们看作是有感情的人，他认为工厂要获利，就必须注意对人的关心，在人际关系方面取得和谐一致，这样可以获得更多的利润。与此同时建立灵活、稳健的人事管理政策，不虐待、不解雇工人，改善劳动条件和生活条件，提高工资，工厂主和工人要和睦相处；鼓励竞赛精神，以此来代替残酷的惩罚等。另外，他还注重对工人的行为教育。由于欧文较早地注意到企业中人的重要性，被公认为现代管理中行为学派的先驱者之一。

（三）查尔斯·巴贝奇的科学管理思想

查尔斯·巴贝奇（1792—1871）是英国剑桥大学教授，著名数学家、机械学家。在1832年发表的代表作《机器与制造业经济学》一书中，查尔斯·巴贝奇对专业化分工、机器与工具的使用、时间研究、批量生产、均衡生产、成本记录等问题都做了充分的论述。此外，他还发展了亚当·斯密的劳动分工思想，第一次指出脑力劳动和体力劳动一样，也可以进行劳动分工。他还对劳动报酬问题进行研究，提出固定工资加利润分享制度，即应该结合工人的效率和工厂的成功按比例付给工人奖金，以谋求劳资双方的调和。巴贝奇主张通过科学研究来提高机器工具、材料及工人的工作效率，这已展示出了科学管理的萌芽，因此后人把巴贝奇称为科学管理的先驱。查尔斯·巴贝奇的管理思想无论在深度还是广度上都较前人甚至同代人有较大进步，其代表作《机器与制造业经济学》是管理史上的一部重要文献。

三、古典管理理论

19 世纪末 20 世纪初，伴随第二次科技革命，电力、内燃机等新技术在企业中广泛应用，大大促进了资本主义生产的发展，推动了资本的积累和集中，企业的生产规模不断扩大，生产技术更加复杂，生产的专业化、社会化程度日益提高。同时，随着自由竞争资本主义发展为垄断资本主义，企业主为了获得高额垄断利润，往往采取提高工人劳动强度、延长工人工作时间及降低工人工资等办法，导致劳资双方矛盾不断扩大。在这种情况下，资本家单凭个人的经验和能力越来越难以独立完成管理企业的任务。因此，一方面要求有专职的管理人员，建立专门的管理机构；另一方面对于规范的管理理论的需求也应运而生，要求对过去积累的管理经验进行总结提高，使之系统化、科学化并上升为理论，以指导实践，提高管理水平。正是基于上述形势的客观需要，很多人都在总结、研究和探讨新的管理理论和管理方法，以取代落后的经验管理。于是出现了以弗雷德里克·温斯洛·泰勒、亨利·法约尔、马克斯·韦伯等为代表的着眼于寻找科学组织生产、提高劳动生产率的古典管理理论提出者。

（一）泰勒的科学管理理论

弗雷德里克·温斯洛·泰勒于 1856 年出生于美国费城一个富有的律师家庭，中学毕业后考上哈佛大学法律系，但不幸因眼疾而被迫辍学。1875 年终止了大学课程，进入一家小机械厂当徒工，1878 年转入费城米德瓦尔钢铁公司当机械工人，并在夜校学习获得工程学位。在该工厂工作了 12 年，由于工作努力，表现突出，泰勒从一名普通工人先后被提升为车间管理员、小组长、工长、技师、制图主任和总工程师。这种丰富的工作经历使泰勒有充分的机会去直接了解工人的种种问题和态度，并能够发现提高管理质量的可能途径。1898—1901 年，泰勒受雇于伯利恒钢铁公司继续从事管理方面的研究。开展了著名的“搬运生铁块试验”和“铁锹试验”。1901 年以后，他把大部分时间用在写作和演讲上。1906 年担任美国机械工程师学会主席职务。泰勒的代表著作有：《计件工资制》（1895 年）、《车间管理》（1903 年）和《科学管理原理》（1911 年）等。泰勒的科学管理思想集中体现在 1911 年出版的《科学管理原理》一书中，主要包括：

1. 科学制定工作定额

泰勒对工人的工作和任务进行分析研究，制定出标准操作方法，确定工人的合理的日工作量，以此解决生产效率低下问题。方法是把工人的操作分解为基本动作，再对尽可能多的工人测定完成这些基本动作所需的时间。同时选择最适用的工具、机器，确定最适当的操作程序，消除错误的和不必要的动作，得出最有效的操作方法作为标准。然后，累计完成这些基本动作的时间，加上必要的休息时间和其他延误时间，就可以得到完成这些操作的标准时间，据此制定一个工人的“合理的日工作量”，这就是所谓的工作定额原理。

2. 实行标准化管理

通过动作研究与时间研究，泰勒剔除各种不合理的因素，采用标准操作方法、标准劳动工具，形成标准作业环境。泰勒在伯利恒钢铁公司做过有名的“铁锹试验”。当时公司的铲运工人拿着自家的铁锹上班，这些铁锹各式各样、大小不等。堆料场中的物料有铁矿石、煤粉、焦炭等，每个工人的人均日工作量为16吨。泰勒经过观察发现，由于物料的比重不一样，一铁锹的装载大不一样。一铁锹到底装载多少才合适呢？经过试验，最后确定一铁锹装载21磅物料对于工人是最合适的。根据试验的结果，泰勒针对不同的物料设计了不同形状和规格的铁锹。以后工人上班时都不自带铁锹，而是根据物料情况从公司领取特制的标准铁锹，工作效率大大提高。同时工人的人均日工资从1.15美元提高到1.88美元。这是工具标准化的典型事例，也是标准化管理原理实践的过程。

3. 科学地选拔培训工人

泰勒指出，为了提高劳动生产率，必须为工作挑选第一流的工人。第一流的工人是指最适合做这种工作而且他又愿意干这项工作的人，并不是指体力超过常人的超人。泰勒认为，健全的人事管理的基本原则是：要根据工人的能力把他们分配到相应的工作岗位上，并进行培训，教会他们科学的工作方法，使他们成为第一流的工人，激励他们尽最大的力量工作。

4. 实行差别计件工资制

泰勒认为，工人磨洋工的一个重要原因是报酬制度不合理。计时工资不能体现劳动的数量。计件工资虽能体现劳动的数量，但工人担心劳动效率提高后雇主会降低工资率，从而等同于劳动强度的加大。针对这些情况，泰勒提出了一种新的报酬制度——差别计件工资制，即根据工人完成劳动定额情况，采取“差别计件工资制度”。这种工资制度主要通过制定合理的工作定额，实行有差别的计件工资制来鼓励工人完成或超额完成工作定额。也即按照完成工作定额的不同情况规定差别工资率：完成工作定额标准的以正常工资率付酬，未达到工作定额标准的以低工资率付酬，超过工作定额标准的则以高工资率付酬。这种工资制度促使工人掌握科学的操作方法，极大地激发了工人的积极性，提高了劳动效率，并有效缓解了劳资双方的矛盾。

5. 管理职能与作业职能分离

泰勒认为，应该用科学的工作方法取代经验工作方法。为此，他明确提出把管理工作从操作工作中分离出来，并对管理工作职能进行细分的主张。设立专门的管理部门及管理人员，专门研究、计划、调查、训练、控制和指导操作者的工作，而工人只负责第一线操作。这实质上是实现了管理职能与作业职能分离，实现了管理职能的专门化，明确了管理者和工人各自的工作和责任。

6．实行例外管理

泰勒认为，规模较大的企业组织及其管理需要运用例外原则，即企业的高层管理人员为了减轻处理纷繁事务的负担，把例行的一般日常事务授权给下级管理人员去处理，自己只保留对例外事项（重大事项）的决策权和监督权。这种以例外原则为依据的管理控制原理，以后发展成为管理上的分权化原则和实行事业部制的管理体制。

以上这些改革，形成了科学管理理论的基本组成部分。这些现在看来似乎非常平常的早已为人们所熟悉的常识，在当时却是重大的变革。实践证明，这种改革收到了很好的效果，生产效率得到了普遍提高，出现了高效率、低成本、高工资、高利润的新局面。与泰勒同时代的对管理改革作出过贡献的还有亨利·甘特、弗兰克·杰布雷斯夫妇、福特、亨利·法约尔等。泰勒及其他同期先行者的理论和实践构成了泰勒制。可以看出泰勒制着重解决的是用科学的方法提高生产效率的问题。所以，人们称以泰勒为代表的这些学者所形成的学派为科学管理学派。

（二）法约尔的一般管理理论

亨利·法约尔（1841—1925），法国人，被称为“经营管理之父”。法约尔 19 岁从圣艾帝安国立矿业学院毕业后进入一家大型采矿冶金公司担任工程师，很快显露出他的管理才能，28 岁担任公司总经理。位居高层的法约尔从企业上层开始研究管理问题，以企业组织结构的合理化问题为中心，着重研究企业的经营管理，最先提出了管理的职能、要素和原则。1916 年出版了他的代表作《工业管理和一般管理》，总结了他一生的管理经验和管理思想，被公认为第一位概括和阐述一般管理理论的管理学家。他的理论概括起来包括以下内容：

1．企业基本活动与管理职能

法约尔认为，任何企业，都存在六种基本的活动，而管理只是其中之一。这六种基本活动分别是：

（1）技术活动：设计、生产、制造。

（2）商务活动：进行采购、销售和交换。

（3）财务活动：确定资金来源及使用计划。

（4）安全活动：保证员工劳动安全及设备使用安全。

（5）会计活动：编制财产目录，进行成本统计、核算等。

（6）管理活动：包括计划、组织、指挥、协调、控制等五项职能。

在这六种活动中，管理活动处于核心地位，其他任何活动都需要管理，而企业本身更需要管理。计划、组织、指挥、协调、控制是构成管理的五项职能。

2．管理活动应遵循的 14 条管理原则

法约尔根据自己的工作经验，归纳出简明的 14 条管理原则。

（1）劳动分工。实行劳动的专业化分工可提高雇员的工作效率，从而增加产出。

（2）职权与职责分明。管理者必须拥有命令下级的权力，但这种权力又必须与责任相匹配，不能责任大于权力或者权力大于责任。

（3）纪律严谨。纪律是管理所必需的，其实质是遵守公司各方所达成的协定。雇员必须服从和尊重组织的规定，领导者以身作则，使管理者和员工都对组织规章有明确的理解并实行公平的奖惩，这些对于保证纪律的有效性都非常重要。

（4）统一指挥。组织中的每一个人都应该只接受一个上级的指挥，并向这个上级汇报自己的工作。

（5）统一领导。每一项具有共同目标的活动，都应当在一位管理者和一个计划的指导下进行。

（6）个人利益服从整体利益。任何雇员个人或群体的利益，不能够超越组织整体的利益。

（7）报酬公平。对雇员的劳动必须付以公平合理的报酬。

（8）集权适度。集权反映下级参与决策的程度。决策制定权是集中于管理当局还是分散给下属，这只是一个适度的问题，管理当局的任务是找到在每一种情况下最合适的集权程度。

（9）等级链明确。从组织的基层到高层，应建立一个关系明确的等级链系统，使信息的传递按等级链进行。不过，如果顺着这条等级链沟通会造成信息的延误，则应允许越级报告和横向沟通，以保证重要信息的畅通无阻。

（10）秩序井然。无论是物品还是人员，都应该在恰当的时候处在恰当的位置上。

（11）公正。管理者应当友善和公正地对待下属。雇员们受到公正的待遇后，会以忠诚和献身的精神去完成任务。

（12）人员稳定。每个人适应自己的工作都需要一定的时间，高级雇员不要轻易流动，以免影响工作的连续性和稳定性。管理者应制订出规范的人事计划，以保证组织所需人员的供应。

（13）鼓励首创。应鼓励员工发表意见和主动地开展工作。

（14）团结。必须注意保持和维护每一集体中团结、协作、融洽的关系，雇员间团结、融洽的关系可以增强企业的凝聚力。强调团结精神将促进组织内部的和谐与统一。

法约尔提出的一般管理的这十四条原则，为20世纪50年代兴起的管理过程研究奠定了基本理论基础。

（三）马克斯·韦伯的行政组织理论

马克斯·韦伯（1864—1920）是德国著名的社会学家。他对管理理论的主要贡献是提出了“理想的行政组织体系”理论。这集中反映在其《社会组织与经济组织》一书中。

这一理论的核心是：组织必须以法定的权力与权威作为行政组织体系的基础。而不是通过个人或世袭地位来管理。他所讲的理想行政组织形式是一种高结构、正式的、非人格化的组织体系。即现代社会最有效和最合理的组织形式。

韦伯理想的行政组织体系具有以下特点：

（1）明确的分工。每个职位的权利和义务都应有明确的规定，人员按职业专业化进行分工。

（2）形成自上而下的等级体系。组织内各职位按照登记原则进行法定安排，形成自上而下的等级体系。一个组织应遵循等级体系，上一级部门应控制和管理下一级部门，直到每一成员都被控制为止，形成一个自上而下的指挥链或等级体系。

（3）人员的任用。组织中人员的任用要根据职务的要求，人员通过正式的教育培训，考核合格后任命，严格掌握标准。

（4）职业定向。组织中的管理人员是职业化的专职人员，而不是该组织的所有者。

（5）正式的规则和纪律。管理人员必须严格遵守组织中规定的规则和纪律，明确办事的程序。原则上所有人都服从制度规定，不是服从于某个人。

（6）非人格化。组织中成员之间的关系以理性准则为指导，不受个人情感的影响。这种公正不倚的态度不仅适用于组织内部，而且也适用于组织与外界的关系。

韦伯认为，这种高度结构化的、正式的、非人格化的理想行政组织体系是强制控制的合理手段，是达到目标、提高效率的最有效形式。这种组织形式在精确性、稳定性、纪律性和可靠性等方面都优于其他形式。这是由于程序化的工作方式和结构化的正式关系网络，并用规则和纪律来规范着人们的行为，能够消除管理者的主观判断，即使是人事变动也不会影响组织的正常运行。同时，这种组织模式对人没有偏见，无论是上级还是下属，无论是顾客还是员工，都应当一视同仁地遵守规则，使得领导的权威更多地来源于位置而不是个人。这样，组织可以更加公正有效地运作。所以它适用于各种行政管理工作及当时日益增多的各种大型组织，如教会、国家机构、军队、政党、经济组织和社会团体。韦伯的这一理论，对泰勒、法约尔的理论是一种补充，对后来的管理学家、特别是组织理论家产生了很大的影响。

上述古典管理理论是以提高生产效率为主要目标，强调以物质利益为中心，重视个人积极性的发挥。把物质利益作为刺激工人劳动积极性的唯一有效的手段，把规章制度作为企业组织重要的管理工具，有效提高了生产效率。但也具有其局限性，表现在以下三个方面：第一，对组织中人的因素的研究不够，一般只是把人看做“经济人”；第二，主要强调对组织内部有效运行问题的研究，而忽略了或较少地分析有关外部环境对组织的影响问题；第三，对解决管理实践中的协调问题以及为贯彻各种管理职能提供服务方面较少涉及。

四、行为管理理论

以科学管理理论、一般管理理论和行政组织理论为代表的古典管理理论着重于生产过程、组织控制方面的研究，较多地强调科学性、精密性、纪律性，而对人的因素注意较少。把工人当成是经济人。到了20世纪20年代前后，由于经济的发展和周期性危机的暴发，以及阶级矛盾激化和劳资冲突加剧。传统的管理理论和方法已不能有效地控制工人，无法提高生产率和利润。面对新的挑战，管理实践呼唤新的管理理论，行为科学应运而生。这是继古典管理理论之后管理学发展的一个重要阶段。

行为科学研究从人际关系学说（或人群关系学）开始，到1949年在美国芝加哥大学召开的有关组织中人的行为的讨论会上第一次提出并正式定名为“行为科学”，20世纪50年代以后行为科学无论在理论方面还是实践方面才真正发展起来。

（一）梅奥的人际关系理论

乔治·埃尔顿·梅奥（1880—1949）原籍澳大利亚，后移居美国。作为一位心理学家和管理学家，他领导了在芝加哥西方电气公司霍桑工厂进行的试验，即霍桑试验。该试验分四个阶段。

第一阶段：工作场所照明试验（1924—1927 年）

实验的目的是研究照明的强度对生产效率是否有影响，即工作环境与生产效率有无直接因果关系。研究人员选择一批工人，并把他们分成两组：一组是试验组，变换工作场所的照明强度，从而使工人在不同照明强度下工作；另一组是控制组，工人在照明强度保持不变的条件下工作。试验结果发现，照明强度的变化对生产率几乎没有什么影响，但从中可以得出两条结论：第一，工作场所的照明只是影响工人生产率的微不足道的因素；第二，由于牵涉因素较多，难以控制，且其中任何一个因素都足以影响试验的结果，所以照明对产量的影响无法准确衡量。该试验以失败告终。

第二阶段：继电器装配室试验（1927 年 8 月—1928 年 4 月）

实验的目的是研究福利和工作条件对生产效率是否有直接影响。从这一阶段起，梅奥开始参加试验。研究人员选择了 5 名女装配工和 1 名画线工在单独的一间工作室内工作。一名观察员被指派加入这个工人小组，记录室内发生的情况，以便掌握影响工作效果的因素。在试验中分期改善工作条件，如改进材料供应方式、增加工间休息、供应午餐和茶点、缩短工作时间、实行集体计件工资制等。这些女工们在工作时间可以自由交谈，观察员对她们的态度也很和蔼。这些条件的变化使产量上升。但一年半后，取消了工间休息和供应的午餐和茶点，恢复每周工作六天，产量仍维持在高水平上。经过研究，发现其他因素对产量无多大影响，而监督和指导方式的改变，即人际关系的改善能促使工人改变工作态度、增加产量，于是决定进一步研究工人的工作态度和可能影响工人工作态度的其他因素。

第三阶段：大规模访谈试验（1928—1931 年）

研究人员在上述试验的基础上，利用两年时间进一步在全公司范围内进行访问和调查，达 2 万多人次。结果发现，每个工人的工作效率的高低不仅取决于他们自身的情况，还与其所在小组中的同事有关，任何一个人的工作效率都要受他的同事们的影响，特别是受到一些在工作过程中产生的小团体的影响。因此，研究人员在这一阶段的实验中得出了以下结论：影响生产效率的最重要因素是工作中发展起来的人际关系，而不是待遇和工作环境。

第四阶段：接线板接线工作室试验（1931—1932 年）

实验的目的是要证实工人在工作中会形成小群体，而且这种小群体的存在对工人态度有着很重要的影响。研究人员为了系统地观察在实验小组中的工人之间的相互影响，安排了电话接线工作室的实验。他们挑选了 14 名工人，其中 9 名接线工、3 名焊工以及 2 名检验工，让他们在一个单独的房间内工作。除检验工外，其他 12 人分成 3 组，构成正式组织。在这一阶段有许多重要发现。

第一，公司规定的工作定额为每天焊接 7 312 个接点，但工人们只完成了 6 000 ~

6 600 个接点，原因是怕公司再提高工作定额，怕因此造成一部分人失业，要保护工作速度较慢的同事。

第二，工人对不同级别的上级持不同态度。把小组长看作小组的成员。对于小组长以上的上级，级别越高，越受工人的尊敬，工人对他的顾忌心理也越强。

第三，成员中存在小群体。每个小群体都有自己的一套行为规范。谁要加入这个小群体，就必须遵守这些规范。

梅奥对历时 8 年的“霍桑试验”的结果进行了总结和分析，于 1933 年出版了《工业文明中人的问题》一书，阐述了与古典管理理论不同的理论：人际关系学说理论。标志着管理学发展到了“以人为中心”的新阶段。其理论要点有以下内容。

1．工人是“社会人”而不是单纯的“经济人”

工人是“社会人”而不是单纯的“经济人”。科学管理学派认为金钱是刺激人们工作积极性的唯一动力，把人看作“经济人”。但是，霍桑实验表明，工作条件、工资报酬等并不是影响劳动生产率高低的第一位因素。工人是“社会人”，他们除了有生理和物质方面的需求以外，还有很多社会、心理方面的需求。因此，强调必须同时从社会、心理方面来激励工人提高生产率。

2．企业中存在着“非正式组织”

企业成员在共同工作的过程中，由于共同的兴趣、爱好、处境、背景以及相容的个性特点等会自发形成小群体，即“非正式组织”。“非正式组织”以它独特的感情、规范和倾向，左右着成员的行为。古典管理理论仅注重正式组织的作用是很不够的。“非正式组织”不仅存在，而且与正式组织相互依存，对生产率有重大影响。

3．生产率的提高主要取决于工人的工作态度以及他和周围人的关系

梅奥认为提高生产率的主要途径是提高工人的满足度，即工人对社会因素，特别是人际关系的满足程度。如果满足度高，则工作的积极性、主动性和协作精神就高，即士气高，从而生产率就高。

梅奥等人的人际关系学说的问世，开辟了管理和管理理论的一个新领域，并且弥补了古典管理理论的不足，使管理学的发展又向前推进了一大步。并为后来行为科学理论的发展奠定了基础。

（二）行为科学理论的发展

继梅奥之后，许多行为科学家在人际关系学说的基础上做了更深入的研究。从研究对象所涉及的范围来看，大体上可分为以下几类：

（1）有关人的需要、动机和激励方面的理论。主要包括内容型激励理论（马斯洛的需要层次理论、赫茨伯格的双因素理论、麦克利兰的成就需要理论等）、行为改造理论（斯金纳的强化理论等）、过程型激励理论（亚当斯的公平理论、弗鲁姆的期望理论、洛克的目标设置理论等）

（2）有关企业中的人性假设理论。主要包括麦格雷戈的 X 理论、Y 理论，阿吉里斯的不成熟—成熟理论。

（3）组织行为理论。主要包括有关领导理论和组织变革、组织发展理论。

其中，领导理论又分为领导特质理论（吉赛利、斯托格迪尔、谢里和洛克的领导特质理论）、领导行为理论（利克特、勒温的领导方式理论、四分图理论、管理方格法理论）、领导权变理论（坦南鲍姆的领导行为连续统一体理论、菲德勒的权变领导理论、布兰查德的领导生命周期理论、豪斯的目标—途径领导理论等）；组织变革和发展理论（勒温的组织变革学说、卡斯特的组织变革学说、沙因的适应循环学说、唐纳利的组织变革模式、威廉．大内的 Z 理论等）。①

五、现代管理理论

20 世纪 40 年代前，管理学的著作大多出自管理工作者之手。第二次世界大战以后，随着科学技术日新月异的发展，生产和组织规模的急剧扩大，生产力的迅速发展，生产的社会化程度日益提高，市场竞争更加激烈，企业经营管理问题越来越复杂。这一时期，新的科学领域不断拓展，特别是系统论、控制论、信息论和计算机等最新研究成果在企业管理中得到广泛的应用。不仅从事实际管理工作的人和管理学家在研究管理，而且一些心理学家、社会学家、人类学家、经济学家、生物学家、哲学家及数学家等也从各自不同的背景、角度，用不同的方法对现代管理问题进行研究，这带来了管理理论的空前繁荣，出现了各种各样的学派。1961 年 12 月，美国管理学家哈罗德·孔茨发表了《管理理论丛林》，把当时的管理理论分为 6 个主要学派，成为西方现代管理理论形成的标志。他使用“管理理论丛林”来描述西方现代管理理论的主要特征，指出“第二次世界大战后的西方管理理论领域中管理问题的观点和结论莫衷一是，众说纷纭，管理理论已发展成为盘根错节、枝繁叶茂的热带丛林。”孔茨在 1980 年出版的《再论管理理论丛林》一文中，进一步将现代管理理论分为 11 个学派。

（一）管理科学学派

管理科学学派又称数理学派，它是泰勒科学管理理论的继承和发展，其代表人物主要是美国的伯法等人。伯法的代表作是《现代生产管理》，该学派认为，管理工作是可以用数学模型来表示、分析的，他们反对凭经验、凭直觉、凭主观判断来进行管理，主张采用科学的方法，探求最有效的工作方式或最优的方案，以达到最高的工作效率，用最短的时间、最小的支出取得最大的效果。它是以现代自然科学和技术科学的最新成果，如以先进的数学方法、电子计算机技术、系统论、控制论及信息论等为手段，运用数学模型，对管理领域中的人、财、物、时间、信息等资源进行系统的定量分析，并作出最优规划和决策。使整个管理从以往的定性描述变为定量的科学预测。管理科学学派的主要内容有 3 个方面：运筹学、系统分析和决策科学化。管理科学学派的研究具有以下一些特征：

其一，以决策为主要着眼点，在不同程度的不确定条件下，求出合理的决策。

其二，以经济效果标准作为评价依据，注重经济技术方面的问题。

其三，以数学模型和电子计算机作为处理和解决问题的方法和手段，注重解决问

① 孙耀君．现代管理学的发展与回顾［J］．经济管理·新管理，2001（2）．

题的数量方法和系统方法。

（二）管理过程学派

管理过程学派是在法约尔管理思想的基础上发展起来的，其代表人物有美国的哈罗德·孔茨、奥唐奈等。该学派的主要特点是把管理过程与管理职能联系起来，认为管理是一个过程，此过程包括计划、组织、人事、指挥和控制 5 种职能。这些管理职能对任何组织的管理都具有普遍性。管理者把长期管理实践积累起来的经验、知识综合起来，通过对上述各个职能的具体分析，归纳出其中的规律与原则，指导管理工作，提高组织的效率和效益。其观点的局限性是认为协调是管理人员的本质及目的。

（三）人际关系学派

人际关系学派是从 20 世纪 60 年代的人类行为学派演变来的。该学派认为，既然管理是通过别人或同别人一起去完成工作，那么，对管理学的研究就必须围绕人际关系这个核心来进行。他们把有关的社会科学原有的或新近提出的理论、方法和技术用来研究人与人之间和人群内部的各种现象，以个人心理学为基础，从个人的品性动态一直到文化关系，无所不及。重视管理中“人”的因素，注重人际行为、人际关系、领导和激励的研究。其观点的局限性是忽略了管理的计划、组织和控制职能。

（四）团体行为学派

这一学派是从人类关系学派中分化出来的，因此，同人际关系学派关系密切，甚至易于混同。但它关心的主要是群体中人的行为，而不是人际关系。它以社会学、人类学和社会心理学为基础，而不以个人心理学为基础。它着重研究各种群体行为方式，从小群体的文化和行为方式，到大群体的行为特点，都在其研究之列。对大群体的研究常常被叫做“组织行为学”。其观点的局限性在于缺乏完整的管理概念、原则、理论和方法。需要更紧密地结合组织结构设计、人员配备、计划和控制。

（五）经验（或案例）学派

该学派主要从管理者实际管理经验方面来研究管理，认为成功的组织管理者的经验是最值得借鉴的。他们以成功或失败的大企业的管理经验作为案例，分析其成功的管理经验和失败的教训，然后加以概括，找出它们成功经验中的共同点以及失败的原因，然后使其系统化、理论化，并据此向管理人员提供实际的建议。该学派强调管理的艺术性，强调从管理的实践出发，试图通过分析各种成功和失败的管理案例，为人们提供解决具体管理问题的有效方法。经验学派的代表人物主要有：彼得·德鲁克，著有《有效的管理者》等书；欧内斯特·戴尔，著有《企业管理的理论与实践》等书；威廉·纽曼，著有《经营管理原理》等书。其主要观点有：

1. 对于管理的性质

他们认为，管理是管理人员的技巧，是一个特殊的、独立的活动和知识领域，但对什么是管理，对管理概念的认识却不一致。

2. 对于管理的任务

德鲁克认为，作为主要管理人员的经理，有两项别人无法替代的特殊任务：第一，他必须造就一个“生产的统一体”；第二，经理在作出每一决策和采取每一行动时，要把当前利益和长远利益协调起来。

3. 对于目标管理

德鲁克最早提出了目标管理的概念和方法。德鲁克认为，传统管理学派偏于以工作为中心，忽视了人的一面；而行为科学又偏于以人为中心，忽视了把人同工作结合起来。目标管理则是综合了以工作和以人为中心的管理办法，它能使职工发现工作的兴趣和价值，从工作中满足其自我实现的需要。他认为，目标管理能从根本上激发职工的积极性，比参与管理更能体现自我的价值和责任，便于统一企业与个人的利益和目标，目标管理法更适用于企业高层管理者对中、下层管理者的有效管理。

由于学派研究对象所处的环境不同，研究目的不在于确定一些原则，其观点也存在一定的局限性。从管理学思想和理论的角度看，这个学派在管理学界的影响不大。

（六）社会协作系统学派

创始人是美国的经济学家巴纳德，1909 年，巴纳德进入美国电话电报公司统计部工作。1927 年起开始担任美国贝尔电话公司的总经理。巴纳德以最高经营者的经验为基础，从社会学和系统论的观点来研究管理问题，并以组织理论为研究重点，把人际行为和群体行为两个方面引导到一个协作系统。他的代表作是 1938 年出版的《经理的职能》一书，该书被称为美国管理文献中的经典著作。社会协作系统学派的主要观点有：

1. 对于组织的性质

巴纳德等人认为社会的各级组织都是一种社会协作系统，是一种有关人的相互关系的协作体系，它是社会大系统中的一部分，受到社会环境各方面因素的影响。经理人员是这个协作系统的中心人物，在组织中起着沟通、协调和领导的作用，使组织能够顺利运转。

2. 对于组织的要素

巴纳德认为，社会活动一般是通过正式组织来完成的，而作为正式组织的协作系统，不论其级别的高低和规模的大小，都包含共同目标、协作意愿、信息联系三个基本要素。

3. 对于非正式组织

所谓非正式组织，是指不属于正式组织的一部分，且不受其管辖的个人联系和相互作用以及有关的团体的总和。非正式组织可能对正式组织起某些有利或不利的影响，是正式组织不可缺少的部分，其活动应使正式组织更有效率并促进其效力。

其局限性表现在，对于管理研究的范围过于广泛；同时，它忽视了许多管理概念、原则和方法。

（七）社会技术系统学派

这一学派的创始人是特里斯特及其在英国塔维斯托克研究所工作的同事。他们通过对英国煤矿中长壁采煤法生产问题的研究，发现单单只分析企业中的社会方面是不够的，还必须注意其技术方面。他们发现，企业中的技术系统（如机器设备和采掘方法）对社会系统有很大的影响。个人态度和群体行为都受到人们在其中工作的技术系统的重大影响。因此，他们认为，必须把企业中的社会系统同技术系统结合起来考虑，而管理者的一项主要任务就是要确保这两个系统相互协调，着重研究生产、办公室业务以及在技术系统和人际之间具有紧密关系的其他方面。其局限性表现在，只强调蓝领和低层的办公室工作，忽视了更多的其他管理知识。

（八）系统学派

系统理论学派产生于20世纪60年代初，是以系统为基础来研究管理，强调任何组织都是由若干子系统所构成。企业的经营系统可以划分为战略子系统、协调子系统和作业子系统。在管理工作中，强调通过各个子系统之间的协调，以实现组织大系统的整体优化，强调组织整体效率的提高。系统管理学派突破了以往各个学派仅从局部出发研究管理的局限性，从组织的整体出发阐明管理的本质，对管理学的发展作出了重大贡献。

（九）决策理论学派

决策理论学派的主要代表人物是1978年诺贝尔经济学奖获得者赫伯特·西蒙，他的代表作是《管理决策新科学》（1960）。西蒙原属于巴纳德的社会系统学派，后又致力于决策理论、运筹学、电子计算机在企业管理中的应用等方面的研究，获得丰硕成果，所以另成一派。决策理论的主要观点如下：

1．决策的作用

决策理论学派特别强调决策在管理中的作用。西蒙在《管理决策新科学》一书中提出了“管理的关键是决策”、“管理就是决策”、“决策贯穿管理的全过程”、“决策程序就是全部的管理过程”，以及“决策是管理人员的主要任务，管理人员应该集中研究决策问题”等思想。

2．决策的过程

西蒙认为，决策是一个完整的过程，包括：情报活动，其任务是收集和分析反映决策条件的信息；设计活动，在情报活动的基础上设计、制定和分析可能采用的行动方案；抉择活动，从可行方案中选择一个适宜的行动方案；审查活动，对已作出的抉择进行评估。

3．把决策看做研究所有企业活动的出发点

4．决策的原则

应该按“令人满意”的原则来决策，而不是按“最优化”原则来决策。

5．程序化决策和非程序化决策

西蒙根据一个组织的决策活动是否重复出现，将决策分为程序化决策和非程序化决策。在西蒙的决策理论中，对非程序化决策的方法进行了细致的研究。他用心理学的观点和运筹学的手段，提出了一系列指导企业管理人员处理非程序化决策的技术，从而在西方企业界产生了重要影响。

（十）权变理论学派

权变理论学派也称权变学派。其理论是继系统理论之后，于20世纪70年代在西方出现的另一个试图综合各个管理学派的理论。该学派基本的管理思想是：在企业管理中，没有什么一成不变、普遍适用的、“最好的”管理理论和管理方法，企业管理者必须随着企业所处的内外环境变化而随机应变。在企业组织结构方面把企业看成一个受外界环境影响而又对外界环境施加影响的“开放式系统”。其主要代表人物是美国的卢桑斯、菲德勒和英国的伍德沃德等，理论基础是“超Y理论”。

权变理论具有整体化优势，集中融合了各个不同学派的观点，强调应在不同的环境下提出不同的管理对策和措施，采用不同的管理模式和方法。这种强调随机应变、主张灵活运用各学派学说的观点，为管理学的发展作出了一定的贡献。

（十一）经理角色学派

这是最新的一个学派，同时受到管理学者和实际管理者的重视，代表人物是加拿大的管理学家亨利·明茨伯格。该学派着重研究管理者在组织中扮演的角色和管理任务。在20世纪60年代末，明茨伯格通过对五位总经理的工作进行仔细研究后，发现管理者扮演着十种不同但却高度相关的角色。明茨伯格认为，这些角色对于所有经理的工作都具有普遍性，因此，可以通过对经理人员在管理过程中所充当的角色的研究来形成管理的理论体系，这样才能使理论对实践有指导意义。明茨伯格把管理者所担任的十种角色进一步组合成三个方面：人际角色、信息角色和决策角色。

六、当代管理理论

20世纪80年代以后，世界格局发生了巨大的变化，在政治方面表现为旧的格局迅速解体，新的格局逐渐形成，军事实力竞争逐步转为经济实力竞争；在经济方面表现为经济全球化和经济一体化；在技术方面表现为高新技术的发展日新月异；社会文化伴随着国与国之间频繁的交流而相互交融。在这种环境下，各种组织为了寻求生存和发展，引发了管理学者进行深入的思考和探索，管理思想也随之发生了重大的转变，产生了管理的新思想。

（一）战略管理理论

战略管理思想最早出现在巴纳德的代表作《经理的职能》一书之中，历经钱德勒、安德鲁斯、安索夫、波特、普拉拉哈德等人的研究，形成了比较完整的战略管理理论体系。

20世纪80年代，哈佛大学商学院迈克尔·波特按照产业组织经济学的范式：结构—行为—绩效，提出了行业结构决定行业内的竞争状态，并决定组织的竞争规则、竞争范围、企业的潜在利润及企业的竞争策略这一理论。波特特别强调，组织在制定竞争战略时要考虑组织所处的环境，组织竞争的核心是获取竞争优势，而决定组织竞争优势的主要因素：一是行业的盈利能力，即产业的吸引力；二是组织在行业内的相对竞争地位。而相对竞争地位受到五种竞争力量的影响：即供应商、购买者、竞争对手、替代产品和潜在竞争对手。波特还提出了赢得竞争优势的三种基本的竞争战略，也就是成本领先战略、差异化战略、目标集聚战略。

以波特为代表的竞争战略理论在过去的20多年里，受到企业及其他战略管理学界的普遍认同，其外部环境分析模型得到广泛使用，以致该理论在20世纪80年代的战略管理理论中占据主导地位。

1990年美国经济学家普拉哈拉德和哈默在《哈佛商业评论》发表了《企业核心能力》一文，由此形成了战略管理理论中的“核心能力学派”。普拉哈拉德和哈默认为，制定战略时，组织内部环境比外部环境更为重要，组织的核心竞争力是组织可持续竞争优势与新业务发展的源泉，它来源于能够比竞争对手以更低的成本和更快的速度建立核心竞争能力，是组织所有能力中最核心、最根本的部分，它可以通过向外辐射，作用于其他各种能力，影响着其他能力的发挥和效果。他们还认为，现代市场竞争与其说是基于产品的竞争，不如说是基于核心能力的竞争。企业的经营能否成功，已经不再取决于企业的产品、市场的结构；而取决于其行为反应能力，即对市场趋势的预测和对变化中的顾客需求的快速反应，因此，企业战略的目标就在于识别和开发竞争对手难以模仿的核心能力。

1996年，美国学者詹姆斯·穆尔出版的《竞争的衰亡》标志着战略管理理论的指导思想发生了重大突破。穆尔从生物学中的生态系统这一独特的视角来描述当今市场中的企业活动，但又不同于将生物学的原理运用于商业研究的狭隘观念。后者认为，在市场经济中，达尔文的自然选择似乎仅仅表现为最合适的公司或产品才能生存，经济运行的过程就是驱逐弱者。而穆尔提出了“商业生态系统”这一全新的概念，打破了传统的以行业划分为前提的战略理论的限制，力求“共同进化”。穆尔站在企业生态系统均衡演化的层面上，把商业活动分为开拓、扩展、领导和更新四个阶段。建议高层经理人员经常从顾客、市场、产品、过程、组织、风险承担者、政府与社会七个方面来考虑商业生态系统和自身所处的位置；系统内的公司通过竞争可以将毫不相关的贡献者联系起来，创造一种崭新的商业模式。在这种全新的模式下，应着眼于创造新的微观经济和财富制定战略，即以发展新的循环来代替狭隘的以行业为基础的战略设计。①

（二）企业再造理论

企业再造理论是美国学者迈克·哈默与詹姆斯·钱皮提出的关于企业经营管理方式的理论和方法。20世纪90年代之后，企业生存与发展的环境发生了巨大的变化，特别是顾客、竞争和变化三种力量，已对专业分工思想提出了挑战。1993年，迈克尔·哈默和詹姆斯·钱皮共同出版了《企业再造》一书，该书第一次系统地阐述了企业再造的内容、方法和程序，重点分析了营运流程的再造，使企业变革有了新的系统理论作为指导，标志着流程再造理论的诞生。

企业再造是指为了在产品和服务质量、顾客满意度、成本、员工工作效率等衡量企业绩效的关键指标上能够取得显著的改善，从根本上重新思考、彻底改造业务流程。其理论的核心思想是对组织原有的作业流程进行根本地再思考和彻底地再设计，以求在成本、质量、服务和速度等各项当今至关重要的绩效标准上取得显著的改善，其目

① 汪涛，万健坚．西方战略管理理论的发展历程、演进规律及未来趋势［J］．外国经济与管理，2002（3）．

的是为了提高企业的竞争能力。哈默将其形象地阐释为“打破鸡蛋才能做蛋卷”。

企业再造强调信息技术的利用，注重人与信息技术的有机结合，重新、彻底地设计业务流程；面向流程的组织是扁平化的结构，减少管理层级，拉近高层管理者与组织员工和顾客的距离，提高管理效率；业务流程以顾客为导向，突出全局最优，而不是着眼于职能分工和局部最优；组织人员实施的是团队式管理，而不是职能管理；组织沟通突出横向沟通，而不是纵向沟通。

在具体实施过程中，企业再造可以按照以下程序来进行。

（1）对原有流程进行全面的功能和效率分析，发现其存在的问题；

（2）设计新的流程改进方案并加以评估；

（3）制订规划，形成方案；

（4）组织实施与持续改善。

总之，企业再造理论适应了通过变革来创造企业新活力的需要，在欧美的企业中受到了高度的重视，因而得到迅速的推广，并带来了显著的经济效益，这也使得越来越多的学者加入到企业流程再造的研究中来。当然，作为一种新的管理理论和方法，企业再造理论仍然需要不断地发展和完善。

（三）学习型组织理论

1990年，彼得·圣吉出版了《第五项修炼》一书，提出了企业持续发展的源泉是提高企业的整体竞争优势，提高整体竞争能力，提高整体的素质。未来真正出色的企业是使全体员工全心投入并善于学习、持续学习的、符合人性的、有机的、扁平化的组织——学习型组织。

学习型组织理论是以五项修炼为基础的，这五项修炼具体如下：

第一，自我超越。这是五项修炼的精神基础，是指学习不断理清并加深个人的真正愿望，集中精力，培养耐心，并客观地观察现实。

第二，改善心智模式。即不断适应内外的变化，改变自己的思维定式以及由此决定的假设、成见甚至图像、印象。

第三，建立共同愿望。是指要使组织拥有一种能够凝聚全体成员，并坚持实现的共有的目标、价值观和使命感。

第四，团体学习。是指在群体中进行思想交流，分享集体的智慧。当团体真正在学习的时候，不仅团体整体容易产生出色的成果，个别成员成长的速度也比其他的学习方式要快。

第五，系统思考。这是五项修炼的核心，是指树立系统观念，善于运用完整的知识体系和实用的工具，认清整个变化形态，并了解如何有效地掌握变化，开创新局面。

圣吉认为，以上五项修炼是一个有机的整体，每一项修炼都与其他几项修炼密切相关。其中最关键也是最困难的修炼是系统思考的修炼。

学习型组织的特点是：

（1）全体成员有共同的愿景；

（2）善于不断学习；

（3）扁平式的组织结构；

（4）自主管理；

（5）员工家庭与事业之间的平衡；

（6）领导者的新角色。

学习型组织理论突破了原有的模式，它以系统思考代替机械思考，以整体思考代替片断思考，以动态思考代替静止思考。现代组织面临日益复杂多变的环境，只有不断增强自身的学习能力，提高整体素质，才能适应新形势的变化。

（四）虚拟组织理论

美国管理学家查尔斯·萨维奇于1991年出版了《第五代管理》一书，1996年他对该书进行了修改，书中明确提出通过建立虚拟组织、动态协作团队和知识联盟来创造财富的观点。

所谓虚拟组织是指两个以上的独立的实体，为迅速向市场提供产品和服务，在一定时间内结成的动态联盟。它不具有法人资格，也没有固定的组织层次和内部命令系统，而是一种开放式的组织结构。因此可以在拥有充分信息的条件下，从众多的组织中通过竞争招标或自由选择等方式精选出合作伙伴，迅速形成各专业领域中的独特优势，实现对外部资源的整合利用，从而以强大的结构成本优势和机动性，完成单个企业难以承担的市场功能，如产品开发、生产和销售。虚拟组织所表现的基本特征是：

（1）人力资源虚拟化，即将不同企业的人员集中在一起，协同工作；

（2）组织结构虚拟化，即虚拟型组织结构是松散的，其空间的分布和功能的确定都是临时的，完全取决于项目和产品；

（3）信息网络虚拟化，即企业成员之间的信息传递和业务往来主要通过信息网络完成。

随着技术进步和经济全球化的加速，虚拟型组织成为企业谋求生存与发展、参与全球化浪潮的途径。虚拟型组织以互联网为基础，以全球经济一体化为背景，以自主、平等为组织原则，以技术合作为基本纽带，通过信息网络构建核心竞争力来创造财富。其优势在于，能够敏锐地把握市场机会，有效地缩减交易期，及时满足客户的要求。

（五）知识管理理论

知识，是21世纪最重要的概念。早在16世纪，弗兰西斯·培根的“知识就是力量”是对知识重要性的最经典的诠释。知识管理是使信息转化为可被人们掌握的知识，并以此来提高特定组织的应变能力和创新能力的一种新型管理形式。

20世纪80年代以来，知识管理在商业压力的推动下受到广泛关注并成为浪潮。在激烈的商业竞争环境下，企业必须不断提高自身效率才能获得更多的利润，因而企业不断地运用各种先进的管理思想以期获得竞争优势。在国外，麦肯锡公司、安永会计师事务所、惠普公司等许多大型跨国公司纷纷实施知识管理并取得了巨大的成就，知识管理成为热潮。据 Delphi Consulting Group 的调查，1998年有28%的美国公司在运用知识管理，1999年有70%的企业在实行全面的知识管理。KPMG公司1998年的调查也表明，在英国100家大公司中，有43%的公司开始推行知识管理。到2000年，这个比例就高达85%，年平均增长率为50%。

美国未来学者阿尔温·托夫勒1990年在《力量的转移》一书中将“知识”与“财富”、“蛮力”并列称为新的“力量金三角”。财富属于富人，蛮力属于强人，唯有知识，具有更多的“民主”与最高贵的“品质”。他还指出：“科学技术越发展，人类按照自己需要创造资源的能力就越大，那时唯一重要的资源就剩下信息和知识，知识将是未来贸易的中心。”①

从国内外知识管理的实践来看，知识管理项目可分为四类：

（1）内部知识的交流和共享，这是知识管理最普遍的应用；

（2）企业的外部知识管理，这主要包括供应商、用户和竞争对手等利益相关者的动态报告，专家、顾客意见的采集，员工情报报告系统，行业领先者的最佳实践调查等；

（3）个人与企业的知识生产；

（4）管理企业的知识资产，这也是知识管理的重要方面，它主要包括市场资产、知识产权资产、人力资产和基础结构资产等几个方面。

随着知识管理的发展，知识管理研究成为学术界的热点。20世纪90年代后是知识管理理论得到系统发展的时期，有关知识管理的书籍和论文增长迅速。以知识管理实践与理论为基础，形成了一个专门的学科——知识管理学。国际知识管理网的创始人之一卡尔·维格在《知识管理：一门渊源久远的新兴学科》一文中强调，知识管理成为新兴学科需要包括认知科学、教育方法、管理科学、经济学、人工智能以及信息管理与技术科学等在内的支持性学科。而且拥有多个学科领域知识的知识管理专家正逐渐成为一种新兴职业。

第三节 管理创新

一、管理创新概述

在市场竞争激烈、产品生命周期短、技术突飞猛进的今天，创新是企业生存的根本，发展的动力，成功的保障。江泽民同志曾指出：“创新是一个民族进步的灵魂，是一个国家兴旺发达的不竭动力，也是一个政党永葆生机的源泉。”在今天，创新能力已成了国家的核心竞争力，也是企业生存和发展的关键，是企业实现跨越式发展的第一步。

（一）创新的概念

什么是创新？

创新一词起源于拉丁语，原意有三层含义：更新；创造新的东西；改变。简而言之，创新就是利用已存在的自然资源创造新事物的一种手段。创新作为一种理论可追

① 柯平. 知识管理学［M］. 北京：科学出版社，2007.

溯到1912美国哈佛大学教授熊彼特的《经济发展概论》。熊彼特在其著作中提出："创新是指把一种新的生产要素和生产条件的'新结合'引入生产体系。"①它包括五种情况：引入一种新产品，引入一种新的生产方法，开辟一个新的市场，获得原材料或半成品的一种新的供应来源，实现任何一种新的产业组织方式或企业重组。熊彼特独具特色的创新理论奠定了其在经济思想发展史研究领域的独特地位，也成为他经济思想发展史研究的主要成就。熊彼特关于创新的基本观点中，最基础的一点即"创新是生产过程中内生的"②。他认为经济生活中的创新和发展并非从外部强加而来，而是从内部自行发生的变化。这实际上强调了创新中应用的本源驱动和核心地位。

美国管理学家德鲁克在20世纪50年代将"创新"概念引入管理领域，从而进一步发展了创新理论。他所定义的创新概念要宽泛得多，指的是赋予资源以新的创造财富能力的行为。德鲁克认为创新有两种：一种是技术创新，它在自然界中为某种自然物找到新的应用，并赋予新的经济价值；一种是社会创新，它在经济与社会中创造出一种新的管理机构、管理方式或管理手段，从而在资源配置中取得很大的经济价值与社会价值。

总之，创新涵盖众多领域，包括政治、军事、经济、社会、文化、科技等各个领域的创新。因此，创新又可以分为科技创新、文化创新、艺术创新、商业创新、社会创新等等。

（二）管理创新的概念

管理创新本身并不具有固定的模式，它是个动态的发展过程。关于企业管理创新的概念，学者们从不同的角度阐述了自己的观点。

李轩认为，企业管理创新就是一个不断根据市场和环境的变化，重新整合企业的人才、资本和技术要素以适应和创造市场，满足市场需求，同时达到自身效益和社会责任目标的过程。

蓝峻、张黎认为，企业管理创新就是不断根据市场和社会变化，重新调整人才、资本和科技要素，以知识创新适应市场，满足市场需求，同时达到自身的效益和社会责任的目标的过程。这个过程本身就是管理过程。

张宽裕、王萍认为，管理创新就是企业为了适应内外环境的变化而进行的局部和全局的调整和变革，也就是将一种新思想、新方法、新手段或新的组织形式引入管理中，并取得相应成效的过程。管理创新包括管理思想与管理理论、管理制度、管理组织、管理模式、管理方法与手段的创新。管理创新具体体现在目标、产品、经营、组织结构、环境等创新。

林萍认为，管理创新是指企业把新的管理要素（如新思想、新方法、新手段、新的管理模式等）引入管理系统的创新活动。它通过对企业的各种生产要素和各项职能在质和量上做出新的变化和组合，以创造出一种新的更有效的资源整合范式，从而促

① Castells M. The Rise of the Network Society [M]. Cambridge, MA: Blackwell, 1996.
② 熊彼特. 增长财富论——创新发展理论 [M]. 李默，译. 西安：陕西师范大学出版社，2007.

进管理系统综合效益不断提高的过程。管理知识不同于技术知识，具有整合和优化生产要素的特征。

王学军认为，管理创新是一个将资源从低效率转向高效率使用的过程，它着眼于资源更有效的利用，尽管也有一定的规律，但它本身并没有某种特定的表现形式，它贯穿于组织的各项管理活动之中，通过组织的各项创新活动来表现自身的存在与价值。创新在整个管理过程中处于轴心地位，通过对计划、组织、领导、控制职能的创新，推动着管理向更有效地运用资源方向发展。

综合上述学者的观点，我们认为，管理创新是指企业在资源的配置过程中，所创造的新的管理理念、管理制度、组织形式、组织环境、管理目标、管理方法及管理模式。这一概念至少包括下列五种含义：

（1）提出一种新发展思路并加以有效实施；

（2）创设一个新的组织机构并使之有效运转；

（3）提出一个新的管理方式方法；

（4）设计一种新的管理模式；

（5）进行一项制度的创新。

在管理创新中，管理理念创新、管理制度创新、组织形式创新是十分重要的三部分内容。

二、管理创新的内容

（一）管理理念创新

企业管理理念是指导企业管理活动的指导思想。企业管理理念从工业经济时代的以物为本向新环境下的以人为本、以知识为本转化。纵观当代企业，只有不断创新，才能在竞争中处于主动，立于不败之地。而管理理念的陈旧或新颖是关系到企业兴衰成败的关键。

管理理念创新指具有领先时代的经营思想和经营理念。思想和理念属于意识形态，统领企业创新的发展趋势。管理理念创新是企业生存和发展的先决条件，是管理创新的灵魂。在知识经济和可持续发展战略的指导下，企业首先应该完善管理理念，从单一生产意识转化为追求经济效益的市场意识；从“你死我活”的竞争理念向竞争与合作统一的竞争理念转化；从企业片面追求利润最大化，发展到积极承担社会责任和对用户的责任的经营目标多元化理念转化；从工业经济时代的以物为本向新形势下的以人为本、以知识为本转化。工业经济时代，土地、劳动、资本是最基本的生产要素，企业管理思想是以物为中心的。梅奥的人际关系学派，特别是行为科学的产生与发展，给管理学新的研究视角，以人为本的管理理念逐步代替以物为本的管理思想。

在新形势下，知识及知识的主要载体人员在生产产品和服务的过程中起着越来越重要的作用，企业管理要求围绕企业的人员及知识展开管理。以知识为本的管理思想表明了企业知识资源是创新的源泉，为了充分开发和有效利用企业的知识资源，进行以创新为目的的知识生产，需要企业建立组织学习的机制，并有计划、有组织地进行各种组织培训活动以及与外部知识资源的结合。这样，才能将企业的知识资源融入产品或服务及其生产过程和管理过程，并通过上述四个转化，实现管理理念的创新。管理理念创新有利于企业适应经济全球化的客观要求。

（二）管理目标创新

企业是在一定的经济环境中从事经营活动的，特定的环境要求企业按照特定的方式提供特定的产品。一旦环境发生变化，要求企业对经营目标进行相应的调整。我国的企业，在高度集权的经济体制背景下，严格按照国家的计划要求来组织内部的活动，改革开放以来，企业与国家和市场的关系发生了变化，企业必须通过其自身的活动来谋求生存和发展。因此，利润最大化，几乎是所有企业都一直在追求的目标。随着经济体制改革的不断深化，产业结构的调整，在新的经济背景下，企业必须建立理性化目标，即生存目标、双赢目标和可持续发展目标。至于企业在各个时期的具体的经营目标，则更需要适时地根据市场环境和消费需求的特点及变化趋势加以调整，每一次调整都是一种创新。在管理目标创新中，理性化目标是核心、流动性目标是活力、稳定性目标是基石。

（三）技术创新

所谓技术创新，是从一个新思想的产生，到产品设计、试制、生产、营销和市场化的一系列活动，也是知识的创造、流通和应用的过程。技术创新是企业创新的主要内容，技术创新的实质是新技术的产生和商业应用。现代工业企业的一个主要特点是在生产过程中广泛运用先进的科学技术。企业中出现的大量创新活动是有关技术方面的，技术水平是反映企业经营实力的一个重要标志，企业要在激烈的市场竞争中处于主动地位，就必须顺应甚至引导社会技术进步的方向，不断地进行技术创新。在现代企业里，技术创新的内容非常广泛，一般包括：

1．产品创新

产品创新包括改造老产品和开发新产品两个方面，它是企业术创新的“龙头”。产品的改造，既要提高产品的使用价值，又要尽可能降低活劳动和物化劳动的消耗；既要简化产品的结构，又要保证产品的质量；既要简化产品的品种规格，又要提高产品标准化、通用化、系列化水平。开发新产品，必须要有战略眼光，努力做到生产第一代，研制第二代，设计第三代，探索第四代。

2．设备和工具的创新

设备和工具是企业进行生产的必要手段，是现代化大生产的基础。设备和工具的创新主要包括：

（1）改造原有的机械设备；

（2）开发简易设备，革新生产工具；

（3）将手工操作改为半机械化、机械化操作，提高机械化、自动化水平；

（4）开发自动化的新型数控工具。

3．能源和原材料的创新

开发能源是技术创新的重要内容，每个企业都必须千方百计地采取各种有效措施，节约能源，提高能源利用率，以发展新能源为主导，积极实施热加工设备的更新改造，加强余热利用等措施。原材料创新是指以最新科学理论为基础，研究、试验、发展中的具有较优性能的新型原材料。

4．工艺和操作技术的创新

工艺和操作技术，是指在生产过程中以一定劳动资料，作用于一定的劳动对象的技术组合的加工方法。这方面的创新主要包括：改革旧的工艺和缩短加工过程；用先进的加工方法代替旧的加工方法；创造新的加工、操作方法等。生产工艺和操作方法的创新，可以迅速提高劳动生产率，提高产品质量和经济效益。

5．人事创新

任何生产手段都需要依靠人来操作和利用，企业在增加新设备、使用新材料的同时，还需不断提高人的素质，使之符合技术进步后的生产与管理的要求。企业的人事创新，既包括根据企业发展和技术进步的要求，不断地从外部取得合格的、新的人力资源，而且更应注重企业内部现有人力的继续教育，用新技术、新知识去培训、改造和发展他们，使之适应技术进步的要求。

6．改善生产环境及劳动保护

随着科学技术的飞速发展，解决环境污染、职业病以及公害等问题将越来越迫切。因此，不断研究变害为利，治理环境污染，改善劳动条件，保证安全生产等课题，都是技术创新的重要内容。

（四）制度创新

制度的功能是协调和规范组织成员的行为。企业的管理制度本身就是一种规范，具有一定的稳定性，企业在管理制度体系下正常运行，去实现目标。这种规范在风险社会和多变的社会中尤其重要，它有利于降低不确定性和风险。但是这种规范有时易成为组织发展的一种障碍。因为组织已经习惯了某些规范或从中获利而不愿放弃固有的规范。在快速变化、动荡的环境下，企业管理制度也应该具有一定的动态性。因此，管理制度应把规范性和创新性很好地结合起来。一方面，管理制度应按规范来编制，体现组织的规范要求，另一方面，应根据环境的变化、企业的要求对制度实施创新。

制度创新是一种十分重要的创新活动，制度创新是技术创新的保证，决定了技术创新的动力来源，是技术创新的主要推动因素。企业创新系统的运行，需要一套行之有效的管理制度作保证。管理制度创新主要包括决策制度创新、信息管理制度创新、人力资源管理制度创新、建立知识产权管理制度等几个方面内容。

（五）组织创新

企业系统的正常运行，既要求具有符合企业及其环境特点的运行制度，又要求具有与之相应的运行载体，即合理的组织形式。因此，企业制度创新必然要求组织形式的变革和发展。组织创新是创新活动的保证。组织创新就是要改变、调整和重塑企业的生产关系，来适应技术创新的要求。组织创新主要体现在组织结构、内部的分工协作及组织内各成员的职权、职责关系的创新。

（六）环境创新

实践证明，一个地区、一个企业、一个部门发展环境是否优化、是否宽松，直接关系到生产要素能否聚集、人才能否聚集、员工的积极性能否发挥，直接影响到其自身的发展。企业的发展环境是一个综合的概念，包括影响企业发展的硬环境和软环境。硬环境为具有实体的和刚性的环境，包括人员结构、设施、经费和管理体制等。软环境是指非实体的和非刚性的环境，主要是人文环境。它的主要组成要素有科学精神和人文精神、科学传统、组织文化、价值观等。

环境是企业经营的土壤，同时也制约着企业的经营。环境创新不是指企业为适应外界变化而调整内部结构或活动，而是指通过企业积极的创新活动去改造环境，去引导环境朝着有利于企业经营的方向变化。例如，通过企业的公关活动，影响社区政府政策的制定；通过企业的技术创新，影响社会技术进步的方向等。就企业来说，环境创新的主要内容是市场创新。市场创新主要是指通过企业的活动去引导消费，创造需求。企业开发新产品是创造市场需求的主要手段，有时通过市场的地理转移，也可实现市场创新，走创新发展之路。如德邦物流股份有限公司重视环境创新，走创新发展之路，从创业初期仅有 4 个人的创业小组，营业面积不足 8 平方米的小档口，经过十几年的风雨历程，至 2010 年已发展成为用有 26 000 多员工，年产值达 26. 88 亿元的中国汽车运输行业的排头兵。“创新发展对德邦物流的发展至关重要，公司一直在努力营造一种鼓励、激励员工创新改进的氛围和文化，许多的创新改进方案对公司改进动作流程和客户服务发挥了重大作用。”“我们所有的员工，包括总监、区长，都要不断地学习、思考、创新、改进。充分发挥自己的智慧，同心协力，想别人未想到的事情，做得比别人更好、更有效，这样公司才会稳步快速地发展。”①

近年来风行国内外的高新科技园区的快速发展，与环境创新是息息相关的。美国加利福尼亚的多媒体产业无论就技术水平还是内容创新在世界上都处于领先地位。其原因是一方面依托硅谷的高科技创新，当地大量的计算机软件、硬件、娱乐业的存在以及随后出现的技术都直接促进了多媒体产业的发展，而且在当地产生了巨大的集聚效应，使当地的多媒体产业一直遥遥领先。我国深圳高科技产业区，已逐步形成了一定鼓励创新的文化环境，招揽了一大批国内外人才创业，形成了良好的发展势头。

三、管理创新的过程和组织

（一）创新的过程

创新是无规律可循的。创新是对旧事物的否定，对新事物的探索。从本质上讲创新是杂乱无章的。但就创新的总体来说，它们必然遵循一定的步骤、程序和规律。总结众多成功企业的经验，成功的创新要经历“寻找机会、提出构想、迅速行动、坚持不懈”这样几个阶段的努力。

① 德邦物流股份有限公司董事长崔维星。

1．寻找机会

创新是对原有秩序的更新。原有秩序之所以要打破，是因为其内部存在着或出现了某种不和谐的现象。这些不和谐对组织的发展提供了新的机会或造成了某种不利的威胁。创新活动正是从发现和利用旧秩序内部的这些不和谐现象开始的。不和谐为创新提供了契机。

旧秩序中的不和谐既可存在于组织的内部，也可产生于对组织有影响的外部。就组织的外部来说，有可能成为创新契机的变化包括：技术的变化、人口的变化、文化与价值观念的转变。就组织内部来说，引发创新的不和谐现象主要有如下两种：生产经营中的“瓶颈”企业意外的成功和失败。企业的创新往往是从密切地注视、系统地分析社会经济组织在运行过程中出现的不和谐现象开始的。

2．提出构想

敏锐地观察到了不和谐现象的产生以后，还要透过现象究其原因，并据此分析和预测不和谐的未来变化趋势，估计它们可能给组织带来的积极或消极后果，并在此基础上努力利用机会或将威胁转换为机会，使组织在更高层次实现平衡的创新构想。

3．迅速行动

创新成功的秘密主要在于迅速行动。提出的构想可能还不完善，甚至可能很不完善，但这种并非十全十美的构想必须立即付诸行动才有意义。“没有行动的思想会自生自灭”这句话对于创新思想的实践尤为重要，一味地追求完美，以减少受讥讽、被攻击的机会，就可能坐失良机，把创新的机会白白送给自己的竞争对手。创新的构想只有在不断地尝试中才能逐渐完善，企业只有迅速地行动，才能有效地利用“不协调”提供的机会。

4．坚持不懈

构想经过尝试才能成熟，而尝试是有风险的，是不可能“一击就中”的，是可能失败的。创新的过程是不断尝试、不断失败和不断提高的过程。因此，创新者在开始行动以后，为取得最终的成功，必须坚定不移、持之以恒地继续下去，决不能半途而废，否则便会前功尽弃。

（二）创新活动的组织

系统的管理者不仅要根据创新的规律和特点的要求，对自己的工作进行创新，而且更主要的是组织下属的创新。组织创新，不是去计划和安排某个成员在某个时间去从事某种创新活动——这在某些时候也许是必要的，但更要为成员的创新提供条件、创造环境。有效地组织系统内部的创新，要求管理人员做到如下几点：

1．正确理解和扮演“管理者”的角色

管理人员往往是保守的，他们往往自觉或不自觉地扮演现有规章制度的守护神角色。为了减少系统运行中的风险，防止大祸临头，他们往往对创新尝试中的失败吹毛求疵，随意惩罚在创新尝试中遭到失败的人，或轻易地奖励那些从不创新、从而从不冒险的人。在分析了前面的关于管理的维持与创新职能的作用后，再这样来狭隘地理解管理者的角色，显然是不行的。管理人员必须自觉地带头创新，并努力为组织成员提供和创造一个有利于创新的氛围与环境，积极鼓励、支持并引导组织成员不断进行创新。

2. 创造促进创新的组织氛围

促进创新的最好方法是大张旗鼓地宣传创新，鼓励创新，激发创新，树立“无功便是有过”的新观念，使每一个成员都能奋发向上、努力进取、跃跃欲试并且大胆尝试。要造成一种人人谈创新、时时想创新甚至无处不创新的组织氛围，使那些无创新欲望或有创新欲望却无创造行动、从而无所作为者自己感觉到在组织中无立身之处，使每个人都认识到组织聘用自己的目的，不是要自己简单地用既定的方式重复那也许重复了许多次的操作，而是希望自己去探索新的方法、找出新的程序，只有不断地去探索、去尝试才有继续留在组织中的资格。

3. 制订弹性的组织计划

创新意味着打破旧的规则，意味着时间和资源的计划外占用，因此，创新要求组织的计划必须具有弹性。创新需要思考，思考需要时间。把每个人的每个工作日都安排得非常紧凑，对每个人在每时每刻都实行“满负荷工作制”，则创新的许多机遇便不可能发现，创新的构想也无条件产生。美国成功的企业，也往往让职工自由地利用部分工作时间去探索新的设想，据《创新者与企业革命》一书介绍，IBM、3M、奥尔一艾达公司以及杜邦公司等都允许职工利用5% ~15%的工作时间来开发他们的兴趣和设想。同时，创新需要尝试，而尝试需要物质条件和试验的场所。要求每个部门在任何时间都严格地制订和执行严密的计划，则会失去创新的土壤。而永无机会尝试的新构想，就只能留在人们的脑子里或图纸上，不可能给组织带来任何实际的效果。因此，为了使人们有时间去思考、有条件去尝试，组织制定的计划必须具有一定的弹性。

4. 正确面对失败的挫折

创新的过程是一个充满失败的过程。创新者应该认识到这一点，创新的组织者更应该充分认识这一点。只有认识到失败是正常的，甚至是必需的，管理人员才可能允许失败、支持失败甚至鼓励失败。当然，支持尝试、允许失败，并不意味着鼓励组织成员去马马虎虎地工作，而是希望创新者在失败中取得有用的教训，学到一点东西，变得更加明白，从而缩短下次失败到创新成功的路程，失败是成功之母。

5. 建立合理的激励制度

要激发每个人的创新热情，还必须建立合理的评价和激励制度。创新的原始动机也许是个人的成就感、自我实现的需要，但是如果创新的努力不能得到组织或社会的承认，不能得到公正的评价和合理的奖酬，则持续创新的动力会渐渐减弱甚至消失。

促进创新的激励制度至少要符合下述条件。

（1）注意物质奖励与精神奖励的结合

奖励不一定是金钱上的，而且往往不需要是金钱方面的，精神上的奖励也许比物质报酬更能满足和驱动人们创新的心理需要。而且，从经济的角度来考虑，物质奖励的效益要低于精神奖励；金钱的边际效用是递减的，为了激发或保持同等程度的创新积极性，组织不得不支付越来越多的奖金。对创新者个人来说，物质上的奖励只在一种情况下才是有用的：奖金的多少首先被视作是衡量个人的工作成果和努力程度的标准。

（2）奖励不能视作“不犯错误的报酬”

奖励是对特殊贡献，甚至是希望作出特殊贡献的努力的报酬；奖励的对象不仅包括成功以后的创新者，而且应当包括那些成功以前，甚至是没有获得成功的努力者。就组织的发展而言，也许重要的不是创新的结果，而是创新的过程。如果奖酬制度能促进每个成员都积极地去探索和创新，那么对组织发展有利的结果是必然会产生的。

（3）奖励制度要既能促进内部的竞争，又能保证成员间的合作

内部的竞争与合作对创新都是重要的。竞争能激发每个人的创新欲望，从而有利于创新机会的发现、创新构想的产生；而过度的竞争则会导致内部的各自为政，互相封锁；协作能综合各种不同的知识和能力，从而可以使每个创新构想都更加完善，但没有竞争的合作难以区别个人的贡献，从而会削弱个人的创新欲望。要保证竞争与协作的结合，在奖励项目的位置上，可考虑多设集体奖，少设个人奖，多设单项奖，少设综合奖；在奖金的数额上，可考虑多设小奖，少设甚至不设大奖，以使每一个人都有成功的希望，避免“只有少数人才能成功的超级明星综合征”，从而防止相互封锁和保密，破坏合作的现象。

【本章小结】

管理理论源于人类的管理实践，而人类的管理实践活动源远流长，古今中外的管理思想是人类智慧的结晶。随着资本主义工业革命的产生和发展，生产规模的不断扩大，劳资双方的矛盾日益激化，迫切需要一种理论指导人们的社会化大生产和其他社会活动，科学管理理论便应运而生。本章通过三节内容介绍了管理理论的形成和发展及管理创新。在中国管理理论形成和发展这节中分三个阶段介绍了儒家学派的管理思想、道家学派的管理思想、法家学派的管理思想、兵家学派的管理思想、近代前期的管理思想、近代后期的管理思想及中国当代管理思想；在西方管理理论的形成与发展这节中，介绍了西方古代管理思想、管理理论的萌芽阶段、古典管理理论、行为管理理论、现代管理理论、当代管理理论；在管理创新这节中，介绍了创新的概念、管理创新的概念、管理创新的内容及管理创新的过程和组织等知识。

【思考题】

1. 中国古代管理思想的主要内容体现在哪些方面？其对现代管理有哪些启示？
2. 为什么在19世纪末、20世纪初会出现古典管理理论？古典管理理论由哪些管理理论组成？
3. 泰勒的科学管理理论的主要内容是什么？
4. 试分析法约尔对管理学理论的奠基性贡献。
5. 现代管理理论主要包括哪些理论？
6. 当代管理理论主要包括哪些理论？

7. 人际关系学说的主要内容是什么？其对管理学发展的主要贡献是什么？

8. 怎样理解权变理论的基本思想？

9. 如何理解决策理论学派的主要观点？

10. 什么是管理创新？管理创新的基本内容有哪些？

【案例】

广西某高校如何成功引进两位博士后[①]

2000年9月中旬，在广西某医科院校内，大家都在议论一件事：本硕毕业于本校，留日后工作于本校，刚从广州某高校出站的某博士后被兄弟院校——广西某医学院"引进"了。这在整个广西的高校中引起了轩然大波，因为无论从学校的办学规模、工作条件、福利待遇、社会影响等方面，广西某医学院都远不如其他重点院校。是什么原因促使这位博士后作出如此选择呢？还得从头说起。

广西某医学院是广西地方所属的单科性院校，也是广西唯一一所培养高级中医药人才的高等学府。多年来，在党的教育方针和中医药政策的指引下，经过广大教职员工的努力，学院在办学规模、教学质量等方面都有了长足的发展和提高。但是，由于广西经济发展一直滞后，对教育的投入一直不足，一般高校的办学条件都比较差，教师队伍不稳定，"留不住"、"引不来"现象普遍存在，极大制约了广西高等教育的发展。为了解决这一"瓶颈问题"，近两年来，某医学院和其他高校一样采取了不少措施，如兴建教师住宅，改善教师的居住环境；提高课酬补贴，改善教师的生活待遇；设立科研奖励基金，为教师开展学术研究提供必要的条件等。这些措施对稳定原有的师资队伍无疑起到了积极的作用。但窘于财力，这些措施的力度又十分有限，特别是与发达地区相比，与重点院校相比，差距还很大，人才外流问题仍然很难遏制。就学院的药学系来说，每年都有五六名甚至十几名青年教师考上博士后，就"壮士一去不复返"，毕业后或者留京，或者"孔雀东南飞"。因此，在1999年下半年，学院党委多次提出一定要采取更有力的措施，千方百计留住人才，引进人才。

就在这个时候，学院人事处在向学院党委书记、院长汇报工作时提及广州某高校有两位广西籍的博士后即将出站，这两位博士后所从事的研究方向都是当前中西医结合的前沿课题，其中一位是研究中西医结合治疗糖尿病的，另一位则是研究中西医结合治疗老年痴呆的（也就是文章开头提及的那位博士后）。党委书记和院长马上意识到，若能引进这两名博士后，对于提高本院师资队伍的学历层次，完善队伍的学历结构，带动学院前沿学科的建设，将具有重要意义。于是当即指示人事处尽快设法和这两位博士后联系，了解他们的愿望和要求，及时汇报。人事处根据指示，马上开展工作，通过信函、电话等方式和对方取得了联系，了解到两位博士后都有回广西工作的意向，但同时又面临着北京、广州和上海等重点院校和外资药业公司的多种选择。得知这一情况后，党委书记马上召开党政领导会议，对这两位博士后的引进工作进行专

① 薛岩松，邱法宗．公共管理：案例解读与分析［M］．北京：中国纺织出版社，2006.

题研究和部署。会议一结束，书记就与两位博士后直接通了电话，表达了学院欢迎他们来院工作的希望，并诚恳地邀请他们来学院考察，经费由学院负担。与此同时，学院组织部与人事处分别与两位博士后的家属及父母联系，通过他们做说服工作。2000年春节，两位博士后回广西探亲，学院专门请他们到学校来召开座谈会，让他们了解学院教学改革成果及未来发展规划和前景。大年初三，党委书记又带领学院人事处长等亲自登门给两位博士后拜年，还到他们父母家里进行了慰问。春节后两位博士后要回校时，书记、院长又亲自为他们送行。院领导的行动感动了两位博士后，他们回到广州后不久就主动表示可以优先考虑来学院工作。

看到引进工作有了初步效果和进展，书记、院长决定进一步抓好这项工作。除要求人事处平时经常保持与两位博士后联络沟通外，2000 年 7 月中旬，正是南方盛夏之际，书记、院长带领学院组织部长、人事处长、附属医院院长和附属制药厂厂长等学院主要部门和单位的负责人，冒着酷暑炎热，长途驱车 800 多公里，风尘仆仆地专程到广州某高校，与两位博士后协商引进的具体问题，并当场回答了两位博士后有关来院后的生活、工作和发展等方面的问题。在广州的三天时间里，领导们除了吃饭、睡觉外，白天、晚上的所有时间都用来与两位博士后座谈、交流和慰问他们的家属，连所在高校安排的游览活动也被婉言谢绝了。这次后来被称为“院领导远程异地办公”的举动，深深地打动了两位博士后，当他们与院领导握别时，都激动地说：“士为知己者死，领导们这样求贤若渴，真诚待人，我们一定回到广西去，为学院的发展作出应有的贡献。”

从广州回来后，虽然正值暑假，书记、院长却顾不上休假，又马不停蹄地召开党政领导班子办公会议，再次研究落实引进博士后的特殊政策，最后经比较其他高校所给予的优惠条件，作出了五项决定：①在附属医院内分别设立糖尿病研究所和老年痴呆研究所，并同时在附属药厂建立实验室，聘请两位博士后担任所长和主任；②分别提供 10 万元科研启动资金；③在学院范围内新建的 120 平方米的住宅中，由两位博士后各自任选一套免费居住，在服务满 5 年后产权即归其个人所有；④一次性提供 6 万元安家费；⑤两位博士后的爱人可以在学院范围内的部门和单位选择适合自己的岗位随调，学院工会积极联系所在城区最好的学校，安排好其子女的上学问题。八月底，学院再次邀请两位博士后到校考察，两位博士后不仅看到自己的工作、科研、生活都得到妥善的安排，同时还看到自上次来校后，仅仅过了几个月的时间，学校的校容校貌、教学设施、校园网络就发生了很大的变化，甚至有了根本的改观，于是就愉快地与学院签订了用人协议，并于出站后按时到校工作。

就这样，一个在省区内排名中游的单科性院校在与众多优势显赫的高校的人才争夺中，一次引进了两位博士后，而那所失去了本应属于自己人才的某医科院校，只能望“才”兴叹了。

【思考题】

1. 某医学院是否应该引进博士后？

2. 学院在引进博士后过程中采取了哪些措施，符合什么管理理论或思想？

参考文献

[1] 周建，万映明，王伟. 目标管理的基本过程及其特点 [J]. 人文社会科学学报，2002 (6).

[2] 邹安全. OEC 管理——一种富有成效的现代企业管理模式 [J]. 技术经济，2003 (7).

[3] 王大刚. 海尔全球化品牌战略：人单合一 [J]. 科学与科学技术管理，2006 (10).

[4] 马忠民. 应用 MBO 目标管理法建立质量目标 [J]. 世界标准化与质量管理，2005 (10).

[5] 张群. 浅析商业银行目标管理的偏差性 [J]. 天津电大学报，2007 (11).

[6] 刘敏. 企业目标管理实施方法研究 [D]. 哈尔滨：哈尔滨工业大学，2008.

[7] 宋俭. 实施目标管理提高学校管理效能 [D]. 昆明：云南师范大学，1999.

[8] 徐庆龙. 颐中实业公司目标管理绩效考核信息系统应用研究 [D]. 青岛：中国海洋大学，2009.

[9] 唐军. 现代人事学 [M]. 北京：北京经济学院出版社，1997.

[10] 孙永正. 管理学 [M]. 北京：清华大学出版社，2008.

[11] 邓志阳. 管理学 [M]. 广州：暨南大学出版社，2008.

[12] 冯光明. 管理学原理 [M]. 北京：北京交通大学出版社，2009.

[13] 芮明杰. 管理学——现代的观点 [M]. 上海：上海人民出版社，2005.

[14] 周三多. 管理学原理 [M]. 南京：南京大学出版社，2009.

[15] 斯蒂芬·P. 罗宾斯. 管理学 [M]. 北京：中国人民大学出版社，2008.

[16] 杨文士. 管理学 [M]. 北京：中国人民大学出版社，2009.

[17] 赵继新，吴永林. 管理学 [M]. 北京：清华大学出版社，北京交通大学出版社，2006.

[18] 方晓平. 管理学理论与方法 [M]. 北京：中国铁道出版社，2007.

[19] 路宏达. 管理学基础 [M]. 北京：高等教育出版社，2008.

[20] 单凤儒. 管理学基础 [M]. 北京：高等教育出版社，2009.

[21] 周三多. 管理学 [M]. 北京：高等教育出版社，2005.

[22] 王晓君. 管理学 [M]. 北京：中国人民大学出版社，2004.

图书在版编目(CIP)数据

管理学/蒋希众主编．—成都：西南财经大学出版社，2011.5
(2011.12 重印)
ISBN 978-7-5504-0257-7

Ⅰ.①管…　Ⅱ.①蒋…　Ⅲ.①管理学　Ⅳ.①C93

中国版本图书馆 CIP 数据核字(2011)第 072681 号

管理学
蒋希众　主编

责任编辑:李特军　李　才
封面设计:何东琳设计工作室
责任印制:封俊川

出版发行	西南财经大学出版社(四川省成都市光华村街 55 号)
网　　址	http://www.bookcj.com
电子邮件	bookcj@foxmail.com
邮政编码	610074
电　　话	028-87353785　87352368
印　　刷	四川森林印务有限责任公司
成品尺寸	185mm×260mm
印　　张	20
字　　数	440 千字
版　　次	2011 年 8 月第 1 版
印　　次	2011 年 12 月第 2 次印刷
印　　数	3001—6000 册
书　　号	ISBN 978-7-5504-0257-7
定　　价	34.80 元